一蓑烟雨

——法制日报『凡人奇事』专栏文集

杜 萌 ◎ 著

中国政法大学出版社

2017·北京

声　明　1. 版权所有，侵权必究。

　　　　2. 如有缺页、倒装问题，由出版社负责退换。

图书在版编目（CIP）数据

一蓑烟雨：法制日报"凡人奇事"专栏文集 /杜萌著.—北京：中国政法大学出版社，2017.11
ISBN 978-7-5620-7838-8

Ⅰ.①一… Ⅱ.①杜… Ⅲ.①法律工作者—生平事迹—中国—现代 Ⅳ.①K825.19

中国版本图书馆CIP数据核字(2017)第277198号

出　版　者	中国政法大学出版社
地　　　址	北京市海淀区西土城路 25 号
邮　　　箱	fadapress@163.com
网　　　址	http://www.cuplpress.com（网络实名：中国政法大学出版社）
电　　　话	010-58908435（第一编辑部）58908334（邮购部）
承　　　印	北京华联印刷有限公司
开　　　本	720mm×960mm　1/16
印　　　张	21
字　　　数	406 千字
版　　　次	2017 年 11 月第 1 版
印　　　次	2017 年 11 月第 1 次印刷
印　　　数	1～2000 册
定　　　价	52.00 元

为基层执法者塑像

——序杜萌《一蓑烟雨——法制日报"凡人奇事"专栏文集》

杜萌送来一部书稿,嘱我写序,我答应了。

与杜萌同事多年,我了解他是位敬业、勤勉、有才华、有热情的好记者。书中收录他在三年多时间中,给《法制日报》"凡人奇事"专栏每周一篇采写刊发的稿件。这163位基层执法者中有法医、刑警、痕迹工程师、交巡警、反扒民警以及法官、反渎职反贪污的检察官等。他们的共同点是都来自政法界基层,干着与百姓生活关系密切却不被熟知、带点神秘感的工作:破案。

案发到案破,一字之差,山迢水远。这些基层执法者用自己的责任心、专业水准、工作态度,使疑云密布的现场露出真相。真相,何其难得!在法制健全的社会,靠证据说话,用合法、严谨、完整的证据链证明真相。这些基层执法者深知,大自然的日晒雨淋,会使有用的检材稀释、残缺、变性甚至灭失;人为的毁尸灭迹,更可能的线索进行造假、隐藏、扭曲;引破案入歧路,逃避高悬的法律之剑。书中人物所做的工作便是认真细致地去粗取精,去伪存真,大胆想象,小心求证,不走或少走弯路,坚持到曙光初现、案子告破的瞬间。基层执法者体现价值、享受成功那一刻。那一刻,他们伸张正义,惩凶治恶的职业理想在实践中得以实现。

他们的工作,一个字:难;两个字:太难;三个字:特别难。所以至今不敢说破案率百分之百,离清平世界、朗朗乾坤还要花很大的气力、走很长的路。

本书可读之处在于,除了专业水准和认真负责的工作态度,书中人物还有深厚的人生阅历、广泛的社会知识为破案奠定基础。比如在云南沾益县公安局庄法医一篇中,介绍他师父帮助他勘查一个十来岁的男孩的死亡现场,不少人以为男孩是他杀,结果师父在现场发现一只剥皮的熟鸡蛋,确定男孩是病故而非他杀,理由是按当地风俗,病死的男孩不能进村,要埋在村外,在死者腋窝放一只剥了皮的熟鸡蛋,名叫还魂蛋,希望孩子早还魂、早投胎。还有通过粥皮有毒而米粥没毒判断罪犯如何投毒;某法医用红烧肉喂蝇养蛆以倒推出案发时间;一位老板对办案警察夸奖方才赊账买锤子而后来还回10元锤子款的小伙子讲诚信,警察查到那位小伙子用锤子打人实施抢劫,用抢得500元中的10元还老板的锤子钱……读者通过林林总总的案件了解社会与人心,对自我成长不无助益。书中一位女法医在工作中感觉不适、不快,用逛花市买一盆太阳花调整心情,我觉得女法医除了可敬,也很可爱。

他山之石也好,他山之玉也好,相信本书可让勤学有心的业内同行受到启迪,有所收获。

书中较少写作早年破案工作常用的夜以继日蹲守、地毯式搜捕,较多反映运用DNA等高科技手段破案,这也从另一侧面说明了国家经济发展、科技进步对公安工作水准的提升。

灯是一盏一盏点亮的。一人人采访,一篇篇成文,集腋成裘,串珠为链,渐成气象。记者既是认真细致的工匠,也是知识广博的杂家。坐在你面前的采访对象并非都肯说、想说、肯说出可用信息,因此需用真心真情结交朋友,用各种方法"撬"开其嘴。杜萌的采访写作关注细节,细节决定此人与彼人个性不同,此文与彼文情趣各异。书中写了几位反扒民警,这是个科技含量相对不高的行当,杜萌通过观察提取到他们的"专业眼神",使人物变得立体鲜活。

荧幕上时常见不走心提问、不靠谱采访、"秒杀"观众期待的记者,专业高下,一比便知。

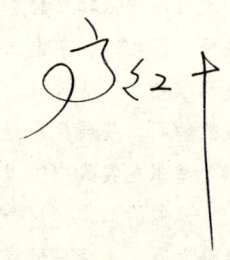

目 录

巡防北京站擒贼逾千人 ………………………………………… 1
现在可以叫你"许哥"吗 ………………………………………… 3
"神眼"巡路识破众多嫌疑人 …………………………………… 5
为艾滋病患者手术刺指惊心 …………………………………… 7
一个内勤的高效工作秘诀 ……………………………………… 9
让死刑犯平静地"走" …………………………………………… 11
破解精神病女性罪犯心障 ……………………………………… 13
驾车追逐嫌疑人惊魂瞬间 ……………………………………… 15
一些可怕的事就不说了 ………………………………………… 17
让颅像复原技术穿越时空 ……………………………………… 19
从鞋印判断命案嫌疑人年龄 …………………………………… 21
看一眼门锁破一起灭门案 ……………………………………… 23
绳索断面败露高坠谋杀真相 …………………………………… 25
微弱灰尘痕迹还原交通肇事案 ………………………………… 27
庆幸验枪炸膛未伤己伤人 ……………………………………… 29
脖颈绳结微量检材破解"命案" ………………………………… 31
多次梦见同事熟悉的面孔 ……………………………………… 33
一切付出都是值得的 …………………………………………… 35
生日被精神病患者扇耳光 ……………………………………… 37
让戒毒者敞开内心真诚求助 …………………………………… 39
立"军令状"挽救罪犯生命 …………………………………… 41
尸检后不买食堂红烧排骨 ……………………………………… 43
接触瞬间最初几分钟很关键 …………………………………… 45

疲惫劳累得捏不住解剖刀 ··· 47
与犯罪嫌疑人较量更需要智慧 ······································· 49
擒获残害六名女子的杀手 ··· 51
心胸狭隘写不出大气磅礴之字 ······································· 53
"老眼镜"擒贼技艺炉火纯青 ·· 55
黑夜深巷拔枪对峙大砍刀 ··· 57
生日与国庆节同日的北京警察 ······································· 59
稚嫩女孩变身公诉检察官 ··· 61
咱不能让无罪的人受冤屈 ··· 63
疾追千米擒获公交窃贼 ·· 65
只要你在这儿干就折你 ·· 67
几番谈话打掉贪官嚣张气焰 ·· 69
豹眼圆睁喝住"黑带"窃贼 ··· 71
查出线索后肾上腺素飙升 ··· 73
绝望母亲欲与吸毒儿子一同赴死 ···································· 75
没想到当上警察教官 ··· 77
未穿排爆防护服拆除邮包炸弹 ······································· 79
排查上千人笔迹查明嫌疑人 ··· 81
数十名幼儿园中毒幼童及时获救 ···································· 83
飞身跃上疯狂逃逸的摩托车 ··· 85
死者指甲嵌留一根短发锁定凶嫌 ···································· 87
几道抓痕印证强奸暴力犯罪 ··· 89
与影视明星同名的女检察官 ··· 91
追缉挪用公款越境嫌疑人 ··· 93
奋勇追擒奔逃扒窃"大个儿" ······································ 95
从两千笔流水账中查出涉罪证据 ···································· 97
跻身车厢眼观六路寻贼迹 ··· 99
没想到亲手为病故母亲尸检 ··· 101
便衣警察现场擒贼照片登上网页 ···································· 103
不怕死警察的别样人生 ·· 105
挽救一条生命能救一家人的命 ······································· 107

见证杀妻律师罪有应得的下场	109
骑车男人一拳冲交警脸上打来	111
靶场上有枪口不经意指向我	113
第一个下水把死者抬上岸	115
夜巡街头不能放过任何疑点	117
启开在押犯罪嫌疑人"心锁"	119
夜巡街面眼神犀利令贼身现形	121
不要以为你们做事天衣无缝	123
雨夜驾艇跨江运送危重病人	125
藏毒胶丸在人体内破裂	127
在押艾滋病人威胁"咬你一口"	129
跨省千里押送重病囚犯回家	131
窗下不起眼处寻到入室窃贼脚印	133
"折"老贼最有乐子	135
一手擒男贼一脚踹开持刀同伙	137
勘查千米血迹缉拿断指凶嫌	139
毒贩拒捕抡起板砖砸警察	141
"嗅觉记忆"考验法医忍耐力	143
犯罪嫌疑人拒捕咬碎刑警指尖骨	145
笔迹鉴定破获骗赔杀人案	147
用扎实证据判明谁是车祸肇事者	149
查探凶手火烧死者臀部怪异动机	151
杀人凶嫌不是外星人就能抓到	153
测谎不能冤枉无辜的人	155
找到丢弃粥皮儿检测毒物成分	157
让弹头在显微镜下印证真相	159
她不惧危险徒手夺刃救人质	161
最怕误判非正常死亡真相	163
窃贼夜半盗取车内财物留痕迹	165
老刑警灵光一闪破迷案	167
让装疯闹监的人知道羞耻	169

网上追逃嫌疑人检查站被擒 …………………………………………… 171
筛查数千份血样寻获杀人凶嫌 ………………………………………… 173
床上微小血点证实性侵犯罪 …………………………………………… 175
数十次抽自身鲜血做试验 ……………………………………………… 177
"石佛警官"凝神静气破大案 ………………………………………… 179
端一碗红烧肉夜入小树林 ……………………………………………… 181
昏迷前将自己与贼铐在一起 …………………………………………… 183
DNA 检测仪器指示灯亮起瞬间 ……………………………………… 185
难忘失主领回被盗钱财的情景 ………………………………………… 187
海军声呐兵变身视频监控好猎手 ……………………………………… 189
长安街上有这样一位女巡警 …………………………………………… 191
超常毅力淬火破案神功 ………………………………………………… 193
让凶嫌在 DNA 筛查中现原形 ………………………………………… 195
亲历侦破"苏湘渝"持枪抢劫杀人案 ………………………………… 197
三天三夜细看视频捕捉魅影 …………………………………………… 199
筛查海量数据锁定命案嫌疑人 ………………………………………… 201
文身壮汉挑衅刚刚上岗新民警 ………………………………………… 203
大喝一声止住江边百人械斗 …………………………………………… 205
勘破杀人焚车假殉情命案 ……………………………………………… 207
知道是法医很少有人主动握手 ………………………………………… 209
从微米切片中寻找命案真相 …………………………………………… 211
执法现场出现死伤即奉命勘验 ………………………………………… 213
半截烟头识破窃画大盗 ………………………………………………… 215
机智识破被关押人员及亲属计谋 ……………………………………… 217
细辨模糊指纹缉获投毒真凶 …………………………………………… 219
从房间顶棚搜出被盗金银首饰 ………………………………………… 221
楼板踩塌瞬间扑捉吸毒嫌疑人 ………………………………………… 223
百米冲刺按倒命案嫌疑人 ……………………………………………… 225
命案现场掘地三尺遍寻蝇蛹 …………………………………………… 227
禁毒大队长与持刀毒贩搏命 …………………………………………… 229
拍摄疑难指纹比中犯罪嫌疑人 ………………………………………… 231

顽冥服刑人员心理矫治痛哭失声 233
抓捕抢劫嫌疑人时恰遇地震 235
掘井下探十几米找寻人体残骸 237
以救援生还者方式抬出遇难者 239
让物证替殒命人"讲"出案情 241
衣兜水浸纸团藏有命案线索 243
指甲缝里微量检材锁定嫌疑人 245
胸罩上一抹血痕查明命案真凶 247
躯干背部小痦子确认死者身份 249
嫌疑人举暖瓶用滚烫开水浇他 251
趁嫌疑人没留神两秒钟撂倒他 253
嫌疑人持刀拒捕刺入民警左胸 255
嫌疑人专诈未婚高级女白领钱财 257
搞不清被害幼女年龄就得放人 259
地面干痰迹显形扒窃罪犯身影 261
赴火灾现场勘明母女被害案情 263
拼尽气力将杀人嫌犯压在身下 265
揭穿掩盖杀妻编造的双重谎言 267
文件检验让骗子无所遁形 269
识破嫌疑人杀女友报假案谎言 271
DNA检材让残害女童嫌疑人现形 273
辨明季节差异推断命案血脚印 275
勘明河浮死者并非意外身亡 277
文件鉴定不能让嫌疑人钻空子 279
嫌疑人杀害母女之后服毒自尽 281
天天做鉴定不敢有一丝马虎 283
鉴明死者生前死后伤及动物咬痕 285
最遗憾年轻情侣相约放弃生命 287
科学鉴定让"诈瘫"者起身离开 289
细辨勒痕下的指甲掐印判明死因 291
二十四小时开机待命说走就走 293

明鉴交通肇事父子"顶包"骗局 …………………………… 295
命案线索显现矿泉水瓶上 ……………………………… 297
微小物证戳穿肇事驾驶人谎言 ………………………… 299
勘破命案异样血掌纹 …………………………………… 301
与患病服刑罪犯较量心智 ……………………………… 303
识破摹仿笔迹伪造者签名之诈 ………………………… 305
我为被遗弃子女鉴定亲缘 ……………………………… 307
揣摩犯罪心理寻找破案线索 …………………………… 309
司法鉴定人冷静直面死伤悲情 ………………………… 311
荣誉属于和我一起战斗过的人 ………………………… 313
从不对父母讲抓捕毒贩的经过 ………………………… 315
夜巡小区盘查可疑金杯车 ……………………………… 317
准确预判服刑人员心理及时干预 ……………………… 319
从乡卫生院医生到公安局法医 ………………………… 321
尊崇公正之心 积聚不怒之威 ………………………… 323
年轻人知耻后勇变身办案能手 ………………………… 325
后　记 …………………………………………………… 327

巡防北京站擒贼逾千人

老杨速写

人物档案：老杨，56岁，北京站公安段刑警，一级警督。
个性言语：我应该做得更好、更多。
第一印象：瘦瘦高高，目光犀利，头脑冷静，英武有威。

这里是首都北京。

这里是首都北京火车站，简称北京站。

这里始发的列车开往全国各地，可谓全国客流量最大的火车站之一。各路贼盗管北京站叫"棉花地"。

什么意思？

意喻此地为可"采摘"的"丰收"之地——这里客流量大，扒窃机会多；旅客带现金多，单次扒窃所得数额可观；即便行窃被当场发现，鲜有撕扯搏斗。

烂熟"贼经"

然而，各路盗贼来此"练活儿"风险极大，不要说北京站有着装警察成队巡逻，谁不知道有监控镜头，谁不知道有便衣警察隐身人群，若老贼在此失手，身陷囹圄，最怕在江湖上坏了"名声"。另眼反观，这里又是各路贼盗吹嘘胆大艺高、铤而走险之地。

"折"——贼道用语。

老杨进铁路公安工作32年，身手敏捷，擒贼逾千名，让来此"练活儿"的贼们"闻风丧胆"，以至于江湖上贼口相传："北京站有个姓杨的，小心别折在他手里"。

回忆擒贼往事，老杨坦率相告，既有多个江湖出名的老贼"折"在他手上，又有一些功夫更高的贼没被他"折"下来。

那是山西大同一老贼，扒窃功夫了得，偏偏两次"折"在老杨手里。老贼被擒时冲老杨竖起大拇指，那意思是"能看破本人招法，还能出手抓现行，有本事"；号称"江南老大"一贼，炫耀自己在北京站广场遛个把小时能"下"八个钱包。老杨抓过好几个女贼，都称拜"江南老大"为师，眼瞅这些徒弟接二连三地在北京站被擒，传闻师父再不敢来此露脸。

"有比我功夫深的"，老杨说，"贼拿眼神给我递话儿了，不给你机会"。

放眼候车大厅，人潮汹涌。什么是专业眼神？窃贼与反扒便衣警察相互心知肚明。老杨说，"你靠不上去，或是人家下手利索，咱就抓不成了"。

识贼心、窥贼身，准确预判贼手伸出，并于贼手获赃瞬间铐住犯罪嫌疑人，如此一气呵成的抓捕过程岂是轻而易举练就的？

老杨数十年带过几十个"徒弟"，至今他仍然奋战在反扒一线，其技艺无人比肩。老杨在北京站内走上几圈，几十年的反扒秘诀是——"擒贼必知贼心、贼胆、贼眼、贼手"。贼来北京站，势必考虑安全扒窃，势必精选作案时间和地点。若论站前广场、候车大厅、进站通道、站台、车厢等何处最易发生扒窃，哪趟车始发前最易发生扒窃，老杨烂熟于心。

奋不顾身

苦苦辛劳一年的农民工、小商贩、小老板们在过年候车返乡回家时，在北京站因疏忽被扒手窃走财物和积蓄，有人捶胸跺地，有人掩面哭泣，有人沉默不语……

"敢来北京站'玩活儿'的都是老贼。"

"什么是老贼？"

"老贼就是防范能力强、下手快、窃钱多的贼。"

老杨每天在人群里挤来挤去，站内外走来走去，磨旧多少衣服，磨破多少双鞋。

春运时，他一天超过15个小时在北京站里外一圈圈地转。有时跟踪目标整整一天。水喝不上，饭吃不上，憋着尿，就怕把目标跟丢了。

有贼被擒，他恶声恶气地对老杨瞪着眼说："我肯定要报复你！"

有贼被擒，他让老杨开个"价"，只要张嘴说个数，即可轻轻松松拿到一大笔钞票。

一次次威胁利诱只换得老杨轻蔑的淡淡一笑。老杨深知，擒贼势必要身体接触，受伤是常事，他胳膊、手腕、腰部、腿部都受过伤。

那年夏天，一壮汉恼怒扒窃被擒，拎着啤酒瓶往大理石地面一磕，抡起豁茬儿的酒瓶。一位与老杨搭档的便衣警察来不及避开，肚皮被划出一道30公分长的口子。老杨迎面踹向对方，却因避闪不及，右小腿被划出深达3公分的长长创口，"肉都翻出来了"。

"您这把年纪还在一线，打算干多久呢？"

老杨从容作答，目前身体健康状态尚好，腿脚还行，接着干几年应该没问题。老杨想着用积累几十年的经验，再漂漂亮亮地抓几个老贼。

这难道不是自讨苦吃吗？

老杨总觉得自己应该做得更好、更多，他心底的最大希冀如同那部电影的片名——"天下无贼"。

发表于 2013 年 4 月 16 日

现在可以叫你"许哥"吗

许金利速写

人物档案：许金利，28岁，北京市第一看守所，二级警司。
个性言语：帮助失足少年"重返大海"，让他们获得新的生命。
第一印象：性格沉稳，内心有度，认真执着，不愿苟且。

"像搁浅在海滩上的小鱼、小虾，他们在海水退潮时被困在海滩上。"

四年前，许金利在北京市第一看守所负责未成年被监管人员监室的工作，这是他对管教对象——那些涉嫌暴力犯罪、身陷囹圄的未成年人的比喻，这比喻里透出这位年轻人对未成年人罪犯管教工作的深度思考。

铁门 高墙 电网

一心憧憬当刑警，破案、追捕、擒获凶犯，这曾是大学生许金利所憧憬的人生"第一战场"。

走出警校大门，这小伙子来到北京市公安局监所管理处报到，第一眼看见这里的高墙、电网、大铁门，顿觉一桶冰水从头浇到脚。

人生就此启航——这位阳光警哥脑海里那幅曾经瑰丽的理想画卷——不再浮现。

起初，他真不愿面对面地接触那些涉嫌暴力侵害致人重伤、重残，或致人死亡的被监管少年罪犯，他们入所档案里那一页页的记录中，详尽载明种种令人毛骨悚然的血腥恶行。

老管教不遗余力地言传身教，调整这个年轻人的心态，仔细传授管教经验。激发他向所有前辈同事求教的上进之心。经过一次次的实践和摸索，许金利逐渐胜任独立管教，把身心和精力投入到"第二战场"中。

若在平时，看着那些未成年人罪犯的眼神，听他们之间对答说话，似乎与校园里、公园里、大街上的同龄青少年没什么差别——稚气、可爱、调皮。

然而，他们中有人因相恋女孩提出分手，即暴怒动手掐死对方；有人偷盗成瘾成癖，面对父母的悲恸苦劝无动于衷；有人打架逞能，出手凶猛，桀骜不驯……

若设身处地站在被害人家属的立场思考，这些未成年人犯下的罪行令人切齿；站在挽救、教育、感化的监管立场来思考，如何找到启迪良知与悟性的途径，因"材"施教，许金利越来越清楚他面临着什么样的挑战，他乐于接受这一挑战。

广播操　朗读课　三国杀

未成年人的心理特点是什么？
未成年人的犯罪心理是什么？

尽管熟悉看守所的各项监管制度，熟练掌控与被监管人员斗智斗勇的各路手法，但许金利依然强烈地意识到重整知识储备的急迫性，他查阅各种与未成年人相关的专业书籍和研究资料，结合每天与被监管未成年人接触的实践，悉心琢磨怎样建立更有影响力的教育方式。

许金利接手被监管未成年人时，没有做广播操项目，经他向领导建议后被采纳；没有识字、作文、法律、国学、音乐、朗诵、金融知识、企业管理等课程，经他向领导建议后被采纳；没有朗诵比赛、知识抢答、游艺活动，经他向领导建议后被采纳。

他找来授课"老师"，有著名音乐人、明星、专家教授和企业高管。

每次授课半天时间，布置作业，有讲评。一位被监管未成年人感叹，"这么牛的老师教我们，学校里的同学要知道，肯定羡慕死啦"。

着眼于启发心智、启迪良心，许金利组织被监管未成年人做游戏时，将互相配合、团队协作、争创优秀的因素精心融入其中。

春节之际，许金利看到自家侄儿与别人玩"三国杀"，联想到大墙里的青少年们，他立即学玩这款游戏，节后上班，他着眼其中的历史、文学、美术、社交因素，经过有针对性地设计，向领导郑重建议开学"三国杀"。得到领导批准后，他自掏腰包，给每个未成年人监室买下一套"三国杀"卡牌，教会在这里被监管的每个未成年人如何玩……

一少年进所时大字不识几个，出所时已能读报。

一少年初来乍到时以"混世魔王"自居，离开看守所时，依依不舍地拉住许金利双手，哽咽地保证"一定痛改前非，好好做人"。

一少年剥几粒花生，送到前来探望的母亲嘴边，轻声说，"妈，你等我回来"。母亲在惊讶孩子懂事之际，百感交集，失声痛哭。

有位少年离开看守所时，凑近许金利耳边说："在所里叫你许管教，现在可以叫你许哥吗？"

"许哥"听了，眼眶湿润。

半年前，许金利喜得贵子，眼下正是稚嫩幼儿咿咿呀呀可爱之时。

"升格"父亲，许金利由此更加真切地感受到自己从事工作的神圣。

发表于 2013 年 4 月 22 日

"神眼"巡路识破众多嫌疑人

陈邦建速写

人物档案：陈邦建，38岁，福建省福清市公安局音西派出所交巡警中队副中队长，三级警督。

个性言语：查出坏蛋特兴奋，就觉得对得起这身警服。

第一印象：个子不高，眼睛明亮，神情腼腆。

凌晨时分，一辆平头车为加速超车驶入逆行车道，与迎面而来的一辆巡逻警车对撞。警车被巨大的对冲力狠狠顶出70米开外，车顶被刮掉，驾车警官当场身亡。陈邦建坐在驾车警官身后，头皮撕翻，血流满面，睁不开眼。

"完全不记得自己是怎么从车里爬出来的"，陈邦建回忆着。

记者看到他脑门正中一道长长的暗疤，从发际直直斜垂至左眉上方。当年那一刻，21岁的陈邦建从警校毕业不及10个月。

一眼断真假

转眼13年过去了。

初春，中午时分，一辆黑色本田轿车停在路边没有熄火。

陈邦建驾驶巡逻警车经过，远远注意到这辆车没有后车牌。他抵近停靠，下车盘问。

驾驶者低头翻找证件，陈邦建站在车门边，将车座近旁搁置的一把长长砍刀和一支电击器扫入眼帘，他接过车窗里递出来的行驶证和驾驶证，一眼断定这是假证件，但他借口车体外观有毛病，请驾驶者下车，随即身手敏捷地将该车熄火，并拔出车钥匙。

年轻驾驶者高出陈邦建半头，急于返身进车，与陈邦建角力撕扯。陈邦建皮破血流，却终将驾车者锁入警车。这时，对方掏出数千元人民币，哀求他放人，被陈邦建厉声喝止。

事实上，这辆黑色本田轿车的左前门储物格内藏有一把子弹上膛的仿"六四"式手枪，后座放置的羽毛球拍袋子里藏有一把制作精良的五连发霰弹枪，驾驶座藏着一把钢珠枪，前排座位中间的储物格内，藏有5发霰弹枪子弹及大量现金。除陈邦建先前看到的那把砍刀和电击器外，车内还藏有部分冰毒及数量可观的吸毒工具和数百个毒品分装袋。

公安机关经讯问得知，这名外省青年将车停在路边，是在等候另一伙伴的到来。

陈邦建于2007年9月自荐下基层，结束在市公安局机关3年的办公室工作，到音西派出所当交巡警。截至记者前往音西派出所采访之际，陈邦建在5年时间里共纠正各类交通违法行为13 000多起，在路面查获各类枪支16支、子弹139发、各类毒品3100多克、管制刀具316把、抓获各类犯罪嫌疑人300余名。

在这堆数字的背后，最让领导和同事称奇的是，陈邦建有一双"神眼"。

直觉有神功

陈邦建与队友仅凭路面巡查，多次擒获携枪、携毒、携刀的犯罪嫌疑人，有市局领导在闻知又一起大案在路面告破时感叹："又是这个陈邦建"。

那天夜深时分，陈邦建下班后骑两轮摩托车回家，有小轿车驶过身边，他紧追不舍，吓得车内四个"黄毛"（染发男青年）弃车奔逃，他抓住其中一人，结果发现车上藏有500多克毒品，事后方知，四个"黄毛"中有两人持枪。

又一夜深时分，陈邦建开警车巡逻，一辆奔驰车驾驶者见警车后加速狂驶。陈邦建紧追半小时，忽见奔驰车开窗抛包，陈邦建赶紧停车寻找，发现包里装有一支仿真手枪。车主后来被抓获。

一次次识出假车牌、假驾驶证，一次次发现各类犯罪嫌疑人，"马路警察"陈邦建"传艺"给二三十个"徒弟"，却从不认为自己有多"神"。

多年交警生涯铸就陈邦建观察入微、心路缜密的专业特长——举凡车牌、驾照、行驶证各式造假版本，他了然于心。如果将造假版本进行比较，陈邦建告诉记者，广东的最逼真，浙江的次之，福建本地的最差。

问识别假车牌有无秘诀，陈邦建笑答——看车牌底色，或深或浅，有色差；看车牌字母及数字，尤其留意拐弯笔体，边缘精致或粗糙有不同；看车牌反光度，尤其在夜里，或强或弱区别明显。

问识别犯罪嫌疑人有无秘诀，陈邦建笑答——正常人与吸毒者脸色、眼神不同；看到警车，携枪携毒携刀嫌疑人举止反常，往往出现避让或奔逃等反常举动。

陈邦建的执法经验经过日积月累，沉淀为看似神奇的警察直觉。这种直觉一次次被高效破案的经历所证实，由此成为同事和领导眼中的传奇。

"看多了，用心比较，一眼就能识出破绽。"陈邦建这样说。

发表于2013年5月6日

为艾滋病患者手术刺指惊心

谢建新速写

人物档案：谢建新，40岁，福建省建新医院（监狱管理局中心医院）医生，二级警督。

个性言语：人啊，看开了没什么了不起。

第一印象：中等个头，体型匀称，气质沉稳。

肾结石手术正在进行中，手术台上躺着一名艾滋病患者。

主刀医生谢建新开始为这位患者缝合手术切口。突然间，自己左手指猛一抽搐，刺痛瞬间袭来。他急忙扒掉手术手套查看，食指指尖沤出了鲜红的血滴。

"出血啦！"

手术台旁的同事恐慌地催促，"快，谢大夫，紧急处理！"

危急时刻

来不及想清楚持针右手是怎么将缝针误刺到左手食指上的，谢建新只顾得攥紧食指，疾步奔向消毒池，一边用力挤血，一边大量冲水……回到手术台前，他保持镇定，缝完最后一针。

走出手术室，谢建新立即向医院领导作了汇报。领导的神色骤然紧张，立即派车送谢建新去福建省疾控中心艾滋病实验室评估，实验室医生为他开出需要服用的化疗药物，建立病情档案。

"针扎后肯定很害怕，心里总觉得怪怪的。"

事情发生在2009年夏天的那个上午，谢建新清楚地记得，从省疾控中心折腾一番回到办公室，他一个人静静地坐在桌前，各种念头纷至沓来……

在服用化疗药物期间，谢建新没向妻子"汇报"任何细节。由于化疗的副作用很大，他浑身乏力，总感觉很疲乏、食欲不佳、时常恶心，但他心里清楚，必须强制自己吞咽食物。

后来，还是他的好朋友忍不住把真相透露给他妻子。

"我妻子当时吓了一跳，半年以后这事就淡了"，谢建新轻描淡写地回忆着。

感染艾滋病的潜伏期到底有多长？

一年还是十年？

谁也说不清。

谢建新刺指一年半后，再也没去复查过。

"人啊，看开了没什么了不起。"

谢建新不无感慨地说，这位医生到底经过怎样的思虑，把关联自己生命和生活的一切全都"看开"，外人实在难以洞悉这位警官医生手术刺指后的心路历程。

易受损伤

1996年夏天，23岁的谢建新毕业于福建省医科大学。历经5年的临床专业学习，这位年轻人的理想是做一名外科医生。毕业不久，他参加了全国首次举行的公务员考试并顺利通过，于1997年1月来到建新医院工作。

建新医院承担着对福建全省监管场所被监管人员的救治职责，被监管人员中所有艾滋病感染者都会被送到这家医院进行诊治。而社会上的艾滋病人去其他医院就诊时，院方发现后往往坚决拒收，并建议转诊到建新医院。

"别的医院转送过来的艾滋病人，我们医院是不能拒收的。"

谢建新来这里工作已有16年半，仅就艾滋病来说，他和他的外科同事们为艾滋病患者做过十余例大型手术，其他各类手术逾百例。

由于艾滋病是严重威胁人类健康的免疫缺陷综合症，当艾滋病人身患其他疾病后，因其抵抗力低下，患病症状较正常人严重得多，这既表现为手术切口愈合弱，又往往表现为突然出现病情恶化。手术医生由于经常操作手术刀片、止血钳、缝针等锐器，天天进行手术的外科医生难以避免遭遇伤情。

"手术用针主要分圆针和三角针，操作需要心灵手巧，缝多缝少都不行。"

依据谢建新的手术经验，一般来说，十几公分的切口需要缝十几针，大型手术如胃肠手术，从里到外要缝合上百针甚至数百针。由于右手持针，左手风险最大，尤其在进行深部缝合时，眼睛难以观察，需要两手默契配合，稍一走神就会刺伤自己。

另外，除手术锐器外，骨折患者在进行手术时，手术医生需要特别注意，因为骨折断裂处的骨茬儿极易剐伤或刺伤手术医生的手指。

"一年365天，我们每天都在待命，不知什么时候就要进行紧急手术，很少在家吃住。"

建新医院每年平均操作大小手术500台，而这家医院的外科医生包括麻醉师在内，目前仅有6人，如此的人手与手术需求量之间形成了极大反差。

"今天不知怎么了，手术过程中我有些头晕，手术做完觉得很乏累"，谢建新说，"以前从没有这种感觉"。

"老啦。"他冲着记者笑笑，调侃地说。

发表于2013年5月14日

一个内勤的高效工作秘诀

靳青青速写

人物档案： 靳青青，女，河南省郑州市二七区人民检察院内勤。
个性言语： 我的责任心和正义感很强，不怕吃苦，不斤斤计较。
第一印象： 圆脸圆眼，风趣机敏，爱说爱笑，朝气勃勃。

内勤，单一个"勤"字，可谓门道深深。

内勤秘诀有八字，道是"眼勤、手勤、嘴勤、腿勤"。

靳青青，河南省郑州市二七区人民检察院公诉科内勤，别看年纪轻轻，却是个"内勤高手"。

一针挑起千条线

靳青青到检察院工作已有6年，先到侦查监督科当内勤，对应8名检察官的业务，而后调换到公诉科，对应12名检察官的业务，忙碌有加。

俗语说"外行看热闹"。

靳青青的办公桌上垛着厚厚的案件卷宗，她既要执笔登记纸质档案，又要敲击电脑键盘输入电子文档；她时不时地在楼上楼下奔来走去，进出各间办公室，领取、发送或递交各种文件及统计报表；时不时地接听或打出电话，与院内外业务关联部门和单位沟通、接洽。

俗语说"内行看门道"。

来自公安机关审结的案件先报送到公诉科内勤手上，内勤按内部程序分配给各承办检察官，如有检察官发现公安机关移交的案卷证据不充分，再交由内勤退回公安机关补充侦查；承办检察官审结案件后，由内勤将案卷移送法院审查起诉；法院下达开庭通知书、不予受理决定书、驳回起诉决定书等事项，也要由公诉内勤接收后转交承办检察官。

一桩案件往往要经历引导侦查、退回补充侦查、撤回移诉、延长审查期限等过程，时间长达数月。公诉科内勤必须熟知各案件的即时进程，提醒承办检察官确保案件审理进程的法律时效。

不仅如此，靳青青按规定要将每起案件登记在册，并将全部信息分类、分项输入统计表格。每名检察官每月做了哪些工作，也要按报表要求详细登记在册，上述种种事项必经靳青青之手。

都说内勤是个辅助性岗位，这工作"承上启下""协调左右""联系内外"，被喻为部门里上传下达领导精神及全方位工作信息的交通枢纽。

都说内勤这份差事苦、累、烦，绝不是什么人来上手都能玩得转的。

若问这位年轻姑娘怎么想，人家灿灿一笑，"没问题"。

高效工作找秘诀

靳青青语速快、反应快、走路快。一天忙到晚，同事们总见她笑容灿烂，很少唉声叹气、愁眉苦脸。

看靳青青写字，字大、周正、笔划很有力道，这哪像女孩子的腕指用力。

听靳青青怎么评判自己，她眨几下大眼睛脱口而出：

"我——大大咧咧，开朗。对人对事热情。责任心和正义感很强。不怕吃苦，不斤斤计较。"

靳青青手里攥着一大把荣誉，其中"绩效之星"称号是依据全院的工作业绩统计数据择优评出的。听院里同事介绍，这姑娘在全院上下口碑极佳。人品备受称道，工作表现出色。

日复一日地面对大量的繁杂、琐碎性事务，这姑娘内心里真的是犹如一潭静水，微澜不漾吗？

"其实不然，我最怕报表出错。"

靳青青说，在刑事案件涉案数额上多写或少写一个"零"，不仅直接关系到被告人定罪量刑，还会对检察工作产生负面影响。有一次，靳青青发现自己出了错，找科长承认错误，未开口，眼泪先扑簌簌滚落，从此愈加小心仔细，警示自己万万不可出错，不可拖累全科业绩。

谁没有烦心时刻，举凡遇到烦恼事，靳青青回家后闭门静听舒缓妙曼的音乐，做做瑜伽，转移心绪。

谁能视工作为乐趣，谁就会享受到快乐的激励。

内勤工作有时像没头苍蝇似地忙乱不堪，靳青青的快乐恰恰来自她悉心摸索出的一套工作秘诀——既针对部门工作规律、特点和节奏，又合适自己做事风格和习惯，什么时间最急做什么、最该做什么；如何在同一时段内统筹处理多项不同事务以达到最有效、最便捷、最节省时间和体能的功效，靳青青了然于心，得心应手。

"在内勤这个岗位上，我学会了很多。"

靳青青笃信，做内勤工作，自己的潜力和才能据此得到了开掘、锤炼和印证，受益匪浅。

发表于 2013 年 5 月 18 日

让死刑犯平静地"走"

刘峥速写

人物档案：刘峥，北京市公安局第一看守所监区管教民警，一级警司。
个性言语：他们首先是人，然后才是罪犯。
第一印象：英气勃勃，目光犀利，头脑冷静，反应机敏。

天，特别阴沉。
上午，一名死刑犯的行刑时刻降临了。
一名小伙子因残忍弑杀两条人命，此刻被法警提解出看守所，前去接受法律最严厉的惩处。行刑前夜，刘峥与这名年轻罪犯彻夜长谈。
"才20岁啊！"刘峥忍不住喟叹。

行刑时刻

第一看守所死刑犯监室关押着一审被判处死刑、二审维持原判、等待最高人民法院进行死刑复核的重罪囚犯。在看守所当民警16年，刘峥经手管教过的，几乎都是死刑罪犯。

许多被监管人员刚被收监时，都以为在法院一审定罪量刑判决之后就要"拉出去"执行了。但是，一审判处死刑后，还有法定程序要履行，尤其是被告人不服判决上诉后，其求生欲望被激发出来，不似刚入监室时那么悲观绝望，他们的话语多了，想多了解一些审案程序和审案细节。

"最危险的时段，是在二审法院维持原判直至最高人民法院复核下达期间。"

刘峥深知，死刑犯监室在这一时段最易"出事"。接到二审法院维持原判的消息后，死刑犯心灰意冷，情绪极度压抑。由于《刑事诉讼法》没有明确规定二审维持原判至执行死刑有多长时间。根据经验，在以往的经历中，执行死刑有时会等很久，有时又会很快到来。

"等死的过程相当可怕，大多数死刑犯在心理上是承受不了的。"

依刘峥观察，即使再恶的人，心静时只要想到将"死"，就会顿感极度悲观，而此人的悲观情绪会传染给整个监室的所有被监管人员。

每逢行刑日，有死刑犯被提出监室，那一刻监室内特别静。刘峥形容，那一刻的静，静得能听见自己的心跳。

融化顽冥

一年轻人早年因父母离异、自小被酗酒父亲一次次撒气暴打，又因体型瘦小，在成长环境中备遭欺凌，由此铸就他极度仇视社会，咬牙切齿地发誓不惜一切手段要做"人上人"的疯狂心态。

结果，他策划并制造了一系列的绑架案之后被擒获。入监时，他嚣张异常，脸上呈现出蔑视一切的微笑。

那天，刘峥叫他到谈话室，让人端来一碗生日鸡蛋面。

接过面碗，这年轻人毫无表情，低头吃面，刘峥感觉到他情绪逐渐波动，且越发激动。面才吃到一半，这年轻人突然抬头对刘峥愣愣地说，"谢谢你——从小到大，只有我姐姐记得我生日，没想到你们也记得"。

原来，这年轻人跟姐姐最亲，姐姐为挽救屡屡犯罪的弟弟，曾给他10万块钱，劝弟弟好好做生意。但是，他没有听从姐姐的苦心相劝和叮嘱。

管教民警找到这个年轻人的姐姐，录下她对弟弟哭诉的肺腑之言，将声泪俱下的即时情景带回监室放给这个年轻人看，他看着看着，突然跪倒在水磨石地面上，"嗵嗵嗵"冲刘峥连磕三个大响头，脑门立马青紫一片，泪水止不住地从他脸上淌落。这名曾经桀骜不驯的狂徒自此特别配合监管工作。

"姐，我就求你最后一件事，你给看守所送面锦旗。我的人生走到这儿就算结束了。"

这是他确知将要执行死刑之前，请律师转告他姐姐的话。后来，他姐姐给看守所送了一面锦旗，锦旗上写着"真情帮教、尽心尽责、无私育人、堪称典范"。

行刑前夜，管教民警从傍晚到黎明轮班同他交谈。凌晨时分，刘峥与他交谈完，等特警队员来到后，把他带到解押室……

"如果我早点遇到你们这样的警察，我不会走上这条路"，他临别时对刘峥这样说。

"送走"过许多死刑犯的刘峥，记忆中存有这样一些情景：

——行刑交接时，刘峥打开监室的门，点名提人，被点名的死刑犯将刘峥借给他的那本《亮剑》小说抚平书页，规规矩矩地放在座位上，转过身平静地对刘峥说，"刘管教，我准备好了"。

——在解押室，有多名死刑犯被解下手铐后转交特警队员之前，紧紧握住刘峥的手，有人说"谢谢你，刘管教"；有人说"在这里认识你，是我人生最荣幸的事"。

"对我来说，我首先把他当做一个普普通通的人。"

刘峥这样评价自己的工作："让他们在我的管理和帮助下能够真诚地反省罪恶，最后平静、安详、有尊严、少带遗憾地去接受法律惩处，就是对我工作的最高奖赏。"

发表于 2013 年 5 月 23 日

破解精神病女性罪犯心障

高蕊速写

人物档案： 高蕊，北京市女子监狱四分监区管教民警，三级警司，三级心理咨询师。
个性言语： 小时候，妈总对我说，做人要争气，做事不能丢爸妈的脸。
第一印象： 短发齐耳，眉毛弯弯，嘴角微翘，语音轻柔。

精神病患者，常人避之唯恐不及。

在监狱与几十个患有精神病及性格偏执的罪犯朝夕相处，这就是高蕊的工作。若问她干管教这差使有什么感觉，人家微微一笑，从容应答"没啥啊，挺好"。

独当一面

20岁那年，高蕊结束医疗护理专业的学习，走出校门。

原本，进医院工作似乎是水到渠成的事。谁知，监狱有个陌生的工作岗位等着她。报到时，穿上警服的高蕊自忖所学专业"泡了汤"。

监狱跟医院相比，什么环境？

"师父"带"徒弟"，先从翻阅罪犯档案干起，了解每名罪犯的犯罪过程及判决结果。虽然女子监狱关押的都是女性罪犯，但高蕊读完一份份罪犯档案，洞悉所面对的一个个女性罪犯均以杀人、伤人、抢劫等血腥罪行入监接受刑罚，判决书字里行间透出惊悚杀气，让初出茅庐的高蕊极度震惊。

现实明摆着，她将与这些形形色色的罪犯整日相处，不知何年。

高蕊出生在北京郊区一个普通的农民家庭，早年家境经济拮据，父母勤劳维持生计。高蕊小时候在父母和村民眼里，是个最懂事的乖乖女。父母通情达理，教育她要吃苦耐劳、热心助人。她自小谨记母亲的不懈教诲，"做人要争气，不能丢爸爸妈妈的脸"。

走上工作岗位，高蕊不甘人后，适应工作环境，学习管教技能。

七年的时光转瞬而逝，领导和同事眼中的高蕊"从未有过怨言，每次都能出色完成业务"。最初上岗的那个"小姑娘"历经磨砺，多年后已经能够独当一面了。

2007年，高蕊调到精神病犯监区。在这一监区，处于康复期的精神病罪犯有30余人，精神异常罪犯有20余人。

精神病罪犯基本上都存在认知能力和控制能力的缺陷，服刑改造能力远远低于普通罪犯，其情绪失控或犯病具有突发性。而那些精神异常的罪犯则处于偏执、多疑、敌意、抑郁等心理状态中。

"我那时已经怀孕，挺着大肚子到精神病监区。"

高蕊脸上掠过一丝阴影，当时老想着"别哪天她们中有人犯病，打起来伤到我"。

不懈学习

参加工作的第二年，高蕊兼职担负起监区的心理咨询工作，经过持续不懈地学习，她在2009年顺利通过心理咨询考试，获得了三级咨询师资格。

知识积累、理念更新、经验丰富，促成高蕊渐入更高层次的理念境界：

曾经令人畏惧的管教对象，变成她启发良知、矫正邪念、平抑躁狂的攻关目标。每每经过良性沟通，她与被管教罪犯达成理解、信任和尊重，触动对方良性意识并促成其正常行为的固化，这最能让高蕊享受内心生发出的莫大喜悦。

"她们需要被理解，她们很在意你对她的态度。"

在高蕊的创意设计下，心理健康课堂以多变的授课形式和生动的课堂游戏，成为最受被监管罪犯欢迎的活动；剖析案例，解析如何通过注意力转移法去提高应激状态下的情绪控制能力，恶性暴力精神病患者聆听后，对个人的残暴行为有了发自内心的悔过；创建"降噪室"，让那些心理失衡的女犯聆听舒缓音乐，在室内宣泄不良情绪……凡此种种举措，都成为缓解罪犯情绪的长效运行机制。

入春时，一位因杀人入狱的精神病罪犯突发狂躁抑郁症，她失去自我意识并出现幻听、妄想等精神分裂症状，进而出现大小便失禁病情，生活不能自理。

高蕊配合精神病医生救治方案制订了辅助治疗康复计划，采取行为训练并结合音乐治疗给予矫治，无论起床洗漱、衣着、整理床铺、日间饮食、打扫房间卫生等活动，高蕊都手把手地向那名精神病罪犯示范督促。

这名罪犯发病期间意识混乱，仅认得高蕊，听从"高队"吩咐。一个多月后，她恢复了意识和生活能力，康复后情绪稳定。

一名罪犯曾因严重违反监规纪律，两次被处以禁闭。出监前，她找到高蕊表达出自己的感激之情，说"要没有你的耐心劝导，我不会有今天的生活信心"。

高蕊欣慰的是，"她们认可、接受、信任我，是因为她们最终明白，我做的一切，都是真心地为她们好"。

精神病监区又有新调来的年轻女警，高蕊听到她们小声嘀咕"怎么管啊？"

忆起自己初来乍到时的心理，她对年轻人笑笑说，"没事儿，干干就知道了"。

发表于2013年5月29日

驾车追逐嫌疑人惊魂瞬间

张熙鹏速写

人物档案： 张熙鹏，北京市公安局刑侦总队五支队副中队长，一级警司。
个性言语： 好刑警头脑清晰灵活，甭管多大、多难的事儿，都得扛下来。
第一印象： 眉宇英武，神情沉稳，身体结实，力道遒劲。

深夜，四下漆黑，杂乱不堪的施工工地。

一辆捷达车疯狂奔逃，张熙鹏驾驶着大切诺基紧追不舍——颠簸、腾起、左闪、右突，车轮下进出的尘烟遮蔽星月。

突然，大切诺基车头猛地昂起，"噌"地一声径直蹿向空中……车子在夜空中如幻如梦地"飘移"，一切似乎都静止了。那瞬间的体验，永远地印在张熙鹏的心底。

惊险追逐

午夜零时，四辆警车悄然驶入一居民小区，刑警下车围向涉毒嫌疑人居住的楼房，张熙鹏奉命候在车内值守。猛听得四处里响起声声呐喊——"跑啦，跑啦，快追！"

人影幢幢，脚步杂沓，一辆银灰色捷达车"唰"地掠过张熙鹏眼前，冲出小区院门。张熙鹏动作迅速地发动大切诺基，待四名刑警匆匆钻进车内，旋即疾速追去。

小区院门外几十米即是一处施工工地，捷达车拐进工地狂逃。张熙鹏猛踩油门，加速追赶，哪晓得工地的陌生路况格外复杂。很快，他就尝到苦头。

车灯雪亮，射不透前车疾驰扬起的浓浓尘烟，后车只能追烟竞逐。突然，张熙鹏驾驶的大切诺基车头猛地扬起，蹿向空中。

"我侧头看看，车身离地有篮球筐架那么高，至少三米多啊！"

车身重重落地，扎进巨大的坑洼，张熙鹏再给油加力，车体又蹿向空中，车内刑警人人手机脱落，不得不抓紧把牢，哪还顾得旁的。待车体再落地疾行，车右轮辗上大土坡，一下子车体近乎侧立，车内一阵慌乱。

半小时生死时速，车身十几次反复剧烈颠簸，车内人人全身绷紧，再没人喊"追追追"。

好在捷达车拐上柏油马路，遇到警车迎面拦截，当捷达车被持枪刑警逼停路边时，张熙鹏撵上捷达车，开门冲下车，抡起伸缩警棍，将捷达车前风挡玻璃及车门玻璃击碎，出手控制住捷达车驾驶员……

"我得好好看看这个疯狂开车的人。"

张熙鹏仔细端详着捷达车驾驶员，那家伙竟然与张熙鹏对视，神态自若。

第二天，张熙鹏发现大切诺基车前面的"鬼脸"撞坏了，两个车轮中间的车梁也断了，四个车轮歪撇着。

抓捕行动结束后，同车刑警调侃张熙鹏，"瞧你那天车开得——怎么想的？！"

"我就是怕跟丢了。"张熙鹏不好意思地喃喃道。

生死情谊

自小迷枪、迷警服。

16岁，张熙鹏初中毕业进警校，19岁被分配到北京市公安局。

入警第一天，市局巡查总队特警支队先行挑人。凭着过人的身体素质，百米跑进12秒，引体向上30余次，再加上面试头脑反应是否机敏，张熙鹏在二百多名同届警校生中跻身被选中的八名同学之列。

迷枪，如愿以偿，五四手枪、六四手枪、七七手枪、转轮手枪、七九微型冲锋枪、八一半自动步枪、九五半自动步枪、八五狙击步枪、八八狙击步枪……均上手操练过。

当刑警，一次次参加打击绑架、涉枪、涉爆犯罪的抓捕行动，桩桩件件都具有高度危险性；当上刑警，才知这份差使不仅常常面对生死危险，更要忍受寻常人难以体验的苦和累。

"开始还能跟父母说说，后来就不说了"，张熙鹏不愿让父母担惊受怕。

且不说抓捕时的高度紧张，且不说目击腐烂尸体的生理反应，就说最忙时每人手里攥着二三十个案件线索，一时一刻停不下来地追查，早上一睁眼就开车出去，三四天合不上眼，每天巴望倒在床上躺两个小时就是天大的幸福。

最忘不了的是，自入警参加抓捕行动以来，每次抓捕，带队领导和老民警都讲这句话，"你们岁数小，就在后边站着，我们第一个冲进去"。

"在现场那种特殊的高危环境下，这句话意味着什么呢？"

不当刑警，不在那种特殊时刻，听到这句话，真不懂其中饱含的珍贵情谊。每每这时刻，都让张熙鹏深深地感动。

几度风雨，几度春秋。

近三年，张熙鹏参加过四五百次抓捕行动。多少次奋勇搏击、机敏避险，刚过而立之年的他已经记不清了。

发表于2013年6月1日

一些可怕的事就不说了

林子清速写

人物档案：林子清，52 岁，中国刑事警察学院法医学系主任、教授、二级警监。
个性言语：好法医，最起码要做到认真、耐心、公正。
第一印象：面容平和，神态持重，不疾不徐，思维缜密。

入冬时节，公路上发生一起严重交通事故，现场 3 人死亡，一辆运载危险化学品的大型液罐车因车祸大量泄漏剧毒化学液体。

时隔一天，一名老年男子在距现场数十米外的家中蹊跷死亡，死者是否因危险化学品泄漏中毒致死，需要鉴定部门明确甄别。

强烈心悸

委托申请紧急递到中国刑事警察学院法医学系。

蹊跷死亡的老年男子如果死于中毒，在 4 名死者中其程度应属最轻，林子清决定先对其进行病理解剖。考虑到这名老年男子身体存在残留毒性挥发的可能，尽管正值严冬时节，窗外气温零下十几度，林子清与两名助手决定将解剖室窗户打开。

"咱们别中毒，解剖要快做，争取一小时做完。"

林子清叮嘱两位助手，让他们站在距窗户较近的上风处，自己处在下风处。解剖手术于傍晚开始，到晚上 8 时许结束，窗外已是漆黑一片。

林子清脱下手术服，经过仔细清理后走出解剖室，坐到自己办公桌前，依据解剖获得的病理观察结果，向对面坐着的政府部门相关负责人介绍情况。突然，一阵剧烈的心悸袭来，那是从未有过的一种感受，林子清十分清楚，这是中毒的表现。周围的人慌了神，连声催促他去医院救治。

"我坐着不敢动。"

林子清回忆起当时的情景，他告诫身旁的人，"再等等，再等等，不行就整副担架抬我去医院"。十几分钟后，突然袭来的强烈心悸减弱了、消散了。

解剖证实，居家身亡的那名老年男子的确死于中毒。现场勘察发现，大量剧毒化学液体因车祸外泄后，一直流淌到老年男子家附近的地面上，他是被剧毒化学液体挥发的气体熏死的。

第二天，环保局专业人员带着仪器来到法医学系病理解剖室测试。结果显示，房间里的毒性含量超过致人死亡标准的 10 倍。

此后，对车祸中另外身亡 3 人进行病理解剖时，操作者均身着防化服操作，避免危害发生。

刺伤食指

又是隆冬时节，林子清与助手驱车赶往距沈阳数百公里外的某县殡仪馆，那里储藏着一具因交通事故死亡的男子尸体。事故双方打官司争执不休，致使尸体存放达五六年之久。

"殡仪馆条件非常不好。"

林子清与助手穿着厚厚的冬装，外面罩上白色手术服，看上去显得有些滑稽。尸体从储藏匣里搬出时，林子清看到的是一具色彩斑斓的"人"，他躯体表面布满白色、淡粉色、淡黄色、青绿色、黑色交混的色块，这是由于各种霉菌在人的肌体组织上大量滋生繁衍所呈现的现象。

解剖室没有暖气，屋内外温度同处于零下二十多度的严寒之中，林子清冻得有些拿不稳手术刀。病理解剖整整进行了 3 个多小时，临到最后缝合之际，林子清一不小心，持针右手将粗硕的缝针针尖误刺左手食指，鲜血一下子涌了出来。

那根针在霉菌密布的腐败人体组织上穿来穿去，此刻竟刺到自己手指上，当法医多年的林子清赶快挤血处理，他深知这后果可能很严重。

"能不能找点酒精来？"林子清向县殡仪馆负责人询问。对方回答"没有"。

林子清此行仅携带福尔马林药水，他的助手在殡仪馆工作人员带领下赶快奔到当地一家卫生所找来酒精，帮他反复擦拭、清洗受伤的左手食指。

"我当时心情很不好。"

解剖手术还剩最后一部分没有做完，林子清尽量用轻松的口气对同行助手说，"要是 6 个月过后没事，就算没事了"。林子清所说的"没事"，是指自己没有受到霉菌感染。这情景被旁观的双方当事人看在眼里，他们感叹连连，"哎呀，你们这工作真是不易，危险啊！"

做完解剖手术，林子清与助手赶紧回返。天已是大黑，风雪扑面，行车 4 个多小时后，林子清回到沈阳家中。他疲惫地走进家门，尽量用平静的语气跟妻子讲述刺指经历。身为医生的妻子吓了一大跳，赶紧为丈夫处理伤口……

林子清幸运地没有被霉菌感染致病。

得知因交通肇事而纠纷多年的双方当事人看到鉴定结论后均服气认可，一场延续多年的激烈纷争由此平息，林子清说，这就是对他工作最大的认可，他感到欣慰。

"我们的工作经常会遇到难以避免的危险情况"，林子清说，"还有一些可怕的事，就不说了吧"。

发表于 2013 年 6 月 17 日

让颅像复原技术穿越时空

赵成文速写

人物档案： 赵成文，72岁，中国刑事警察学院教授，一级警监。
个性言语： 踏踏实实做人，老老实实做事，顺应自然，不强迫自己。
第一印象： 眉毛浓密，眼神炯炯，精神矍铄，脚步轻盈。

"你说我眉毛长，最长那根能到鼻尖儿。"

赵成文边说边用手指捋着左眉间那根"长寿眉"比及鼻尖，格外认真。

半个世纪前，刚刚21岁的赵成文走出专业美术学校校门，哪料想到未来。若不是误打误撞进入警察队伍，如今这位"中国刑事相貌学创始人和奠基人"的人生之路，真不知会跨到哪条道上去了。

神奇破案

"我在新浪的博客名叫'赵成文——穿越时空'。"

赵成文坐在家中电脑前，熟练地摆弄着鼠标，为记者打开电脑文档中的一个个文件夹，文件夹里跳出一个眼熟的模拟头像。

两年前，公安机关把这张头像贴在许多城市的大街小巷的显眼处。那个名叫周克华的公安部A级通缉犯，在苏、湘、渝等地相继制造了一系列耸人听闻的持枪抢劫杀人案。

"警方掌握的资料很有限，监控录像也很模糊，我利用他们提供的资料制作了模拟头像。"赵成文指着电脑屏幕上的周克华模拟像说，"现在，我们的系统已经升级到四星级了"。有统计显示，"警星CCK人像模拟组合系统"协助各地公安机关办案数千起，破案率达到80%。

赵成文提到的"系统"，全称为"警星CCK人像模拟组合系统"，是专门为我国公安机关开发的用于模拟人像的计算机处理系统。1993年，凝结着赵成文心血的学术专著《刑事相貌学》面世。同年，"警星CCK人像模拟组合系统"启动研制，历经20年开发调试，该系统已从第一代发展至第四代。赵成文参与侦破重大疑难的案件数不胜数，他记起那次巧得不能再巧的破案经历：

那年，湖南省桑植县接连发生强奸案，社会影响极坏，警方破案压力巨大，当地公安机关向中国刑事警察学院求助，赵成文与助手携带"警星CCK人像模拟组合系统"赶赴桑植。

入住宾馆后，赵成文打开系统演示。哪料想，警方叫来的一名强奸案受害者指着屏幕上的模拟人像说极像犯罪嫌疑人。第二天，警方把社区治保主任找来。一看模拟人像，那治保主任没有迟疑就叫出人名来。结果，社区治保主任联系其家人，知此人正在上班。

当晚，警方去家里正面接触那名被指认的嫌疑人，办案警察三问两问，此人扛不住心理压力，承认他正是连连作案的犯罪嫌疑人。这名嫌疑人到案后，他的面相恰与被害人指认屏幕上的模拟人像吻合。

"真是巧合"，赵成文呵呵笑着说。

颅像复原

颅像复原，即依据人的颅骨复原其相貌。

该项技术利用现代科技手段，将额头、耳朵、眉眼、鼻子、嘴巴以及脸部各部分的组合成像，逼真地再现人脸容貌。

无论复原白骨案、碎尸案、毁容案中的受害者相貌，还是依据受害人对行凶罪犯相貌特征的描述，这项技术能够为公安机关侦破刑事案件提供极大帮助。

有意思的是，赵成文将该项技术运用于复原数百年、数千年之前的古人头像，令考古界、新闻界惊喜连连。2000年，"警星CCK人像模拟组合系统"在德国荣获国际金牌奖。

时隔两年，赵成文在偶然参观江西省博物馆时，看到了正在展出的明王妃古尸，他脑海里当即浮出一个念头——能不能"复原"这位明王妃的面容？赵成文经过一番努力，将60多岁去世的明王妃复原相貌做好，用特快专递寄送江西省博物馆，哪晓得人家想看看这位明王妃中年和青年时的相貌，于是赵成文再辛劳一番。

消息不胫而走。未及隔月，湖南省博物馆火速邀请赵成文复原长沙马王堆汉墓女尸辛追夫人的相貌。接着，江苏连云港博物馆邀请他复原西汉凌惠平夫人与丈夫的相貌；辽宁省旅顺博物馆邀请他复原初唐时期男女木乃伊的相貌。其后，他复原了四川营盘山古尸，复原新疆楼兰"美女"木乃伊，复原西游记作者吴承恩及两位夫人的相貌，复原红山文化古尸，复原半坡遗址"男子汉"以及清朝"香妃"的相貌……

2005年5月17日，在中央电视台播出的节目中，观众看到赵成文依据一张珍贵的古埃及十八王朝法老图坦卡蒙的CT片，复原了这位少年法老2300年前的相貌。而在同一天，赵成文制作的这幅复原图，与埃及、美国、法国制作的3D图像比肩展示给世界。

赵成文已经十余次考察过秦始皇陵，他有这样一个心愿——如果能等到复原这位千古帝王面容的机会，那将是多么令人激动的时刻啊！

发表于2013年6月27日

从鞋印判断命案嫌疑人年龄

史力民速写

人物档案：史力民，53岁，中国刑事警察学院痕迹检验技术系主任、教授、二级警监。

个性言语：足迹学很神奇、很难、很抽象，特别愿意从事这项研究。

第一印象：眉目英俊，说话沉稳，神情专注。

"犯罪嫌疑人年龄在26岁，最后证明我是对的。"

史力民下意识地轻轻咬了一下嘴唇，回忆着当年鉴定一桩杀人命案时承受的巨大压力。

依据足迹判断年龄

去年初春，辽宁鞍山一农家院发生重大命案，两人遇害惨死。

警方仔细勘查案发现场，没有发现任何破案线索，只提取到农家院门口地面上留下的旅游鞋印迹。

"地面条件差，提取效果不理想。"

尽管如此，史力民深知办案人员对此抱有着极大期待。他办公桌上摆着办案人员送来的石膏灌注立体旅游鞋模，经过仔细观察，凭着数十年积累的专业知识和丰富经验，他写出了如下分析意见：

"犯罪嫌疑人年龄在二十六七岁，身高在一米七以下。"

时隔3天，史力民接到办案人员送来的犯罪嫌疑人在其家中留下的生活足迹，这一足迹的鞋底花纹与案发现场提取到的鞋底花纹种类相同。

史力民确认两处鞋印为同一人所留，但令他意外的是，办案人员称后一鞋印的鞋主的年龄为三十四五岁，这一信息与前一鞋印分析意见中对犯罪嫌疑人年龄的判断存在着巨大的差距。

既然两鞋印为同一人所留，为何年龄判断相差七八岁？

史力民再经仔细比对，确信鞋印显示的动作特征、年龄特征均与最初判断的二十六七岁年龄的定论吻合，没有问题。

"我坚持自己作出的分析判断。"

一个月后，办案人员在黑龙江省抓捕到辽宁鞍山农家院命案的犯罪嫌疑人，结果令原有的疑问烟消云散。案件侦破，犯罪嫌疑人的年龄确实是二十六岁。

"鞍山市公安局打电话给我，说'就是你先前判断那个年龄'"，史力民心里悬着的那块"大石头"亦然落下。

难忘首签鉴定结论

1982年，史力民从辽宁大学物理系光学专业毕业。两年后，他从就职的沈阳仪器仪表公司调入中国刑事警察学院，师从有"一代足迹宗师"之誉的吴旭芒教授。

光学专业与公安侦查技术的痕检专业是两个不搭界的专业，但史力民这样解释，"物理学的研究方法几乎适用于所有的研究对象"。

初入道，史力民被足迹学的神秘性所吸引。

想想啊，观察赤足足迹或穿鞋足迹，就能判断出行走人的起脚落脚、着力部位变化等特点，就能根据足迹确定留痕人的身高、体态、性别、年龄及行走姿势，还能确定此足迹与彼足迹的异同，为侦查破案指明方向、提供证据。

"足迹在犯罪现场的出现率最高。"

史力民说，足迹蕴含的信息量最丰富，清晰的足迹可判断出留痕人快走、慢走、奔跑、逃离，甚至能反映出留痕人徘徊、犹豫、窥测的行为特征。

记得当年跟随吴旭芒教授一起办案时，分析意见对不对，都由吴旭芒教授在鉴定结论上签字。待吴旭芒教授因年龄原因退休后，史力民担负起足迹负责人的重任，他顿时感到前所未有的压力，毕竟凡事要由自己牵头，这一切跟以往的经历完全不同。

二十年前，史力民挂职基层，对于第一次鉴定签字的经历，他至今难忘。

一桩持枪杀人案发生在晚饭时段，犯罪嫌疑人蹲在相邻平房的屋顶，手持猎枪，朝近旁屋内桌前坐着的一人射击，他在平房顶上留下了沾有沥青灰尘的鞋印。

"样本足迹比现场照片足迹短了8毫米。"

史力民记得，虽然鞋印花纹相似，但短掉的8毫米是不可解释的。如何作出正确判断，时间紧迫，史力民当时急得满脑门冒汗。经过对细节特征的反复分析，史力民在时间点上找到恰切、合理的解释：

犯罪嫌疑人作案的时间在当天傍晚，气温较高，办案人员提取足迹的时间是在当天深夜，考虑到沥青在温度变化下其着力软硬度有差别。史力民第二天在案发现场对足迹进行试验，结果印证了此前的分析。

"我们每年都要接受近百起案件的足迹鉴定"，史力民说，"我们总是要承担更多的责任和压力"。

发表于 2013 年 6 月 29 日

看一眼门锁破一起灭门案

戴林速写

人物档案： 戴林，56岁，中国刑事警察学院痕迹检验技术系教授、二级警监。
个性言语： 给学生讲课光动嘴不行，你动手做到了，才能讲得好。
第一印象： 相貌堂堂，精力充沛，话锋机敏，不失幽默。

戴林坐在痕迹检验鉴定室工作台前，摆弄着台面上的一大串钥匙。依墙摆着属于他的对开门工具立柜，柜格里储有各式各样的神奇"宝贝"——痕迹检验鉴定工具。

墙上挂着一面锦旗，上书"慧眼识微痕，铁证锁真凶"十个金色大字。那锦旗并非受害人所赠，瞧瞧落款，竟是沈阳市公安局于洪分局所赠。

锁钥留痕

那年，广西壮族自治区贺州市一家四口——丈夫、妻子、女儿、儿子——同时在家中遇害。当地公安机关全警动员，向社会公开征集破案线索，七天里，悬赏金额从5万元蹿升至20万元。案发第18天，广西警方宣布侦破这一特大凶杀案，涉案3名犯罪嫌疑人被抓捕归案。

"如果现场门窗完好，可以排除其他入室途径，门锁锁头就是破案关键点。"

贺州灭门惨案发案第16天，戴林应广西警方邀请，紧急赶赴凶案现场进行技术鉴定。戴林清楚地记得出发那天的具体日期，因为就在那天，他刚刚办妥过世老母亲与已过世父亲的合葬事宜。

出行前，广西警方就案发现场锁钥痕迹鉴定与戴林进行过多次电话咨询，依戴林心思，"口头描述再详尽也不如亲眼一睹"。

戴林走进案发现场已是当晚七点半，仅仅一个半小时后，这位从沈阳飞赴广西的专家出具了鉴定意见："房门钥匙被复制"。听到如此鉴定意见，一位公安机关负责人不敢确信，他向戴林连问三遍。戴林次次回答："后配钥匙开锁。"

案件侦破后，贺州市一位副市长充满感激地对戴林说："你来了，给我们带来好运气啊！"

回想当时情景，戴林情不自禁地感叹道，"当地公安机关承受了太大的压力啊！"

到贺州第三天，戴林从市局楼上的窗口望见策划这起凶杀案的主犯——遇害家庭主妇的妹妹——被刑警扣着手铐押解下车。

又一年入夏时分，辽宁省沈阳市于洪区一中年单身女子在家中被人杀害。是凶犯过路偶然起意入室行窃杀人，还是另有原因？当地警方最初判断为入室盗窃后杀人。警方请戴林对涉案现场房锁进行鉴定。

戴林逐一检验完警方提供的一堆钥匙后，指着其中一把钥匙说，"它被复制了"。

门锁钥匙复制引出"不排除是家属、亲近者作案"的合理怀疑。一旁站立的办案警官沉默片刻，神色凝重地说，"这结论太重要了"。

案情很快侦破，真相大白，这起凶杀案竟是遇害者情人雇凶杀人。锁痕检验为侦破此案起到了关键作用。于此，沈阳市公安局于洪分局给戴林送来锦旗。

动手动脑

"我家现在还摆着小时候做的鱼雷快艇呢！"

戴林十几岁时迷恋船模，这事在那年头可是不易。戴林出生于20世纪50年代，少年时物质匮乏，若想买个船模，价钱昂贵。

缘于父母爱子之心的慷慨，戴林的父母成全了儿子的梦想。直到今天，不管什么时候一进戴林家门，就能看到他儿时的那艘鱼雷快艇航模静静地摆放在显眼位置。戴林每每看到它，心底总会泛起一波微澜。

青年戴林下农村插队，三年后考入辽宁大学物理系光学专业。他毕业后被分配到国营公司下属的一家工厂，两年后调入中国刑事警察学院当教师。

入院不久，戴林去基层公安实习，一位老公安闻知来了个大学生，有些调侃地说，"大学生怎么来当警察啦？"接着一句话即是，"干警察有初中文化就行啦"。这事儿给戴林留下深刻印象。

警察哪能凭拍脑门断案呢?！

时至今日，戴林笃信痕迹检验技术"是个基础的东西"。警察在刑事犯罪现场，要判断各种痕迹，弄清其间的复杂关系，找出规律性，这个"基础"很重要。

自从进入中国刑事警察学院工作，戴林近三十年来编写了《特殊痕迹检验》一书，参与编写《中国刑事科学技术大全·痕迹检验》分册，还编写了《痕迹检验学》《痕迹检验与侦查破案》《刑事科学技术》《警察业务百科辞书》等教材和工具书。数十年精心钻研，戴林的"名声大了"，但他低调做人，因为"成功只证明能力"。

中国刑事警察学院推荐戴林入选"全国公安刑事技术特长专家"，在"技术特长"一栏里，该院填写戴林的技术特长有三项——"工具痕迹、特殊痕迹、交通事故痕迹检验"。

发表于2013年7月1日

绳索断面败露高坠谋杀真相

王震速写

人物档案：王震，37 岁，中国刑事警察学院痕迹检验技术系副教授，二级警督。
个性言语：痕迹检验专业不一定很尖端，它要求你是个杂家，啥都得懂点。
第一印象：瘦瘦高高，戴眼镜，肌肉男，爱好运动。

一名工人在高楼外墙粉刷作业中，因安全绳断裂，从高空坠落死亡，并砸伤地面一名工人——人们误以为这是一起责任事故。致人伤亡的两段高空作业专用绳索被警方送到中国刑事警察学院物证鉴定中心进行鉴定。

三名鉴定专家检验后给出 22 个字的鉴定意见，将此次高空作业伤亡事故的原因直接指向刑事犯罪。王震即是参与此次鉴定的专家之一。

显微镜下

"谁能想到有人会对高空作业专业绳索做手脚？"

王震清楚地记得，进行外墙粉刷的那幢楼房高达 33 层，当一名工人从最顶层用安全绳索降至 17 层时，绳索突然断裂⋯⋯

当地安监部门将此事故定为重大责任事故，粉刷外墙的包工头被公安机关拘捕。

然而，包工头声称，如果这场伤亡事故是因高空作业的安全绳索质量问题所致，无论如何不该由他来承担事故责任。这一辩解引起警方重视，才有了送检绳索的举动——让科学检验来断定这场伤亡事故发生的真正原因。

王震递给记者一份多达 8 页的《检验意见书》，这份意见书有 3 页文字、9 张图片。图片既有微距拍摄的，也有显微镜下拍摄的，图片均为那根肇事安全绳断口的精准形貌。

"最初从外观查看，几乎看不出什么破坏痕迹"，据王震介绍，这条专业安全绳索直径为 24 毫米，由外至里有 3 层结构，分为外编织层、内编织层和芯线。其中外编织层由 93 根纵向编织绳编织而成，内编织层由 32 根双股编织绳呈网状编织而成，芯线由 115 根未编织双股编织绳并行构成。

应该说，拥有如此结构组织的这条安全绳，应该是非常结实的。但问题是，如此一根经国家标准核定制作、具有相应安全系数的专业绳索为什么会出现断裂？

是绳索老化还是质量问题？

王震在显微镜下观察后发现蹊跷——肇事绳索外编织层、内编织层及芯线均受到高温作用，其痕迹是由打火机或者其他热源造成。另外，绳索断口齐整，试验证明：该断口并非受到拉力形成，其断口与锐器作用形成的断口形貌相同。

由此，《检验意见书》最后落笔的鉴定意见是："现场提取的安全绳是锐器及高温作用而发生的断裂。"

"这条安全绳受到人为破坏。"

王震推测，如果不经科学检测，包工头很可能被起诉判刑，而真正的罪犯则既害了人的性命又能逃脱法律惩处，各人的命运因此会很不一样。

啥都得懂

"啥都得懂点"，王震这句话令人印象深刻。

这位出生山东的年轻人有着如下学历：本科在原山东工业大学铸造专业取得学士学位，继而拿到中国科学院金属研究所材料学硕士学位，再后来拿到吉林大学交通环境与安全技术博士学位。

王震清楚，自己早年在大学学习的材料分析、力学原理、机加工工艺等理论和方法，如今基本都能用上，并能够在刑事案件物证鉴定中发挥非常大的作用。比如，罪犯使用断线钳剪断锁体或挂锁锁梁，他要对钳具剪切范围、角度、着力方向以及相对物的硬度等各种遗留痕迹进行科学分析，帮助侦办人员从案发现场的蛛丝马迹中集聚所有信息并进行综合评判。

王震曾有志于金属材料科学项目研究，他又是怎样适应来中国刑事警察学院从事痕迹检验这项工作的呢？

这位年轻副教授承认，为熟悉并掌握痕迹检验专业的工作要求，他的确花费了几年时间，"这专业不一定很尖端，但它要求你啥都得懂点"。

"什么叫啥都得懂点？"

"痕迹检验是一门边缘学科"，王震认真地说，痕迹检验需要将其他成型技术转化到这一专业，尤其是金属材料领域里的那些成型技术。此外，作为一名痕迹检验技术人员，还要懂得作案人的心理，懂得作案现场痕迹之间的关联，懂得社会习俗和世俗观念。

"它要求你是个杂家"，王震笑着说。

发表于 2013 年 7 月 4 日

微弱灰尘痕迹还原交通肇事案

金一速写

人物档案：金一，37岁，中国刑事警察学院痕迹检验技术系教师、三级警督。

个性言语：交通事故发生过程无法复制，如何从各种遗留痕迹中提取关键物证定性很重要。

第一印象：中等身材，眉眼分明，嗓音浑厚。

两年前，金一主持完成了中国刑事警察学院一项年度科研项目，该项目名称看上去实在有点"绕"——《现场衣着上微弱灰尘车辆轮胎痕迹的光学增强技术及鉴定方法研究》。

如今，金一在中国刑事警察学院刑事技术系痕迹检验教研室的任教进入第十个年头。屈指数数，他参与过近两百起交通事故案件的现场勘验和检验鉴定工作，记忆中留存着办理重大、疑难案件时的一些情景。

目击证人

大白天的下午时分，一位老太太在辽宁省沈阳市某居民小区因车辆碾轧致死。肇事车辆无影无踪，没人看见这起惨剧怎样发生，更没有监控录像提供影像信息。

待金一赶到现场勘验时，只看到地上有一滩血迹，依据经验判断，死者若被车轮碾轧，则一定会在身上留有痕迹。他赶紧向交警大队长提出建议，尽快赶往尸检中心去看死者。

一路上，金一最担心的是死者尸体若已经放进冷藏柜，出柜勘验时注定有水分析出，而死者衣服上留存的一层薄薄的车轮碾轧灰迹最怕水浸，一旦水浸灰迹，那些微弱的痕迹就会全部消失。

金一走进尸检中心时，死者刚刚做完检查正往冷藏柜里送，他急忙上前用相机将死者裤子上的车痕拍摄下来。

搜集到的各种线索能够还原事故发生的过程：

老太太恰好在一处略高于路面的综合商店停车平台前，她被一辆车碰倒，车轮从老太太的大腿处斜轧过去。鉴定室里，金一利用偏振光、多波光源对死者裤子上的轮胎痕迹仔细勘查，肇事车辆轮胎是越野花纹，但仅凭这一点不能肯定是越野车。金一对轮胎痕迹进行增强提取，对其反应的轮胎参数信息进行分析标注，并将拍摄照片放大成1∶1比例的等大照片，用于对嫌疑车辆的排查和比对。

事故发生后，小区居民闻讯纷纷举报，警方接到几十个举报电话，连小区周边的居民也参与进来，结果所有的举报线索经核实后均不符实情。案情的突破仰仗着对轮胎花纹类型的判断以及不懈的追索。

巧在肇事车辆轮胎属于老款三菱吉普车，一位经商二十年的汽车轮胎的老店员认出那车胎纹路，于是再经辗转搜寻，最终找到了那辆在小区肇事的三菱吉普车以及肇事司机。

微弱痕迹

有多少驾车人在交通事故现场"泡"过，又有多少人在交通事故现场睁大眼睛仔细搜寻过与肇事关联的细微痕迹？

每每赶赴现场，金一需要留意车辆肇事的各类痕迹真是不少——地面上、车体上、受害者身上——所有相关痕迹都要纳入综合研判的范围。到底是车轮碾轧，还是车体剐蹭；到底是受害者被碰撞倒地后遭碾轧，还是车轮直接碾轧；肇事司机到底有没有采取刹车措施；人与车、车与车的接触点在哪里？

"我们要把握痕迹发生的时间和次序，观察其位移角度的变化，找出每一变化的关联，从而印证事故发生的过程"，金一说，在某些肇事现场证据不足的情况下，提取微弱灰尘车辆轮胎痕迹的勘验工作就显出其不可替代的特殊作用和意义。

记者得知，所谓微弱灰尘车辆轮胎痕迹的光学增强技术及鉴定方法，源于内蒙古自治区通辽市开鲁县交警办理的一起交通肇事案件。驾乘两轮摩托车的母女两人被肇事车辆碾轧致死，现场没有直接目击证人和监控录像，警方找到涉嫌肇事车辆，驾驶人不承认肇事事实。

"基于现场痕迹及分布的综合分析，两名受害人身上一定都会留有肇事车辆的轮胎痕迹。"

金一记得，当时除了确认一名受害人身上的局部轮胎胎侧花纹外，更重要的是，他在另一名受害人于正常条件下几乎看不到任何痕迹的羽绒服上，采用光学增强技术提取到了一组并轮轮胎的灰尘加层痕迹，特征清晰，进而通过对衣着上灰尘轮胎痕迹与嫌疑车辆相应部位轮胎痕迹样本的比对，认定了肇事车辆，并出具了鉴定书。鉴于这项技术对实践办案具有的重要意义，中国刑事警察学院将这项技术研究确定为2011年度的科研项目。

随着这项技术在几起重大疑难交通肇事案件痕迹勘验中的漂亮"出场"，金一对这一科研项目更有信心。他谦虚地说，一个人的能力和精力有限，导师和同事的悉心引导和热诚扶助，是这项技术取得成就的关键。

发表于 2013 年 7 月 10 日

庆幸验枪炸膛未伤己伤人

吕晓森速写

人物档案： 吕晓森，44岁，中国刑事警察学院痕迹检验技术系教授、三级警监。
个性言语： 喜欢枪，特别喜欢，我小时候做过火药枪，家里有猎枪。
第一印象： 东北爷们，胡茬儿重，身体壮实，讲话沉稳。

"枪支射击时必然出现烟、火、声音现象，验枪时具有一定危险性。"

吕晓森从事检验枪支、弹药及枪弹痕迹的工作，自1993年至今，已有20年。中国刑事警察学院那些岁数大的前辈老师们验枪时都曾遇到过炸膛等意外，验枪同行中有人因此受伤。

"必须心细，不能疏忽"，吕晓森认真地说。

验枪炸膛

一支双管枪被送到中国刑事警察学院痕迹检验技术系做鉴定，送检方要求查明该枪是否能够正常发射，是否具有杀伤力。

吕晓森摆弄着手里这支经由改造的发令枪，发现这支枪的改制者欲将此枪制作成能够发射5.6毫米小口径子弹的双管手枪。这支枪的定性关系到持枪者是否符合《刑法》规定的私藏枪支罪，也关系到公安机关对持枪者适用《治安管理处罚法》还是《刑法》。送检方希望鉴定人尽快出具鉴定报告。

依常规，验枪应去靶场，将枪支固定在危险枪支固定架上进行检验。

鉴于这支枪的扳机力道特别大，若放置在枪架上用绳索拴住扳机肯定拉不动，而用力过大却固定不住枪支，吕晓森预判这支枪不会出现炸膛情况，决定在技术鉴定室里验枪。

诸多验枪经历证明，枪支质量好，能造成被枪击者的身体伤害；枪支质量差，存在炸膛隐患。炸膛严重，能把持枪击发者眼睛炸瞎或造成其他人身伤害。

事实上，不同时期有不同的验枪标准。

2010年12月之前，枪支鉴定标准中有一条规定，即对于不能发射制式（含军用、民用）枪支子弹的非制式枪支，按下列标准鉴定——将枪口置于距厚度为25.4毫米的干燥松木板1米处射击，当弹头穿透该木板时即可认为足以致人死亡；弹头或弹片卡在松木板上的，即可认为足以致人伤害。具有以上两种情形之一的，即可认定为枪支。

吕晓森为鉴定那支枪，在鉴定室里一张办公桌的侧旁放下一块专门用于测试枪支弹丸的干燥木板，这块木板规定厚度为 25.4 毫米。他戴上耳罩，戴上普通的线手套，让两名观察验枪的学生站在安全位置。然后，吕晓森持枪垂下手臂，将脸部贴近桌面，在桌侧扣动枪支扳机。

"砰"地一声巨响，在场人吓了一大跳，这动静绝不是正常射击的声响。

吕晓森直起腰，眼见手里那支枪的后发射架全部崩开，他庆幸自己没有受伤，也庆幸旁边的学生没有受伤。

"这枪不能正常击发"，吕晓森说，"它自己打炸啦！"

鉴明意外

东北的冬季，天寒地冻。

一名换岗哨兵正在向院门哨位走去，忽听一声枪响，他急奔到哨位，发现那名执勤哨兵已经倒下。子弹从身亡哨兵的前额射入，又从后脑射出，身旁扔着哨兵执勤持有的一支八一式步枪。

时隔不久，吕晓森与中国刑事警察学院另一位教师应邀赶赴现场勘查和分析，复原枪击事件的发生过程，以确定哨兵身亡事件究竟属于枪支意外走火，还是另有原因。

经检验，执勤用的八一步枪维护良好，不存在因枪支故障出现击发枪弹的情形。

按照规定，上岗枪支不允许子弹上膛。

吕晓森了解到，身亡哨兵生前十分喜爱枪支……结合现场情况进行模拟实验推断，该哨兵上岗后解除枪支保险，将弹匣内的子弹偷偷上膛，看见换岗哨兵走来，想在交接前悄悄退出上膛的子弹再装回弹匣内，没料到在操作过程中误碰扳机击发。

现场勘验后，一份调查翔实、措辞严谨的事故分析报告递交给部队上级领导。

"上级领导满意，身亡哨兵家属认可"，吕晓森说这是令他感到很欣慰的一件事。

吕晓森不仅见过中国刑事警察学院建校后搜集的老枪，还摆弄过像盒子炮、撸子枪、毛瑟枪、鲁格、柯尔特、伯莱塔，以及后来的各式手枪，如六四式、五四式、五九式、七七式，以及转轮手枪，再加上五六式半自动步枪、六三式步枪、八一式步枪、八五式狙击步枪和八八式狙击步枪、九五自动步枪，还有五六式冲锋枪、七九式微冲锋枪和八五式微冲锋枪，最后是民间用枪。如单、双管猎枪，撅把式、唧筒式（五连发）、小口径、比赛转轮枪等各类枪支。

仅此，吕晓森从事的工作令众多"枪迷""枪痴""枪粉"格外羡慕嫉妒。

发表于 2013 年 7 月 18 日

脖颈绳结微量检材破解"命案"

李树速写

人物档案： 李树，女，49岁，中国刑事警察学院法医系副教授、三级警监。

个性言语： 小时候想当医生，崇拜老师，神往警察，如今这三项职业集我一身，很满足。

第一印象： 容貌秀美，热情大方，追求完美，热爱工作

"我一毕业就分到这儿，当年这周围还是一片青纱帐。"

这里是中国刑事警察学院法医系办公楼，楼道里飘散着医院那股特别的药水气味，这里有李树从事科研、备课的办公室，她已经在这所学院里工作了近30年。

不敢懈怠

李树从吉林医学院医疗系毕业，被分配到中国刑事警察学院法医系物证教研室工作，那年她才21岁。

入院之前，这个年轻姑娘从来没听到有"物证"这么个词儿，更不知道"物证"对破解那些扑朔迷离的案件有着多么重要的意义。

李树曾协助公安机关侦破一起命案，她记得，一中年女子在距离国道边数百米沙丘后的一棵树上吊死，下身被架起的树枝焚毁。时隔两个多月，死者被路人发现后报警。

接到报警，警方对现场进行了认真勘查，初步将案件性质判定为他杀。于是，多达数十人的专案组进驻邻近命案现场的村里展开艰苦的排查工作。

警方逐渐获悉，死者为离婚女子，离婚后住在父母家，经常跟她的父亲吵架。因此，死者父亲连同与死者生前交往密切的一位男子成为警方重点怀疑对象。

办案人员将现场勘查提取到火堆旁剩余的树枝、两个烟蒂及死者颈部的绳索，送到中国刑事警察学院DNA分析实验室，期望通过检测能够发现除死者以外的涉案犯罪嫌疑人的DNA。

"我们提取到微量生物检材后进行了DNA多态性分析检验，但结论与办案人员的期望相去甚远。"

李树回忆说，这起案件最后的关键物证是系在死者颈部上的绳子结扣。

可以说，谁打的结扣，就会留下谁的体表脱落细胞。但事实上，由于尸体经过长时间的风吹日晒，从送检绳索上面提取微量细胞的工作难度极大。

"最终，我们还是从绳扣上提取到了微量 DNA，并成功地进行了性别及 DNA 多态性检验，结果发现只有死亡女性本人的微量 DNA，没有其他人的。"

办案人员根据这一结果，改变侦查思路，结合该女性曾因孩子病亡有过自杀行为等情况进行全面综合分析，最终确定这是一起自杀事件而非他杀。

结案后，负责办案的刑侦负责人感慨地说，微量生物检材的检验结论使他们少走了许多弯路。如果继续认定是他杀，不知将耗费多少人力、物力和财力。

"每次提取微量生物检材都是一次新的挑战。"

在李树的职业生涯中，她办理过全国范围内送检来的各种各样的疑难案件，从未有丝毫的懈怠和轻率。

珍爱生命

变性人更改户籍档案的性别信息需要法医提供证据。

李树第一次面对那个来更改户籍性别信息的年轻人时，心里确实感到有些不舒服。

明明是个帅气的小伙子，放着好端端的男儿不当，偏要忍受巨大痛苦去做变性手术，身体变化且不说，连行为习惯也必须随之改变，这是何苦呢？

让李树惊讶的是，高高兴兴地和变性小伙子一同来的，有"她"（他）妈妈、"她"（他）男朋友。每个人的喜悦都是由衷的，没有一丝的羞怯和做作。

听那位妈妈讲，孩子从小就为自己是男儿身感到格外压抑、痛苦，一度绝望到想自杀的地步。这位妈妈渐渐理解了孩子的感受，为儿子的痛苦而痛苦，下决心成全儿子的心愿……

"变性后的生活，对那年轻人来说是很阳光的。"

李树经过一番认真的回想，觉得自己当时的观念兴许太狭隘了，"一些特殊群体的生存状态与需求自有他们的理由，我们应该尊重他们的选择，并为他们找到自己的幸福而高兴"。

目前，法医物证学科承担着两大任务：一是个体识别；二是亲子鉴定。法医工作常常面对人身伤残或死亡的情形，李树常常由此感叹生命的脆弱，深知生命的可贵。

李树在中国刑事警察学院从事法医物证学科工作已有 28 年，她边干边学，不断钻研，随着这门科学的不断发展，她积累了丰富的知识和实践经验。

李树确认，她热爱自己从事的这项事业。

发表于 2013 年 7 月 20 日

多次梦见同事熟悉的面孔

王保山速写

人物档案：王保山，33岁，四川省北川县法院永安法庭庭长。
个性言语：梦见过同事，醒来感到特别失落，人的生命真是很脆弱。
第一印象：英俊帅哥，眉目清秀，皮肤白皙，略显腼腆。

"地震时我在七楼，电脑从桌上被甩到地上，楼墙裂开，电梯不能用了。"

已是四川省北川羌族自治县永安人民法庭庭长的王保山忆起汶川大地震，心绪难以平静。震前4个月，他刚刚离开四川省北川县人民法院，先调入四川省江油市人民检察院政治处，后转至民事行政检察科。

地震发生时，王保山正坐在七楼一间办公室的电脑前⋯⋯

寻妻路断

汶川大地震致使江油市人民检察院办公楼墙体开裂，自来水水管爆裂，电话不通，手机没有信号。王保山最最焦虑的是，他无法与身在北川工作的妻子取得联系，妻子生死不明。

"地震发生后，我向领导请假，回北川。"

从江油市到北川县，平日时长途客车票价为10元，地震当天下午，车票涨到50元。

王保山上车时不知道北川一路山体崩塌、公路损毁。结果，客车被阻断在距北川约40公里处无法前行，车内的北川人惦记家人，决定结伴徒步，冒险翻山。

夜幕降临，一群人艰难跋涉十余公里，眼看四下漆黑、乱石嶙峋，山上时有大小滚石飞下，大家只好蜷缩在一处安全地带席地困坐，瞪眼到天明。

最难忘人群中有一位女副乡长，她是王保山在北川法院陈家坝法庭工作时结识的。王保山得知这位母亲将幼儿托管在北川老县城的一家幼儿园里，儿子生死不明，她却不得不操持乡镇上的震后救灾工作，内心处在极度煎熬之中。

天亮了，这位母亲毅然决定放弃寻找孩子的选择，郑重嘱托王保山，说他若能走进北川老县城，一定要帮她找到儿子。然后，她向着自己工作岗位所在的乡镇跋涉而去。

眼前险情不断，前方不见道路，没带足食品和饮水的人们不得不放弃冒险。王保山至今为自己无法完成那位母亲的托付而喟叹，后来他终于打听到，那位母亲的幼儿在地震中身遭不幸。

震后第二天，守候在绵阳市九洲体育馆的王保山瞪眼搜寻一车车从北川撤出的人们，终于在驶来的一辆货车上望见妻子那熟悉的脸庞和身影，两人远远挥手呼唤着，泪水从眼眶里迸出……

梦见同事

"手机恢复畅通后，我打手机询问北川法院情况怎样。"

时任北川法院副院长的桂勇对他只说了四个字——"非常严重"。王保山当时并不知道，北川法院在地震中殉职过半，仅生还十六人，这十六人中尚有三人身负重伤。

桂勇证实，"震后不久，王保山打手机给我，问我需不需要人手，虽然他已经选调到江油工作，他却自己主动要求回来工作。"

桂勇记得，震后不久，王保山就把调回北川法院的手续全部办妥，徒步走进北川法院临时搭建的抗震帐篷里开始工作。

记者曾在2008年6月3日入住北川法院临时驻地的抗震帐篷里采访，白天见北川法院的七八名法官和工作人员神色平静、紧张有序地忙碌着，他们坚持在板房里从事法庭审判业务的工作。夜深时分，记者每每听到四周隐隐约约难以压抑的哭泣之声。

桂勇家不仅父母遇难，还有三名近亲遇难，北川县几乎每个活下来的幸存者都有多名甚至十数名亲人遇难。

"我是那年6月11日回北川法院报到上班的。"

王保山是绵阳市梓潼县人，自2002年参加公务员招考后进入北川法院工作，先在陈家坝法庭任书记员，后转至行政庭。当年的他正是朝气蓬勃的年纪，与全院同事熟识相知多年，大地震瞬间令他与那么多亲切的面孔天人永隔。

"人的生命太脆弱。"

王保山说自己多次梦见同事，还是那熟悉的面孔，还是一同工作下乡、一同出差的一幕幕情景，"醒了特别失落，掉过眼泪"。

永安法庭位于北川新县城通往老县城的公路边，作为这个乡镇派出法庭的庭长，王保山如今要办理震后亲属财产分割、遗产继承、国家赈灾安置政策落实、建设中出现的劳务纠纷、合同纠纷等法律事项。

"我理解老百姓打官司非常不容易"，王保山执意为这方水土的黎民百姓求助公正的法律解决途径而奋力工作着。

发表于2013年7月27日

一切付出都是值得的

刘世强速写

人物档案：刘世强，41岁，四川绵阳强制隔离戒毒所民警，三级警督。
个性言语：如果不细心，一个眼神、一个小动作都有可能出现预料不到的事情。
第一印象：身体壮实，浓眉大眼，坚毅成熟。

"他刚入所时，在那些学员中特别突出。"
在刘世强的记忆中，一个名叫"勇"的强制隔离戒毒学员令他难忘。
"勇"第一天入所报到，他在点名时举右臂敬礼的标准警姿显得格外与众不同。监管大队长刘世强在场目睹这情景时心中一震。

绝望送"医"

查阅履历档案，刘世强知晓这个名叫"勇"的戒毒学员年逾42岁，曾是个警察。"勇"出生在一个收入稳定、亲情笃深的家庭，父亲在当地教育局任领导职务，母亲是教师。"勇"自小憧憬当警察，长大遂愿。

"勇"是在办案时接触到毒品的，他自忖内心自制力强大，好奇地偷偷一试，岂知打开了"潘多拉魔盒"，"勇"的人生在毒魔面前一败再败，无法收场，直到丢掉警察公职，被法院判处有期徒刑两年、缓刑三年，此后浪迹社会。

"勇"被家人送到四川绵阳强制隔离戒毒所时，他已有5年的海洛因染毒史、4年的新型毒品染毒史。家人第一次来探望时，他母亲眼含泪水对管教民警说，"拜托你们啦，对他就算是死马当作活马医吧""你们挽救了他，也就是挽救了我们一家三代啊"。此情此景打动了所有在场的民警。

"勇"入所戒毒那年，正值其女儿中考，家人一直鼓励她好好学习，将其父染毒的实情瞒得严严实实，临考前只告诉她说"爸爸出差去了"。

染毒、丢公职、判刑、离异，"勇"多次下决心、发狠咒，要与毒品一刀两断，却无一次成功；"勇"的家人四处遍寻政府、寻找民间戒毒机构和场所，往来奔波多地，都没有出现期待中的奇迹。

万般无奈，家人把"勇"这匹"死马"送到绵阳强制隔离戒毒所就"医"。

狂躁发病

"勇"入所一周，情绪低落，虽然他表现正常，但刘世强依据经验预判的戒断反应很快就在"勇"的身上降临了。"他的戒断反应很强烈"，那情景就好像刚刚在刘世强眼前发生一样：

"勇"开始流鼻涕、流眼泪、虚弱无力，突然情绪狂躁、语无伦次、手脚乱动、浑身乱抖，眼睛瞪大却不认识任何人，他从床上滚到地上，身旁三个民警都弄不住他。

"他间歇性发作，最短周期是刚刚发作完五分钟又发作，我们民警对他实行24小时监护"，刘世强清楚，如此严重的精神躁狂表现既是沾染新型毒品的可怕后果，也是监管工作中面临的最棘手的时刻。在接下来的好多天里，"勇"把牙关咬得死死的。

为了让"勇"进食，大队管教民警打来牛奶，拌入豆粉，一口口喂食，又怕他发狂把自己舌头咬断，遂将吸管放入他口中，劝慰他慢慢吸食……

狂躁结束，严重抑郁袭来，这是管教民警人人皆知的规律性表现。

"勇"在清醒后的日子里一天天受着内心痛苦的煎熬，像个委屈的孩子一样在管教民警面前痛哭失声，也一次次地从垂头丧气中挣扎尝试着积极生活，终于渐渐显出了精神和身体上的变化——从所内体育活动的参加者成为活动的得力组织者；从被动医治到主导内心积极暗示确立自信；从一般戒毒学员被推举为大队管理委员会的"戒治委员"。

在这里，全大队管理委员会的7名委员均由表现出色且具备能力的戒毒学员经投票推选后担任，"戒治委员"首先须是"戒毒标兵"。

刘世强说，"戒治委员"这个位置很重要，这个委员的获取资格很严苛。

跪谢飙泪

在全所学员演出的"戒毒晚会"，"勇"在台上演出自编的小品，他那么投入、那么认真，台下的学员和民警都被打动了。

此刻，"勇"入所后的一幕幕往日"场景"从刘世强的眼前飘过，他有些惊讶地看着台上的那个人——他哪里是先前那个人啊！

刘世强眼里涌入一丝潮润。

当观众对"勇"的小品表演报以热烈掌声时，一股由心底泛出的愉悦舒适感，瞬间袭遍刘世强全身，他内心涌出的感叹是，"一切付出都是值得的啊！"

"从一个废人变成正常人，还成了标兵人物，我们祝贺你。"

这句肺腑之言，是刘世强在大队长办公室对即将出所的"勇"说的。"勇"一下子双膝跪地，止不住的泪水从脸上淌落。

"出所后，他经常跟我和管教民警联系，到今天他没有再沾毒品。"刘世强这样说着，很是欣慰和自豪。

发表于2013年7月31日

生日被精神病患者扇耳光

王红云速写

人物档案：王红云，33 岁，北京市公安局强制治疗管理处（北京市安康医院）民警，三级警督。

个性言语：给人多一份温暖、多一缕阳光，也给自己多一份幸福。

第一印象：眉清目秀，话语温婉，不急不躁，乐观从容。

"一滴血掉在桌上，两小时内具有传染性。即使这滴血干了，它在两三个月内仍存在传染疾病的可能性。"

王红云每天要面对采集来的血液、尿液、粪便标本进行化验，确定受检者的健康指标，从中发现并分离出病毒。

男孩性格

名字是父亲起的，志向是父亲培养的，报考专业是父亲认可的。

王红云父亲年轻时曾是乡村的一名赤脚医生，自学成才，在家乡行医颇有口碑。王红云放学回家，经常看到家里聚集着登门求治的病人。

父亲行医总是仔细观察、耐心问询、不急不躁。

看到患者病愈后登门真诚致谢的神情，听到人们感激的话语，小红云眼里的父亲始终保持着为人谦和的态度，这在她的心底烙下深深的印记。

小时候捕鱼、捞虾、踢球、爬树，父母对她从不娇生惯养。

"小时候淘气着呢，没少挨母亲教训，我整个儿是一男孩子的性格"，王红云一边说着，一边忍不住呵呵乐起来。

长大后，王红云考入首都医科大学医学检验系，实现了父亲鼓励女儿学医的心愿。

学业结束后，王红云再苦读三年，拿下北京大学医学部医学检验系本科学士学位，随即参加公务员考试，她顺利过关后，凭个人努力赢得了属于自己的人生机遇——前往北京市公安局下属的北京市安康医院工作。

忘不了第一次前往安康医院的经历：

一大早，她从位于北京市北边昌平县（现称昌平区）的家里出发，乘车前往北京西南方向的房山县（现称房山区），到县城还要再往山里走一阵儿。全程四个多小时，车至一处四面环山的偏僻之处，算是到了目的地。

王红云在医院接待干部的带领下，参观了院门有门禁、楼门有门禁、楼层有门禁、病房有门禁的医院。在病房里看到接受精神医治和戒毒医治的患者，看到那些神情低落、眼神呆滞的患者，王红云心里"咯噔"一沉。

回想与一同报到的年轻人去领警服，那股巨大的喜悦和激动至今令她动容。

工作时要穿白大褂，鲜有场合能穿警服，当她穿警服在镜子前美来美去时，内心特别满足。

意外挨打

工作后，想象中的斑斓色彩很快被工作现实打消殆尽。

尽管戴着医用帽子、医用口罩、医用手套辅助操作，但潜藏的病毒感染真真切切地悬在操作者头上——标本可能来自艾滋病患者、梅毒患者、淋病患者、病毒性肝炎患者、结核病患者。

工作伊始，经验丰富的领导和老同志一再郑重叮嘱年轻人必须提防的另一种危险：

进病房巡查，一定要留神周围患者的神情和举止，主动与他们交谈，一旦发现病人情绪不稳定，绝不能背对病人——靠墙是应对突然袭击比较有效的预防策略。

有一次采指血，精神病患者们依次排队，一名平日熟悉的男患者也在队伍中。王红云发现这名患者低着头自言自语，但轮到他站到自己面前时，又似乎没有什么异常神情和举动。

可恰恰在王红云低头取针、拿棉签瞬间，只听"啪"地一声脆响，王红云一侧脸颊瞬间烧灼般地疼痛起来。

"当时我脑子里一片空白。"

经验丰富的护士长一把将打人患者拽开，排队等候的七八名患者协力摁住突然施暴的那名壮实男子。泪水已经在王红云眼眶里打转，但她明白，这里不是哭泣的地方，待她坚持为病人采集完血样后，噙着眼泪赶紧撤身走出楼道。

科室主任见她走过来时神色不对，问一声："挨打啦？"王红云的泪水此刻喷涌而出……王红云晚上本与朋友相约去县城吃饭，那时才想起自己当天过生日。

"其实，我挨的这一记耳光不算什么"，王红云闻知科室里同事没少挨患者打骂，有同事甚至被患者咬残耳朵、咬破眼皮。

患者发病时往往神志不清，不知自己究竟干了什么。王红云记得事后再去病房巡查，遇到那位扇她嘴巴的患者，他热情地招呼"小王大夫"，似乎什么事也没发生过。

"这就是我的工作"，王红云清楚自己的人生价值，她这样想，用积极乐观的精神和态度对待工作，给别人一份温暖、一缕阳光，也给自己多一份幸福。

发表于 2013 年 8 月 3 日

让戒毒者敞开内心真诚求助

郭晓青速写

人物档案：郭晓青，31 岁，北京市公安局强制治疗管理处民警，一级警司。
个性言语：我是"散养"长大的，独立性强。
第一印象：青春朝气，精力充沛，身材高挑，言行利索。

参加工作的第一天，郭晓青面对的是"非正常生活"的一群人，那一年她刚刚 20 岁。转眼 11 年过去，郭晓青担任着管理"向日葵社区"民警工作的副科长，每逢回想在社区当辅导员 7 年的日子，她总会流露出深深的怀念之情。

非正常人生

"我原来不明白，每次回家我妈为什么总坐在门口。"

一名社区女学员悄悄向郭晓青诉说着，"……很多年过去，我妈对我说她究竟为什么那样做，就为了每次能看到你——活着回来"。接着，那位对吸毒女儿绝望的母亲的一句话，彻底撕开了女儿顽冥固守毒瘾的心理防线——"你呀，一脚踩在世上，一脚踩在地狱啊！"

郭晓青对另一名社区女学员印象深刻，那女子进所时也就二十五六岁，吸毒近十年，文身、一头黄毛，人不仅叛逆，还特"二"（北京方言，指人傻），说话不着调，亲生父亲与她断绝了关系。后来，这名学员经过入所矫治，出所后与父亲修复了亲情，再后来生了两个孩子，父亲一直帮她带着。

她出所时表示愿意留下做志愿者，想帮助更多的人，她经常与所里民警联系，有点鸡毛蒜皮的事都要打电话来说说。

"有一个学员出所后结婚，我们民警都去庆贺了"，郭晓青边回忆边笑，记得新娘子当场指着前去参加婚礼的民警们，对新郎半调侃半认真地说，"这都是我的娘家人，你要是欺负我……"

尽管如此，在"向日葵社区"担任辅导员的民警们对吸毒者人群有着清醒的认识，这些人在人格上通常都存在着某些缺陷，这些人敏感、自私、封闭、胆小、爱说谎话、社会功能减退等。

"这群人里有'人精'。"

郭晓青遇见过这样一名社区学员，她年龄大些，能力强，是个完美主义者，做事爱较劲儿，很有些自命不凡。她因多次触犯社区制定的规矩，又总被郭晓青逮到，便觉得自己遇到一个对她有私人怨恨的辅导员。

直到两人进行了一次深谈之后，这名学员理解了郭晓青的苦心，两人间架起了相互信任的桥梁。

"出所后，她有一次打电话来说她复吸了，对不起我们。"

结果，电话那头失声痛哭，电话这边也在流泪，郭晓青说，"我俩都很难受"。

人性化管理

强制治疗管理处隔离戒毒中心"向日葵治疗社区"成立于十年前，郭晓青从管理处精神科调到"向日葵治疗社区"工作是2004年的事情。

在这里工作的人们习惯将"向日葵治疗社区"简称为"向日葵"，戒毒学员在这个社区里都是大家庭的成员。"向日葵"以等级制度构建最基本的结构，通过制度让那些在社会上没有正常社会关系的人体验社会。

"我们对'家庭成员'最主要做的工作内容是情感复苏。"

郭晓青记得初入向日葵社区时，她脱下警服，尝试着放下管理者心态、放下民警职业心理定位，把手机留在社区外，与社区家庭成员同吃同住整整一个月，通过组织各种社区活动与这里的人们建立起真诚、信任的关系。

已考取国家三级心理咨询师资格的郭晓青明白，"向日葵"与传统管理戒毒学员最主要的区别就在于"把工作真正做到人的心里边"。

比如社区举办"碰撞会"，这是一项宣泄负面情绪的群体活动，活动规定即使情绪再激动也不允许出现暴力，不允许侮辱他人人格，不允许离开座椅。每个家庭成员可以在这个会上讲出自己为什么不高兴，怎么不高兴，直接讲出对他人怨愤的心里话，最后由辅导员进行点评。

"当辅导员时，我每天都要在脑子里过一遍每个家庭成员的表现，分析一下每个人在想什么，琢磨着怎样赢得他们的认同感"，郭晓青相信，这样才能细致地做好人的思想转化工作。

两年前，联合国毒罪办代表团参观向日葵治疗社区，与社区人员进行了面对面的交谈。代表团负责人告别前表示，这里良好的戒毒环境和人性化的管理理念达到了亚洲一流水平，给他们留下了深刻的印象。

发表于2013年8月7日

立"军令状"挽救罪犯生命

李长海速写

人物档案：李长海，57岁，北京市监狱管理局中心医院罪犯病区主任，三级专业技术警监。

个性言语：诊疗是一个过程，医生的一招一式既体现技术水平，也体现人品。

第一印象：成熟稳重，风度翩翩，不疾不徐，从容淡定。

跟在李长海身后走进北京市监狱管理局中心医院病房，记者按制度规定将手机留在第一道门禁，由值守人员代为保管，然后经医生办公区，过两道门禁得以进入病区。

病区楼道十分整洁，墙壁上挂有书法和美术作品，地面摆有盆栽花卉，但窗口铁栅栏与铁门门禁提醒着人们：这里的病房入住的是罪犯。这家医院的医生有着双重身份——在行医治病救人的同时，也是头顶警徽的人民警察。

迎难而上

"打开腹腔，发现解剖关系全乱了，出血多，配血又很不容易……"

李长海做外科手术几十年，在他的记忆中，几年前的那次手术经历实在难忘，他从未遇到过那么复杂的情形。

术前，那名40多岁的吸毒罪犯已在别家医院做过两次大手术，一次是全结肠切除手术，后来那次是因为胃穿孔进行了胃部的修补手术。当这名罪犯发病被中心医院收治后，经检查发现，他结肠内的息肉已发生癌变，该患者已数日滴水不进，病情危急。

要不要为这名病人进行直肠癌手术？

李长海详细诊断后，认为能够通过已有的技术能力和水平达到救治目标。面对潜在的技术风险和难以预测的复杂现实，他经过慎重思考，与医院立下了手术"军令状"。

病人送上手术台，手术刀切开腹腔，眼前的情形令李长海心里暗暗吃惊，由于病人此前术后遗留的问题，又由于病人患有家族性息肉病，直肠内壁息肉一簇一簇的，发生癌变的息肉与病变的直肠"抱成一团"，空肠和回肠难以辨认。

李长海面临的手术难度在于他不仅要切除患者的癌变肿瘤，还要切除病变直肠，更重要的是要将小肠与结肠好好地吻合在一起，按腹腔内各脏器正常位置分离粘连，不能伤及腹腔中的其他脏器。

"腹腔内粘连非常严重"，这是此次手术过程中最麻烦、最具有挑战性的工作。

"军令状"立下了，李长海全力以赴地、聚精会神地施行手术，一刀刀、一针针地细致操作，完全忘却了时间和疲劳。

　　手术成功，病人和家属拉住医生的手，心怀感激地微笑着……

一丝不苟

　　每天上班前10分钟，李长海必先入病区例行查房，向那些即将动手术或术后休养的病人了解眼下的健康和康复状况。

　　李长海19岁应招进入北京市公安医院，截至2007年调入北京市监狱管理局中心医院，他已在公安医院工作33年，其间在妇产科、儿科、内科多个科室"转过"，但最主要的工作经验是在公安医院外科科室的长年工作中积累下来的。

　　原公安医院属于社会三甲医院，中心医院属于社会二甲医院。

　　据李长海介绍，"在社会医院，病人在手术过程中一直有家属陪护，他们随时可以与医生交流和沟通，而我们这家医院，按制度要求是不允许家属像社会医院那样前来陪护的"。

　　李长海坦诚地说，"做手术时专注于技术操作，内心对生命怀有真诚的敬畏和尊重，毕竟都是一条生命，不能有半点疏忽啊！"

　　李长海郑重地告诫过年轻的医生们，手术时不能有一丝大意和麻痹，因为制度有规定，这里的病人在术前、术后与家属见面不多，医生与病人家属也接触不多，一旦出现特殊情形，个别情绪激动的家属甚至会责骂医院不把病人当病人，只当成罪犯而不认真救治。

　　"我是天生的急脾气"，李长海毫不掩饰地说，"我不管你是谁，就事论事，绝不客气"。

　　在执行规章制度上，李长海不讲情面，记得当年参加工作时，那些老专家、老医生、老前辈们就言传身教地给一拨拨年轻人灌输如何遵守规章制度，如何一丝不苟地做好每个工作细节。几十年沿袭下来，这已经融入他为人行事的风格中。

　　李长海这样说，"违背原则是不允许的，要求别人做到的，我自己必须首先做到，再要求自己的团队必须做到"。

发表于2013年8月14日

尸检后不买食堂红烧排骨

李昂速写

人物档案：李昂，女，31岁，辽宁省大连市公安局中山分局法医，二级警司。
个性言语：父母从不娇惯我这个独生女。工作以后，我有了刑警的独特性格。
第一印象：身材高挑，眉毛细长，明眸皓齿，笑容甜美。

"我有刑警的独特性格。"
"什么是刑警独特性格？"
"不怕苦、不怕累、不怕危险、严谨工作，平日里同事间大大咧咧地开玩笑。"

红烧排骨

刑警队法医的工作远不是人们所熟悉和了解的。

一些案发现场的惨相，连经验丰富的老刑警有时都不忍多看几眼。不论死者面容和躯体损害成什么样子，法医都要俯身观察，动手勘验，寻找被害人死亡的真相。年轻女法医李昂是怎么承受这一切的？

以挚友相待多年的两个中年男人，友情彻底破裂，一方对另一方恨之入骨，怒杀对方，然后将被害人碎尸，把残骸统统抛进马桶，冲入下水道。

"按照楼区设计，下水道通往一个地下存储库，所有从下水道冲下的废水、废物都要经过那里沉淀分离。我们大队长弄来个大罩网，一网网地捞。"

折腾许久，刑警们终于从臭气熏天的污水池里打捞出被害者的碎肉、碎骨。正值入冬时节，李昂将残骸尽可能地按照人体骨架结构规律拼出人形，以推断犯罪嫌疑人实施犯罪的具体过程。

中午时分，工作结束，李昂回到中山分局食堂买饭。尽管她从事法医工作多年，却无法抹掉刚刚拼凑残骸整整一上午的景象。眼看别人从食堂窗口欣然端走一份份红烧排骨，她不仅完全无心享用食堂的这份美味，还感到胃里翻腾得厉害，甚至想呕吐。

针眼缉凶

只要发现死者，不论死者身处何处，法医都要赶赴现场，且时常夜半或凌晨被叫醒出发。有时爬荒山野岭，气喘吁吁地来到死者身边；有时乘船去海边悬崖下，捞起海水泡发的尸体。若冬季从海里打捞尸体，李昂双手冻得发麻，戴手套都不管用。

无论遇到什么样的复杂情况,李昂总要给出结论——是不是犯罪,犯罪行为是怎样实施的?

冬季的一天,一名面容姣好的年轻女子死在一家五星级酒店的客房内,被害女子双手、双脚留有捆绑痕迹。

"如果是窒息,为什么窒息症状不明显,为什么她被捆绑?"

随着勘查工作的推进,一个个问号在李昂脑海里浮现。当她发现死者右臀部有三个针孔样损伤、上臂也隐约可见针孔状损伤时,李昂提取了肌肉组织,带回实验室化验。结果检验出被害者的身体中有安眠类镇定药物的成分。中山分局为破案请来刑事侦查专家和医学专家,初步判断嫌疑人思维缜密,智商高,犯罪计划缜密。

鉴于死者针孔损伤部位均为医学专业注射部位,李昂判断凶手可能是医务工作者。当侦查人员锁定犯罪嫌疑人后,这名亡命女子的男朋友确为某医院医生。

案情大白,嫌疑人因感情纠葛,将女子约至五星级宾馆房间里杀害。

驱散灰霾

李昂高中毕业考入沈阳医学院就读临床系,毕业后考取中国刑事警察学院法医系读双学士。

"中国刑事警察学院招录那届学生时,计划招录40人,后来仅招录23人,只有我一名女生。"读了7年大学的李昂不想放弃专业,毕业后执意去基层公安当一名法医。

事实上,基层公安领导对这位年轻女法医人选的定夺十分犹豫,他们太清楚刑警工作的艰辛,而让一个年轻女孩跟刑警们没日没夜地奔波、搬弄尸体,这的确让领导很是为难。

初入警队,李昂从周围人的眼光里读出了不信任和质疑,"这女孩行吗?"

六年来,李昂检验各类尸体五百余具,她的一次次行动让同事和领导的目光由惊疑变为惊讶、敬佩和赞叹。

"越是高度腐败的尸体,花的解剖时间就越长",李昂有时在尸检手术台上连续工作六七个小时,结束时心情很是压抑。她说,必须要学会排解、驱散灰霾心理。

"去我办公的地方要穿过一个花卉市场。"

那天刚刚结束对一具尸体长时间的勘查,李昂经过那个花卉市场,一下子被蓝天下美丽绽放的簇簇鲜花感动得心情豁然开朗、舒畅无比,她忍不住挑选了一朵小小的太阳花捧在手里,美美地走回家……

发表于2013年8月17日

接触瞬间最初几分钟很关键

朱华明速写

人物档案：朱华明，42 岁，江苏省常州市公安局公交分局清凉卡口中队长，三级警督。

个性言语：甭管干什么工作，都会一心干好，当警察是随缘。

第一印象：浓浓剑眉，目光炯炯，言语不多，内向沉稳。

"能看看您怎样上岗执勤吗？"

"好的。"

朱华明应声从椅凳上起身，走出"卡口"小屋，站在十几米外的公路边……

"半路出家"

"卡口"——当地公安机关车辆检查站的简称。

这里是常州市公安局公交分局出租车管理清凉卡口，该"卡口"位于常州主城区与武进区接合部。此时临近中午，当日最高气温 39 摄氏度，位于清凉卡口的公路地表温度逼近 60 摄氏度。

朱华明站在检查位置上，先向停车的出租车司机和乘客敬礼，然后请坐在副驾驶座位上的乘客出示身份证。一位胖胖的年轻乘客下车后掏出身份证递给朱华明，脸上淌下成串的汗水。

"我大学专业学的是机械制造。"

朱华明本应顺着专业的方向，当一名机械工程师，如果不是朋友那次邀他陪同去参加公务员考试，他根本没有想到自己能走进警察队伍而成为一名人民警察。

在朱华明看来，学习机械制造专业很繁琐，需要经过缜密的思维训练。自己性格相对内向、不活泼，按他的话说，当警察是自己人生路上的一次"随缘"。

"一心干好工作"是朱华明恪守的信念，既然通过招考进入警察队伍，就要把自己的工作干好。常州公安设卡口有 18 年的历史，扣掉朱明华初到公交分局去站前派出所实习的那两年，他如今在"卡口"检查车辆已逾 13 年。站在"卡口"出警，朱明华积累的经验是，若远远看见驾驶室里的司机或乘客动作异常，近观其神情异常，盘问时就要加倍警惕。

尽管卡口民警、辅警配有防刺背心、辣椒水、瓦斯和警棍，但是，若犯罪嫌疑人手持管制刀具、仿真手枪在停车检查时意欲搏命逃跑，卡口民警则必须抢占先机制服对方。

"盘查时看动作、看眼神，判断出对方的社会背景、文化层次、个人气质和性格特点"，经验告诉朱明华，当他在判断对方是否是犯罪嫌疑人时，最好能即时鉴明对方是大盗还是小偷。

"接触一瞬间，最初几分钟很关键。"朱华明很肯定。

逢疑必查

初春时节，夜深时分。

朱华明示意公路驶来的一辆出租车停车检查，三名西装革履的男青年声称要去溧阳。再细问去溧阳哪里，其中有一人回答要去溧阳长途车站。

朱明华心生疑窦，按路程计算，从卡口这里到溧阳大概要到凌晨一时许，既然打车走，为何要到长途车站，那里已经没有班车开出了。

朱明华再问三人去长途车站干什么，又一人回答"找女朋友"，另两人附和时竟然说"也找女朋友"。

朱明华笑起来，"你们是去看一个女朋友，还是各看各的女朋友啊？"

随后，朱明华检查三人随身物品，发现三人携带着同样的玉件。这三人解释称，玉件是在同一家店里买来的。

"哪里买的，多少钱买的？"

有人应声答道，"这个玉是假的，骗女孩子，不值钱。"

朱明华此前在云南玉石基地学习过有关玉石的专业课程，依据自己当场对玉石的判断，三人携带的玉石不仅是真玉，而且是有品位的玉件。尽管经身份证查验，此三人没有前科，但他们扛不住朱明华软中带硬的盘问。

随后，朱明华在出租车后备厢发现一个电脑包，包中有现金人民币四十余万元、澳大利亚币数万元，以及手表两只、珠宝项链一根、黄金项链一根、玉手镯三只、纯银质奥运纪念币十枚、银条四根、钻石铂金项链一根、黑珍珠项链一根、象牙工艺品扇子一把、诺基亚手机一部、熊猫打火机一只，这些物品总价值竟逾百万元。

三个家伙面如土色，向朱明华交代出一个小时前涉嫌入室盗窃的犯罪事实。

酷暑骄阳，严冬风雪，朱华明在路面盘查时"逢疑必查、查必见底"。

两年来，就这么一拦一问，清凉卡口抓获各类违法犯罪嫌疑人218名，其中逃犯53名、命案逃犯3名；查获盗抢机动车、电动车117辆，查获仿"六四"手枪2支、各类毒品两千余克，还破获案值百万元以上等重大盗窃现行案件8起。

提及被同事誉为"火眼金睛"一事，朱华明淡淡一笑，说不过是"一心干好工作"罢了。

发表于 2013 年 8 月 21 日

疲惫劳累得捏不住解剖刀

罗斌速写

人物档案：罗斌，45岁，江苏省常州市公安局刑警支队主任法医师，一级警督。
个性言语：还原被害者的临死状态，对被害者和犯罪嫌疑人都要做到公平。
第一印象：眼镜、络腮胡、头发浓密、肤色黝黑。

一对夫妻和女儿在家里被凶手先后杀害。

灭门凶犯本是入户抢劫，却制造假相，将女性被害人内裤扒下伪装成强奸现场后逃走。

"那可是三具尸体啊！"

年轻的罗斌跟老法医赶赴案发现场，当天下午进现场，一直勘验到次日早晨八时结束。罗斌累得全身僵硬，右手连解剖刀都捏不住了。

命案凶器

路边洗脚店一名女服务员在工作屋内被害身亡。在命案现场对照死者身份证，罗斌发现死者虽有成年人体型，但真实年龄仅有13周岁。

罗斌通过尸检从被害人致死创口初步断定，犯罪嫌疑人使用金属工具作为凶器。命案现场没有发现有价值的证据，尽管侦查人员在屋内找到一把锤子，但它却不是凶器。

摆在侦查人员面前的难题是，凶犯到底是什么样的人，出于什么目的作出如此残忍的行为？

罗斌继续对死者损伤特征细细辨析，不仅判断出凶器是一把锤子，而且是一把崭新的、几乎没有使用过的锤子。接下来的推断是，那把崭新的锤子很可能是犯罪嫌疑人作案前在附近购买的，更进一步的假设是：犯罪嫌疑人若进屋行凶，不大可能手持锤子直接闯入，或有较大体积的提包装着锤子，他进屋后再从提包中掏出锤子行凶。

侦查人员按照罗斌的推断和假设，开始四处寻找破案线索。

侦查人员走访到附近一家卖锤子的五金小店里，店老板对几天前来买锤子的一名男青年印象深刻。据老板回忆，那名男青年来店里买锤子时没有带钱，老板好心让男青年先拿去用。后来男青年返回店里，交给老板10块钱，老板说这人挺讲诚信。

"其实，犯罪嫌疑人用锤子杀人后抢了500块钱，用抢得的钱还了老板买锤子的钱。"

犯罪嫌疑人被抓到后，承认了自己为抢钱杀人的罪行。

畏惧小虫

那天,有人报案,声称在某村人人皆知的"大坟坑"里,不知是什么人扔下一具刚刚死去不久的尸体。

时任常州市公安局刑警支队技术大队副大队长的罗斌,带领 8 名技术人员驱车赶往百公里外的"大坟坑"。所谓"大坟坑",是修建高速公路施工单位在建造路基时,将无人认领的尸骨一并安放在专门挖出的大土坑里,并在上面加了盖子,当地人管那里叫"大坟坑"。

罗斌一行赶到时,天降大雨,大家没带雨具,只能在大雨里淋着。"大坟坑"坑盖儿打开了,没有一个人自告奋勇下坑。

"还是我下去吧",罗斌只身钻进坑里。那坑很大很深,黑乎乎地,脚下是一层层摞起的尸骸,站在坑底向上伸直手臂都够不到坑沿儿。他打着手电找到那具无名尸体,用绳索绑牢,叫上面的人把尸体拽上去。

完成全部勘验工作,大家松了一口气,上车返程时有说有笑。

突然,罗斌感到腿上有什么东西在爬,他从腿上掸掉一个小虫,随口说了声,"这是吃尸体的虫子"。

全车霎时没了声息,大家面面相觑,都把双腿抬起,生怕那只被抖落的小虫爬到自己腿上。有人打开车厢顶灯,时不时躬身四下观察,车里人从此一路无话,直到车到地方下人。

"大家就这么抬腿抬了一道儿!"

罗斌一边比划着,一边朗声笑着。

罗斌上大学前因读了不少侦探推理小说,幻想着将来能亲自破案,由于视力不行,当警察体检不合格,后来考上同济医科大学法医系,到最后也算是圆了年轻时的梦。

一转眼,罗斌干法医整整 22 年,数千次赶赴命案现场,检验过 4300 余具尸体,荣誉奖状一大堆。

"干法医,不光要有专业技能,还要有体魄、有好体力,更要有吃苦耐劳的毅力",罗斌有句话令人印象深刻——"人的身体结构最复杂,人的死因也非常复杂,还原被害者的临死状态,对被害者、对犯罪嫌疑人都要做到公平,这很重要"。

发表于 2013 年 8 月 24 日

与犯罪嫌疑人较量更需要智慧

王成速写

人物档案：王成，41岁，江苏省常州市武进区人民检察院反渎职侵权局局长。
个性言语：我思考事情非常理性。人情、情绪因素不会影响我的判断。
第一印象：寸头、圆脸，大眼睛，眼角有几道皱纹。

"这几年拿下的人多了，经常受到威胁。"

王成记得，一个涉嫌渎职犯罪的党委书记指着王成鼻子恶狠狠地说："等我出来，我要杀掉你的儿子！"

查隐秘交易

某县级市在一次土地交易的招拍挂中存在明显低价出售土地的行为。检察机关调查后发现镇党工委书记有受贿行为。随着调查的推进，办案检察官不仅知晓拿地老板与某县级市原市委书记是朋友关系，更了解到原市委书记就此事向那位镇党工委书记打过招呼——必须低价出售土地才能确保党工委书记的官职。

于是，原市委书记与某镇原党工委书记的渎职罪案同时进入侦查阶段。王成带领办案检察官先后三次找那位镇党工委书记交谈，对方死活不承认。抓捕时机成熟，王成出现在那位镇党工委书记的面前，把他"请"进警车，一路拉着警笛开进检察院。

接着，那位镇党工委书记用了整整一晚上，把自己如何受贿、如何渎职讲得"底儿掉"。他向王成喟叹道："我把我交易最隐秘的部分都讲出来了。"

王成并非只是查办渎职犯罪的骁将，善于动脑思考的个性促动他将查办反渎案件工作拓展到影响政府领导干部理念、构建预防犯罪制度的工作层面。

"光是讲拆迁，我就结合案例做过20多场大型报告会。"

王成说，聆听报告会的单位有镇政府、住建局、水利局、国土局，以及各拆迁项目的单位。2011年，由王成撰写的《关于征地拆迁领导职务犯罪的调查报告》引起市、区领导的高度重视，区委、区政府为此专门出台了《关于进一步规范征地拆迁的实施意见》。

查办渎职案件、抓捕涉嫌犯罪的拆迁干部，会不会影响拆迁工作？

2012年年初，江苏省常州市武进区人民检察院反渎局在查处湖塘纺织城二期拆迁工程职务犯罪系列案中，成功查处7件11人特大窝、串案，涉案犯罪嫌疑人骗取国家拆迁款逾千万元之多。与此同时，城区为新建规划的一条花园街进行拆迁，由于这条街拆迁户多为商户，拆迁部门预先估计签约率能达到60%，至多70%就不错了，政府担心检察官介入拆迁会影响拆迁进程。

"影响拆迁进程的不是查办渎职案件，而是拆迁信息不公开。"

检察院提出有针对性的积极建议，政府听取建议，调整拆迁政策，将拆迁补偿标准与每户人家的补偿数额全部公开，没想到短短一个月内拆迁户的签约率达到99%。

棋从断处生

父亲因看过电影《英雄儿女》，出于对影片主角的崇敬和喜爱，给降生的儿子取了一个与影片主角一样的名字。

英雄王成在敌方狂轰滥炸的枪林弹雨中无畏地呼喊"向我开炮"，而在和平年代出生、成长的今天，与英雄王成同姓同名的这个检察官王成，在不见硝烟的反渎职侵权较量中，同样以巨大的勇气和气概与渎职侵权犯罪展开着不懈的斗争。

王成自1992年从西南政法学院（现为西南政法大学）毕业后走进常州市武进区检察院报到，在公诉部门干了整整12年。2004年，他转入该院反渎部门工作，三年后出任反渎职侵权局局长。

从事反渎工作的检察同行都知道，案难查、证难取是渎职侵权案件查处存在的普遍现象，不少检察院几年也办不成一个案件，即使办了，许多案件往往也在查处后作不诉处理，由此生发的心理只能是"等着哪里出现重大责任事故，等着出了人命"再去办案。而王成觉得，只要有心，就不愁没案办。

王成喜欢下围棋。一句"棋从断处生"的精辟棋语，被他借用到如何突破渎职案件瓶颈困难的思考中。王成近十年来查办渎职侵权案件积累了许许多多的心得，"原来是为反渎而反渎，后来发现渎职犯罪与受贿犯罪相互交织、紧密相连"。鉴于此，武进区检察院针对反渎工作的战略、战术进行不断调整，明确在办案中查清渎职犯罪的动机和原因，从渎职查受贿，从受贿查渎职，不理睬各方对办案人员说情打招呼，不理睬涉嫌犯罪人员的家属、朋友的恫吓和威胁。

自2004年至2009年六年间，该院反渎部门查办了26起案件。而2010年至今年8月未及三年，由王成担任反渎局长的武进区检察院就查办了31起案件。王成清楚，"与犯罪嫌疑人较量，不仅是毅力和意志的比拼，更是智慧的较量"。

发表于2013年8月28日

擒获残害六名女子的杀手

赵歆速写

人物档案： 赵歆，31岁，辽宁省大连市公安局中山分局刑警，一级警司。
个性言语： 刑警的辛苦很难为外人所理解，待遇没有多高，干活儿常常得拼命。
第一印象： 胖胖高高，乍看有"范儿"，像是高中篮球队员。

"有哭的，有闹的，有缠着你叨叨不停的。"

那些日子，赵歆办公室一天到晚总挤着满屋的人，耳朵里满是嘈杂，手持笔录没完没了，他回忆时感叹道，"整整一个月啊！"

独自抓捕

一犯罪团伙利用非法搜集到的信息，瞄准电信公司推行固定电话捆绑小灵通业务的机会进行后台技术操作，倒卖小灵通。平民百姓对自家话费心知肚明，突然一夜之间话费飚出好几百块钱，中招的受害者都惊讶地说，"俺们从没办理过什么固话捆绑小灵通，这可不得了！"

先有电信公司慌慌张张向警方报案，继有平民百姓蜂拥而至。统计的差使落到小警察赵歆头上。于是，他面前出现了唉声叹气的、瞪眼怒骂的、摔摔打打的人，人们在赵歆面前发泄着心中郁闷，抱怨公安没能及时抓获犯罪嫌疑人。

"我整完的材料有这么高"，赵歆举起手臂比划着。

犯罪嫌疑人体貌特征有了，赵歆天天盯着看，烂熟于心，他上街四处寻摸，不放过可疑迹象。偏偏那天驾车入巷，迎面驶来一辆轿车，"富康、红色、车牌号，没错"。

涉及嫌疑人的相关线索对上了，赵歆心里一阵狂喜，调转车头悄悄跟上，盯住富康车前排坐着的一男一女。为确认驾车的胖男人是嫌疑人，他超车后再放慢车速……"就是他！"

赵歆眼见那人把车停到路边，目标人下车抽完烟又回到驾驶座上，他心跳加速，胡乱猜想对方是不是发现有人跟踪。他悄悄掏出手机呼唤战友支援，时间一秒一秒熬得他心神不定，五六分钟过去还没见人来，他立即决定独自实施抓捕，四下一摸，没带手铐，顾不得了，上吧，别叫嫌疑人跑啦！走到那车门边，赵歆猛地拔掉车钥匙，摁住对方手臂，一手掏出警官证，言明自己是公安局的民警。对方冲他来了句，"兄弟，后边有一包钱归你，我走。"

"别整这套！"

哪想那家伙突然挣脱，开门下车就跑，赵歆拔腿就追。狂奔数十米，赵歆追上嫌疑人，气喘吁吁地将他摁在身下。恰逢一派出所老民警骑车下班经过，两人联手将嫌疑人擒住。经审讯后方知，嫌疑人已与同车女伴商量好，准备当天飞离大连，没想到栽在这个毛头小警察手里。

问心无愧

一对外地农村的中年夫妻走进中山分局报案，诉说22岁的女儿来大连打工多年，突然音信皆无。警方经过对失踪人员社会关系的排查，将目标嫌疑人确定为一名三十来岁的年轻人。

该嫌疑人昼伏夜出，专门出入洗浴、按摩场所，没有固定职业却出手阔绰。直到他使用失踪人员的手机进行通话后，警方决定实施抓捕。

"嫌疑人个头不高，看上去文质彬彬的。"

面对讯问，嫌疑人缄默不语，额头直冒大汗珠，身体开始发抖。平日这家伙根本不抽烟，此时却突然向警察讨支烟抽。烟抽完了，说了声"是我干的"，声音抖得不行。

一幕惊天大案在他抖抖的陈述中呈现在办案民警赵歆和同事前：

此人有另一同伙，那同伙年长他许多，此同伙凶残歹毒。他俩先在洗浴场所多次与那22岁的"小姐"接触，然后以"出台"进家服务可以多挣钱为名，将那女孩骗至地处城乡交界的临时租住处，先强奸，再绑了手脚索要银行卡及密码。他去银行取钱，那边的同伙接到钱到手的电话后动手杀人。女孩曾央求交钱饶命，她交出8万元还是丢了命。

依据两人的分工，同伙干"大活儿"，他负责绑人、取钱、碎尸、搬运、掩埋。这名嫌疑人的同案人到案后，赵歆见过，说那人"长得也就一般人模样，看上去没什么特别的"。后到案的这名嫌疑人在接受讯问时神色镇静、思维缜密，开口第一句竟是："从哪儿说起？"

"从哪儿说起？就从最近的说起吧。"

办案民警本来没掌握更多情况，哪晓得嫌疑人从自己在四川攀枝花杀掉第一个女孩讲起，一口气讲出六起杀人碎尸案，在大连惨死他手下的那女孩居然是第七个……

"真是太冷血！"

赵歆最难忘的是，他与同事前往案发现场出租屋搜查时，掀开小屋里那个大大冰柜的盖子，看到两个冻得硬邦邦的年轻姑娘的尸体。

"罪犯抓到服法了，受害人和亲属的心理才能得到一些补偿，我们当警察的心才能感到一些宽慰"，赵歆说，自己做人的第一准则是"问心无愧"。

发表于 2013 年 8 月 31 日

心胸狭隘写不出大气磅礴之字

仇振山速写

人物档案： 仇振山，39 岁，北京市监狱教育科副科长，三级警督。
个性言语： 闭眼时，想一想自己在有价值的人生路上奋斗过，就满意了。
第一印象： 眼神炯炯，话音气足，身板挺直，体魄健壮。

"一首王之涣的《登鹳雀楼》，听起来就那么短短四句，可人家足足讲了 40 多分钟，咱书法班学员听得眼都直了，鼓了好几回掌啊！"

仇振山回想着北京市监狱服刑人员书法班上课的情景。

免费授课

铁门、高墙、电网、持枪武警。

这里，主要关押着被判处 15 年至 20 年有期徒刑的北京籍成年男性罪犯；这里的监管民警担负着对形形色色服刑人员的监管改造任务；这里，是司法部首批授予的"部级现代化文明监狱"；这里，被授予"全国司法行政系统先进集体"称号。

仇振山自 1995 年从警校毕业后被分配到这里，至今工作了寒暑交替的十八个春秋。19 岁那年，一次偶然机遇，这位血气方刚的小伙子结识了带他进入书法天地的启蒙老师，由此锲而不舍地学习书法。不懈努力 10 年之后，仇振山不仅拿到了首都师范大学成人教育学院的书法专业大专学历证书，还一并拿下中文专业本科和法律专业本科两个学历的证书。

"把书法带进监室，是一件自然而然的事情。"

仇振山记得，当他向监区中队长建议，让监室里的十几名服刑人员学习书法时，这个提议不仅没有受到阻拦，反而得到鼓励，那可是 1999 年间的事。时隔 3 年，仇振山调入教育科，监区服刑人员的书法班因他离开而停办。

再经过 5 年，监狱领导批准仇振山在全监狱开办书法班，招收学员。

"前提是自愿报名。"

事实上，在报名参加书法班的服刑人员中有高学历的，有小学文化的；有公司高管，有演艺明星；有 70 多岁的，有 20 多岁的……前来报名并被接纳为学员的总共有四十来人。自那时起，坚持每周上课两次，每次上课时间在两小时左右，转眼六年时光过去了。

仇振山专门为记者带来了他的个人作品和学员作品，其中有一幅宽 4 尺、长 28 米的大型作品，是由他和 23 名书法班学员们共同完成的。

长卷铺开，记者看到各种笔体书写的《弟子规》。

"按照监狱教育计划安排，我负责与北京市文联书法家协会联系授课。"

特别值得一提的是，北京市文联书法家协会已经有六位协会副主席给北京市监狱书法班学员上过课，这些著名书法家均不收费，义务授课。

引导向善

"学书法这对你的性格有什么影响？"

"影响非常大，"仇振山应答，"学书法让人心胸开阔，思考问题不易走极端"。

这里的民警担负监管改造工作，免不了在许多场合和时刻用命令语气大声讲话。仇振山相信，"嗓门大，不代表你讲的就是权威真理"。他有意识地提醒自己，在监狱里讲话尽量用平和的语气，避免简单、直白、动不动说出"改造"这个字眼。

仇振山联系著名书法家授课时，先告知这些授课名家讲课内容要有针对性。尽管报名前来参加书法课出于自愿和诚心，但他们的文化程度、道德修养参差不齐。

北京书法家协会驻会副主席兼秘书长田伯平为书法班学员上了开门课，题目拟定为《书法文化与心灵渗透》。田伯平授课后悄悄对仇振山说，他没少给高级干部和高校的书法爱好者讲课，但心里从没像今天授课时有压力，他生怕随意发挥产生误导。另外几位著名书法家感慨自己去过不少监狱题字留念，却从没正经八百地站在服刑人员面前讲两个小时的书法。

仇振山提到，有个学员，长得五大三粗，小学文化，平日经常莫名烦躁，爱打架。学书法后，能一口气将《弟子规》全文 1080 个字写下来，不容易。

"怎么不容易？"

首先，背不下来就写不顺畅，就算背得下来，通篇不能有错字，还要正确处理繁简字的取舍选择，再加上对字的架构、笔法、章法进行构思。仇振山认真地说，"甭管字写得好坏，就说下的这番功夫，可不是随便能成的"。

仇振山布置学员书写《三字经》《千字文》《弟子规》等教诲做人的古代名篇。他笃信，"心胸狭隘、自私的人，难写出大气磅礴的字来"。

仇振山筹划用一年的时间将《论语》的 12 700 余字全部书写下来，然后再让学员们学习。他鼓励学员，"每天练字时间不用多，真正有 10 分钟静心写字，很享受"。

仇振山自 1992 年学习书法，坚持每天练字一小时，至今没有中断过。

发表于 2013 年 9 月 4 日

"老眼镜"擒贼技艺炉火纯青

吴勇和速写

人物档案： 吴勇和，48岁，四川省成都市公安局机动警务支队，二级警督。
个性言语： 当警察这些年，我问心无愧，对得起那份薪水。
第一印象： 中等个头，身形偏瘦，花白头发，深度眼镜。

"警察辛苦！"

公交车里一中年妇女破嗓呐喊，引爆全车人的热烈掌声……吴勇和难忘那个瞬间。

大年初一，他跟踪一个贼上了公交车，眼瞄着贼出手摸走乘客的钱包。一声断喝"警察"，吴勇和亮明身份，掏出手铐，铐住贼的手腕。

好个麻利的抓捕动作一气呵成，乘客们惊愣片刻，便呈现出上述场景。

没劲儿吃饭

吴勇和鼻梁上架着个普通得不能再普通的白边眼镜，他视力不好，深度近视，便有了个绰号——"老眼镜"，可偏偏这个深度近视的人，在反扒民警中声望卓著，威震贼界。

"我33岁参警……"吴勇和端起手中那高筒塑料水杯，呷了口浓茶缓缓说道。

"老眼镜"年轻时一心想参军、当警察，直到已经在医药公司工作的他恰恰赶上公安局到各行各业挑人参警。结果，1998年，掐指算算，连同自己在内，总共有六人被招入公交分局。

从羡慕警察到进入警察队伍，"老眼镜"梦想成真，却没能高兴多久。入警三个月，眼看同事们时不时地抓个贼回来，自己成天在公交车上溜来溜去，甭说抓贼，连个贼影都没瞅出来，真叫他窝心、搓火、着急。

"我上车后很紧张，到处看，看哪个都像贼。贼早就把我看明白了。"回想手嫩之初，"老眼镜"嘿嘿地笑着。

记得第一次亲手抓到贼，是在参警后第五个月，那是在36路公交车上。抓到贼的瞬间，吴勇和的心脏都要跳出胸腔了，至今他清清楚楚地记得贼偷的钱数——"5块7角钱"。

"当年，成都的贼很猖狂啊。"

抓贼时，旁边的人都不敢开腔。让"老眼镜"感慨的是，"大家都恨贼，但就算有人看到了，也没人站出来制止"。

反扒民警是按照贼的时间表同步作息的，每天早晚公交高峰时段，赶在人潮拥挤时混迹其中。一天跑多少路，挤多少趟车，没法计算。若在入夜时分抓到贼，本来已经累了一天，反扒民警还要抓紧时间讯问、整理材料，往往折腾到凌晨。

"最累时累成什么样儿？"

"你问这个，我回家时脚杆都抬不起，到了家，连张嘴吃晚饭的劲儿都没有了。"

手脚常受伤

"你玩命，我比你更玩儿命。"

"老眼镜"为抓贼摔断过两根肋骨，摔伤过脚踝，抓捕时手脚受伤更是"家常便饭"。有战友擒贼时被对方用菜刀砍到脸上，有战友被身患艾滋病的贼疯狂咬伤。

有一次，他抓捕一膀大腰圆、刚出大牢的贼，对方身体特有劲。双方撕扯较量20分钟，"老眼镜"忍不住大吼一声，"车上没有男人吗?!"终于有两小伙子挺身而出，协助他擒获了这个壮贼。

单凭勇猛算不上反扒高手，"老眼镜"有"百变神捕"之誉真不是瞎吹。他忽而衣冠楚楚、皮鞋锃亮、头发齐整；忽而衣衫破旧、头扣破帽、头发脏乱。

"老眼镜"会说"椒盐普通话"及各种腔调的四川方言，如新津话、大邑话、新都话、河西话、遂宁话、重庆话。更神的是，"老眼镜"时常摘掉眼镜擒贼，尽管看不清，但他全凭经验和感觉手到擒来，成都那些名贼不止一次栽在他手里。

没绝招儿成就不了"神捕"之名。说起二擒杨三妹，那可是"老眼镜"最出彩的经历。

杨三妹是成都地面上赫赫有名的女贼，她曾被吴勇和抓过一次。轮到第二次时，他盯住杨三妹跟上车，没戴眼镜，坐在近旁的座椅上装睡觉，凭着多年积累的经验，他用眼角余光瞥见杨三妹肩膀一耸，断定这女贼得手了，他起身铐住杨三妹，果然搜出一部刚刚窃得的手机，杨三妹一见"老眼镜"，下巴都惊掉了。

"贼是相当聪明的"，"老眼镜"对此深有体会，他说，贼在行动前有分析、有预判、有计划、有目标，尤其是老贼，行动时绝不轻易下手。

随着擒贼技艺日趋精湛、战绩绝佳，"老眼镜"问心无愧地说："我——对得起我的薪水。"

发表于2013年9月25日

黑夜深巷拔枪对峙大砍刀

谭小龙速写

人物档案： 谭小龙，31岁，四川省成都市公安局青羊分局刑警大队民警，三级警督。
个性言语： 警察办案压力大，不能违法执法，不能急躁慌乱，要做到宠辱不惊。
第一印象： 圆圆脸盘，大大眼睛，体格壮实，性情开朗。

"再动，我就毙了你！"

谭小龙拔枪平举，距对方仅一臂之距，对方高举着几十公分长的大砍刀，听到这声断喝，迟疑片刻，丢刀就擒。大砍刀"咣当"一声坠落路面，这声响在寂静的夜里格外震耳。

头皮发麻

凌晨时分，谭小龙坐在警车上路巡。一辆正在行驶的哈飞小轿车里有四个年轻小伙子，谭小龙和他们对视时，对方神情居然有些慌乱。

"请靠边停车，接受例行检查！"

谭小龙向那辆车里的人喊着，但那车骤然轰响油门，加速奔逃。电影里看过很多警匪逐车的镜头，真轮到自己驾车追击拦截，可真不是闹着玩的。好在警车性能胜出那辆车，没过多久，那辆车在一个路口被拦截下来，车里四人下车奔逃，有三人慌不择路地跑进路边巡警大队院里，被逮个正着。

谭小龙对另外一人紧追不舍，一个在前面跑得上气不接下气，一个在后面追得胸闷气短，两人跑进一条又窄又黑的小巷里，前边的跑不动站下了，后面的跟上来也站下了。"他转身抽出一把大砍刀，举起。"

在四周一片漆黑的夜色中，谭小龙眼前那把大砍刀明晃晃地刺眼，他顿时感到头皮发麻，下意识地摸出腰间的手枪，喘着粗气吼道："再动，我就毙了你！"枪口虽然指向了举刀的那家伙，但枪的保险没有打开，而且按照用枪规定，第一枪不能朝人身体击发，而两人相距太近，对方正高举着大刀。

"咣当"一声，砍刀落地。谭小龙上前用手铐铐住对方，一场有惊无险的较量就这样结束了。"警察压力大，但临场处置不能乱方寸。"

谭小龙每天都要提醒自己，面对复杂情形不能慌，不能违法执法，要注意证据确凿、事实清楚。从警进入第十一个年头，谭小龙在自己的警察生涯里尝过不少酸甜苦辣。

警察父子

"我老爸也是警察,跟我在一个单位。"

谭小龙的父亲当兵15年,当警察27年,去年8月从青羊公安分局退休。自小憧憬像老爸一样当兵、当警察,谭小龙考大学时填报的志愿全是警校。2002年,谭小龙从警校毕业,进110当巡警6年,再转到派出所刑警中队干了3年刑侦,2011年年底调入青羊分局刑警大队,居然跟老爸在一个单位工作,父子俩都没想到。

"在单位我从不叫他老爸,都叫他老谭。"父子俩在一个单位,少不了被同事开玩笑。谭小龙曾与父亲一同出警巡逻,父子俩一前一后走在成都天府广场上执勤。

"人家从外貌上看得出这一老一小是爷儿俩吗?"

"看得出来,我长得像老爸。"

"跟你老爸比较,你俩在性格和处事上有什么区别?"

"老爸做事很稳,性格偏内向。我偏外向。"

网络达人

去年9月21日,中央电视台新闻频道朝闻天下节目播出了"警察'猫哥'谭小龙和他的父亲",父子俩一同出现在央视镜头中。谭小龙本是一名在刑侦一线工作的警察,一次不经意的涉足网络令他声名远播。

2004年,谭小龙在四川新闻网论坛上发帖子,讲述民警的工作和生活感受。两年后,他开通了个人博客"猫总办公室",风趣幽默地介绍在巡逻和盘查中耳闻目睹的精彩经历。由此,网名"猫哥"的谭小龙受到众多"猫迷"追捧。

三年后,当地一家报社记者到巡警大队采访,无意中发现了谭小龙的"猫总办公室"。随即有报社编辑找到谭小龙,邀他把博客搬到报纸版面上。结果,"猫总办公室"在那家报纸版面上足足占据了整整一年,他相继又拓展出"猫哥警事"和微博"冲锋陷阵的MT"。

谭小龙说,"冲锋陷阵"代表他从事的案件侦破工作,总是为百姓的安全奔走在第一线,而"MT"一词来源于一款热门游戏《魔兽世界》,全称为"Main Tank",俗称"肉盾",是指游戏中冲在最前方的角色。这正好与谭小龙所做的工作格外贴切。

多年来"猫哥"谭小龙在博客、微博上与网民零距离地交流心声、答疑解惑,让更多的粉丝了解警察职业中的艰辛,了解警察内心的真实情感。

在拥有更多粉丝的同时,谭小龙不仅在成都博客圈中小有名气,还受到人民公安报手机网的垂青,继而他与父亲一同接受央视走基层"我这十年"栏目记者的专访。

"光是看精彩、刺激的警察故事还不足以成立俱乐部",谭小龙希望通过"猫迷俱乐部"为市民多办实事。

发表于2013年9月28日

生日与国庆节同日的北京警察

范磊速写

人物档案：范磊，28岁，北京市公安局公交分局前门派出所警长，二级警司。
个性言语：处理纠纷要懂人的心理，解决问题要有技巧。
第一印象：头发浓密，目光炯炯，身体结实，眉目英俊。

"生日那天，忙到次日凌晨，自己的事啥都顾不上。"
地铁北京站公安值班室紧邻前门地铁站东出口检票卡口旁，地铁列车日复一日地一班班地隆隆震响着驶过。

生日蛋糕

国庆节恰恰也是范磊生日，小伙子从警后很难能好好地过生日。

北京市公安局公交分局前门派出所担负着地铁二号线从长椿街到北京站这段里程各个站点、通道里的社会治安职责。除去平日里地铁上下班时段的早高峰、晚高峰之外，举凡节假日、春运、暑运，上岗执勤民警们格外劳碌，必须及时预防和查处扒窃、打架、撒酒疯、自杀等形形色色的事端。国庆节刚过，北京市交通委发布了统计数据：今年国庆黄金周全市轨道交通客运量达到5649.64万人次，同比增长39%。

想想吧，国庆黄金周，天天叫你站在拥挤的地铁车站站台上，立身于一拨拨汹涌人潮中，集中注意力发现并查处扒窃嫌疑人、及时制止因身体接触爆发的动粗厮打、劝阻不顾一切蜂拥上车的乘客，尽管你口干舌燥、腰腿酸麻、精神极度疲惫，但你必须坚持到结束，因为这是你的工作，更是你的职责。

"政委知道我过生日，买了蛋糕。"
范磊记得，国庆节那天，自己忙得愣是在生日当晚没空吃上一口蛋糕，直到次日下午两点多，好不容易找到一点间隙，他跟同事一起分享了政委的心意。有同事打趣说，"这时辰吃生日蛋糕，按说可不是你生日啦"。

醉汉撒疯

遇到借酒撒疯的醉汉，是最为棘手的事。

国庆节当晚，末班地铁已经收车。一中年人没赶上末班车，站在检票口不让关闭闸机，他显然喝醉了。范磊和同事想联系他的家人，却怎么也联系不上。夜深人静，他就那么生生地对峙着，执拗地不听劝解，大家熬着时间。

"你讲什么道理都没用，他根本不听，反复说那套醉话"，范磊真没办法，只能把他劝离站台，带进值班室，要水给水，想睡让睡。

若遇到精神亢奋、絮絮叨叨的醉汉好办些，陪人家聊天呗，对方说酒话，民警佯装醉酒说酒话；对方哭哭啼啼，民警多讲些同情劝慰的话。最怕那些动手动脚的醉汉，一不小心就容易被对方弄伤。

有个民警被一年轻醉汉打掉一颗门牙，结果那年轻人酒醒后什么也记不起来了。年轻人所在单位的领导来了，一劲儿地道歉赔不是，说年轻人家境贫穷，父亲患脑血栓偏瘫卧床，最终取得了受伤民警和单位领导的宽容和谅解。

今年夏天，在崇文门地铁站台上，一乘客揪住一中年人，认定对方扒窃了他的手机，那中年人居然趁机跳下站台跑进黑乎乎的隧道。

"当时那边就用电台发来命令，在北京站这边进行堵截。"

在隧道邻近站台处，范磊和同事将涉嫌扒窃的中年人拎出隧道，查询后得知，此人的确有过扒窃前科。"隧道里很危险，有高压电"，据涉嫌人交代，他把扒窃来的手机扔在隧道里了。

歇着是福

从警五年，范磊工作时间表奉行着这样的规律：一天值班（24小时）、一天白班、一天休息。兴许有人觉得这工作不赖，三天一休息。可范磊的心思是，这些年工作下来，回家就想歇着，哪儿都不想去。

一浙江妇女与北京市平谷区一妇女在前门地铁站女厕所里发生厮打，浙江妇女因脸颊被抓出两道伤痕不依不饶，坚持要警方拘捕对方。平谷区那名妇女则声称自己戴着的一对金耳钉被扯丢一只。

浙江妇女急着赶火车返乡先走了，警方此后不得不用电话与纠纷双方联系，接洽鉴定伤情等事项。由于浙江女子不愿专程来京，而平谷女子此期间离婚后远赴青海，警方费尽周折，范磊多次与同事驾车前往平谷寻人商议，几个月的大量调解工作终于取得进展，一方同意赔偿对方些许费用，一方同意降低索赔数额。

"浙江妇女总觉得我是北京警察，偏向北京人"，范磊说，浙江妇女不理解调处工作程序，没少打投诉电话，北京市公安局督察部门明白事情原委，也没办法。

范磊去年10月结婚，妻子才知丈夫节假日往往不能跟家人一起度假，更不要说打电话跟亲朋好友相约外出，丈夫连家里人的聚会往往都参加不了。范磊记得上警校时爱踢球、爱运动、爱参加各种社会活动。现如今他有些诧异的是，自己怎么啦，像老头似的，回家就不爱动啦！

发表于 2013 年 10 月 9 日

稚嫩女孩变身公诉检察官

韩旸速写

人物档案： 韩旸，32 岁，北京市人民检察院第二分院公诉二处助理检察员。
个性言语： 感谢自己选择了检察官这一职业，它对我的个人成长具有很重要的意义。
第一印象： 面容秀丽，青春朝气，快言快语。

"站在 10 米跳台上，心里跟揣着个小兔子似的，突突突地乱蹦。"

韩旸 10 岁时在教练指导下练习跳水，且不说抻筋、窝腰等经受极限挑战的基本功训练，就说双脚挪近 10 米跳台边沿儿，小丫头知道教练那双严厉的眼睛正从远远的地面上盯着呢……

她的人生从站在高高的跳台上那一刻开始，进入了未来命运赋予的人生角色。

独立办案

那年秋天大学毕业，韩旸走进原北京市宣武区人民检察院报到，一直在公诉二处工作，这个部门主要办理经济犯罪案件。

韩旸从内勤、书记员做起，在老同志的带领下，一点点积累起个人的工作经验。后来，宣武区人民检察院与北京市西城区人民检察院合并，她于 2011 年经遴选来到北京市人民检察院第二分院，工作岗位仍在公诉二处。

"检察官，尤其是公诉检察官的职业特点，一般不为外人所知。"

忘不了最初走进监所向犯罪嫌疑人宣告权利，铁栅栏里那些胳膊、后背上刺青的男性犯罪嫌疑人或罪犯们嘘声四起、口哨乱吹、怪声怪气地冲她嚷着。眼前的一切，让年轻的她心惊肉跳。

忘不了远赴外地奔波取证，问人问得口干舌燥。

回顾成长历程，韩旸曾经落泪，也曾对着镜子默默立誓要坚毅前行。

"经常面对犯罪罪行和犯罪嫌疑人，公诉检察官要有独立、正确的判断能力，要敢于负责，敢于担当。"

韩旸意识到检察官的职业精神于今已融入自己的骨子里，她从一个稚嫩的小姑娘，变得理性、坚毅、独立、沉着、敢作敢当。

忘不了第一次独立办案，上午 8 点半开始的庭审一直持续到当晚 8 点半。她面对着三名被告人、六名辩护律师，独自一人坐在公诉席上示证、质证、辩论。

"我这人挺较真儿。"

多年来的工作历练，韩旸在一次次审理案情过程中养成了认真细致的好习惯，阅卷时只要发现弄不懂的事理，那就必须要搞清楚。

"不搞清楚，既对不起别人，更对不起自己"，这是韩旸秉持的原则的朴素心理。

"零口供"

韩旸办理的第一起被告人"零口供"案件是一起诈骗案，被告人骗了女友、骗了亲朋好友却拒不认账。韩旸作为承办检察官，仔细审核事实证据，克服种种困难，主动调查取证，调取到诸多涉罪新证据，形成了完整的证据链条，最终赢得公诉成功。

时隔七年，又一件"零口供"案件交办到韩旸手上。

这是一起涉嫌职务犯罪的案件，被告人身为级别较高的领导干部，受贿数额巨大，被告人认罪态度极差，推三阻四与办案检察官周旋。由于涉案人员众多，关联关系复杂，尽管间接证据、言词证据很多，但证据往往出现变化，公诉检察官在断定罪与非罪、此罪与彼罪时还要兼顾法律效果、社会效果和政治效果。

面对着四五十本案卷，韩旸清楚，这次挑战不仅要考验业务能力，更要考验自己的职业品质。她熬夜审卷，一晚上只睡一两个小时，脑子里时时盘桓、重新排列着错综复杂的案情的逻辑顺序。开庭时，尽管庭审辩论激烈，尽管被告人"零口供"，但是韩旸在讯问技巧、质证顺序上精心准备，凛然赢得诉讼成功。

"不经历风雨，哪能见彩虹。"韩旸认真地说。

那一年，为了赶时间向被告人宣告不起诉决定，以便被告人及时解除强制人身措施，韩旸和另一位检察官晚上赶到监所，等那名犯罪嫌疑人出来。

"我是搀着他出来的，他身体有病。"

韩旸目睹亲属们拥着获得自由的被告人痛哭流涕，自己的眼眶也湿润了。

公诉检察官代表国家起诉犯罪，让有罪的人受到法律惩处，但也要恪守客观公正的立场和原则，让无罪的人不受法律的追究。

"我们这项工作要真正做到不偏不倚。"韩旸若有所思地说。

发表于 2013 年 10 月 12 日

咱不能让无罪的人受冤屈

梅松速写

人物档案： 梅松，51岁，北京市西城区人民检察院案件管理处副处级检察员。
个性言语： 检察官要做到公正执法，就必须挺直刚正不阿的脊梁。
第一印象： 豪爽、仗义、直率，纯正北京腔，地道北京人。

"到今年年底，我来这里工作整整满30年啦。"
1983年夏天，梅松通过北京市检察机关统一招录考试，于同年12月被北京市西城区人民检察院录用，从那时起在这家检察院工作至今。

激励理想

进检察院之前，梅松不知道检察院是什么机关，也不知道检察官是干什么的。
1978年，日本电影《追捕》在我国公映，引发全国观看狂潮。
明星高仓健饰演的电影男主角杜丘，是一位东京地方检察官。这位检察官在跌宕起伏的剧情中出生入死、大智大勇，激发了梅松内心对检察官这一职业的深深敬佩，促成他日后对检察官职业的向往和努力。
年轻的梅松怀揣梦想走进检察院，正值激情满怀、体力充沛的好年华。他早来晚走，打水扫地，但真正轮到他接触检察业务时，心情兴奋又茫然。
工作伊始赶上"严打"，梅松跟随一位办案经验丰富的中年女检察员当书记员。
"师父"手头办理的都是些强奸、猥亵等涉嫌流氓罪的刑事案件，每当被害人详细讲述案情细节时，尚未结婚的梅松听得面红耳赤。回想起最初看到锁进牢笼的那些犯罪嫌疑人眼巴巴地望着自己，年轻的梅松心有惊惧，匆匆走开，不敢逗留。
得知儿子进入检察院工作，父亲对儿子语重心长地说："松啊，一定要把住，不能办错案啊。如果办了错案，人家整个家庭就完全被毁掉了。"
带梅松的"师父"特意告诫过这位初出茅庐的年轻人，"不该吃的饭，一定不要去吃；不能拿的钱，一定不要伸手去拿"。
工作伊始，梅松就将父辈、前辈的谆谆告诫铭记在心，时时提醒自己不可妄为、不可乱为、不可粗心大意、不可骄纵奢侈。
历经30年检察生涯，电影《追捕》里的情节哪比得了梅松亲身经历的那些往事，他在检察院公诉部门与形形色色的罪犯进行过难以计数的较量。

真情激荡

一名涉罪嫌疑人倒卖假酒,被羁押时遭遇看守所一民警巨额勒索。梅松细查深挖,将这宗案件所有的涉罪嫌疑人"连锅端"。

一嫌疑人的涉罪金额达数十万元,嫌疑人的妹妹为了"救"哥哥,竟抱着一大包现金走进检察院,放在办案主诉检察官梅松的办公桌上。

"我告诉你,我不会因为你给这些钱就从轻办理你哥哥的案件,也不会因为你没给钱就从重办理他",梅松义正辞严地说,"你要是再坚持,我只能把这些钱送到检察院纪委去"。

一位年轻姑娘在私人餐馆工作,负责管理厨房每天外购肉菜所需钱款账目的进出,采购者从她手里取钱,购货后在她面前对货销账。有一天餐馆老板让她陪男人睡觉,遭到她的拒绝,于是老板停发了她的月薪。屈辱令她忍无可忍,她利用掌控采购钱财的便利,卷走手头钱财离开。老板立即向公安报警。

案件从公安机关移送到梅松案头。

作为这起案件的主办人,梅松发现送来的账目都是复印件,账目数额及出处凌乱且对不上,便调来原始账目,但依然弄不清楚。梅松将报案老板及餐馆财会人员请到检察院办公室当面对账,依然是一笔糊涂账。梅松再将餐馆两位目击证人找来分别询问,结果二人对作案现场具体事项的描述差别巨大。

梅松发现涉案原始票据上有明显的涂改痕迹,本该是阿拉伯数字的"1447元",首位的"1"添加一短横被改成了"4",由于手法拙劣,两种笔迹居然都没注意保持一致:一是蓝色笔迹;一是黑色笔迹。还有纰漏,比如将票据数字上的"3"改成"5"等。

究其真伪,原来是餐馆老板串通财会及餐馆作证人员有意栽赃,编造钱数,构陷那名忤逆其意愿又卷款出走的姑娘,故而老板报案称失窃钱款逾万元。此案真相水落石出后,检察机关作出撤案处理。

在解除强制措施后,姑娘给梅松发来一则短信,"我知道我错了,当初说我弄多少钱,我本来想就那样认了,但是遇到您,您是秉公执法的检察官,我永远不会忘记您。"

"有罪,我绝对不饶你。"梅松大着嗓门说,"无罪,咱不能让人受冤屈"。

发表于 2013 年 10 月 16 日

疾追千米擒获公交窃贼

小曹速写

人物档案：小曹，31岁，北京市公安局便衣民警，一级警司。
个性言语：便衣警察嘛，很少穿警服，结婚拍照时穿过，评功颁奖时要穿。
第一印象：戴眼镜，像学生，讲话从容，神态老成。

"左膝半月板手术后，我在家歇了整整三个月。"

去年夏天，体能强健的小曹在一次抓捕行动中左膝半月板受伤，不得不进行摘除手术，石膏从脚踝糊到大腿根，行走要挂拐。

受伤当时，小曹已干反扒9年，养成了铁打的生活规律，现在一下子变得躺着比坐着多，坐着比走着多，真叫这小伙子起急。

疾追千米

那天清晨，正是人们赶早乘车上班时分。小曹和同事早早候在公交车站，在拥挤的人潮中捕捉窃贼的身影。

小曹最先发现有一窃贼混迹挤车人群中，接着发现那窃贼有一同伙配合行窃，再冷静观察，还有两名窃贼也是这一团伙成员。他们一个放哨、一个掩护、一个主偷，还有一个守在街角停泊的捷达轿车里。小曹与同事在人数上显然不占优势，他赶紧请求支援。

这伙窃贼偷窃得手后，一个个钻进早已守在街角的捷达车里，捷达车驶出城区、驶上通往远郊区县的高速公路。小曹与前来支援的战友驾驶两辆车尾随追击。

"这伙人上高速狂奔了好几十公里，我们不便在高速路上拦截抓捕。"

时机等来了。

当那四名窃贼驾车驶下高速公路后，拐入一个路边加油站，便衣警察的两辆轿车一前一后将那辆捷达车堵住。捷达车里的人发现不对，未等便衣警察们围住车门，即开车四下逃窜。

小曹体能出众，自小到大酷爱踢足球，刚刚6岁，父亲就为儿子请来一足球教练，一招一式、有板有眼地训练、传授，及至小曹长大进入警校学习，自然而然地成为校足球队里的一员。追逃对这伙子来说，岂在话下。

"前一天下过雨，路面有些滑。"

小曹回想着当时的情景，估计疾速追跑了近千米时，前头那逃奔的壮实小子有些喘不上气了，被后面紧追不舍的小曹一掌重击后背，摔倒在地。当小曹扑上去擒拿时，被那小子狠狠一脚踹在左膝上。

"我俩当时在泥地里滚打。"

小曹终于将那小子铐住带回，待他坐在椅子上歇够了想站起来时，突然感到左膝剧烈刺痛。他坚持将嫌疑人带回并完成全部办案程序，那已是凌晨两三点钟了。

第二天起床，小曹发现自己怎么也站不起来了。

妻子陪他去医院，医生说半月板严重损伤，要做手术摘除，妻子的眼泪当时就落了下来。

危急关头

有一次，小曹在公交车上抓捕一个窃贼时，听到那名失窃手机的中学生大声提醒说"他有刀！"

这时，窃贼手持那把几十公分的短刀正向他刺来。小曹手疾眼快，一手攥住窃贼拿着赃物的左手，一手攥住窃贼持刀的右手，一个扣腕将这名窃贼擒牢。

窃贼喝了酒，被铐上车时对小曹说"我弄死你"。

小曹从不跟妻子唠叨工作中的那些危险经历，怕妻子担心。丈夫受伤后，妻子悉心照料，让这个当丈夫的心情十分纠结。

"我见她掉眼泪，觉得挺愧疚的。"

"为什么？"

小曹不敢想，打扒这工作不论春夏秋冬、风霜雨雪，为赶头班车，早上4点多就出家门；为赶下班晚高峰，哪人多去哪，哪有贼去哪。且不说窃贼为逃脱抓捕拼力反抗极易造成便衣警察的人身伤害，就说整天早晚不着家，有哪个妻子乐意过这样的日子呢。

小曹的父母是北京知青，早年插队山西，如今尚未回北京居住。小曹的儿子刚刚出生不久，这个做丈夫的，对家里大小事情几乎顾不上一件。妻子怀孕后，每次体检都是她自己一人去医院，眼见别的夫妻双双出入，见别人的丈夫呵护有加，心里不是滋味儿。新生儿哭闹时，妻子睡不实整宿的觉，妻子父母身体不佳，他这个做女婿的也照顾不上……

小曹已在打扒一线历经10个年头，还记得从警校毕业跟"师父"学技，"师父"已经上了车，他这当徒弟的竟没能挤上车，只好赶下一趟车追，甚至徒步追了几站路找"师父"；还记得最初眼见同事擒贼回来，自己这边没有一项战绩……

现如今，小曹也成了"师父"，带领年轻队友锤炼反扒技战术，想起最初从警时的难忘经历，想起第一次抓捕时的兴奋，他平静地告诉徒弟，"反扒便衣警察心理素质要好，要有敏锐的观察力，抓捕时不能紧张，一定要从容淡定。"

发表于 2013 年 10 月 19 日

只要你在这儿干就折你

小刘速写

人物档案：小刘，36岁，北京市公安局便衣民警，三级警督。
个性言语：不一样的贼有不一样的抓法，这门手艺干到老学到老，没止境。
第一印象：小平头、目光犀利，个头不高，肌肉男。

大人逗小男孩儿爱问："长大干什么啊？"
"当警察。"
"当警察干什么啊？"
"抓小偷。"
小刘从警15年，照他的说法，当警察，这辈子真成了"赤裸裸实现愿望的你"。说完这句话，他朗声大笑。

老贼油滑

一女，年逾四十，贼道儿上溜了几十年，偷窃成本性，她反反复复被擒，反侦查意识和盗法极强。

那次，她挤在公交车站候车的人堆里，被小刘和搭档瞄上。看到公交车进站，她随着人群往车门拥，小刘和搭档紧随盯住，哪晓得老女贼抬脚上车瞬间突然退身数步，置身人群之外，这可难住了小刘二人，不上车，肯定"惊"了对方；上车，跟踪对象没上车，怎么办？

二人正犹豫着，老女贼居然扫了小刘一眼，转身麻利地挤上公交车，车门关闭，小刘二人被甩在车站上。公交车驶过天安门广场，适逢天安门降国旗仪式正在举行，老女贼看到那里聚集着众多等待观看的游客，她到站下车，挤进金水桥边往来穿梭的人群中出手行窃，被跟踪良久的反扒民警当场擒获。

讯问时，老女贼对小刘说，"上车时，你们的人我都看见了，今天不能在这里弄钱，得走"。老女贼上车后，在车厢里仔细看过好几个来回，确信没有看到车下那两个便衣警察跟上车，这才放下心来。老女贼哪知道，车上还有反扒民警盯着她呢。

最让她想不明白的是，自己到底在哪儿又被便衣警察跟上了呢。小刘笑了，这当然是个不能明告老女贼的秘密，有道是"伸手就会被抓"啊。

据老女贼自述，十几岁离家闯荡，找了个老公是贼，手把手引她上贼道。但老公染上毒瘾，最终倾家荡产。

小刘知道她有一儿一女，说这是个心理扭曲、不大管自己儿女的母亲。

又过了多年，小刘有一次在公交站见到那老女贼，最让他惊讶的是，从背后看，她梳个大马尾，一身打扮得跟个20多岁的俊俏姑娘似的，挎个精致小包，从侧面楞没瞧出来是她……

颠覆心态

小刘当过巡警、防暴警，后来当了便衣警察。

要说当年入警校，讲究走路仪态、站姿、坐姿；讲究大声报到、听口令；讲究雷厉风行、令行禁止；讲究正眼看人、应答及时。

从警校毕业后当巡警6年，即便穿警服巡查路面，无论仪表、神态，都要正气凛然；后转入防暴大队成为警队中的一员，无论是处置突发事件、维护社会正常生活秩序还是执勤，均要保持人民警察的警务风采。

转入便衣警察队伍，尽管还是当警察，小刘发现自己的人生完全被割裂成两个世界：混在人堆儿里没人会留意你，无论站、坐、行、眼神、说话都与此前教育固化的习性相悖，弄得小刘在相当一段时间里难以完全融入职业角色。

"以前不能手插兜儿，衣扣全得系整齐"，小刘最初老挨师父"疵儿"（北京方言：批评之意），说他神态整个儿不对。结果，小刘的眼神、衣着、神态，及至心态被彻底颠覆，从头学起，这可真苦了小刘好一阵子。

第一次亲手抓贼是在北京站广场。小刘从广场人群中窥出一外地贼影，那人贴近两个只顾交谈的中学生，有个中学生装有白色手机的衣兜敞在身侧，那人下手将学生手机捏在手中的瞬间，闪在一旁观察的小刘见抓捕时机已到，心跳加速，上前大喊一声"警察"，伸出双手摁住行窃者双肩。

哪知那人双肩一耸，将胳膊从外衣中迅速退出，只剩件外衣抓在小刘手里，那人显然经验丰富，边逃边拉拽路人阻挡追逃的小刘。

"正好有个同事在十米开外，我俩一起将这个窃贼抓住"，小刘感叹，"听百次不如亲历一次"。

第一次上手"练活儿"，小刘的擒贼技艺及心理感受从此有了明显的进步。再有一次抓到一个贼，那贼抬头张口说"大哥，我认识你"，原来，此贼第二次"栽"在小刘手里，"我刚出来两月，又折大哥您手里啦！"

小刘干脆利落地回应，"只要你在这儿干，我就折你！"

发表于 2013 年 10 月 23 日

几番谈话打掉贪官嚣张气焰

冷铁林速写

人物档案：冷铁林，53岁，北京市西城区人民检察院案件管理处检察员。

个性言语："文明执法"这四个字含义很深，执法需要智慧，文明需要高尚的思想境界。

第一印象：相貌慈祥，神态从容、平和沉稳。

"我正经学过6年油画呢。"

冷铁林手机里存储着《雾凇》《黄山街景》等油画画作，这都是他个人创作的，他最中意的是那幅名为《天界》的画作——白雪覆盖、直插苍天的险峻雄峰。

假日里，冷铁林将休息时间大多投入画作创作之中，一幅画作往往花费数月才能完成。

放飞理想

冷铁林当检察官可谓"半路出家"。

他经过多年苦学，通过自学考试后，欣喜万分地拿到法律专业文凭。当他打电话告知父亲这个消息时，父亲在电话那端激动地对他说"我要马上见到你"。看到儿子来到面前，父亲忘情地一把将冷铁林紧紧抱在怀里，冷铁林永远难忘那一瞬间的感受。

父亲知道儿子为证明自己有理想、爱知识，是怎样在五六年时间里不惜一切代价拼命学习，怎样牺牲了全部休息时间啃书本；父亲知道儿子常常是一个冷馒头就当作一顿饭，为了考试几天几夜不睡，打几个盹，用冷水洗把脸再接着读书；父亲还知道儿子在自学考试及格率仅为5%的那个年头，成为顺利通过司法考试的凤毛麟角的佼佼者。父亲不仅仅为儿子获得那张证书欣喜，更因为儿子经过不懈努力实现理想而感到莫大的欣慰。

冷铁林拿到自学考试法律专业文凭一年后，参加了北京市检察机关面向社会举行的招聘考试，并以第一名的出色考绩被北京市西城区人民检察院录用。

"我对父亲非常崇拜，大事绝对听他的。"

冷铁林的父亲在"文革"中挨过批斗，经历过人生的大风大浪。冷铁林把通过检察院招聘考试的事情告诉父亲，说自己想让所学专业学有所用。父亲让儿子给他时间考虑考虑，结果两天后父亲答复儿子：丢掉已有的工作虽然可惜，但国家法制在不断发展、健全，正处在蒸蒸日上的势头上，相信儿子会在新的工作岗位上有所作为。

于是，冷铁林毅然放弃在铁道部科学院下属的一家科技公司任业务经理的职务，放弃了收入相对优厚的工作，在33岁那年走进检察院。自此，冷铁林在西城区检察院起诉部门工作6年，在反贪部门工作6年，在批捕部门工作8年，又于去年9月调入该院新成立的案件管理处工作。

尊重人格

冷铁林虽然曾入伍当过侦察兵，进公司当过业务经理，但刚进检察院跟着老同志学习如何工作时，着实让已过而立之年的他感到一时难以适应：

目睹被人残害尸首的照片、赶赴刑事大案现场、到法场见证罪犯被执行死刑……

回顾进院伊始，最先要克服的是心理上的恐惧，冷铁林随即觉得自己的法律知识不够用，且不光是法律知识，随着办案阅历增多，检察官要熟悉诸多行业内部程序和工作规范，熟悉诸多行业重要岗位权力的运行特点。显而易见，不悉心学习、求教、询问，就难以准确判断案情。

在反贪部门工作的那些年，是冷铁林职业历练增长最快的一个阶段。

职务犯罪嫌疑人都担任过领导职务，尤其高官，是一些具有高学历、社会关系广、人脉资源丰富的人。即便坐在办案检察官面前，面临着自身有罪无罪、罪重罪轻的问题，他们绝非轻易认栽。

一名涉嫌犯罪的领导干部，在单位执掌重要权力，平时家长作风严重，骄横霸道，连上级领导都不得不让他几分。这名干部被人举报后，检察机关经过初查，掌握了他的一些涉罪证据。

这名干部与冷铁林年龄相仿，交谈之初态度非常嚣张，几个回合交谈下来，这名犯罪嫌疑人思来想去，最终相信只有冷铁林能够"懂"他，遂将涉罪实情向冷铁林"倒"个干净。

"涉嫌职务犯罪人坐在面前与我交谈，我会充分尊重嫌疑人的人格，理解对方迫切辩解的心情，给他进行辩解的机会。不管他有多高的官职，与我交谈，双方地位是平等的。如果真有犯罪罪行，对方的思想境界肯定不如我。"

时隔不久，冷铁林去看守所办事，忽听有人喊他，凝神细看，原来有个人扒着监室窗子招呼他。冷铁林走近窗前，那人大声说："你还认识我吗？"

原来，此人正是那个曾经态度骄横的涉罪干部，看到冷铁林走到近前，他轻声说，"谢谢你，我现在轻松了，心里平静了"。

发表于2013年10月28日

豹眼圆睁喝住"黑带"窃贼

小张速写

人物档案：小张，31岁，北京市公安局便衣民警，一级警司。

个性言语：贼偷得手就是一两秒钟的事儿，跟他三四个小时，差了这一两秒钟，就全白干。

第一印象：北京纯爷们儿，笑起来特有感染力，瞪起眼来威风八面。

"永远高不可攀。"

回忆起跟"师父"学抓贼的情景，小张搁下这句话，崇拜之情溢于言表，"我能看出车站上的贼，我师父不仅能同时看出对面车站有贼，还能看出那贼还是个正练手的贼"。小张喟叹，"我师父就能邪乎到这种程度"。

吼住悍贼

小张从警校毕业进警队学反扒，第一眼见到自己的师父，头发长长的，留着长短不齐的胡子，衣着没样儿，"这是什么警察啊"。

小张很在意自己穿衣打扮的形象，真有点接受不了要跟的这位师父。

进警队得听师父的，没办法，小张回家就把老爸的破棉袄找出来披上了，他明白，师父要的就是他一副邋里邋遢的模样。这位师父没太多文化，业务却倍儿棒。

现如今，要让他坐在哪儿不跷噔腿，根本不可能；要让他衣着齐整、扣子规矩系好，他会浑身不自在，连他自己都笑话自己没有警容风纪，"没办法，职业要求习惯了"。

他崇敬的这位师父教徒弟的方式方法格外严厉，小张却任打任骂，这不仅源于他对师父的手艺敬仰得无以复加，还在于两人特对脾气。

如果站在公交车里看不出贼在哪儿，师父会用手硬掰着他脑袋，愣生生地将这徒弟的脸扭向贼；徒弟站位稍稍错了点，师父伸腿就踹；徒弟该说的没说上来，师父张嘴就骂。

小张跟师父整整5年，说自己跟师父"永远能学到东西"。

那天，小张和师父盯住两个身高一米八以上的东北窃贼，心里不能不掂量掂量，就凭他跟师父俩人，若动起手来肯定不是"个儿"。

师父见贼下手，毫不犹豫上前擒拿，另一同伙手摸后腰，抽出一把大折刀刺向师父，侧身一旁暗观的小张猛地扬起警棍，死力一棍将持刀悍贼打趴在地，再与师父铐住另一个，小张高声威吓，佯装有多名战友配合行动："一组堵住前车门，二组赶快过来"。

高大壮实的两个窃贼在公交车里俯首就擒。审讯时小张方知，这俩小子学过跆拳道，获得过黑带级别。

"要知道就你俩，怎么也不能就这么叫人逮住啊"，被小张咋呼住的两个窃贼，不无懊恼地叹气。

就在那个万分危急的时刻，要不是小张豹眼圆睁、暴吼冲天的阵势唬住对方，接下去的情况不知会成什么样儿。回想起来，小张说"真有点后怕"。

"哑巴"上当

小张在北京西站瞄上一个形迹可疑的窃贼，这贼有点"醒"（即警觉有人跟踪）。小张利用这个窃贼偷窥自己时，故意拿起自己的钱包做了个动作，让窃贼以为小张是同行。

这个窃贼与小张迎面走过时，向小张比划，比划不明白，把小张叫到跟前，在他手心里写了几句话，"我看见你偷东西了，我爸是警察，我要告你"。小张也在他手心里写了几个字，"你也是小偷"。

这时，他们身边走过一年轻女孩儿，这窃贼冲小张眨眨眼，见小张没动，他贴靠上去窃得一部手机，小张冲上去一把摁住他。这窃贼震惊之际挣扎着，疑惑万分地比划着，小张掏出先前佯装行窃的钱包，从钱包里掏出身份证让他看个明白，原来小张"偷"的是他自己的钱包。

"那贼后悔啊，用手狠狠拍打自己的脑门，咬牙切齿"，小张开心地笑着。

一直跟师父学擒贼技艺的小张，有一天变身师父，开始带"徒弟"。带徒弟有一条，"首先要保证他们的人身安全"。这责任可真是不小，自己从前跟师父走车从不考虑这些，等自己当了师父，就不能不事无巨细地考虑周到，比如去哪儿抓贼，在哪儿解决午饭或晚饭；比如天气如何，别让徒弟冻着、淋着。

与当年师父带自己的授业传技方式不同，小张不打骂徒弟，但该说到的一定得说到，该教会的一定得教会。

反扒行话"出壶攥"是擒拿窃贼的最高境界，即在窃贼动手行窃时，反扒民警出手攥住行窃者捏着赃款、赃物的那只手。说来简单，真要做到，可谓"三步之内硬功夫"。

如何把这手硬功夫练得炉火纯青，小张秉承师父真传，带领年轻队员春夏秋冬早出晚归，哪儿人多往哪儿挤，哪儿有贼影往哪儿奔，不管弱贼、悍贼、男贼、女贼、小贼、老贼，也不管贼咬、贼踢、贼打、贼挠，整日整月整年地隐身在公交车、车站、街头的人流中，守护着老百姓的人身财产安全。

发表于 2013 年 10 月 31 日

查出线索后肾上腺素飙升

徐明玉速写

人物档案：徐明玉，49 岁，云南警官学院刑事侦查学院院长、教授、三级警监。
个性言语：没能成为一名专职刑警战斗在一线，真刀真枪地实干，有些遗憾。
第一印象：个头不高，头发浓密，目光深邃，神情稳重。

"当刑警是我年轻时的梦想追求。"

记得在中学排演的一幕话剧中，徐明玉扮演过奸诈的反派角色。如今，他已是着警服、佩警衔、戴警徽、受人尊敬的高级刑侦专家和教官。

尸臭刺鼻

徐明玉年轻时看过电影《秘密图纸》《戴手铐的旅客》，看过福尔摩斯探案小说，这些都激发着他对警察破案、追捕犯罪嫌疑人的神往。曾几何时，他脑海里盘桓着案情错综复杂、双方斗智斗勇，以及枪弹横飞、追逐狂奔、冤情大白的情节和场景。

高考分数张榜，徐明玉被中国刑事警察学院录取，自此踏上实现理想的人生之路。从中国刑事警察学院毕业，他被分配到云南省昆明市公安局刑侦大队工作。

回想当年曾经参与办理过的一起案件，全部细节历历在目。

在昆明市一家工厂的工人宿舍区，有人闻到一间住宿房里散发出恶臭，看到从窗子爬出后坠落在地的白蛆，便极度不安地报警。徐明玉与老刑警走进房间，见满地蠕动着白白胖胖的蛆虫，即使捏住鼻子、捂着毛巾，也挡不住那股无法形容的刺鼻气息。

"那具尸体高度腐败，已经出现尸溶现象了。"

一中年男子倒在屋内洗菜水池旁死亡。这具尸体位于窄缝间，拖拽只容一人上前。徐明玉自告奋勇，抓住尸身手臂，哪晓得皮肤像皮套一样褪脱碎烂……徐明玉与同事将尸体搬上车，运到殡仪馆外一处水泥台子上解剖，四五个人在灼人的阳光下勘验了整整一下午，最终找出死者的死亡原因——遭受锐器重击脑部致死。

"被害人死亡时间超过 72 小时，尸蛆繁殖了两三代啊。"

尸体腐败散发的气味里含有多种致病甚至致命病菌，不戴口罩防护存在染病的危险。

"那次太难忘了。"

提起这件往事，徐明玉眼前仍能浮现出被害者惨死后那狰狞、恐怖的尸态，仿佛还能闻到那股令人呕出肺腑的恐怖气味。

手捧鲜花

一名期货代理人经过精心策划，将企业 700 万元资金在一周内提现后逃逸。徐明玉接受领导指派成为专案组一员投入侦破工作。

"压力非常大。"

在梳理案件线索时，桌上摆着五包烟、一杯茶，徐明玉三天三夜没合眼，困得实在不行。直到他终于查出一个可疑电话号码时陡然来了精神。照他的话说，那可是"肾上腺素发挥了作用"。

人，立马亢奋起来。

警方从可疑电话号码查出犯罪嫌疑人逃逸后的落脚之地，搜查落脚之地发现有箱包在地面拖蹭的痕迹，从拖蹭痕迹推断这里曾存放过装有大量现金的箱包，随后寻找到目击者，再从目击者口中得知犯罪嫌疑人与女朋友在一起，后二人前往机场……

犯罪嫌疑人离开了昆明，但警方对犯罪嫌疑人前往何地无从知晓，细细筛查昆明机场一段时期飞往各地航班的乘客名单，却没有发现嫌疑人的身影。徐明玉在办案过程中足足体验到焦虑、煎熬的心绪，体验到线索断掉的失望。

预判犯罪嫌疑人逃往北京准备出境，是徐明玉和另一名专案组成员在掌握大量间接线索的情形下大胆推断出来的。结果，云南警方在北京警方的全力配合下，获知犯罪嫌疑人的女朋友持个人身份证在北京一家四星级宾馆登记入住。此刻，该案侦破进程已至瓮中捉鳖阶段，徐明玉和战友享受到预判结果正确的欣喜。

云南警方在北京成功捕获犯罪嫌疑人后，由专案组押解犯罪嫌疑人飞返云南。警方讯问后得知，犯罪嫌疑人在被抓捕前正谋划搭乘国际航班出境。

从北京押解戴着手铐的男女犯罪嫌疑人回昆明，这二人一直未露身份，坐在机舱最后一排。待机上乘客全部下机离开后，犯罪嫌疑人被进入机舱全副武装的特警带走。

当徐明玉最后一个走出机舱时，他举起一束送来的鲜花向地面上的欢迎人群挥舞……

徐明玉在大学实习期间和毕业最初的那些年里，参与过多次侦办刑事案件的行动，但在他的人生履历中，更多的时间用于教学和科研，倾心培养预备刑警的学生。

徐明玉为自己"没能成为一名专职刑警战斗在一线，真刀真枪地实干"，感到遗憾，但他说，看到学生们成为公安队伍的栋梁之材，他又感到了莫大的欣慰。

发表于 2013 年 11 月 2 日

绝望母亲欲与吸毒儿子一同赴死

骆寒青速写

人物档案：骆寒青，49岁，女，傣族，云南警官学院禁毒学院副院长、教授、三级警监。

个性言语：我一直致力做好禁毒这份事业，想知道社会底层的人们需要什么，每次讲这一课都想哭。

第一印象：面容秀美、语音柔和、思维缜密、睿智内敛，学生心目中的好老师。

从警29年来，骆寒青去过云南省内除怒江以外的所有地、市、县；去过所有公安机关管理的大型戒毒所；跟踪过20多个平民家庭以了解涉毒生活状况，其中最长时间达8年。

"一个老人有4个儿子，4个儿子全因吸毒死亡，不得不将两个孙子送人。"骆寒青追访这个家庭长达6年。

残酷现实

七年前，记者第一次前往云南警官学院采访，骆寒青向记者讲述她赴云南临沧调研时了解到的触目惊心的情形：

一名青年因吸毒身患艾滋绝症，他深知自己病入膏肓、无可救治，在戒毒所现身说法向社会宣传毒品和艾滋病的危害，表现极好。就在大家给予他充分信任将他送出戒毒所后，他一进家门就向母亲索要钱财购买毒品，遭到母亲严辞拒绝。

于是，这名青年丧心病狂地用针管扎向自己，抽出一管染有艾滋病毒的血液，随后推倒母亲，将这管毒血强行注射进母亲的身体……"这说明预防毒品和艾滋病的工作效果，距离我们期待的目标还差得太远太远"，骆寒青说着，眼眶湿润了。

七年后，记者第二次走进云南警官学院，骆寒青面有倦色，显然劳累过度。她这些年来主持和参与了数十项国家、省和公安部拟定的重点禁毒科研课题、参与了多项立法调研课题，与同事编写了数十部教材，忙个不停。

"花费心血最大的，是'毒品三级预防系列软件'。"

骆寒青将一张光盘递到记者手中。作为项目负责人之一，她以学院教研力量为依托，利用计算机技术，专门针对青少年预防毒品制作了这一大型趣味游戏光盘，其中包含丰富的预防毒品的知识信息。这一科研成果获得了4项国家知识产权专利，自2006年研制成功以来，免费向全国青少年发放。

"我现在最愿意做的事情就是下基层做培训。"

11月4日，骆寒青与同事去丽江送教下基层，接着再去文山、红河等几个边境县进行毒品预防教育培训和禁毒防艾科普示范活动，顺便把他们编写的书籍和研发的"毒品三级预防系列软件"送到基层。骆寒青说，"看到带给基层的科研成果发挥了作用，就觉得自己付出的心血特别值得"。

悲泣求助

"我真想带儿子一起跳楼。"

一封千里之外的来信摆在骆寒青桌上，那是一位母亲满含悲戚地在信纸上倾诉她的绝望。丈夫在儿子6岁那年因病去世，这位单亲家庭的母亲一人将孩子带大。儿子酷爱音乐，从学校毕业后东奔西走去挣钱。母亲本以为儿子自食其力后可以大大缓解家庭生活的压力，未料想儿子突然有一天跪在母亲面前坦白自己吸食冰毒已有两年。

母亲当时几乎昏厥，抄起拖把，打断儿子的手，打破儿子的头。在随后的两天两夜里，母亲想一死了之，也想到跟儿子一起死。亲戚们劝这位母亲放弃儿子，让他"自生自灭"。但这位母亲思来想去，实在放不下对儿子的爱。

"天下哪有妈妈不要孩子的道理。"

这位母亲悄悄带着儿子前往戒毒所咨询，向单位请假，在家用4米长的铁链拴住儿子，每天端吃端喝。直到儿子尿检正常后才解除囚禁。她想办法给儿子找份工作，哪晓得儿子第一个月工资拿到手就跑掉，再回家时两眼发直、满嘴胡话，时不时自残、撞墙、用刀子割伤自己，还要跳楼。

"是送去强制戒毒、送精神病院、看心理医生，还是吃什么药物？"

这位母亲在信中恳切地写道，"所有人都说我儿子这一生全完了，只求您回信给个建议就行，好吗？"骆寒青及时回信并与这位母亲通了电话。

"要让孩子看到希望，不要用悲情式教育，不要一味地诉苦。"

骆寒青告诉那位母亲，买一本色彩鲜艳的笔记本，将她把每天的快乐记在本子上，哪怕是描述蓝蓝的天空、艳丽的花朵，怀着欣喜的心情将热爱生活的点点滴滴思绪记录下来告诉儿子，影响并启迪儿子心里对正常生活美好事物的向往。

骆寒青最近一次与那位母亲通电话后欣喜地得知：两年来，她坚持按照骆寒青指点的方法努力去做，儿子不仅能去正常工作，还能回家给母亲做饭，等母亲下班回来一起吃。

这位母亲在远隔千里的电话中由衷地对骆寒青说："骆教授，太感谢啦！"

发表于2013年11月9日

没想到当上警察教官

昂钰速写

人物档案： 昂钰，46 岁，云南警官学院禁毒学院教授、三级警监。
个性言语： 我的性格适应教学，看到学生毕业做出成绩，感到最大的慰藉。
第一印象： 脸庞方正，浓眉大眼，络腮胡茬，目光炯炯，体格健硕。

"进中国刑事警察学院上学很偶然。"

18 岁那年，昂钰高中毕业，在填报大学志愿时，他第一志愿填报了清华大学应用化学专业和土木工程专业，第二志愿填报了哈尔滨工业大学，第三志愿填报了云南大学。

人生之路很难预料。

昂钰当年实在没想到这辈子会当警察，更没想到后来又当上了警察教官。

嫌犯跳楼

高中班里有个关系特别好的同学，一心想上中国刑事警察学院，怂恿昂钰一同填报。由于当年填报高考志愿时要求填报者必须将全页表格填满，昂钰便依次填写了自己倾心的前三个志愿，在后面填写了中国刑事警察学院。

出于对高考分数的自信，18 岁的昂钰从未设想过迈进中国刑事警察学院的校门。高考分数张榜后，昂钰的分数能够进入清华大学预科班学习，但警察院校提前录取的程序打乱了昂钰内心的平静。

"改志愿去中国刑事警察学院是母亲的意思。"

昂钰听从母亲劝说，前往数千公里外的沈阳，就读中国刑事警察学院刑事侦查专业。大学毕业后前去外地实习，他在基层公安经历了一件难以忘却的事情。

两名盗窃嫌犯伺机进入当地某宗教人士家中，盗走 21 幅价值连城的唐卡。其中一名嫌犯在甘肃当过兵，又进兵工厂干过，被捕后抗拒讯问，一字不吐。

"他和我一样的年纪。"

昂钰记得那天夜深时分值守，他与嫌犯聊起当兵经历，还为他端了一杯开水，对方十分兴奋，但每当话题引向涉案内情时，他就闭口缄言。

清晨 6 点，昂钰困得打飘。换班后，昂钰突然听说那名嫌犯趁看守人员不备，从 6 楼纵身跃下，脑袋先着地，当场死亡。接着，便有检察院前来逐一询问，每个办案人员无一例外地接受了严厉的质询。

初出茅庐的昂钰从未想过，警察居然成为接受有无违法行为的审查对象，这声风波给他留下了深刻印象。

注重证据

"一耳光扇过去不说，两耳光再踹一脚就说。"

早年，一些办案人员习惯靠打人获取有罪口供，近年来这一做法已大大减少。事实上，一些涉罪人，靠打是打不出口供来的，更不要说随着法治环境、法律规定的逐步提升和完善，办案人员必须依法依规行事，违法获取犯罪嫌疑人口供的行为不被法律容许和认可。身为从事刑事侦查专业教学人员和科研工作者，昂钰对此深有感触。

几年前，一起涉及运输毒品罪案的两名被告人经再审后将死刑改判无罪。昂钰作为毒品案件刑侦专家应邀出席了专门的研讨会议。他仔细查阅案情并详尽了解办案全程后坚持认为：在办案很多环节上，相关人员没有依程序做好扎实工作，未能准确、及时地固定犯罪证据。

昂钰主要从事刑事侦查学研究，讲授毒品犯罪案件侦查、东南亚概况、毒品公开查缉、禁毒学概论、毒品预防教育、禁毒情报等课程。

2011年，公安部指挥全国公安机关开展统一行动，成功破获"8·31"全国特大网络吸贩毒案。这起案件共涉及全国31个省、自治区、直辖市，查获涉毒违法犯罪嫌疑人员12 125名，缴获毒品308.3千克。

昂钰注意到，这起利用互联网视频交友平台进行涉毒违法犯罪活动的新类型毒品案件，呈现出犯罪新特点：

涉案罪犯通过网络传授制毒方法，传递吸毒经验，交流感受与体会，为毒品犯罪推波助澜，而毒品犯罪又往往与色情活动交织在一起。这些，给侦查机关取证带来了很大的难度。

"侦破工作的难点集中在线索和证据两方面。"

让昂钰痛心的是，这起案件涉罪的逾万名犯罪嫌疑人大多为青少年，"危害之大，超乎想象"。昂钰对此提出了具有针对性的建议：

加快网络立法，出台相应的网络禁毒司法解释，明确网络运营商与服务商的相关责任，加强对相关责任人的法律追究，健全网络禁毒法律制度体系。

发表于2013年11月9日

未穿排爆防护服拆除邮包炸弹

张绍清速写

人物档案：张绍清，48岁，云南省公安厅刑侦总队技术处副处长、一级警督、高级工程师。

个性言语：痕检工作辛苦、危险，工作压力之大，常人难以想象。

第一印象：个头不高，目光犀利，反应机敏，处事果断。

"刚工作那年，跟老法医出现场，很难忘。"

一名服刑人员试图翻越监狱高墙时，触碰高压电网致死。年轻的张绍清与老法医前去勘查，他协助老法医伸手去抓尸体手臂，谁知那手臂竟与躯体分离，被张绍清抓在手里。"我很紧张，想丢开就跑，可有人在周围看着，没敢撒手。"

入夜时分，张绍清不敢闭上眼睛，那一夜都没睡好。

惊险排爆

张绍清从云南省人民警察学校毕业后被分配到省公安厅刑侦总队技术处工作。这里的年轻人拥有诸多培训机会，他发现唯独排爆培训没有人报名。结果，张绍清成为唯一一名报名参加这项培训的年轻人。经过公安部四期培训班学习，张绍清考试合格，于1988年成为云南省第一个取得排爆合格证书的人。

那一次，云南省祥云县警方查获一邮包炸弹，基于缺少专业人员排爆，向省厅求助。张绍清与昆明市公安局一名排爆同事赶赴现场。

邮包炸弹摆放在一个空旷的篮球场桌子上。经X光仪器透视，张绍清和同事看清邮包里有只装满炸药的饮料罐，还装有自制的引爆机关，稍有拉扯就会引爆。

按规定，排除爆炸装置应使用爆炸物销毁器处理，但由于当时业务经费紧张，警方没有购买排爆专业工具，只能采用人工排爆的方式。没有正规的防护设备，二人走到那个邮包炸弹前，炸弹里装有一公斤硝铵，足以把两人炸飞。

张绍清和排爆同事看清并掌握了这个邮包炸弹的内部结构后，为防止爆炸导致爆炸物原有涉罪痕迹消除，他俩向躲得远远的人喊话，请人送个相机过来，以便拍摄痕迹证据。明明有二三十人躲在数十米安全范围之外的屋子里，竟然无一人应答前来送相机。

张绍清格外恼火，忍不住喊起来，"谁的身体不是肉长的"，还是没人送相机来。没办法，张绍清只好离开排爆现场，拿了相机，返身邮包炸弹前，将涉案痕迹一一拍摄下来。

排爆时，张绍清小心翼翼地剪破罐子，再剪断连接电线，排除险情，还从爆炸物上成功拍摄了六处涉案物证，为侦查破案发挥了关键作用。

时隔多年，他无法忘却那一瞬间积聚心头的无奈，"稍有不慎，就会出事"。完成这次排爆，张绍清并非坦然淡定，他坦率地承认，"手抖，心也抖，后怕"。

细勘足迹

那年，云南省内发生一起重大恶性灭门惨案，一家老少五口全被人杀死在家中。

正在休假的张绍清紧急出发，前往案发地协助破案。在案发地点发现一处可疑足迹，他找来一个小板凳，坐在足迹前细细辨析着。

时间一分一秒地流逝着。先前，张绍清周围有五六个专案组成员陪着，见他盯着那足迹冥思苦想，三四个小时没挪地方，周围的人不知什么时候全走开了。

"太阳很毒，就那么晒着。"

张绍清虽然知道身后几步远处摆着五具尸体，但他根本没注意身后有什么动静。按当地风俗，人死了，亲人要在死者身边放一只公鸡，不知什么时候，五只被捆绑的活公鸡分别被悄悄摆在五具尸体旁。

"咯咯哒"，一只公鸡骤然亮嗓打鸣儿，如刀尖刺破四周静寂。张绍清本能地回头一看，"头发全竖起来了"。

尽管他已是无数次亲临案发现场的公安刑侦老行家，但陡然间从凝神思索中毫无思想准备地直面近旁数名死者惨死后的狰狞面容，而周围空无一人，确实会在那瞬间感到心惊肉跳。

"我从足迹判断作案嫌疑人二十多岁，身高一米七，专案组不大相信。"

案件破了，犯罪嫌疑人被抓获，印证了张绍清对嫌疑人特征的准确推断。当警方抓获涉案嫌疑人离开案发地时，数千村民自发聚集在道路两旁欢送，不少百姓把自家带来的鸡蛋往民警手里塞，"就像当年送红军的场面一样"。

每每忆起这次亲身经历，张绍清总会感到心灵的慰藉和升华。

多年积劳成疾，导致张绍清应公安部之邀前往内蒙古自治区讲课时突发大面积心梗，经当地医院紧急抢救，成功实施了心脏支架手术后，"抢回"一条命。

出院不久，张绍清又接受指令，忘我地投入到一起恶性刑事案件的侦破工作中。他说自己最大的安慰是，"这些年努力工作的价值得到认可"。

发表于 2013 年 11 月 13 日

排查上千人笔迹查明嫌疑人

陈雪梅速写

人物档案：陈雪梅，女，39岁，云南省公安厅刑侦总队技术处三级警督、高级工程师。

个性言语：做文件检验工作要静得下心来。不静心，很多特征是看不出来的。

第一印象：面容俊美，一双大大的眼睛里流露出淡定从容的神态。

"有时梦到检材，半夜里会突然醒来，再也睡不着。"

陈雪梅从事刑事侦查文件检验工作14年，经她检验鉴定过的1300多起案件的文件检材，没有出现一起错检。

眼球渗血

"高考时，报考文图系文件鉴定专业，以为是搞文物鉴定。"

青少年时期的陈雪梅对警察职业有神往，但并没有过深的了解。当她被中国刑事警察学院文图系录取后，全然不知到底要学习什么样的专业知识。从进校门伊始到毕业离校，陈雪梅确信自己喜欢上了这个专业。

记得当年全班共有40名同学。临近毕业，全国各地居然有70多家单位前来争抢这一班毕业生。从云南考来的陈雪梅毕业后选择回云南工作。

文件鉴定专业有着常人难以窥破的"神奇"。

该专业与法医学、法化学、痕迹学等同为司法鉴定的专门学科，它的检验对象是作为书证和物证的文件，是以书写、印刷等方法制成的文件为载体，以语言、文字、符号、图形的方式提供有关作案人、作案工具材料和文件内容及其真伪等信息的证物。具体可分为：文件的笔迹、文件的言语、文件的印刷图文、文件的污损记载、文件的物质材料等。比如，检验者可以对字迹书写者的年龄、性别、职业、文化程度等进行推断，这不仅需要具备文字学、语言学的理论知识，还需要熟悉地域的风土人情。

当那些字少、有污损的涉案检材摆在文件检验者面前时，如何破解其中含有的重要信息，对侦破案件起到"一锤定音"的决定性作用，往往会对检验者的专业能力形成极大挑战，人们难以感同身受地领悟从事这一专业的人们有着怎样的艰辛和不易。

若让人不错眼珠地盯着几个字，几小时、十几小时、连续几天地观察和分析，找出关键信息，这工作有趣吗？你能坚持不懈地较真到底吗？

大学毕业前，陈雪梅去基层公安实习，正赶上一起案情重大的案件，检材有伪装，字量少，比对样本条件非常差，不知道犯罪嫌疑人是何人。那次检验，陈雪梅成天盯着那些检材和样本，盯得直恶心、想吐。

文件检验主要依靠用眼观察，过度用眼极易损伤眼睛。

有一次使用显微镜查看文件字迹，陈雪梅整整一上午都俯身在显微镜上，她不知自己眼白出血，同事看到后吓了一大跳，大家熟悉的那双漂亮的大眼睛竟红得骇人。

确认不疑

"不同人有不同的书写习惯，要找出同一个人的书写习惯，首先要静下心来。"

一段铁轨旁留下粉笔书写的几个字，成为一起铁路爆炸案的唯一痕迹物证。陈雪梅作为专案组成员，排查了案发地附近多个村庄的上千人笔迹，一一比对检验，最终找出了嫌疑人。陈雪梅在这起案件的成功告破中起到了至关重要的作用，由此受到了省公安厅的嘉奖。

在一案发现场，陈雪梅从墙上揭下来涉案的一张纸，纸上为手写文字。经过对文字进行言语分析，陈雪梅认为书写者"应为当地人或长期生活工作在当地的人，年龄在40岁左右，初中文化水平，较关注时事"。

在三天时间里，陈雪梅排查了129人的笔迹。在没有样本笔迹排除的情况下，陈雪梅开始研究起打印样本材料的言语特征，当她第一次提出重点嫌疑人时，这一判断遭到强烈质疑，因为这名嫌疑对象被认为表现良好，在政治上非常可靠。

陈雪梅坚持要求补充这名嫌疑人的笔迹样本。时隔两天，她拿到这名嫌疑人的补充笔迹样本后，坚信自己作出的判断正确无误。于是，专案组开始行动，从这名嫌疑人的卧室中搜出内容相似的另一张纸及涉案其他物证，该嫌疑人对涉罪案情供认不讳。

案件破获，印证了陈雪梅运用文件检验技术预先对涉案嫌疑人作出的准确分析。

"最开心的是，笔迹拿过来一比对，就是嫌疑人，没错。"

陈雪梅深知文件检验技术目前在国内还有很多难题需要攻克，她希望通过自己的努力，为攻克专业难题作出一份贡献。

发表于 2013 年 11 月 18 日

数十名幼儿园中毒幼童及时获救

李虹速写

人物档案：李虹，女，49岁，云南省公安厅刑侦总队技术处主任法医师，一级警督。
个性言语：我热爱这个专业，做事很踏实，看准了的事就会坚持下去。
第一印象：淡定平和，话音轻柔、徐徐缓缓，具有独特的亲和力。

"我热爱这个专业。"

李虹从云南考入远在辽宁的沈阳药科大学就读药物分析专业，毕业后回到云南，成为云南省个旧市公安局的一名新警员。工作两年后，她被派往省公安厅刑侦总队技术处学习，结果被领导留了下来，一直工作至今。

拯救幼儿

"上世纪90年代后期，涉及毒鼠强的投毒案件特别多"，时隔十余年，回想当年处理过的一起幼儿园孩子中毒案件，李虹依然清晰地记得所有办案细节。

"白糖和毒鼠强都是白色的。"

李虹说，一家幼儿园聘用了一名为孩子们烧饭的女师傅，领导发现她干得不好，准备辞退她。此人心怀不满，实施报复，在离开幼儿园之前将毒鼠强掺入厨房盛有白糖的罐子里。

起初，幼童们喝牛奶时因放入量不多，虽然有些幼童呕吐、肚子疼，但没有引起重视，老师以为孩子们吃了不干净的食物。

两天后，幼儿园按食谱安排，为孩子们做糖醋排骨，放入掺有毒鼠强的白糖，致使这家幼儿园里的64名幼童中毒，孩子们症状反应严重，被急送医院抢救。

医院首先要确定，如此众多幼童身体出现的严重病状，究竟是什么原因造成的。医院求助警方，李虹接受指派，连夜进行药物检验分析，确定毒物属性，告知医院对症救治。

"64个小朋友全都救活，案件定性为投毒。"

投毒嫌疑人被擒获后，社会反响强烈。最让李虹欣慰的是，"小朋友得到了及时的救治，确定毒物为侦查破案提供了明确方向"。

在李虹的娓娓述说中，"小朋友"三个字的语气里有种特殊的亲切感。原来，李虹婚后怀孕，憧憬做母亲的她自然欣喜万分。然而，她绝对没想到自己因工作环境频繁接触有毒有害物质而致使她失去了做母亲的机会。

"年轻时不知道，多次流产。"

李虹没有提及最珍惜的最后一次怀孕又遭遇流产，也没提及她为此哭了整整4天的伤神往事，只是轻声地说："我——对不起我先生、我父母。"

倾尽心力

半夜接到命令奔赴案发地，连夜检验，通宵分析，几天几夜"泡"在理化室，领导反复催问鉴定结果……

如果说这样的工作压力还不足以体现李虹特有的坚韧毅力，那么，当人们走进她日复一日工作的理化室，便可知这样的工作绝非一般人可以承受。

这里存放着涉案死尸需要检验的胃、肝、肾等人体脏器；存放着涉案当事人的呕吐物、尿液以及含有可疑毒物的血液；柜架上摆放着大大小小装有药液的瓶瓶罐罐，瓶体上多贴有骷髅标志；这里的空气时而飘出恶臭刺鼻的浓烈气味儿；这里摆放的花草在一周时间后会出现枯死现象；这里见不到苍蝇；这里工作的人们每天要仔细洗十几遍双手。

"搞这个工作，牺牲很大。"

李虹从容地告知，很多从事这项工作的人中途改行，目前在省内干这行的人里，她算是干得时间最长的人。

尽管李虹已经成为主任法医师、理化室主任、全国刑事技术标准委员会理化检验分技术委员会委员，尽管李虹已成为省内甚至国内颇有名望的技术专家，尽管各种荣誉称号和立功奖状一大堆，但这些似乎都还不是支持她坚守在这样一个"枯燥、危险"岗位上的真正动力。

——那是一桩毒酒案的案发现场，乡村里每天不断有人死亡，悲情如瘟疫搅得人心惶惶，待真相大白，罪犯伏法，民心平复，生活正常；

——那是一次公共场所的爆炸案，死伤众多，群情激愤，勘查及时破案，公众额手称庆……

李虹参与过成百上千大案要案的侦破工作，其检验鉴定工作为案件侦破以及随后的诉讼提供了扎实的科学证据，每一次她都是倾尽心力圆满完成工作任务。

李虹这样诠释自己，"我是个内向的人，做事很踏实，看准的事就会坚持下去，我热爱这个专业"。

发表于2013年11月21日

飞身跃上疯狂逃逸的摩托车

章建良速写

人物档案：章建良，55岁，江苏省常州市公安局交巡警支队机动大队一级警督。
个性言语：努力工作，是为了对得起国家发给我的这份工资。
第一印象：瘦瘦高高，快人快语，性格直爽。

"从小就想入伍当兵、当警察"，年过半百的章建良爽声笑着说，"这辈子遂了心愿"。

章建良入伍当过通信兵，进过特务连，部队驻扎在内蒙古乌兰察布市。时至今日，他依然忘不掉冬天零下三四十度的严寒，忘不掉在风雪天中一口口啃着硬硬的窝头的情景。从部队复员转业，章建良本可选择去邮电局工作，但他顺从自己内心的想法，去常州市公安局报到当上了一名交警。

打骂不还手

"当年，我上路面执勤跟现在可不一样。"

想当年，章建良上路查处违法行为，无论在城市街道还是郊区公路，经常有胡走乱闯的车与人，违法者接受交警教育或处罚时或骂骂咧咧或夺路奔逃。

与当兵吃的苦相比，交警上路执勤完全是别样的辛苦。那是一次日后想起来就后怕的经历：一小伙子驾驶摩托车疾速行驶，将一名过路妇女撞成骨折。章建良成功堵截了这辆肇事摩托车，就在他与驾驶员交涉并上手抓住摩托车后座架时，对方突然轰大油门逃离。

身手敏捷的章建良早已洞穿对方动机，抢先跃身坐在加速行驶的摩托车后座上。岂知摩托车后座仅仅是一块铁板，这块铁板因该车先前的疯狂行驶已被机器高温灼得焦烫。耳边风声呼呼作响，屁股却被烫伤，章建良紧紧抱住驾驶者，起身半蹲半坐在后座那铁板上，直至驾驶者听从劝阻，结束一场无谓的疯狂驾驶，接受处罚。

有愚蠢违章的人，也有费尽心机违章的"智者"。

一名在江苏丹阳建有羽绒服厂的老板，为自己那辆公爵轿车搞了副假车牌，冒充警车上路。章建良发现这辆车存在违法嫌疑，拦截后请老板下车，老板声称这是河北省公安厅后勤部的车，口气张狂。章建良不信这个邪，向河北省公安厅发出协助查询的传真，结果证实对方说谎。

"扣车时经常挨骂挨打，不能还手"，章建良笑笑说，"这种事很多啦"。

"安全教头"

章建良真忙,连他自己都觉得太忙。

如今的他,早早将一天挨一天的工作安排得满满的——授课、调研、总结,创建新制度,督促制度落实,组织经验交流,评比先进。

问他到底忙个什么?

创建出租车管理卡口,建立"的士驿站",向出租车驾驶员提供防范指南、平安提示、治安预警、法律咨询、指路问询;评选爱心车队,鼓励出租车驾驶员为公安机关提供破案线索、协助抓获违法犯罪分子、鼓励他们免费接送残疾人、主动归还乘客遗留物品,拾金不昧;鼓励扶残助残;每月定期召开例会,通报当月社会治安情况和违法犯罪特点,讲授发现、识别犯罪分子的技巧和做好自身安全防范的要领。

章建良近年来为全市出租车驾驶员授课,接受安全教育的驾驶员逾两万多人次。有件事情令他特别自豪:

去年5月,两名嫌疑人在苏州抢劫了一家金店,从苏州打了一辆"黑的"来到常州市火车站,再转乘常州出租车,他们向出租车驾驶员提出去镇江,要求越快越好,价钱随便开。

那位年轻的出租司机聆听过章建良讲授的安全防范课程,发现这两名挎着大包的乘客形迹可疑,于是借机跨市运营要去出租车管理卡口登记之际,向卡口值勤民警报告。尽管嫌疑人警觉后引爆自制炸药并持枪拒捕,但很快被赶来支援的刑警擒获。

"他俩打劫的116根金项链全部被追回。"

次日早上,及时抓获打劫金店嫌疑人的消息传到章建良耳中,他特别高兴,自己日复一日的劳碌就为有这样的成果。

今年以来,常州出租车驾驶员共协助公安机关破获各类案件48起,抓获违法犯罪嫌疑人73名,成功破获了一系列重特大案件。出租车司机们还为群众找回笔记本电脑、手机、现金、证件资料等遗失物品678件,价值60余万元。

章建良并不认为这些成果归于自己,只是说自己努力工作是为了对得起国家发给他的那份工资。

发表于2013年11月23日

死者指甲嵌留一根短发锁定凶嫌

程宝文速写

人物档案：程宝文，45岁，云南省公安厅刑侦总队技术处主任法医师，二级警督。
个性言语：我不畏惧死亡，但敬畏死亡。
第一印象：反应机敏，神情专注，目光犀利。

"传球要传得好，打得好、投得好。"
程宝文酷爱打篮球，以打篮球比喻运用先进DNA技术破案之妙时说，"到犯罪现场要对涉案DNA物证提取得好，送进实验室分析要做得好"。

一根毛发

一些身负重大命案的罪犯直至执行死刑前，内心都无法解开纠结万分的谜团——警察究竟是怎么发现自己的犯罪线索的？

一名农村妇女被人强奸后杀死在油菜地里，法医程宝文赶赴命案现场勘查。办案人员苦于没有发现足迹、指纹等明显作案痕迹，而当年DNA技术的运用尚处在不成熟阶段。

此时，年轻的程宝文既身为法医，又是云南省内最早接触这一先进技术的专业人员之一，他凭借自己积累了5年的从事DNA技术的实践经验，从多名嫌疑人中排查出一名嫌疑人，但办案负责人不相信是那个人。

此嫌疑人经警方两次讯问，应答从容，神情淡定，没露出任何破绽，程宝文依据鉴定结果的指向性对办案负责人说，虽然不能确定一定是这个人，但不能排除这个人的作案嫌疑。

"当时使用的是DNA技术很初期的方法。"

程宝文记得，在他结束勘查返回玉溪的半路上，办案负责人给他打来电话，告诉他这起命案破了。办案民警从那名嫌疑人家中搜出被害人的手表。一直伪装很好的嫌疑人再次接受审讯时精神崩溃。执行死刑前，这名罪犯拧着眉头在监室里自言自语，叨叨着"没人看见啊"。

一名妇女赤裸身体、血肉模糊地倒在稻田里——这起发生在云南省永胜县的命案引起当地民众的恐慌。永胜警方排查锁定了数名犯罪嫌疑人，其中有死者丈夫及邻居。虽然警方了解到死者与其丈夫关系不好，邻居也有较大嫌疑，但警方没能在命案现场找到关键的涉罪物证，破案工作陷入僵局。

已调入省公安厅技术处的程宝文赶赴命案发生地,从被害者遗体上寻找微量检材,发现被害者食指指甲内嵌有一根短短毛发,程宝文有些兴奋,揣测这根毛发很可能是被害人反抗嫌疑人时嵌入指甲的。

随后,程宝文从毛发里提取出 DNA,经比对发现,就在警方圈定的多名涉案嫌疑人中,有一人完全相符检材特征,案情真相大白。

几年前,被害人与邻居发生过激烈争吵,致使该邻居耿耿于怀,一心想逞凶报复。经过精心策划,行凶者杀死被害者,故意将她全身衣服脱下,伪装成强奸杀人的现场,企图扰乱办案民警对作案人行凶动机的推测。

两个孩子

程宝文大学毕业后走进云南省新平县公安局,工作未及两年便遇到一起悲惨命案,他奉命前往案发现场勘查。

一对夫妻相约假离婚,丈夫不晓得妻子假戏真做,离婚后竟与另外一个男人悄悄结了婚。闻知实情后,丈夫失去理智,在暴怒中将妻子杀死。

程宝文在案发现场一间内屋完成解剖工作后向外走,看到被害人父母候在外屋,尤其是被害人死后留下的两个小孩子静静地坐在门槛上,眼神呆滞地向远处望着。当时,天色近晚,夕阳下两个小孩子一动不动的身影永远地烙在程宝文的记忆中。

让冤情得以昭雪,让亡灵得以安息,让人间正义对罪恶进行公正审判,程宝文坚信自己的工作对护卫社会和谐具有重要的意义。

一旦死因勘验结果出现判定错误,法医师毫无疑问要对涉案物证作出的错误结论承担责任。程宝文清楚,鉴定不准,不仅存在让罪犯漏网的风险,更存在冤枉好人的风险。

回想从最初学习 DNA 技术至今,程宝文在长达 20 多年的实践探索中秉持"只对科学负责"的严谨态度,年均参与 DNA 检验案件百余起,检测检材及样本总计逾两千余份。

"做法医工作这么多年,我对得起任何人",程宝文对此很是自豪。

发表于 2013 年 11 月 27 日

几道抓痕印证强奸暴力犯罪

左国军速写

人物档案：左国军，38岁，江苏省苏州工业园区人民检察院刑事检察科副科长。

个性言语：哭也一生，笑也一生，就看自己怎么选择了。

第一印象：个子不高，身体很结实，讲话语速不快，条理清晰，表述准确。

"她叫我叔叔，一下子抱住我，伏在我肩头哭了好一会儿。"

那天下午，一位年轻姑娘走进江苏省苏州工业园区人民检察院办公楼大厅，见到左国军向她走来，心情激动地迎上前，伏在这位检察官肩头啜泣。

许久，她抹掉脸上的泪水说，"我再没有什么事了，就是要来谢谢你。"

"零口供"

夜很深了，火锅店里几个年轻人吃吃喝喝到很晚，其他人陆续离桌后，只剩下一男一女。

男的是这家火锅店的员工，女的则是他初次见面的四川老乡。年轻姑娘没想到"老乡"一番甜言蜜语后，竟把她拉到厨房仓库……姑娘次日向当地警方报案，声称自己被强奸。而涉嫌强奸罪的那名年轻男子却向警方声称对方自愿与他发生性关系。

姑娘坚持说自己对强奸暴力行为进行过反抗，否认醉酒。警方从厨房仓库米袋上提取到嫌疑人的精斑，并发现嫌疑人背部有几道长达7公分的抓痕。但是嫌疑人"零口供"对警方锁定涉罪行为形成了迷障。

"她父母是非常老实的农村人，专门到检察院来，说没有别的要求，就想着法律能查清事实，还女儿一个清白。"

左国军负责这起案件的审查起诉工作，记得那姑娘不仅身遭摧残，又因为闻知流言传回老家，精神陷入崩溃境地。案情经法医鉴定之后，他与公安办案人员仔细研究嫌疑人背部抓痕。尽管嫌疑人辩称，此抓痕是因女方与他发生关系时抓伤的，并在法庭审理时坚持这一辩解。

自作聪明的嫌疑人哪里晓得，办案检察官与警官对案发过程及嫌疑人的涉罪行为进行了周密分析，从抓痕形成的合理体位揭穿嫌疑人未实施暴力的谎话，致使嫌疑人在法庭最后陈述时不得不承认检方指控的犯罪行为成立，他对公诉人的指控没有异议。

法院对嫌疑人作出有罪判决后第5天，那位姑娘来到检察院要见他。

"知道结果啦?"

"知道了。"

话音刚落,泪水从姑娘的脸颊上一串串滚落下来……

理性平和

左国军父母是四川省金堂县人,年轻时双双来到新疆建设兵团,辗转至伊犁霍城县。

左国军在新疆出生,小时候看到电视剧里有律师在法庭上雄辩的镜头,他就被律师形象深深地吸引,想着长大后要干那些为蒙冤者伸张正义的事。高中时,他代表学校参加县里举办的讲演比赛,在目睹一名女律师讲演后深受震撼,更坚定了学习法律专业的志向。

命运有了这样的安排——他进入新疆司法学校学习。先于他上大学的大哥帮小弟打听过,司法学校好学生的毕业去向或进检察院或进法院工作,而这检、法两家都是"带国徽的单位",但左国军当时并不知道检察官到底是干什么的。

左国军从司法学校毕业后先加入了防暴队。在防暴队短短一年半的时间里,这个不喜爱舞枪弄棒、有些自闭情结的小伙子吃大苦、流大汗,一举赢得军事标兵的荣誉。

回想那段日子,左国军从内心深处重新塑造了另一个自我。

从防暴队转入新疆伊犁霍城县人民检察院工作,左国军幸运地赶上了庭审方式由听审到抗辩的变革,其语言表达能力的特长得以发挥。在办理当地一起官员的贪污案件时,左国军承担公诉重任,在法庭上面对伊犁州老中青三代知名律师,从上午开庭一直辩至入夜时分,他嗓子都说哑了。

庭审结束后,检察长紧紧握住他的手,眼泪在眼眶里打转。

"公诉人不能逞口舌之利。"

经历过那场难忘的出庭公诉后,左国军说此后自己更加注重如何在公诉时做到严谨、平和、理性和规范,明确了做一名成熟公诉人的努力目标。

2004年,左国军通过全国司法考试后学习不辍,时隔三年,成为全国检察机关第一批选调生被招入苏州工业园区检察院,如今已在该院担任刑事检察科副科长一职。

与在新疆工作相比,到苏州工业园区检察院工作,他深感工作强度更大。年近不惑的左国军告诫自己,"希望能豁达、健康、快乐地在人生路上一天天老去"。

发表于 2013 年 12 月 4 日

与影视明星同名的女检察官

吕丽萍速写

人物档案：吕丽萍，51岁，云南省曲靖市人民检察院侦查监督处检察官。
个性言语：在我这个位子上干事，人要正派，不能患得患失，更不能想邪的歪的。
第一印象：戴眼镜，短发，说话理性，态度和蔼。

吕丽萍，出生于云南省罗平县，与同名影视女演员相比，云南的这位吕丽萍可以说是默默无闻。戴着白边眼镜的她若不穿检察制服，会被人看成人民教师。如果不是一次意外的人生选择，她很可能守在云南大山深处的偏僻小县城里工作到退休。

翻山越岭

罗平县在云南省东部，位于滇、桂、黔三省区接合部，以"鸡鸣三省"闻名。这里风景优美，可供旅游者赏山玩水，但若为调查案情进山寻人，则完全是别样的体验和心境。

吕丽萍自财贸学校毕业被分配到一家乡供销社当会计后，刚刚工作两年，适逢县公安局、检察院招收有学历的年轻人，两家单位先后相中这位在乡供销社勤奋工作的小会计。

县检察院决定招收吕丽萍入院，乡政府不肯放人，说乡派出所已事先看好这个"苗子"。结果，检察院办公室的人开车到乡上供销社，让吕丽萍收拾行李跟车走人，愣是先下手为强，把她"抢走"了。

"我当时根本不知道检察院是干啥的。"

初入检察院，吕丽萍跟从一位部队转业入院的老同志学着工作，最大的困惑是——自己面对的是一个完全陌生的专业领域。于是，吕丽萍狂购法律专业书籍昼夜苦读。检察院为培养这个初来乍到的年轻人，送她去远在省城昆明的云南政法专科学校学习。两年后她回到罗平。

那次，跟随罗平县检察院经济侦查科李科长翻山越岭调查一起盗伐林木案件，吕丽萍记得，不仅要乘一段路程的长途客车，下车后还要走四个多小时的山路。他们找到盗伐林木的地点，便立即开始丈量盗伐面积，清点盗伐树桩。完成工作回来时走到公路边等候长途客车，最难忘的是，时间好像停顿了一样，无比漫长。

那年冬天，她同曲靖市检察院一位老检察官去罗平山区调查一起贪污案件：一名信用社会计贪污了4万元贷款。吕丽萍在调查中得知，这名会计的妻子突然病故，身后留下几个孩子，他为了尽快娶个女子与他共同抚养孩子，便动了贪污贷款的念头。

"那几个小孩真可怜。"

走进犯罪嫌疑人家中，吕丽萍看到光着小屁股缩在被窝中的几个孩子……

无一错案

了解检察院机构设置和部门工作职责的人知道，侦查监督部门承担着什么样的重任，在这样一个部门任职的负责人要具备什么样的心理素质和工作能力。

一个女同志出任侦查监督处处长，应该归于女强人之列，记者在采访前揣测着。哪晓得吕丽萍道出当年参加市院竞聘的内幕，居然并非是她认定的人生选择。

吕丽萍自1983年调入罗平县检察院工作后，在经济侦查科、办公室、政工科工作过，1994年被提为副检察长兼政工科长，分管反渎、批捕、监所等部门的工作。

2002年，全市检察机关实施岗位竞聘的改革新政，市检察院专门下发文件，全员动员支持改革。吕丽萍当时的想法是："我去竞聘市院处级岗位，根本不可能。"

不要说自己孩子刚上小学五年级，不要说自己这些年偏于一隅的有限知识储备和工作经验，怎么可能到市检察院去竞聘一个部门的领导职务呢？吕丽萍不报名，不吭气，直到县院检察长认真地对她说："不可以不报名啊。"

就这样，长这么大只去过几次曲靖市的吕丽萍，坐了四个多小时的长途车，一路颠簸，从罗平县来到曲靖市。随后在市院进行当众演讲、历经现场打分的程序，结束后就乘长途车返回罗平，她心里真没把这番折腾当回事。

时隔不久，一个去市里开会的同事返回罗平，告诉吕丽萍，说市院张榜公布竞聘入选者名单，吕丽萍入选市院侦查监督处处长。

吕丽萍听完脱口而出："不可能。"

"不可能"变成事实。

罗平县院接到市院人事调动通知，吕丽萍明确表示不愿去市院就职，检察长半开玩笑半认真地说："不去不行。"见吕丽萍不为所动，便唬下脸硬硬地说，"不去，就地免职！"没办法，吕丽萍拎着换洗衣物，带上日常生活用品，离开了自小长大的家乡，心情忐忑地走进市检察院办公楼。

转瞬11年过去，吕丽萍上任后带领全处干警办理各类侦查监督案件4000多件，其中不乏震惊全国的大案、要案，没出现一起错案，也没有发生一起举报、投诉案。

发表于2013年12月14日

追缉挪用公款越境嫌疑人

艾洪勋速写

人物档案： 艾洪勋，48 岁，山东省宁津县人民检察院反贪局长。
个性言语： 有罪证据我们要查清楚，无罪证据也要搜集全。
第一印象： 高大魁梧，身体壮实，大大的眼睛特别有神。

"你早上在北京跑步锻炼，从街这头跑到那头，一小时里都遇不到一个打招呼的熟人。"

艾洪勋年轻时在北京生活过一段时间，相形之下，他说在这里（指宁津县）晨练，"还没跑过一个街口，就有十几个熟人招呼你"。

夫妻获罪

宁津，地处经济欠发达的鲁西北，是一个拥有 45 万人的贫困小县。

一起案件夫妻涉罪数十万元的数额，对并不富裕的宁津人来说不啻于一个天文数字。案情在社会上公开披露后引起全城人们的街谈巷议。

那一天，山东省宁津县一家银行惊讶地发现：银行账面存款金额和电脑记录的存款金额不符，缺额达数十万元。银行负责人赶紧向县检察院报案。办案人员经过初查知悉：该银行一名女职员采取存款不入账手段，将客户储蓄存款数十万元先后分 3 次汇给其在云南做烟草生意的丈夫。

鉴于这名女职员与其丈夫有重大涉罪嫌疑，检察院在传讯银行女职员的同时，派出两名办案人员前往云南省瑞丽市。在当地检察机关和公安机关的配合下，经过 4 天搜索排查，案情逐渐明朗：银行女职员的丈夫因在缅甸借高利贷赌博到期不能还债，被扣为人质，债主要求其家人再拿出 5 万元赎人，否则撕票。

两名办案人员化装成人质亲友与扣押方谈判，约定在位于中缅边境线上的一处地点接头。等到缅甸方面接头人出现，这一方交付了赎金，对方为首者打个响指，被扣押人质被人从灌木丛中拉了出来……

办案人员经讯问得知，银行女职员丈夫为当地县供销联社职工，从单位下岗后向亲朋好友借了部分钱款作为经商资金，来到瑞丽干起从缅甸向内地走私香烟的勾当，他偷越国境到缅甸赌博，皆因其走私香烟被查扣后赔了大本儿，继而想从赌场上捞回来，岂知越陷越深。当他输光身上仅有的钱后，骗妻子说做生意急需大笔资金，让妻子先用银行的公款

"顶"一下，随后马上归还。

结果，妻子应丈夫急需，一而再、再而三地私挪储户存款数十万元汇给丈夫，终致夫妻双双获罪入狱。

证据齐备

小地方人情关系太熟络，办理反贪案件因大家"抬头不见低头见"，若想惩治犯罪，不仅要有智慧，更需要具备胆识和勇气。

宁津县反贪局在查处公安局一名干部涉嫌受贿案件时，办案检察官面临的难题是：嫌疑人反侦查能力特别强，拒不承认自己受贿。而检察官从间接证据知晓行贿嫌疑人送钱给受贿嫌疑人，并且知晓涉嫌行贿的数额，但行贿嫌疑人拒不认账。结果，这一案件经法院审理后对被告人作出了免于刑事处分的判决。

艾洪勋有着这样的感叹："反贪线索也许是一句话，也许是一封信，到咱手里如何变成一本卷宗，难度很大。"

宁津县一名户籍民警涉嫌受贿案件被检察机关立案后，德州市检察院考虑到当地办理此案的难度，先交由兄弟检察院的反贪部门对此案进行了初查，然后交办给宁津县检察院查处。

"这起受贿案在宁津影响很大。"

艾洪勋记得，反贪局办案人员根据嫌疑人在银行的往来账目查找犯罪线索，发现他居然造出数十个假户头，假户头中里存在着不正常的资金往来。由于其银行户头细目繁多，往来账目复杂，办案人员为查清每笔款项耗费了大量的时间和精力。

"有罪的证据我们要查清楚，无罪的证据也要搜集全"，艾洪勋说，要搞明白哪些是嫌疑人家庭经营正常生意所运用的往来资金，哪些是嫌疑人受贿得来的资金。办案检察官经过细细甄别，总算为算清最后一笔账户明细而歇一口气了。

"嫌疑人受贿14万余元，被法院判处有期徒刑7年。"

艾洪勋告诉记者，这起案件判决后，宁津检察院反贪局得到了上级院对办案结果的充分肯定。

发表于 2014 年 2 月 13 日

奋勇追擒奔逃扒窃"大个儿"

小严速写

人物档案：小严，26岁，北京市公安局便衣民警，二级警司。
个性言语：抓贼时，周围老百姓给你鼓掌，帮你摁住挣扎要跑的贼，咱心里特感激。
第一印象：个头不高，身材瘦削，不善表达，有些腼腆。

"掏铐子！"

地铁站台上，眼见五步外的师父身下压住一男子，师父冲着跑到身边的小严一声吼。小严急忙摸寻，心里陡然一惊，"哟，没带"。他赶紧协力师父控制住扒窃嫌疑人……

年少时，小严看过不少港台片里的警察，与邪恶犯罪分子枪战、格斗、斗智斗勇，他内心对警察怀有莫大的敬畏之心。哪承想，亲戚中没有一人当警察，自己居然考上警校，至今想起来仍然觉得有几分意外。

车上有贼

第一天跟反扒师父寻贼就手到擒来，小严这辈子都忘不了"入门"第一课的所有细节。

前一天晚上，小严接到师父电话，说明天起早去地铁站。小严应着，心里格外兴奋，记得从警校毕业被分配到北京市公安局公交总队刑侦支队时，领导对小严和一起被分配到这个支队的警校毕业生们讲了这句话："干刑警，没干过反扒，你会有个遗憾。"

究竟会有怎样的遗憾，这批新警不可能即时理解，只能在以后的工作历练中慢慢"消化"。

实战练手的第一天，小严哪料想得到，他"遭遇"到一连串令他目瞪口呆、可谓惊心动魄的瞬间……北京地铁早高峰时段，站台上、车厢里人挤人，大家前胸贴后背，窃贼最爱在上下车时趁乱出手，反扒民警不仅要在茫茫人海中发现贼影，更要近身伺机抓捕，凭得是好眼力、好体力、好身手。

挤在地铁列车车厢的人堆儿里，师父在小严耳边轻声嘀咕一句，"那儿有个贼"，然后径自慢慢靠上前去。小严守在原地暗中观察。

"师父告诉我说有个贼，我一下子特紧张"，回想当时，小严有一股难以形容的热浪骤然膨胀了全身。列车进站，缓缓地停靠在站台上，小严望见师父在车门开启瞬间动手擒贼，他连忙从车厢另一车门冲出前去支援。小严冲到师父跟前，见到被师父身体压着的那男子挣扎欲逃,师父喊小严赶紧掏手铐,小严在情急时刻却没摸到,好在他协力师父摁住嫌疑人,让师父腾出手来,从自己腰间掏出一副手铐将嫌疑人牢牢铐住。

周围乘客知晓这是便衣警察现场擒贼,大家纷纷鼓掌,还有人举着手机将这场景拍摄下来。

"师父到底怎么逮的,我根本没看见。"

反扒职业生涯那扇神秘的大门在小严这次经历之后骤然洞开。

极度痛快

五年从警的擒贼生涯转瞬而逝,小严有过一次"马失前蹄"的懊恼。

那是个身高一米八多的男子,大约30岁的年纪,他挤在地铁人堆儿里。靠在近旁的小严判断他偷窃得手,上前抓捕时却没有发现赃物,判断应该没错,但此人有同伙接应,巧妙地将赃物转移了。

"后来,我在地铁里又遇见过他几次",小严对"看走眼"的这个"大个儿"印象深刻。

去年3月,小严所在的反扒小组"盯"住一扒窃团伙的5名嫌疑人,追踪换乘了多条地铁线,还叫来另外两个反扒小组支援。该团伙"泡"在车厢里未得手有些"急",便跑到地铁进站口扒窃,他们不知道,其贼影全都陷入周遭多名便衣警察的严密监视中。

贼一出手获赃,警察即出手擒贼。

一时间进站口的人群"炸了窝",外人以为眼前这场"骚乱"是在打群架,哪晓得是便衣警察正在抓捕扒窃团伙。

小严冲同伴喊了声"把那大个儿留给我",拔腿冲目标狂追,脚下使一个绊儿将逃奔的大个儿撂倒,压住对方,小严二目圆睁大喝一声:"你认得我吧!"那瞬间,他蔑视着栽在手下的这个蜷缩着身体的老贼,小严憋了许久的郁闷骤然化解,"那叫一个痛快,特别高兴"。

现如今小严反扒经验积累多多,早已摆脱了新警对反扒职业的神秘感、好奇感,正朝着目光敏锐、身手敏捷,熟稔贼情,对复杂案情能正确应对的更高职业目标努力。

发表于2014年2月20日

从两千笔流水账中查出涉罪证据

季少青速写

人物档案：季少青，女，山东省德州市德城区人民检察院反渎局副局长。
个性言语：就案办案，没做过亏心事，罪犯可能恨我，但不会说我人格有问题。
第一印象：身材苗条，眉清目秀，语速极快，意志坚强。

走进山东省德州市德城区人民检察院反渎局副局长季少青的办公室，让人怎么都难与眼前这位漂亮、英气勃勃、身穿检察官制服的年轻女子对上号。"哎呀，我兴奋得直想打电话，那可是凌晨4点钟啊！"忆起一桩案件罪与非罪临界点的突破，季少青显露出女儿家特有的兴奋和喜悦。

一分不差

当地政府行政部门的一名供销科长，因负责采购建筑材料，经常代表本部门与建材供应商接洽，当涉及他可能涉罪的线索反映到检察院时，季少青面临着极大的办案压力。

此供销科长在长达两年的时间里经手过500万元的账目，而这些账目的结算涉及7处工程。检察机关对这一犯罪嫌疑人提请逮捕前，最大的困难在于如何搞清楚其涉罪数额和罪名。

"他，人非常聪明。"

季少青到看守所提审犯罪嫌疑人时获知，可能涉罪的金额有已支付的款项、重复支付的款项、购买银行理财产品的款项、转给朋友的款项……如此繁乱的头绪发生在较长的年代里，其涉嫌贪污罪名与挪用罪名下的具体数额到底是多少，她没有确切把握。眼见着办案时限一天天逼近，弄不清楚涉罪事实怎能移送起诉？

"幸亏当过会计"，季少青喟叹。

这位反渎局副局长年轻时就读于一所学校的财会统计专业，毕业后被分配到银行，因工作出色升任会计主管。她后来通过自学考试拿下了金融专业的大专文凭，开始向往更符合自己意愿的工作，恰逢有机会去德城区检察院，她入院伊始先在经济检察科（反贪部门前身）工作，该部门后来挂牌为反贪局，直至2012年11月，她转入反渎局出任副局长，此前在反贪岗位上工作已有16年之久。

"出纳、会计工作要求精准，现金收付正确，一分钱不差。"

季少青说自己性格中有大大咧咧的一面，曾一度被银行工作逼得落泪，但恰恰是那番经历，为她在反贪、反渎的艰苦工作中查明涉罪钱款数额培养了敏锐的洞察力。

针对政府部门那名涉嫌犯罪供销科长的交代，季少青将可疑账目列在多达十几页 A4 纸上，要知道这些都是从银行相关的 2000 来笔流水账中筛选出来的，她最终得以在 10 笔款项中查明了涉罪行为。

曾经在查账过程中出现过一道"小坎儿"，差点毁掉季少青的信心。

"有 40 元的手续费出现了重复计算的错误"，季少青"白加黑"地扎在账堆儿里算来算去，头昏脑涨，终于找出到底是哪里出了差错，她眼前豁然明朗。

"一分不差！"季少青激动得从座椅上跳起来，一看表，这可是凌晨 4 点啊。

此案顺利移送起诉，被告人受到应有的法律惩处。

殡仪黑钱

去殡仪馆"死不起"，一度成为当地群众交头接耳的口头禅。

一封转来的群众来信放在季少青的办公桌上，信中报怨一家殡仪馆收费不透明、收费标准不合理，这引起了季少青的警觉，经向主管领导汇报后，侦查人员就此事开始初步调查。

季少青从没跟殡仪馆打过交道，而这封群众来信又没有提供具体涉罪线索，那就从调账开始吧。查账发现：该殡仪馆在长达 10 年的时间里只接受唯一一家供应商提供的骨灰盒和柴油。对应账目，季少青列出 50 个存疑问题，开始询问殡仪馆账务科长、会计和出纳人员。直到侦查人员起获了藏匿在犯罪嫌疑人家中天花板上的账本，账本里那近 200 份单据令其罪行大白天下。与此同时，财务科长在审讯中交代出贪污 8 万元公款的犯罪事实。于此，会计的犯罪形迹也显现出来。

随着更多涉罪证据被固定，最先到案的财务科长和会计被确认先后 8 次共同收受供应商贿赂 15 万余元、贪污 50 万元，随后揭出该殡仪馆三任馆长贪污、受贿的涉罪行为。

说起女儿，季少青眼眶骤然湿润。季少青办公桌上醒目地摆着女儿的大照片，那是女儿 6 岁时参加舞蹈比赛即将上场的特写，小丫头侧脸面对镜头，小辫后翘，小腰挺拔，淡妆微笑，身穿妈妈亲手制作的舞蹈服。

老父亲一直帮季少青带着女儿，知晓她只要办案件就忙得没日没夜，那一次老父亲烧得迷迷糊糊、病倒输液都不告诉她。尽管季少青累得心律不齐、神经衰弱，有时连喘息的力气都没有，但她无时无刻不惦念老父老母和幼小的女儿。每当疲劳过度时，季少青只要凝神定睛看看桌上摆着的那张女儿的照片，心里就能平添几分气力。

发表于 2014 年 2 月 27 日

跻身车厢眼观六路寻贼迹

小张速写

人物档案： 小张，女，26岁，北京市公安局便衣民警，二级警司。
个性言语： 也许骨子里有不轻易服输的基因，反扒抓贼，我行。
第一印象： 高个短发，身姿挺拔，身手敏捷。

"抓小偷！"

眼看人堆儿里窜出来个小伙子，扭身转向地铁楼道拔腿狂奔。小张紧追不舍，距那小子身后仅有几步远正追着，抬头望见楼梯上立着一名协警，她大喝一声。协警应声迎面截住慌张奔逃的男子，为小张掏出手铐擒贼赢得了宝贵时机。

反扒一线

是不是老北京人，听话音立马就能辨识出来。

小张话音里时不时带出些老北京的腔调，再加上她嘴里讲述"道"上的事，不经意地冒出一个又一个"江湖"术语，眼前这位长着一双漂亮眼睛的年轻姑娘，纯粹是个皇城根下长大的京妞，又是个熟稔贼道的警妞。

听她聊如何跟"师父"学练擒贼手艺，如何与探组男同事跻身地铁旅客人潮中追寻贼影，那番经历绝非寻常人所知晓。自警校毕业工作，小张当刑警至今已进入第六个年头。

当刑警多年，小张前几年都是朝九晚五地上班干内勤。举凡案件进程、工作汇报、专项行动战果等文件，在领导指示下或书写或敲入电脑或打印或装订或呈递。直到有一天，她被领导请进办公室，领导试着征求她的个人意见，看她愿不愿意上反扒一线抓贼。

"挺好"，小张思索片刻，痛快地说出这两字儿，领导的神情似乎有点犹豫。小张心里的真实想法是，"这事既然领导选了咱，不行就试试"。

说得容易，女孩儿干这行当，没想过危险、没想过有多辛苦吗？

小张不经意说出这一句话，"将来老了，说起年轻时干的事儿，咱也有值得骄傲的可说"。瞧瞧这姑娘，还真有些英雄主义的浪漫哩！

小张讲这话有底气、有本钱。

自小学五年级至初三，她被体育老师视为运动好苗子精心培养。甭说别的，天天早上5点起床开始体能训练，跟队友跑个七八公里、十几公里坚持数年，有过受伤疼痛难忍的时刻，有过疲惫瘫倒的时刻，更有靠必胜信念支撑与队友共同收获了赢得比赛喜悦的幸福时刻。

提起年少时去青岛参加全国小球类手球比赛的往事，小张那双美丽的眼睛充溢着盈盈的笑意。

大喊一声

初入反扒探组，小张的人生从此进入一个全然陌生的时空：

以前天天乘车为上班为办事为逛街，如今天天乘车为抓贼；以前乘车心无旁骛，如今乘车眼观六路；以前乘车心烦人多人挤，如今乘车哪儿有贼往哪去，哪儿人多往哪儿挤；以前面对办公桌、电脑、纸和笔，如今跻身乘车人潮中，暗携手铐应对手撕脚踢拼命奔逃的盗贼嫌犯。

"怎么瞅出谁是小偷呢？"

师父给出两字儿——"别扭"。

"别扭"是反扒老手的经验直觉，哪所警校侦查学教科书页里都没写上这两个字儿，可这正是一线反扒民警对传承经验最简明的概括。

"怎么看，乘车的这人跟别人不一样。"师父虽然这么说，至于怎么"不一样"，那"道道儿"就多了去了。师父又说，"你先能认出'氓儿'，再学着分出'偷儿'"。

什么是"氓儿"，就是专指乘车时趁车厢拥挤，身贴女性，用靠、贴、摸等下流手段满足猥亵心理的男人，此类人与车厢里专事盗窃的贼"偷儿"神情极似，均眼神四处窥探以观测周围是否"安全"。若将"氓儿"当贼"偷儿"去抓，那就会看走眼出岔子。

小张每次"溜车"，都根据师父的点拨和提示去悟、去体验，渐渐有了眼力，长了本事。当今的"偷儿"多为团伙出动，数人分工合作，有专司望风的，有专司掩护配合的，有专司下手偷盗的，有专司接转赃物的，有假作乘客阻挡抓捕的。

"偷儿"们在作案前总要熟悉地形，以便得手后及时安全撤身，且说地铁某一站建造格局的具体地形，如滚动电梯、直筒电梯、步行楼梯、厕所、转弯拐角，甚至出口通道的刷卡闸机位置，他们都事先熟悉再熟悉。

纵是"偷儿"们喜爱作案、经常作案的地点，必有"偷儿"们的理由，这也恰恰是反扒民警必须烂熟于心的。

擒贼有"遭遇战"，更有"持久战"。回想那次在一地铁站上，聚集了三个反扒探组多名同事联手抓捕一团伙多名四散而逃的"偷儿"，小张记得那场面真可谓"壮观"。照小张的说法，那是场遭遇战，眼看同事边跑边比划，连喊带捉，时间很短即完胜。"偷儿"从来都是"不见兔子不撒鹰"，小张和同事更多的是打持久战，从一条地铁线换乘另一条地铁线，四五个小时跟下来，同样"不见兔子不撒鹰"。

"不用到老，你说这些就够值得骄傲的啦！"

听小张讲述的人这样说，小张美美地笑起来。

发表于 2014 年 3 月 6 日

没想到亲手为病故母亲尸检

杜庆一速写

人物档案：杜庆一，56岁，北京市公安局西城分局，一级警督。
个性言语：没想到是我母亲，心里特别难受，眼泪就出来了。
第一印象：健谈，话锋机敏，热心肠，做人做事有规矩、讲章法。

"师父跟我说，做这份工作得敢摸死人。"

初来乍到那天，"师父"神情凝重地向他交待这句话时，已有12年警龄并耳闻新工作岗位特性的杜庆一暗暗惊心。由此，这位特别爱干净的年轻人从此埋头于外人难以知晓的特殊工作中……

"例行检验"

"接到出警任务，我带着公安大学实习生小王前往医院。"

永远忘不了那年那天那时辰——正值盛夏上午，老杜拎着装有镊子、针管、手电、胶布的工具箱匆匆赶往一家医院急救室。进急救室，他戴上手套，从工具箱里找出镊子，按程序准备先对医院已报死亡者的瞳孔进行检测，待实习生为死者拍摄完头部和全身照之后，老杜走到死者躺着的床前。对已有数百次相同工作经历的老杜来说，这次与往常一样例行公事。

"近前一瞧侧脸，哎哟，怎么像我妈?!"老杜心里咯噔一沉，再上手将老太太的脸扶正端详，"真是——我妈"。身旁的年轻实习生一时惊呆，老杜的泪水止不住地淌出眼眶。

"我是接警赶来的，不知道老人家怎么出的事，没在她身边侍候。"

这时，在这家医院工作的姐姐奔进急救室，见一身警服的老杜站在母亲身边，以为是他先把母亲送来的。"我连忙冲我姐姐摆摆手，示意我在工作，让她先在外面等一等。"随后，老杜的父亲和弟弟也赶来了。"家里人都知道我做的这份工作，等我检查完才让家人进来。"老杜和家人后来才知母亲独自一人在家发病，被老邻居们发现，将她急送医院抢救。

要说老杜过手检验的死者已有成百上千，什么样的情景没见过：举凡病逝、车祸、火灾、溺水、上吊、跳楼；举凡体态完好、头裂体残。记得自己初见死者异样死态狂呕不止、惊惧难眠，后来逐渐能够做到从容镇定、心无波澜。

"可为自己母亲检验后，我的心态完全变了"，老杜上午刚刚为突然病逝的母亲检验完，顾不上料理后事，下午又接警检验一位在急救车上病逝的老太太，他又一次落泪。从此，每逢尸检，老杜总会感同身受地会把自己转为死者亲人的角色而用心加倍工作。

无故被辱

"被推来揉去，那都算不上什么。"

老杜的工作并非仅做尸检，最难的是要处理死者善后工作，尤其是在死者死亡现场，往往被迁怒的家属们作为泄怨泄愤的对象。

初一小女生站在教室课桌上擦灯管，意外摔下，重磕后脑致死。父母赶赴教室目睹死去的女儿，无法抑制突如其来的打击，母亲呼喊昏厥，身高一米九几的壮汉父亲双手揪住老杜衣领追问女儿死因，将他整个儿人拎得双脚离地。

老杜曾在工地被死者家属大耳光扇得眼冒金星，蹲在地上看不清人；老杜曾在医院太平间被突闻噩耗迁怒于他的死者家属三次塞进贮藏尸体的冰柜匣子。

"就说最后那次把我塞进太平间尸匣——最悬！"

一年轻工人在工地被空中落下的钢筋砸中身亡，送太平间后，来了二十多名家属确认尸体。死者母亲坚持要为儿子尸体清洗。太平间工作人员阻拦未果叫来老杜。老杜好说歹说，哪知被多名情绪激动的家属抬起塞进贮藏尸体的冰匣，"我一人哪抗得过那么多人"。

前两次经历，老杜或挣扎下地，或半身坐立，人们便不再继续。这次好嘛，情形危急，众人将他整个身子塞了进去，仅脑袋恪在匣盖上。

"我真慌了，这要是推严合了缝，我还不得冻死！"

老杜急中生智，将右胳膊奋力伸出。众人用力合匣，老杜右手虎口血管被强力挤破，猛然溃溅的鲜血喷了他一脸，也溅到旁人身上，这瞬间惊愕了在场的人……

"我捏住伤口止血，打110报警，警察来了。"

死者母亲揪住老杜衣角，一边痛哭，一边跪地求情。老杜一眼看到躺在平车上意外死亡的小伙子尸体，心里一软，叹口气对赶来的同行们说，"这里交给我处理吧"。

如此委屈甚至是屈辱，任谁受得了，老杜仅一句"人心都是肉长的"打住。老杜处理过非正常死亡案件4620起，接待过逾十万人次的死者家属，有人问老杜如何看待生死？他拽出身后挎包，掏出药剂、药袋、药片、针管、体温计堆在小半个办公桌面上，老杜患有心脏病、糖尿病。去年入夏，他早起发现左手左腿不听使唤，医院诊断为双侧血栓至半身不遂。

"我希望自己静静地死去，我已经默默送走这么多人，这一生不遗憾"，老杜直言不讳，像是自言自语，眼神漫向远处。

发表于 2014 年 3 月 14 日

便衣警察现场擒贼照片登上网页

小王速写

人物档案： 小王，27岁，北京市公安局便衣民警，三级警司。
个性言语： 咱逢贼必抓，贼逢抓必跑，抓贼全凭一瞬间的感觉。
第一印象： 走路快，说话快，思维清晰，表达准确。

"贼都抓到了，我什么也没看出来呢！"

刚从大学毕业，小王初次下探组跟"师父"去公交车站擒贼，眼瞅着一辆公交车缓缓进站，站台上众多乘客一拥而上。"师父"趁势挤进人群，眨眼工夫拎出个趁乱扒窃乘客钱包的贼来。

暗窥贼心

"在大学，没人教你朝人堆儿里瞥一眼就知道哪个人是贼，更没人教你手到擒来！"

感慨归感慨，几年实战下来，小王擒贼经验渐入老道，战绩多多。

好不容易轮上个休息日，小王那天早上开车送妻子上班。车子环桥下行时，他瞥见桥下行走的四个年轻人举止可疑，赶紧让妻子下车另寻车上班，自己驾车跟踪，同时呼叫探组火速赶来。结果，刚刚结伙扒窃四部手机的四名嫌犯被赶来的便衣警察擒住。

郊区行驶的公交车停靠站台，一中年人下车径直走到远离站牌一根横倒的水泥电线杆旁，蹲下身子鼓捣着什么。这一切全被开车跟在公交车后缓缓行进的小王瞧个明白。待中年人重新走回站牌下即被便衣警察拦住。

自以为涉嫌盗来的东西不在身上，中年人淡定从容应对。小王并不多说，仅模仿他此前那鬼鬼祟祟的动作，再一指不远处他蹲下"捣鬼"的地点，中年人一下子脸色煞白、神情慌张起来，坦白了刚在车上扒窃失主一部手机的犯罪事实。

一名肩背坤包、穿着不俗的中年女人站在公交车站上候车。车站空无一人，她的蹊跷的举止和神态被小王窥出一丝"贼范儿"。于是，有便衣警察上车与她同乘，从城南到城北，路途漫漫，直到她走进一家偏僻小旅馆，也未现"贼迹"。第二天，小王再盯住这女人，她在公交车上出手盗得失主钱包，就在她悄悄取出钱币打算将钱包丢掉时，一把被身边站立的"乘客"擒住。

曾经在抓捕瞬间，失主弄不清眼前混乱中的陌生面孔究竟谁是谁，急得小王一手亮出警官证申明是警察正在抓小偷，一手擒住扒窃嫌犯，请乘客协助给嫌犯戴手铐。这时，他身旁有乘客将现场情形拍摄下来，然后将照片放到一家著名网站的网页上。

"我不知道抓贼时被人拍下来，人家把照片登在网站上"，等小王看到网页上刊有自己擒贼的照片时，事情已过一年。尽管如此，这还是让隐形在人群中的侦查员小王"露了半边脸"。

贼动我动

便衣警察的劳碌很少为人所知。

要在茫茫人海中寻觅贼迹，发现贼影后锲而不舍地跟踪，尚不能"惊"了贼心，只待贼手盗取乘客钱物之时连贼带赃一举擒获。

便衣警察的作息时间表当与贼的活动时间表趋同，更要早于贼或晚于贼。每天上班早高峰，窃贼混迹人潮中左窥右探，便衣警察岂可贪睡任贼行窃；下班晚高峰，窃贼或结伙或单独行动，伺机对毫无警惕的人们放手狂偷，"猎手"们更是睁大眼睛，张网待捕。

小王的同事在北京南站擒获三名窃贼，从窃贼身上搜出六部高档手机，预估价值在万元以上，"就早上这一会儿，三个贼就偷了这么多手机，转手一卖，每人能分几千块钱。"

小王说贼盗们已形成"一条龙"运作，偷得手机后很快出手卖掉，个个都有自己的"下家"，其非法利益链可谓苦心经营多年。

一个钱包、一部手机未必能让一个家庭陷入倾囊败家之灾，但老百姓对扒窃犯罪深恶痛绝，小王和同事们体验最多，在擒贼现场，围观群众或鼓掌或协力或高声赞扬，那是对便衣警察辛劳的极大慰藉。

反扒艰辛被小王的同事们浓缩在五个字里："苦、累、脏、险、差"。

一天在地铁里奔波八九个小时，鼻孔、胸腔里满是污浊的空气；无论冬夏，披星戴月，早出晚归，守在公交站台上、挤在公交车里，腰酸背痛；抓捕少不了遇到激烈反抗，手表摔坏、衣服扯破、鞋底磨透、头发揪脱、手臂划伤、四肢扭疼，再加上不能按时吃饭、不能按时回家、不能按时歇假、不能照顾家人、很少接送孩子、难能在医院陪护病重的亲人。

纵然如是，小王有句话透着豪气："北京，啥地方啊，贼放胆来试试吧！"

发表于 2014 年 3 月 22 日

不怕死警察的别样人生

王京生速写

人物档案： 王京生，51岁，北京市公安局西城分局，一级警督。
个性言语： 做什么事都要有好的人性，理解别人，别太自私。
第一印象： 神态平和，眼神缓而不散，畅聊时很有亲和力。

"生死就是一口气，很正常。"

王京生这么说，是因为年轻时没有这番境界。老王的工作不为常人所知——专门处理非正常死亡尸体。入警两三年时，年轻的他跟"师父"走进一自缢老人家中，师父站到凳子上绞断吊绳，王京生面对死者伸出双臂配合"卸"尸。吊绳绞断，尸身"呼"地瘫趴在他头部及肩上……

"人身是软软的啊！"当天晚上，王京生愣是睁大双眼睡不着。

不懂人生

父母给他起名——"京生"，印证其个人身世。王京生高中毕业从警，身着"上白下蓝"警服，佩戴红领章。穿警服走上大街、走进胡同，总觉得满世界的人都盯着自己，好不自然。

"走道儿都不会了。"

王京生进家门，父母迎上前，摸摸领章，整整衣角，正正帽檐儿，仔细端详。他当时并不理解父母为何如此欢喜。

公安局带他的"师父"教诲他，"干这份工作不需要领导表扬，老百姓满意就是最高奖赏，持久努力就会有成就"，当时他不理解这句话到底蕴含着什么意义。

盛夏出现场，开门呛鼻尸臭；他给死者翻身，眼见尸身后背的肉蛆，王京生实在忍受不了，冲出门外大口呕吐；接警去河边捞"河漂儿"（溺水无名尸首），那皮肉腐烂得都捡不成块。

因丈夫常常在外喝酒打牌，妻子深疑丈夫有外遇，小两口打架成寻常事。一天凌晨，妻子忍无可忍，冲进卫生间将一瓶敌敌畏仰脖灌下，丈夫惊惧呼叫急救，终未挽回妻子生命。王京生在现场陪伴那失魂落魄的丈夫，听他絮絮叨叨地忏悔不休。

"我跟他们夫妻俩年龄相近，当时真不知怎么劝他。"

一女精神抑郁，第一次欲跳楼被劝阻，第二次跳楼受伤未死，王京生与她交谈过、劝慰过，可她还是不想再活下去，寻机第三次跳楼身亡，这在王京生心里留下深深的遗憾。

退休老教授自家儿女在国外，老伴病倒卧床，老教授感恩老伴对他数十年的生活照料，不谙厨艺的他苦研厨艺，从书店买回菜谱书籍，一次次尝试，精心伺候老伴十年。不料老伴突然病故，老教授落泪诉说还想再伺候老伴十年，这份生死亲情烙在王京生心底。

从警逾三十年，王京生干的这份工作棘手繁杂，举凡车祸致死、流浪猝死、自缢、跳楼、溺水、煤气中毒等非正常死亡，都要由他和他的同事们按规定程序一一处置，办理相关手续。于是，他一次次面对死者及死者亲属，面对捶胸顿足、哭天抹泪、呆滞沉默、嘶嚎痛骂的种种情形。

如今，王京生无论遇到什么样的工作境遇，凭其数十年来积累的各方面经验，都能够从容应对，老王深知，"年轻时真的不懂那么多，现在明白了应该怎样做才能更好"。

人性重要

若论老王身世，父亲是工人，母亲是街道干部，父母十来岁从外省闯到北京讨生计。王京生跟许许多多当年父母闯北京的"二代北京人"一样，生在北京长在北京。

家住曾经的宣武区，从少年到青年，王京生熟悉南城百姓的举手投足、礼数民风。年逾半百的王京生可谓"老宣武"，什么嘎杂事儿没见过听过，什么棘手难事没遇过办过。

看老王慈眉善目，可他圆眼怒睁，自有一番威武慑人之态。处理死者后事的工作常人难以想象，光凭苦口婆心劝慰，有时不能解决问题，而声若洪钟、振聋发聩的释理，恰恰能在关键时刻起到立竿见影的警醒效果。

"百分之九十以上的死者家属对我的工作都是认可、感谢的。"

提起接待死者家属，老王认定无论言语、态度，甚至在肢体语言上，都要特别尊重死者、尊重死者家属，"毕竟生命消逝是不可挽回的事"。在他看来，"人家丧失了亲人，非常痛苦，要理解人家的感受"。

理解是原则，但如何面对死者亲属完成应做的工作，老王有独到的工作套路，数十年来"阅人"无数，他会观察对方到底是"粗人"，还是"细人"；是思维缜密之人，还是自作聪明之人；是耍浑骂街咋呼之人，还是默不作声暗有盘算之人。

老王自小受母亲影响很大，做正直善良的人是其人生第一要义。

哪怕无名尸体留下一点点弄清身份的线索，老王也绝不含糊，一追再追。离家出走十年的流浪者猝死街头，老王不辞辛劳联系到家属，记得家属在办公室紧紧握住他的双手，泪落如雨、泣不成声地表达感激之情。

"要想做好工作，首先要做好人，做有着好人性的人"，老王是这么想这么做的。

发表于 2014 年 3 月 27 日

挽救一条生命能救一家人的命

黄胤祺速写

人物档案：黄胤祺，45岁，壮族，广西靖西县人民检察院检察官。
个性言语：人活着，要活得精彩些。
第一印象：额头很高，稍显谢顶，友善真诚。

"你可以死。"

黄胤祺盯着面前这个神情呆滞的瘦小男子，口气坚定地说，"你死了，你母亲怎么办，你妻子怎么生活，你女儿的病谁来治?!"

执意自杀

靖西县检察院驻看守所值班民警通过安置在监舍内的监控镜头发现，一名在押犯罪嫌疑人将身上的衣服撕成布条，搓制绳索。民警立即将该人提出监舍询问缘由。该嫌犯直言相告，拿出自己写好的一份遗书，"我死，不关你们的事，反正不用你们管我"。

身为县检察院驻监所检察室主任的黄胤祺，与这名在押嫌犯进行了反复多次的交谈，知晓他执意了结自己生命的念头源于身处贫困的家境和走投无路的闭塞心理。

这名在押嫌犯22岁，是一名刚刚出生7个月的女婴的父亲，女儿出生不久即被诊断患有地中海贫血症。这是一种遗传性溶血性贫血疾病，需要给予输血和去铁多种治疗，并配合充足的营养和休息。这位年轻父亲幼年丧父，母亲一直在村中种地，家中连一头耕牛都养不起。

初为人父，女儿要去医院输血，要有足够营养，而救女心切的他却无奈家中极度贫困，经济拮据。于是，他走出家门，尝试着外出寻找一切机会打工。去扛水泥装车，百斤重的水泥袋，扛一次只挣得两角钱；拉架子车，喘气用劲憋得脸红脖子粗，一天天累得回家就倒在床上，却没拿回足够的钱。面对艰难，他的精神濒于崩溃，一番胡思乱想之后，竟手持凶器，大白天跑到学校门口去抢劫学生。

尽管没抢到多少钱，由于他所犯罪行性质恶劣，必须面对法律的审判。被押进看守所后，本来就言寡的他更将自己封闭在苦闷、无助、绝望的心境中，认定结束生命可以一了百了，内心承受不起的苦难也能因此解除。

"我见过他母亲。"

黄胤祺记得，那是一位终年在田里劳作的妇女，很瘦，不善言语，因法律规定在押的未决嫌犯不能与亲属见面，这位母亲无法在法庭判决前到看守所面见自己的儿子。

含泪承诺

"看守所里有什么难啃的骨头，都来找我"，黄胤祺脸上苦笑着。

"难啃骨头"，是指看守所里那些抗拒改造、态度顽劣的在押人员。别人久攻不克的顽冥之徒，凭什么"难啃骨头"到老黄面前就逐渐服软认输，看守所里谁不知道老黄是个"人物"，老黄自己却并不觉得。

黄胤祺出生在靖西县农村一个普通家庭，父母生下兄弟姊妹六人，黄胤祺是家中老大。在他生长发育的青少年时期，家里因贫穷，人口多，粮食不够吃，亲戚家的粮食都被他家借遍了，他对饥饿有过深刻的体验。回想考入校址远在数百公里外的南宁那所司法警察学校，他曾因缺少粮票，不惜从家乡扛着沉重的切菜木墩，跟城里同学兑换粮票。

从司法警察学校毕业，黄胤祺回到家乡工作至今20多年，在县检察院多个部门干过。当县院监所检察科老科长行将退休，黄胤祺从公诉科长职务轮岗过去。无论在反贪部门还是公诉部门，都要用司法犀利的眼光审视犯罪事实，指控犯罪，将罪犯绳之以法，而监所检察工作与他以往的工作经验不尽相同。

监所检察工作既担负着打击被监管人员犯罪活动的职责，还担负着促进监管人员严格执法、公正执法、文明执法、廉洁执法，维护监管场所改造秩序，保护被监管人员合法权益，保障国家法律统一正确实施的重要职责。

新工作岗位让老黄感到明显的不适应，而他自小不服输的个性应激而发，经年积聚的工作经验要迎接新的挑战。要说几十年来本地什么样的犯罪没经过手，什么样的罪犯没对过面，再加上多年与时俱进地学习法律，钻研业务，老黄锤炼出极具个人特色的能力，在看守所这方封闭空间里攻坚克顽，一逞炉火纯青的威严和自信。

"挽救一条生命能救一家人的命"，老黄对此深信不疑。

曾在监舍撕衣搓绳、怒吼不想活在世上的年轻人，经老黄一次次谈话，明白老黄给他反复申明的道理——珍重自己的生命就是珍重老母亲、妻子和患病女儿的生命，他要承担起自己该承担的人生道义。

当他得知老黄和看守所所长为他的事专程找家乡的镇长、书记讲明情况，批准他母亲每月享受国家给予的低保救助金，这个曾经一心自杀的年轻人含泪紧握老黄双手，承诺自己要好好活下去，好好在监狱改造。

发表于2014年4月3日

见证杀妻律师罪有应得的下场

陈华义速写

人物档案：陈华义，33岁，广西壮族自治区百色市公安局刑警支队，一级警司。
个性言语：没结婚、没生小孩，人家说你不成熟。
第一印象：个子不高，皮肤白皙，白边眼镜，目光沉静。

"不知为什么，我老看她的脸，越看越恐怖。"

大学一年级暑假，在云南昆明医学院学习法医专业的陈华义离开校园，放假回家。这名20岁的大一学生企盼尽早体验一线法医的实际工作。站在一名溺水死亡的老婆婆尸体前，他的目光不自觉地一次次投向老婆婆脸部。死者的面目神态就这样"粘"在眼前，睁眼闭眼都看得见……

整整一晚，小陈没睡着。

罪有应得

"你们一个、两个——我都记清楚了，以后要找你们！"

一名杀人犯行刑之际被押出看守所，他瞪着眼前身着警服的陈华义和同去的一名警察，压低嗓音恶狠狠地说。诡异的是，以往这名罪犯在看守所每每见到陈华义，总要假装晕倒。

难以想象，案发前，这名残暴地杀死妻子并肢解尸身的罪犯是一名执业律师，专做刑事辩护。案发时，陈华义已在百色市公安局刑侦支队工作，他全程参加了对这名涉罪凶犯的缉捕行动，第一时间赶赴抛尸地点、杀人现场勘察，抓捕犯罪嫌疑人，还去看守所提讯嫌犯，押送这名罪犯去执行死刑。

这名罪犯有着什么样的扭曲人生呢？

那天有人向公安机关报案，称在当地一水坝底部的础墩上，发现被人扔弃了的一个口袋，口袋旁有大量疑似血迹。待小陈和同事赶赴现场后，发现袋子里装有一具没有头颅、被人残忍肢解的女性尸身。

鉴于装有尸身的口袋是医用垃圾袋，侦查人员前往医院寻找线索，得知医院一名护士没来正常上班。医院为此派出同事去这名护士家中问询，却发现其丈夫极其反常地在家中用水冲洗客厅。侦查人员立即找上门去，那护士的丈夫态度强硬地喊道，"你们干什么，不要乱来！"

小陈在犯罪嫌疑人家中仔细勘察，找出沙发上、地板缝中与被害人血液DNA相同的喷溅血点，又在其私家车后备厢的备胎下发现死者的一小滴血迹。

尽管犯罪嫌疑人多次供述又多次翻供，但随着越来越多的犯罪证据被固定下来，他的抵赖变得越来越无力。这名罪犯年逾不惑，有过两次婚姻，与前妻生有一个孩子，案发时孩子正在高中读书。他的第二次婚姻是与一名护士结婚。

曾经身为教师的犯罪嫌疑人经努力考取了律师资格，但不乏聪明的他身陷赌瘾，既不珍惜自己努力得来的律师资格，更不珍惜第二任妻子对他的感情。痴迷赌瘾令他反感、憎恨妻子的劝慰、抱怨和责备，竟至恶念陡起，杀死妻子并肢解尸体，选择夜深人静之时驱车抛尸。

"他摸黑停车，在水闸中段坝沿儿抛出尸袋，听到下面'咚'地一声巨响，知道尸袋肯定没落到深水里，当时脚就有些软了"，杀妻律师曾经这样供述过犯罪细节。

"这个人生性残暴张狂，在监舍里跟谁都合不来"，小陈说他"罪有应得"。

场景血腥

凶杀现场少不了法医的身影。不论眼前场景多残酷、多血腥，不论尸首腐败气味多刺鼻、多熏人，法医都要俯身近观、凑近鼻嗅、上手触摸。

那是一起恶性碎尸案现场，一颗头颅、两个下肢装在一个大编织袋里，尸肉腐烂如泥。

那是一处杀童抛尸案现场，小陈在同事协助下，身绑绳索，降入漆黑一片的山洞底部，捡拾出20年前被害男童的一堆尸骨。

那是一起灭门惨案现场，三层家居小楼里躺着五具大人和孩子的尸体，血流满地。

"父亲希望我学医，说家里有个医生好。"

小陈的爷爷是读书人，新中国成立前在县教育部门任职，小陈的爸爸在新中国成立后当了农民，无缘读书。小陈报考大学时完全秉承父亲心愿，所填志愿无一不是医学院校，专业理想是法医。事实上，小陈当年哪晓得法医是干什么的，反正是医生，是穿制服的医生呗。

父亲心细，为儿子报考志愿探路，专门去公安局找一名老法医询问这职业如何，人家笑着说，"干法医这工作不错"。

结束了五年大学专业课程，小陈走入公安一线，如今辛劳工作进入第九个年头。

两个月前，由丈夫变身丈夫兼父亲的小陈，在女儿出生后，素爱洁净的他更加讲究从案发现场离开后仔细清理个人卫生。

过去对生死似乎看透了，但女儿的降生完全更新了小陈原有的生死观，领略到从未有过的新境界，"为女儿为妻子为家人，我要好好工作，好好生活"。

发表于2014年4月18日

骑车男人一拳冲交警脸上打来

陈思鸿速写

人物档案：陈思鸿，28岁，四川省成都市公安局交通管理局，二级警司。
个性言语：我是一个比较理智的人，做事讲究方法，性格要强、不服输。
第一印象：瘦瘦高高，英俊帅气，成熟稳重。

"四百多辆车堵在那里，连摩托车都挤不过去。"

周一傍晚，陈思鸿结束了一天的路口执勤下班返家，骑摩托车至青水河大桥，发现前方路段严重拥堵。桥下十字路口处一辆满载钢筋的大型货车转弯时因直行车辆拒不让路，酿成各方向通过路口的车流"绞"成一团。

一时间汽车喇叭声、电动车喇叭声此起彼伏，人声鼎沸……

"警察来啦。"

"堵得太死了嘛！"

众多司机走出驾驶室，弃车前往路口探察拥堵情况，那场面让司机们心生绝望。陈思鸿下班回家时按规定没穿警用反光背心、没佩带装束，但就凭那身警服、警徽臂章，让众多司机毛焦火辣的心头感到一丝"清凉"，有人欣喜狂喊"警察来啦！"

路口核心地带交错"卡死"数十辆车，这可真真切切地是陈思鸿入职交警以来面临的非同寻常的现实考题。众目睽睽之下，人们把期盼的目光全都集中在这个年轻交警身上。起初，陈思鸿不知如何"解扣儿"。找到"堵点"后，他头脑中疾速筛选着一个个方案，从哪里开始，从哪辆车开始？时间在 秒秒地流逝，喧闹嘈杂的拥堵现场人人心情焦虑。

"大家都想走，大家都要配合交警指挥。"

陈思鸿依据分析观察后笃定解困方案，把好"卡"点，顺着车辆阻路"链条"的延伸，先指挥最外围的车辆倒出空间，再依次向拥堵核心地带逐辆"倒出"车位。"后面的司机很配合。"

陈思鸿最忘不了的是，拥堵路口解开"死结儿"后，各方向车流开始有序缓行，一些司机驾车经过他身旁时特意摇下车窗，开心地对他这个陌生的年轻交警高声喊着："谢谢，谢谢啦！"

着装抢镜

男孩也许都觉得长大当警察是很神气的事。

陈思鸿结束了成都市体育学院所有专业课程的4年大学学业后走进警察队伍，父母很自豪。当身着警服的陈思鸿利用假日专程回老家自贡给爷爷"显摆"，爷爷看着眼前精神抖擞的孙子，抚摸着递到手中一本簇新的警官证，笑得格外开心。

回想刚入警时，住单位宿舍的"准交警"们在量体裁衣时亢奋不已，"要发警服啦！"大家合伙凑钱买个大镜子。一领到警服及帽子，大家你争我抢地争更衣试镜，在镜子前挤来挤去，好一番喧闹。"裤子要裤线挺直"，陈思鸿自己买了一个小熨斗，天天回来熨一熨，格外珍爱。

一个交警的工作心愿是什么——值勤路口交通秩序井然有序。城市道路井然有序，少不了交警在路口执勤的主导作为。陈思鸿潜心琢磨，将多年学跳拉丁舞的体验融入交通指挥规范手势以提高优美度——转体、挥臂、眼神专注，其身姿动作在呈现律动美感的同时，令行车驾驶者及行人了然指挥提示：动即动，止即止。

陈思鸿细析指挥实践中经常遇到的难点，琢磨路口车辆过往繁忙时如何与协警完好配合以提高通行效率，自创一套沟通手势明确执勤方位、各方向车辆通行量、拥堵状况，以及如何实施控制。

陈思鸿执勤路口紧邻省政府，重要会议召开时车辆往来频繁，他专门给省政府小车班每名驾驶员发了一条短信，提醒驾驶员"会议期间请注意行车安全"。

雨淋日晒

清晨时分，路灯灿然，陈思鸿骑警用摩托车抵达岗位。看上去英姿勃勃的交警小伙子也是血肉之躯，冬天生冻疮，夏天中暑晕倒过。上岗执勤个把月，陈思鸿的皮鞋后跟就被磨漏。

成都多雨，雨中指挥更要防范道路事故发生。那次天降暴雨，路口红绿灯不亮了，陈思鸿伫立路中央以手势疏导，尽管身着雨衣，还是被暴雨将全身彻底打湿。成都车多，盆地效应致使大量汽车尾气排放难以得到风力驱散。

儿子成天上路执勤，父母担心置身车流指挥的儿子被醉酒或一时操作失误的司机驾车伤害。陈思鸿曾在路口执勤拦下一名骑电动车违规的中年男人，刚刚上前敬完礼请对方下车接受处罚，不料对方一拳照脸上打来，监控录像完整地记录下这情景。

陈思鸿事后方知，这男人因老婆患精神病，再加上他打麻将刚刚输了钱，遇到交警执法，就将心头积蓄的一股邪火变成失去理智的拳脚。

年少时当警察抓坏人的天真幻象，变成站立路口指挥车辆、行人的交警执勤现实，这位年轻人回想了自己从青涩走向成熟的历程，如今真正从心底认定，"这个岗位需要我"。

发表于 2014 年 4 月 20 日

靶场上有枪口不经意指向我

张莉斌速写

人物档案： 张莉斌，43岁，四川警察学院教授，一级警督。
个性言语： 射击技能的好坏不是天赋，而是训练、思考加总结。
第一印象： 高高瘦瘦，精力充沛，腰板挺直，英武神气。

"那可是装着子弹准备击发的枪噢！"
张莉斌在实弹射击场下达射击口令，多次有学员在靶位上突然转身持枪报告。最可怕的是——面对近在咫尺的教官，学员完全忘记身体转向后其持枪枪口正对着教官胸口。

射击冠军

身高一米八的堂堂男子汉，名字里怎么用个"莉"字？在亲戚朋友看来，倒是他名字里那个"斌"字，完整地映衬出这个男子汉自小到大的命运历程。

"家谱里排辈字，轮到我这辈儿都得用这个字"，张莉斌笑着释疑。

与众多男孩一样，张莉斌小时候憧憬着当个威武的警察。在今天看来，他虽然未能直接当警察、着警服执勤，却走进警察学校担任警官教师，穿警服授课，穿警服外出参加各种与警务课程相关的社会活动，这也算是实现了儿时的梦想。

张莉斌毕业于西南大学体育学院，五年后任教于四川公安管理干部学院。如今，身为警训部武器使用教研室主任、教授的他，回想最初走上讲台教授枪械和射击内容的课程，真可谓战战兢兢。

"才开始接触枪，就要给学生上课"，张莉斌坦率地说自己站在讲台上"真没底气"。

记得大学军训时，他在靶场上手持步枪卧姿实弹射击，五发子弹全都打飞，没一发上靶。来这个学院任教后，就凭旁听几次学院老教师讲解枪械与射击课程，照葫芦画瓢、鹦鹉学舌上讲台，他不敢在学员面前做实弹射击示范，实在尴尬、羞愧。

张莉斌自小性格中就蕴藏着不服输的强烈个性，他埋头钻研，利用一切空闲时间拆卸、组装各种枪械，熟悉各类枪支构造、原理、特性。然而，教授武器使用这门课程不仅要在教室讲台上授业解惑，更要身体力行，在靶场上传授实弹射击要领。

一个高度近视、枪枪脱靶的人，怎能成为合格的武器使用教师？讲得透，更要做得出，所谓得心应手，才是教好这门课程的合格人选。

如今，张莉斌年逾不惑，作为公安部警务实战专家组成员，亦文亦武，独立撰写了四十余篇论文，跻身多个省、市、院课题研究及六本教材的编写，十余次被公安部抽调担任全国警务技战术教官培训班教官，并在公安部委派赴香港参加武力使用教官课程训练中夺得三个冠军中的两个冠军（全能射击冠军和实战射击冠军），将自己的名字永久地镌刻在香港警队的荣誉榜上。

没有笑容

"距枪靶15米，25秒内完成立姿、跪姿各射击5发子弹。"

张莉斌在记者面前利落地作出立姿、跪姿示范动作，手中无枪，挥臂动作带起一股风，好一番英气勃勃，"那是国际警察射击训练B级科目"。回想赴香港赢得两个冠军的往日经历，张莉斌脸上还洋溢着幸福的笑容。

话题一转，张莉斌说起如何在靶场上执教。十几年前那次靶场亲历，一直让这位警察教官不敢有一丝麻痹大意：

一名学员在靶场上按科目要求持长枪射击，子弹上膛，保险打开，该学员抑制不住想打连发的强烈欲望，向身后站立监督的张莉斌请示。不料他左手脱离枪身瞬间，右手因独臂难撑，枪身斜向下垂，因其右手食指已搭在扳机上，重力致使扳机瞬间被扣动击发。

"砰、砰、砰"三声枪响，那学员担心子弹打到自己，倒脚跳起，眼看地面打出碗大的坑痕，脸吓得煞白。"那可是直径7.62毫米口径的子弹啊！"最让张莉斌后怕的是，两个弹坑离自己脚掌仅有几厘米。枪响后，那支枪的枪口还对着另一侧正在射击的学员……

"我前天在靶场上冲他们吼过。"

张莉斌说的是两天前在省公安厅应急处突对枪械训练中，面对一些人在训练中不严肃的情况，他真是动了怒，"靶场上风险很大，必须加倍严格要求才不出安全问题，在靶场上我真的没有笑容"。

张莉斌拥有公安部、省公安厅和学院及泸州市多项立功头衔和一摞奖状，但他只字未提，却提起年少时在家乡泸州游泳队刻骨铭心的训练和父亲严厉的家教——冬天怕冷不愿下水，体能训练极度疲乏，直到他获得名次站在领奖台上，才知得胜的甘甜；屡屡调皮打架，被父亲用力狠揍，成人才知父亲曾心怀苦楚，这样的成长历程铸就了他特立独行的性格和行事风格。四川省公安厅写了数千了介绍这位教官，文中写到——张莉斌"特别能吃苦、特别能战斗、特别能奉献、特别守纪律"。

"看看你的右手。"

张莉斌笑着把右手伸过来，笑着说，"人家都以为我一手老茧，恰恰不是"。

发表于2014年4月24日

第一个下水把死者抬上岸

郭良速写

人物档案：郭良，31岁，江苏省丹阳市公安局法医，一级警司。
个性言语：把事情做好，对得起让你做事情的人。
第一印象：身材不高，体型稍胖，微笑待人。

"那是鲜血的味道，很浓很浓。"

刚刚吃过晚饭，郭良接到出警命令，与同事迅速赶往命案现场。走进那间卧室，环顾四周，死者的鲜血喷溅在天花板上、墙壁上、被褥上、地面上，鼻腔里感受到浓烈的血腥味……

微小漆粒

俗话说"慢工出细活儿"，干法医这行，第一要心细。

死者不能开口讲话，法医要运用科学知识和技能，尽最大可能还原死者去世前的状态，努力从种种复杂的迹象中找出致死原因。

一男子命殒河中，数日后被发现。初检尸表，未发现异常，直觉让郭良放心不下，再一次全身查看，发现死者耳后有一处不起眼的皮下瘀血。细细分辨，排除这男子落水时自行磕碰，判断是死前损伤。后经办案侦查人员查实，死者生前在桥上被人一拳击中耳后部位，跌入河中溺水身亡。

有报警电话打来，一流浪老者在新建厂区身亡，额头淌血。因无人认领，其尸体已被送至殡仪馆。郭良出警前已闻知死者额头有伤口，极似钝器伤。若老者被人殴打致死，势必归为刑事案件。当法医判断其死亡原因时，直接牵连公安机关办案侦查方向——是否动用人力、物力展开刑事案件侦查。郭良赶到殡仪馆，拉出冷冻尸匣。

死者额头伤口的确很大，且边缘齐整。由于殡仪馆光线不佳，灯光照度又差，看不清晰。郭良将尸体挪到光线充足处，觉得已经复位好的伤口皮肤下呈现出微微不寻常的隆起。他用镊子慢慢地一点点掀开覆盖伤口的那块皮肤，终于在创口最内侧的角落里捡出一粒微小漆粒。

经化验证实，这一微小漆粒脱落于货运汽车。由此推断，死者可能因交通事故殒命。待协调交警调取事故现场监控录像案情大白，肇事司机驾车撞倒老者后逃逸。

夜有所梦

"我的手机24小时开机。"

只要发现命案，哪怕半夜熟睡中，郭良接到电话立即下床动身。不要说在荒山野岭发现死尸，就算是喘息不停、手脚并用地爬至人迹罕见之处，法医要第一个奔到尸体旁开始工作。夏季里死者躯体高度腐烂，人不成形，肉烂如泥，蛆蝇遍布，骨相狰狞，法医要零距离地俯身察看。

一名女大学生被人掐死后扔进深水里，经嫌犯指认行凶抛尸地点后，郭良与办案人员来到那片水面的岸边，那里已围有众多观望的群众。死者亲属好意向侦查人员提议，如果他们不愿下水，亲属们自己下水打捞。

郭良与三名同事劝阻死者亲属下水后，他第一个着短裤下水。水深及颈，死者被长长的水草缠在水下，打捞者需憋气下潜，出手拽拉。死者头发完全脱落，眼球外鼓，口唇外翻，四肢浮肿，腹部因腐败膨胀。死者被抬上岸，口鼻耳淌出污浊液体……结束打捞，郭良在洗澡间淋浴器下冲洗，感觉水面漂浮的尸油粘在身上很难冲洗干净。结果，这情景进入当晚梦境，自己没完没了地洗来洗去。

另一次检验尸体时，郭良用手术刀不小心割破左手食指，在场的副大队长命令他停止工作，赶快去医院处理。他将食指伤口的流血挤净，再涂好酒精消毒，做完解剖后才奔向医院。

学医的他也暗自紧张了好一阵子，在查询死者病历没有发现其传染病既往病史后，一颗悬着的心才渐渐松下来。这事儿，他没跟妻子说。

珍贵瞬间

郭良出身农家，三代族亲里他是第一个考上大学的人。

当年报考高校专业时，因年少观看过一部电视剧，郭良对剧中的法医角色格外羡慕，执意报考法医。大学毕业之际，他参加并通过了公务员考试，前往距家二百多公里外的江苏省丹阳市公安局就职。

结束公安新警三个月的集体培训恰逢春节，郭良返家，父母问儿子当了警察为何没穿警服回家。郭良放下碗筷，从行李箱中取出警服穿上，父母欣喜地看着眼前精神抖擞的儿子，同桌的哥哥、嫂子、姐姐、姐夫也一起享受这番欣喜。只可惜当时家里没有相机，而当年的手机也不具备照相功能，这一珍贵时刻没能留下任何影像。

"孩子出生后，我特别注意自身的安全。"

有了女儿，小夫妻俩谈过一个话题——父母健在对孩子的健康成长最重要。作为父亲，无论白天行路、夜里开车还是工作时，郭良从此都特别加一份小心——为孩子保重自己的生命健康。

谈起父母的教诲，郭良忘不了父母常常这样说："不要求你做多大的官，把事情做好，对得起让你做事情的人，就可以了"。

发表于 2014 年 5 月 8 日

夜巡街头不能放过任何疑点

部国华速写

人物档案： 部国华，34岁，北京市公安局海淀公安分局巡警大队，一级警司。
个性言语： 干好工作是为对得起自己，对得起这份工资，对得起头顶上的国徽。
第一印象： 体格健壮，皮肤黝黑，目光坚定，自信满满。

"闪开、闪开、闪开！"
胡同里停着的一辆尼桑车被三名巡警围住，一名巡警站到车前，拔枪指向坐在车内的驾驶者。轿车油门突然巨声轰响，有人疾吼"闪开"，吼声未落，启动的尼桑车疯狂窜出……

吼住新警

漆黑冬夜的凌晨时分，薄雪覆盖了京城大街小巷。
巡逻警车缓缓驶过大街，坐在车里的部国华扭头向一条胡同里望去，见一辆轿车停在胡同口内，从车屁股方向看过去，外形极似警方正在通缉的一部老式尼桑车。
"过去看看"，部国华带领两名年轻巡警下车走过去。
车里有人，那人拒不下车接受询问，且慌慌张张发动轿车。一名年轻警员站到车前，拔枪指向驾驶者。就在这时，油门几声巨响，部国华声嘶力竭地朝车前那名年轻警员连吼三声"闪开"。
"幸亏车前有一块几十公分高的石头"，那辆车疯狂驶出，却撞到近处那块石头上熄火停下来。事后，驾车人说他当时慌得根本没看见车前站着个持枪警察，一心想逃。
"巡警与犯罪嫌疑人都是瞬间遭遇，我们不知道对方有什么案底，也不知道对方什么心理"，部国华说巡警执勤中如果没能注意自身安全而意外受伤致残，甚至丢掉生命，这是带班人心里最警惕和担忧的事。
年轻的部国华跟队长一起巡逻，有过一次难忘经历。
夜深时分，一歌厅近旁的路边坐着一个小伙子。队长说此人可疑，停下巡逻车。部国华先去盘查，队长站在他身旁。该问的问过了，该检查的随身物品也检查了，部国华认为没问题，转身正要上车，就听身后响动异常，回头一看，队长已经把那小伙子摁倒在地戴上手铐。
队长从地上拣起一把几十公分长的匕首，告诉部国华说，这匕首藏在小伙子大棉裤的侧腰，搜身时他一缩裆，匕首就顺裤腿里掉到地上。原来那小伙子打算候着歌厅小姐出来抢劫钱财。

"多悬啊"，队长说"要是人家拿这家伙给你一下儿，我怎么跟你父母交待啊！"队长这话让部国华心里热乎乎的，而火辣辣的内疚却折磨了他不少日子，"自己怎么就那么大意，居然没看出破绽来呢"。

轮到部国华带新警，那次夜查，也是冬天，被盘查的人穿着棉衣，有只胳膊伸得直直的，让人觉得别扭。新警先盘查，认为没事。部国华上前拍一拍那人的冬衣手袖，觉得里面有个长长的硬家伙。细查究竟，居然是把长刀。

裤子染血

街面巡逻能一眼窥出贼盗，这是真功夫。部国华心底还存着另一次难忘经历，那是最初跟班巡逻"开眼"的经历。

午夜时分，部国华跟着"师父"在北京西站附近胡同里盘查，一瘦瘦高高的男子被盘查，疑点落在身上为何带着那么一大捧大大小小的钥匙。这个操着湖北口音的男子承认钥匙是为盗窃财物所用，以便摸着人家房门挨个儿试着捅门锁。

再问这男子在什么地点偷了什么东西，他上车后胡乱点个地方，而巡警依照这男子自述的七八处地方敲门与户主核实情况，对方均说没丢东西。

折腾到清晨，这男子裤管一侧被发现有血迹，经细细盘问，他终于扛不住，吐露出在湖北杀人后连夜乘车逃到北京的重大案情，而那一大捧钥匙是为蓄意杀人专门准备的。

"是我早上联系湖北警方把这个杀人嫌疑犯接走的，湖北来人特别感激我们"，部国华说，湖北警方没想到一起恶性杀人案就这样快地被北京巡警这边破获了。

部国华事后最不能开释的是：其实自己也看到过那嫌犯裤子上的血迹，却根本没往杀人那方向去想，只是简单地自认为可能是他与别人打架时不知在哪儿蹭到了血。如果真让自己处理这事，岂不是放过了抓捕这嫌犯的大好机会。

这件事带给部国华的还有另一层心灵震撼。此前，他总以为只有刑警才能抓大贼大盗大奸大恶，这等"好差事"轮不到巡警。巡警整天没黑没白地在街面上巡逻，根本没机会办大案。这次经历颠覆了他固有的念头，"原来事情不是我想象的那样啊"。

部国华的父母均为下岗工人，身体多病，他是家里的独生子。自小生长在经济拮据的家庭，他深知要为自己的前程和父母未来的幸福付出比别人更多的努力。

工作、结婚、育子——部国华至今都一直坚信：要对得起自己，对得起这份工资，对得起父母，更要对得起头顶上的国徽。

发表于 2014 年 5 月 15 日

启开在押犯罪嫌疑人"心锁"

刘春霞速写

人物档案：刘春霞，40岁，河南省焦作市看守所教导员兼女子监管大队长，二级警督。

个性言语：能力行不行不是最重要的事，最重要的是不能让人说你不努力。

第一印象：容貌俊秀，素颜，话语柔和，神态从容。

"报到第一天，进看守所大门，我在里面迷了路。"

提起初到焦作市看守所时的糗事，刘春霞忍俊不禁。她来这里，是应焦作市公安局领导对她作出的选调决定，担任焦作市看守所女子监管大队大队长，与她同一时刻前来报到的还有16名女民警。

感恩父亲

讲台授课，十年寒暑。

刘春霞的人生似乎总有些意外——最初在焦作市公安干部培训学校讲授法律；十年后接受组织调动，赴市公安局特巡警支队出任办公室副主任；又五年后再赴焦作市看守所任职。

屈指数数，从警十七年换了三个岗位。

要说三尺讲台，认真备课、出题、判卷，收获桃李遍天下的喜悦；要说特巡警支队的工作，掌管枪支发放与收回，每每警情发生，最先忙碌的是她，枪支管理制度不允许出现一丝一毫的闪失和大意，哪怕半夜里，哪怕正在吃饭或行路，警情发生，什么都别想，必须争分夺秒到位，恪守职责；要说走进高墙电网的看守所，面对从未经历的工作，俨然是另一处全新的人生战场。

在刘春霞的成长历程中，父亲对她的影响最大。

刘春霞的父亲是农民，年纪轻轻，患腿伤不能劳作。刘春霞是家中老大，下有三个弟弟、妹妹，父亲不屈从命运，叮嘱全家人要"好好活"，他做小生意，每天早起磨黄豆做豆腐，找来废旧电机安装在自行车上。小春霞对父亲充满敬佩。

记得上小学时，同学都有圆珠笔，而她家没钱买。懂事的小春霞胆怯地向父亲提出能否给她买支圆珠笔芯，她知道一支圆珠笔要卖两角钱，而笔芯只需一角钱。她太渴望得到一支圆珠笔了，为省钱，她用树枝或木棍在家里地面和院里的土地上写字。

最忘不了，父亲将手伸进衣兜，摸来摸去只找出八分钱，他低头对女儿说"放心"。等小春霞再见到父亲，父亲不仅买回了圆珠笔，还买回六个崭新的作业本。小春霞当晚做了个梦，开心地笑得半夜醒来。

刘春霞入警校当了教师，父亲时常自豪地说大女儿是他的骄傲，而刘春霞心里最感激的是父亲的言行，无声地教给了她如何做人做事，让她受用至今。

跪地哀求

"放我出去。"

一名涉嫌故意杀人的女犯罪嫌疑人走进监室，整天自言自语、念念叨叨，时而嘶声哭嚎。刘春霞与她谈话时，看着眼前这名身高不及一米六、身形瘦小的中年女子，真不知她哪来的那么大气力不消停地折腾。她不洗头不洗澡，一身异味儿，自言自语，不理旁人。同监室里没人愿意挨着她睡，更没人主动与她交谈。

这名女子有着复杂的身世背景，她在拆散别人家庭后，与那位曾是别人丈夫的男人重组了家庭。她与公婆关系极不融洽，整日心神不宁，又与邻居不时发生摩擦。日久天长，她怀疑邻居图谋陷害自己，终有一日情绪失控，挥刀将邻居砍成重伤。

这名女子被捕送入看守所后，丈夫拒不探视，也不送衣物。刘春霞多次与这名女犯罪嫌疑人的丈夫交流，劝他不要嫌弃妻子，劝他与看守所一同做好妻子的挽救工作。不幸的是，她丈夫突发心脏病猝然病故……

"你把我放到深山老林去，让我走吧。"刘春霞每每将她叫出监室谈话，这名女犯罪嫌疑人只苦苦哀求这一句话，再不多说一个字。

"她在监室里没有尊严，自己觉得脸丢尽了，干脆破罐破摔。"刘春霞谈话时特别注意让她感受到人格尊重，感受到法律背后的温情。这名女犯罪嫌疑人最在意父母，最牵挂女儿。刚入看守所时，她母亲出了车祸，女儿正忙于准备音乐专业考试……

刘春霞关心并鼓励这名女犯罪嫌疑人的女儿静心考试，得知那女孩专业考试赢得全省第一名、文化考试又超越录取线几十分，刘春霞与值守监室的管教女警组织全监室的人为这名女犯罪嫌疑人庆贺。刘春霞请来心理咨询师对她单独疏导长达一年。

一把生锈的"心锁"渐渐洞开。

判刑后，这名女犯要转出看守所去监狱服刑。临走时，她大声地对刘春霞说，"大队长，我到那边好好改造，争取早点回家。"

看着那个瘦小的身影扛着个大大的包袱，腿脚有力地走出看守所，忆起她刚来时那副模样——站都站不好，要人扶着，天天坐地上哭闹——刘春霞感叹道："真是变了一个人啊。"

发表于 2014 年 5 月 19 日

夜巡街面眼神犀利令贼身现形

郝震速写

人物档案：郝震，37岁，北京市公安局海淀公安分局巡警支队，三级警督。
个性言语：做人要多琢磨事体的道理，不论成功失败，关键要能总结出经验教训来。
第一印象：眼睛俊气，眼神悠然，内敛含蓄，心态平和。

"钻窗入户的那个贼，楞从男户主趴着睡觉的桌子上把人家的笔记本电脑抱走了。"深夜两点，坐在巡逻警车里的郝震扭头瞥见住宅小区外的马路上有一挎大包行走的男子。令他起疑的是，此人脚穿拖鞋匆匆而行……

窥破贼迹

深秋时节，有谁三更半夜穿拖鞋在外溜达？若挎包出行，为何光脚穿拖鞋？警车停下，郝震叫住挎包男盘问。走到近前，郝震观察到挎包男双脚很脏，不像是刚从家中出来。他为什么在天气已冷冽的夜半穿拖鞋外出呢？

挎包男被巡警问得哆嗦起来，支支吾吾说不成像样的话。巡警开包检查后发现，这名男子肩背的挎包里不仅有笔记本电脑、手机，还有他人的身份证件。

"钻窗窃贼没有大个儿，身材都比较瘦小"，郝震这样说。

事实上，挎包男是翻墙进入一个住宅小区的，他从前当过小区保安，知道若从院门进入会留下监控影像。午夜过后，他在小区里寻到一栋楼房，顺着一、二、三层楼的防盗窗栏攀至四层，打开一家住户的窗户悄悄钻入。

女主人正在卧室里熟睡，床头柜上放着一部手机，他将手机"顺"入自己口袋。男主人玩电脑游戏过久，趴在书桌上呼呼大睡，钻窗窃贼居然从酣睡的男主人胳膊下抽出笔记本电脑、拔掉电线，甚至连电脑包和户主身份证也一并盗走。直到他钻出窗外翻墙而去，这家里的小两口仍无知无觉直到天亮。

不知挎包男到底是辨认不出小区里哪栋楼的哪一家，还是故意留个心眼装作忘记偷盗的具体地点，郝震无法与失窃的这家人及时联系，于是他先去派出所查出失窃人家的亲戚，再由亲戚告知那家小两口有贼入室窃物之事。

细想案情，让郝震有些纳闷的是，"那家男主人睡得也太沉了，人家从他身下抽走电脑这么大动静——都没弄醒他？！"

暗弃匕首

初冬之夜，夜深人静，大街上人影稀少。

郝震坐在巡行警车里，由远及近地看见在步行道同方向并肩行走的三个年轻人突然拉开距离，两人在前，一人在后。

警车驶过那三人瞬间，郝震直觉有哪里不对劲儿，他让驾车同事掉头开回，车至三名年轻人身边停下进行盘问。三人随身带有各自身份证，身上未携可疑物品。当巡警询问他们是否互相认识时，让人生疑的是，三人说法不相同。

郝震注意到其中一人的穿着并不合时节，"他穿的冬衣过于厚大，天气并没冷到如此地步，况且这是个年纪轻轻的小伙子"。

若没有发现什么涉罪疑点，巡警按规范是不能过分盘查对方的。另两位巡警同事与那三个年轻人聊着，郝震顺那三人来的路上反方向走走，注意力集中在步行道里侧的绿化草坪上。

突然，郝震眼前一亮，靠绿化带里侧一个浅浅的树坑里有个东西，上前弯腰俯视，竟是一把弹簧刀。郝震将弹簧刀拾起，悄悄藏进袖管里，慢慢踱回警车近旁，趁三名年轻人背对着他与同事说着，郝震向正脸看着他的同事使了个眼色。同事立即心领神会，将三个年轻人分开，先将一人带入警车里铐牢，再带一人进车铐牢，再将最后一人带进车里铐牢。

没多久，三名年轻人在警车里交待了他们合伙撬盗轿车后备厢涉嫌犯罪的事实。郝震再根据三嫌犯供述，顺着发现弹簧刀的地方继续查找，直到那三人刚刚作案未遂的轿车旁，从轿车底下摸出撬盗工具。原来，三嫌犯正在撬盗，突然发现远处有警车驶来，慌张将撬盗工具弃藏车下，装作散步样，其中一人边走边将身上藏有的一把弹簧刀扔到绿化带的一个树坑里。

"他们当天撬了三四辆车，最后交待出总共得手近二十辆轿车。"

让郝震感慨的是，三嫌犯年龄仅为十七八岁，撬盗工具都是从网上定购的，其撬盗手法已十分纯熟，有的专业工具就连郝震和他的同事都没听说过。

掐指算算，入警转眼已经进入第十八个年头。

时光流逝，巡警工作职责和工作内容逐渐出现的新拓展、新变化在郝震心里留下一路走来的历史印迹。虽然未及不惑之年，但他已是经验丰富的"老巡警"，回想最初考警校时满脑子轰轰烈烈的虚幻英雄念头；还记得骑飞鸽牌自行车上街巡逻；还记得堵卡盘查；更记得学习驾驶车辆24小时不间断打击街面犯罪。提及这些，郝震有些腼腆地笑起来。

发表于 2014 年 5 月 21 日

不要以为你们做事天衣无缝

蔡东平速写

人物档案：蔡东平，50岁，江苏省丹阳市公安局交巡警大队副大队长，二级警督。
个性言语：我们要敬畏每一条生命。
第一印象：英气勃勃，干练精明，处事果断。

"人体内脏散出的气味特别难闻"，蔡东平那次前往车祸事故现场，正值盛夏时节，高温溽暑，死者腹腔破裂，肠子拖得老远老远。

"不论车祸怎样惨烈，我们都要尊重死者。"

蔡东平戴上手套，屏住呼吸，将死者散落在路面上的残破躯体及器官小心翼翼地收拢一起……

泪流满面

"再给你们一个月时间破案！"

一中年男子搀扶着年逾七十的老母亲，在蔡东平的办公室里高声叫喊。

入夜时分，一辆摩托车将一老年男子撞死，慌神的驾驶者行驶百米又撞伤另一行人，然后逃离事故现场。案发现场仅留下摩托车转向灯灯壳。

车祸死难者的儿子五年前在外地遭遇一场严重车祸，身体受损，因肇事者逃逸无法得到经济补偿，他悲愤压抑，度日如年，偏偏老父又遇车祸身亡，雪上加霜的连连噩运令这家人神志恍惚、迁怒警方。

老母亲哆哆嗦嗦地翻出一张退伍军人证，举到蔡东平眼前，哭诉丈夫年轻时参军入伍为国征战，一辈子老实做人，却不得好报。她儿子更是情绪冲动，厉声质疑警方破案迟缓，甚至吼出狠话："找不到肇事人我要杀掉办案警察！"

将心比心，蔡东平体谅受害人家属的心情，他一边介绍案情，一边劝慰受害人家属，同时表示身为办案具体负责人，"我不会放弃！"

办案民警分为六组，将肇事现场附近八个村子纳入筛查范围，一一入户询问调查；在肇事现场设岗对每辆过往摩托车进行人、车登记，重点查看转向灯。

然而，劳碌数十天，警方没有任何发现。蔡东平所受的煎熬旁人难以窥破——既有受害人家属天天上门逼问，又有上级领导频频催问。

当警方集中调取案发时间区段所有监控录像后，肇事者的马脚一点点显露出来。破门而入的办案民警擒住正在与人"诈金花"的肇事逃逸者。这名交通肇事逃逸嫌疑人年龄21岁,外省人,挖掘机手。

肇事当晚,他撞死一人、撞伤一人,逃离事故现场后绕至小路上打手机喊来两个堂兄弟,让其中一人将肇事摩托车开走。他回到暂住地,亲手将肇事摩托车全部拆卸,过后又新买了一辆。

最终,这名涉嫌交通肇事逃逸犯罪的年轻人被判刑,其两堂兄也因包庇罪获刑,受害人家属得到经济赔偿。

那位扬言"破不了案就杀死办案警察"的中年男子走进了蔡东平办公室,手举锦旗,双膝下跪,泪流满面……

"破案有结果,既是对百姓的交待,也是对自己工作的认可。"

蔡东平说,"这是我们应该做的事"。

戳穿谎言

入夜时分,穿村而过的一条公路路段发生一起车祸。

正在值班的蔡东平接到110指挥中心出警命令,案情通报现场一人当场死亡,另一人在送往医院抢救期间也不幸身亡,肇事车辆留在现场,肇事者不知去向。

车祸发生之际,110报警中心曾接到一男子车祸报警电话,但没有报知姓名。警方根据来电显示的手机号码多次拨打该手机,通知肇事司机接受调查。

结果,出警的蔡东平与同事在车祸现场等到当晚十点多才等到来人。来的是两男一女,女有身孕,从容镇定,声称是自己驾车出的车祸,站在她身边那名身高一米八的高大男子是她老公。车祸发生时,她说老公坐在副驾驶座位上。

蔡东平不动声色地走到肇事车辆旁,打开车门,坐到驾驶座上,证实了心里的怀疑:那怀孕女子身高一米六,驾驶座位间距过长,依她身高难以踩到刹车和油门;而且,她老公没喝酒却让孕妻夜晚开车,这不符合常情常理。

调查期间,涉嫌肇事夫妇痛痛快快地送来十万元赔偿款。那女子老公还辗转托人送来一个信封,蔡东平拆开一看,里面装有一万元现金。

此时,一些新情况汇集到蔡东平案头——那女子老公开设赌场并有涉赌前科;事故发生时段,那女子与老公用手机通话五次,每次时长达三至五分钟;有目击证人证实,车祸发生后,肇事车驾驶室下来一高大男人。

"今天是我最后一次与你谈话,不要以为你们做事天衣无缝。"

蔡东平打开电脑,让怀孕女子一一看过涉案相关证据后说:"办案就是要还原事实真相,如果帮你们蒙骗过关,我这一生——你会看不起我这个警察的。"

此话即出,怀孕女子开始掩面啜泣,嗫嚅连连"我错了"。

发表于2014年6月5日

雨夜驾艇跨江运送危重病人

汲鹏飞速写

人物档案：汲鹏飞，25岁，江苏省镇江市公安局水上分局谏壁水上派出所，三级警司。

个性言语：老老实实做人，踏踏实实做事。

第一印象：朝气蓬勃，高大结实，不善言辞，性格内向。

"前边就是苏南运河入江口。"

110巡逻艇离开泊位，沿苏南运河北向行驶。汲鹏飞站在驾船师傅身旁向前方眺望，数百米外即是长江与运河的交汇处，万吨货轮从长江航道上驶过。巡逻艇船头飘扬的国旗在夏日耀眼的阳光下格外鲜艳。

化解冲突

汲鹏飞出生在东北农村，父母是地地道道的农民。

高中毕业，他考入武汉理工大学海事管理航海技术专业；大学毕业，他通过江苏省公务员考试被镇江市公安局水上分局录取，年少时对未来有两个念想——"喜欢江河湖海""憧憬当警察"，他的两个梦想合二为一，顺顺当当地实现。

结束新警培训，汲鹏飞身穿警服前往谏壁水上派出所报到，第一次跟老水警执法即遭遇"下马威"——在辖区船闸下游，两条船体长达40米的货船发生碰撞，一艘货船在停靠时未掌好舵，将旁边一艘停靠货船的前舷撞出一个坑，两船人家从争执演变为暴怒对骂，眼看就要升级为动手互殴。

水上派出所经常遇到船体互碰惹出的船民纠纷，如果不及时处置，事态往往会恶化为严重的肢体冲突。汲鹏飞跟随老水警赶赴冲突现场，冲突双方的激烈态度令这位新水警深感震惊，尽管他打开了身上佩戴的执法仪，但双方说什么，他一句也听不懂，只能目睹老水警施展"魔力"。

不可思议的是，时隔不久，怒不可遏的双方居然在老水警的调解下握手言和。

"真笨，听不懂船民吵架，当什么水警！"

不服输的汲鹏飞决意苦学当地船民语言，去船家串门，利用他的专业知识与船家聊天，讨教行船经验。不仅如此，水上派出所里有一名同龄本地新警，两人同住一宿舍，他"强迫"对方只能和自己讲当地话。日复一日的话语磨炼，汲鹏飞眼下已能听懂大部分语意。

"船民以船为家，很少上岸，生活环境相对封闭，文化程度低，年龄偏大，爱成帮结伙，冲突时往往靠拳头、人多势众解决争端"，汲鹏飞悉心聆听老水警传授经验，再加上自己一年半的亲身体验，逐渐熟悉并开始适应工作环境。

冒险救援

江河水面起雾，行船视线差。

110巡逻艇行驶时既要聆听动静，又要或鸣笛或呐喊，竭力避免发生撞船事故。大船驶来，波硬浪高，艇小难抗，需要以高超的驾驶技术应对。

阳光耀眼，水面如无数块镜面反射强光，晃得110巡逻艇上的人眼花缭乱。

风狂雨骤，110巡逻艇摇摆幅度大，甲板上没有栏杆，把牢站稳要有功力。

"船比车难开。"

汲鹏飞深知，船在水面行走，既受风向、风力影响，又受水下不同方向潜流的催动，如果不熟悉航道上的浅滩及不同水域的特点，驾驶者会惹上麻烦。

这名年轻水警难忘有一次雨夜出警的惊险历程——江心洲一妇女入夜时分突发重病，汽渡停摆，110巡逻艇应急出动，汲鹏飞与另两位同事登艇执行救助任务。

"雨点叭叭地打在驾驶室玻璃窗上，特别响，艇身摇摆得很厉害。"

在这样的恶劣天气里，江面上满载货物行驶的大船不受影响，繁忙穿梭，而小小的巡逻艇不仅要顶住风浪，更要小心避让往来船只，抢时间救援。

巡逻艇靠上江心洲码头，汲鹏飞发现艇面距码头地面尚有数米之差，如何将那位病重妇女抬上巡逻艇，三名水警着实费了不少气力……

水上派出所承担着繁重的执法职责，举凡调解船民纠纷、办理刑事案件；确保船闸、节制闸、抽水站安全；预防水上危险品运输事故；配合海事部门执法；处理船家家暴、打击小偷小摸、查处"三无船"（无船名、无船舶证书、无船籍港）；管好船民户籍等事项——全都要管到位、管彻底。

汲鹏飞说要学的东西太多太多，最需要向老水警学习执法经验，掌握有效解决矛盾纠纷的方式方法。

派出所中午开饭，汲鹏飞拿着馒头大口大口地吃着，这位东北小伙子眼下还不能适应当地饭菜。派出所长了解这个年轻人爱吃土豆、茄子，不适应当地炒菜放糖的味道。

发表于2014年6月12日

藏毒胶丸在人体内破裂

刘建平速写

人物档案：刘建平，42岁，中国人民武装警察边防部队总医院二内科副主任，博士。
个性言语：做事情要踏实，做人要平和。
第一印象：身材瘦高，戴眼镜，语速快，爱笑。

"他吞得太快，毒丸大部分积存在胃里。"

一名泰国籍年轻男子在海关被查出吞咽大量毒品胶丸。边防武警将这名男子送到医院排毒时，他肚子疼痛、全身不适，随即出现意识不清的症状。

毒丸破裂

这名泰国籍男子意识清醒时供认，他三天前吞咽了藏毒胶丸。当他与妻子因涉嫌人体藏毒在海关被边防武警双双拘捕后，妻子体内的藏毒胶丸因数量较少，很快排出，而该男子却出现意识不清、肢体抽搐、不时口吐白沫的症状。

"必须动手术！"

刘建平察看了这名泰国籍男子的CT片后，确认他胃部存有数十粒毒丸。尽管刘建平从未遇到过这种情况，但依据经验判断，藏毒胶丸在胃部停留时间越长，被胃酸腐蚀导致毒品在体内渗漏的风险就越大。眼前这名泰国籍男子的体征状况，正呈现出藏毒胶丸在体内破裂渗出的可怕迹象……

刘建平提出的剖腹探查手术提议，经医院多方协调后通过。

手术室准备就绪——手术刀、止血钳、纱布、麻醉药剂逐件备齐，强光灯"哗"地打开，医生、护士、麻醉师就位。泰国籍男子躺在手术台上。

手术刀切开腹部，胃部因填塞数十粒藏毒胶丸而异常鼓胀。

手术刀切开胃器官，刘建平和外科医师小心翼翼地将存在胃里的一粒粒藏毒胶丸取出，预先的判断得到证实——泰国籍男子吞咽藏毒胶丸过快，致使藏毒胶丸积存在胃里，引发肠消化道梗阻等并发症。更可怕的是，其中有数粒藏毒胶丸包装松脱，有毒品渗出。

胃部的藏毒胶丸清除干净了，但连通胃部的肠道仍有可能滑入藏毒胶丸，CT这时已无法扫描，术前刘建平已与院内经验丰富的外科医生商量好，备好肠镜及辅助取物的器械设备。

"万一取不出来就上设备。"

回想当时的情景，刘建平记得外科医生用手一摸，摸到从胃部滑入肠道里的 6 粒藏毒胶丸，将它们挤到了胃部刀口处肠道，切开一个小口，将肠道里所有藏毒胶丸一一取出。

两个多小时过去，刘建平走出手术室，守候在手术室门外的泰国籍男子的妻子迎上前紧紧握住刘建平的双手说着，尽管刘建平听不懂一个字，却知道那是她在表达感谢之意。

恪守原则

刘建平高中毕业考入苏州医学院，历经 5 年苦读，毕业被分配到广东边防总队医院工作（现更名为中国人民武装警察边防部队总医院），再经硕士、博士各 3 年脱产深造，终于拿到了医学博士文凭。

"我见过最多的吞咽者，吞下 110 粒藏毒胶丸。"

刘建平亲眼见过形形色色的藏毒胶丸，一般有手指粗，可装入 15 克左右的粉状毒品，外层包有耐酸、耐强压胶纸。

事实上，吞咽藏毒胶丸必须强忍因胃部收缩产生的恶心感觉，吞咽过程一般需用 5~10 小时。一个人一次可在体内藏毒 500~1500 克，藏毒胶丸可在人体内滞留约四天。在此期间，人体藏毒者基本不进食。

人体藏毒者都知道，一旦藏毒胶丸因胃肠蠕动及胃酸腐蚀破损，他们随时会丧命。

2006 年 9 月，广州海关白云机场口岸连续查获九宗毒品走私入境大案，其中七宗大案是人体藏毒案。刘建平记得，其中一人吞咽毒品 1503 克，是吞咽量最多的人体藏毒者。

"排毒的过程并不复杂，药量把握很重要。"

刘建平说，排毒前先要给人体藏毒者做 CT 检查，以确认体内毒品大概的分量，分析后决定排毒使用缓泻剂的药量。排毒时间最快的能在 24 小时内排完体内毒品，最长时间则需要一周时间。医生把握的排毒原则是：最短时间内从体内排尽毒品，降低毒品在体内破裂或渗出的风险。

已过不惑之年，从事医生职业已有 19 年，若问刘建平如何做一名好医生，他嘿嘿笑着说，"这是一个很好的问题"。

思索片刻，刘建平说，"好医生一是要技术过硬，二是要有比较平和的心态"。至于什么是平和心态，他再解释说，在当前医患关系的氛围中，面对医患双方互不信任的局面，他不主张"待患者如亲人"的说法。

"事实上也做不到。"刘建平恪守的原则是："与患者做朋友，这样大家地位平等。"

发表于 2014 年 7 月 4 日

在押艾滋病人威胁"咬你一口"

胡良速写

人物档案： 胡良，26 岁，广东省高明监狱，三级警司。
个性言语： 我懂得珍惜生命，敬畏生命，更懂得感恩。
第一印象： 青春朝气，眉清目秀，内心沉稳，表述清晰。

"就在我眼前，一个老百姓被余震飞石砸爆了头。"

胡良入伍当侦察兵两年，恰逢部队执行贵阳救灾、藏区维稳、四川抗震救灾等重大任务，这个小伙子目睹过许多生死场景，体验过许多艰难困苦。别看年纪轻轻，胡良言谈举止中流露出同龄人身上难以察觉的不凡气质。

驰援救灾

"21 小时突进 108 公里！"

胡良清楚地记得赶赴四川大地震灾区那次行军：

六年前，他服役的部队从阿坝藏族羌族自治州的松潘地区挺进灾区，抵达州府马尔康，辗转红原，再奔赴汶川、茂县重灾区。

士兵徒步在海拔 3000 米以上的崇山峻岭间疾走，余震不断，公路垮塌，江水阻断，幸存的大批百姓跟随部队一路前行……

"我从小就向往当兵。"

胡良父母是农民，他有三个姐姐，2006 年从湖南家乡考入广州大学体育专业，刚刚入学一年就报名参了军，没想到入伍两年，胡良经历了太多太多终生难忘的事情。

抗震救灾行军沿途经常能看到路边整齐地摆放着来不及处置的遇难者尸体，遇难者或身体被砸成两段，或内脏外露，或双眼圆睁。胡良两次亲眼看见随军前行的两个成年男人就在数米远被余震飞石击中当场身亡。驰援救灾的年轻士兵们目击惨烈现实，无不噩梦连连，胡良至今能忆起当年自己彻夜噩梦的惊悚细节。

那时，战士一天只配发一瓶矿泉水、一包方便面；那时，他与战友忍饥耐渴为灾区百姓送粮送水；那时，他和战友甚至把自有的矿泉水和方便面送给灾民；那时，震区房子不能入住，他和战友躺在河床上、公路边，一晚只睡四五个小时。

"就这样，我们当时不觉得多饿多累，还整天激情澎湃"，胡良说着说着，忍不住笑出声来。

最难忘从部队退伍，大家在送别那天一遍遍唱着《我的老班长》那首歌，人人泪流满面，喉头哽咽。经历过抗震救灾生死与共的战友们，在各奔前程的重要人生时刻，只能用这样的方式珍重道别。

斗智斗勇

退伍后回到广州大学校园，胡良眼前是教室、图书馆、食堂、宿舍。站在学校操场上，他心里真生出些恍如隔世的感觉。大学一年级曾经的同学们已是比他高出两年级的大三"学长"。

未来的人生之路如何走，胡良很快有了明确的决定——遵从心愿，报考公务员，当警察。胡良如愿通过公务员考试，毕业走出大学校门，前往广东省高明监狱报到。

"这里跟我想象的不一样。"

胡良坦率地承认，第一次乘车来高明监狱，觉得"这里太偏了，环境比较艰苦"。与胡良同一批前来这个单位报到的总共有40多位年轻人。

听单位领导介绍，这里关押着近万名涉罪在押人员，胡良目睹全监狱在押人员出操，那情景一下子震撼了他的全身，心里泛起一股说不出的复杂心绪。

老同志手把手地教他熟悉工作，胡良心里焦虑的是：怎样才能管好在押人员，怎样妥善处理突发情况，处理打架、对抗管教等棘手问题。

胡良适应能力强，具有军人的良好素质，单位领导分配他到直属二监区监管在押人员。这一监区集中关押着艾滋病犯人。这些人因吸贩毒、抢劫、杀人等罪行被处以重罪，被判处刑期十几年、无期、死缓的犯人占全监区关押人数的60%以上。

胡良明白，若想做好监管工作，就要与被监管关押人员斗智斗勇，而短期服刑人员和死缓犯最难管，因为前者将很快出狱，后者陷于人生绝望，这两种服刑人员是管教重点，曾有被关押艾滋病人员威胁胡良说"咬你一口"。

胡良悉心向老同志学习，潜心琢磨，掌握了多种多样教育转化在押人员的方式方法，已从点点滴滴的工作经历中积聚起越来越强大的自信心。

别看胡良个头不高，别看他年轻，在监区被关押人员眼里，这个英气勃勃的小管教显然不是一个好糊弄、好对付的人。

发表于 2014 年 7 月 10 日

跨省千里押送重病囚犯回家

宁明伟速写

人物档案：宁明伟，30岁，广东省高明监狱，技术二级警司。
个性言语：做人做事，自己感觉无愧就行了。
第一印象：淳朴内向，眼神专注，微笑待人。

"受不了也得受着。"

下午最高气温达到38摄氏度，宁明伟浑身是汗地从训练场来到记者面前，脸和手臂晒得黝黑，后脖颈贴着一块伤湿止痛膏药。

这位监狱医院医生参加格斗搏击培训，后脖颈因操练"前扑"疼痛而贴上膏药，他笑着说，"三四天就适应了"。

值守急诊

"在那儿工作挺锻炼人的。"

宁明伟的人生履历与"四"有缘：1984年出生，24岁大学毕业考入广东中山大学附属第一医院，在该院急诊科工作四年半后考入广东高明监狱。

广东中山大学附属第一医院被誉为"国内规模最大、综合实力最强的医院之一"。宁明伟在这家医院急诊科日夜劳碌，虽然年轻力壮，却能累到精疲力竭的极限状态——不想说话、不想动弹，哪怕点点头甚至眨眨眼都懒得动，全身气力好像被什么抽得空空的，连魂儿都无影无踪了。

"门诊急诊科一天能来一千多人。"

在中山第一医院工作的那些日子里，宁明伟喝不上水、没时间上厕所是常态。

最累那天，下午六点半上班，相续接收六名危重病人，宁明伟与同事忙着上呼吸机、上吸氧面罩、上心脏监护仪、消毒气管插管……本该凌晨一点半下班，却因忙着抢救延至凌晨四点多。最终，六人中有三人未抢救过来。宁明伟写交班记录时，右手已没有力气握住笔杆。

"上大学时我头发很多，你看现在"，宁明伟笑笑，指指自己的头顶。刚刚年届而立，他头顶已呈现出"草少苗稀"。

宁明伟在那家医院一周要值三个夜班或五个夜班。骨折、摔伤、刀伤、撞伤、肠梗阻、胃出血、大量便血、急性脑梗、突发心梗等形形色色病因的患者在家属护送下来到急诊科，医生根据临床诊断按病情危重程度安排施救次序，却来不及向患者家属解释。此时，最易发生家属同医护人员的冲突和口角。如果外伤病人躺在那里疼得嗷嗷叫，医护人员顾不上患者，家属就不干了。

"我一般不发脾气。"

在医院急诊科的历练，促成并强化了宁明伟眼快、手快、脚快、少说多干的工作习性。

押送囚犯

"报告警官。"

宁明伟在医院习惯了患者及家属与医护人员时常发生纠纷的情形，刚到高明监狱工作，却一时难以适应监狱在押人员站在自己面前按监规立正蹲下向他报告。他记得在培训上岗时获知，不能因在押人员表面上的尊重而放松自我防护的警惕。

"保持安全距离，防止偷盗医用物品，尤其不能让人盗走刀片、注射器或药品。"

来高明监狱工作两年多，宁明伟最难忘的是那次押送一名重病艾滋病囚犯回老家。

一名马姓青年，因打架酿成故意伤害案，被判处无期徒刑，判刑入狱时年纪不大，体检时发现身患艾滋病，待他服刑至年近30岁时，病情已蔓延至晚期。

按照广东省监狱管理局《关于加强保外就医罪犯遣送工作的通知》的规定，监狱决定派车将马某送回贵阳老家。马某的父亲专程赶来，用轮椅推着儿子上救护车。宁明伟与监狱医院的一位副院长带上必备药品和急救器械上车，便于途中即时对这囚犯进行体征监测，以防万一。

"他很瘦，皮包骨头。"

宁明伟记得那青年的父亲专门买来一套西装给儿子，"他穿上跟穿袍子似的"。

坐在救护车里，驰行上千公里路途，弯弯盘山道令宁明伟晕车晕得头重脚轻。夜晚守在救护车上，既帮助那青年按时服药、观察病情，又担负着防止他逃逸的警戒职责。

"他躺在车里跟我聊家里情况，特别后悔自己当年冲动后的犯罪举动"，听马某轻声喟叹一声，"我——还那么年轻！"令宁明伟至今难忘。

人的生命只有一次，而生命无比珍贵。

忆起自己爷爷去世，眼泪霎时滚出宁明伟眼眶，"爷爷在村里很受大家敬重，因为他办事公平"。宁明伟上初中时爷爷中风偏瘫。身为宁家长孙，宁明伟骑车带爷爷上医院扎针、输液、拿药。上大学一年级时爷爷病重，宁明伟赶回家守到爷爷最后一息，拒绝了家人对回校上课的催促，他对家人只说了这样一句话："亲情最重要"。

发表于 2014 年 7 月 17 日

窗下不起眼处寻到入室窃贼脚印

宋春光速写

人物档案: 宋春光,33 岁,北京市公安局海淀分局刑侦支队民警,一级警司。
个性言语: 干刑事侦查我有乐趣,不出现场会有点难受,好像缺点什么。
第一印象: 身体健壮、憨厚朴实,性格开朗。

"今天真是太热啦!"

星期日,近中午时分,宋春光去勘查一起盗窃案现场,从一栋高层住宅楼的十六层爬到二十五层,室外气温已达到 38 摄氏度。

贼影现形

鉴于刚刚着手调查的案情不能透露,小宋讲起今年 5 月发生在另一居民小区的连环盗窃案。那个小区建有多栋居民住宅楼,共有五户居民家遭窃贼"连环扫荡"。

小宋与同事前往小区勘查,人们用怀疑的眼光扫着身着警服的小宋和他的同事,毫无顾忌地将丢失财物的懊恼、怨恨裹挟着对民警的不信任一股脑倾泻出来——有人故意当众大声喧嚷,"警察怎么着,逮得着人吗?"

小宋负责对五家失窃住户中的三户进行现场勘查。案发后,由于住户没有保护好现场,家中痕迹混乱,难以辨别。小宋内心焦虑的是,经过对失窃住户门窗、地面、家具及嫌疑人可能遗留痕迹地方的反复勘查,没有取得突破性发现。

站在一家失窃住户的窗前,小宋下意识地向外一望。

"哎"——灵感陡然闪现——这家住在三层,右邻下方二楼住户的窗外斜搭着一个铁皮雨搭,雨搭下方没有安装防盗窗护栏,嫌疑人很难从这里攀上;左邻二层窗户也没有安装防盗窗护栏,嫌疑人若顺这里攀上也很困难。然而,左邻再往左边的那一溜儿窗户,无论一、二、三层楼窗均装有防盗护栏,"嫌疑人可能从那里爬到三层,再横跨过来"。

自打干上刑事侦查这一行,小宋入门就被师父告知,"你可以有许多猜想,但所有的猜想必须得有证据支持"。

小宋定睛细瞅,那溜儿防盗栏一楼窗下铺有一块油毡。他跑下楼,来到油毡前凑近细看,油毡上有个成人鞋印,经辨析,前两天这里的小区地面落雨,脚印应该是在雨后踩踏形成的。

"我用手摸了摸,鞋印边缘很清晰,是新鲜的。"

小宋起身观察四周，他确信这个位置平常很少有人来，他俯身观察鞋印，看到鞋印前部位置有一小滩黏液状物体，"唾液、汗液，还是饮用水痕迹？"

小宋把印有鞋印的油毡剪下来，送去做生化检验。检验结果出来了，油毡上的物证与另一起盗窃案嫌疑人遗留在作案现场的物证标本比对上了。

没过多久，这名嫌疑人被刑警擒获。

烟店失窃

"要不是我爸非逼我报考警校，我根本不想当警察。"

小宋出生在京郊农村，说起爸妈做事守规矩、讲道理，他笑称自己秉承了父母的遗传。上高中时，小宋的几门功课里属数理化成绩较好，英语成绩"最烂"。待高考结束，小宋的考分达到提档分数线，当他看到报纸上公布大学招录标准时，才发现当日已是提前批录取院校报名的最后一天。

老爸对儿子的前途早有盘算，他执拗地让儿子报考人民警察学校，当日拽着儿子赶往一所警察学校。父子俩气喘吁吁地走进那所学校的招生办公室，人家已经收拾桌子准备撤了……就这样，小宋迈入了刑事侦查专业的门。

毕业时有那么多同窗，偏偏就小宋一人被分配到分局刑侦支队工作，如今已在这里干了11年。记得在刑侦支队干记录员，跟师父去案发现场做勘查记录，一干就是6年，师父在现场怎么干，全被他瞧在眼里、记在心上。

"我来刑侦支队，起初就是一农民子弟，这里每个人都有自己的优点，我想把别人的优点全学过来，到现在还差得远呢。"

今年正月初六，紧邻歌厅的一间小烟铺被盗。烟铺的小夫妻过完年从老家匆匆赶回来，刚进烟铺就发现满地凌乱，成条成箱的香烟被盗贼悉数运跑。面对前来勘查的小宋，夫妻俩哭得说不出一句整话。小宋蹲在小烟铺里一边劝着，一边细细勘查失盗现场，"每个角落、每件物品我都勘查过"。小宋最难忘小夫妻抹着眼泪告诉他，为了攒钱，夫妻俩春节回家都没舍得带回一盒烟。

小宋说盗窃案的失窃事主往往是来北京奋斗多年的小商贩，他觉得这些人特别不易，从老家来到这人生地不熟的北京城讨生计，艰辛度日，一朝被盗贼偷光他们拼死拼活挣来的钱。小宋内心强烈地涌起这个念头，"我干这一行，要为他们这些人好好地努力工作"。

发表于 2014 年 7 月 26 日

"折"老贼最有乐子

老孟速写

人物档案：老孟，57 岁，北京市公安局便衣民警，一级警督。
个性言语：低调做人，高调工作。
第一印象：讲抓贼门道，偶尔露出老顽童般的神采飞扬。

凌晨四时许，首都天安门广场。

成千上万的人聚集在灯光灿然的广场上，手持纸制小国旗，肩驮孩子，踮脚昂头，全神贯注地观赏升国旗仪式。没有谁警惕挤在自己身旁图谋行窃的贼。

被贼"摸底"

"你看你看。"

人堆里的老孟扭头轻声地说着，一脸俏皮，诡异地眨着眼睛。老孟身前几步远，一黑衣男子正努力前靠，上手行窃，全然不知"黄雀在后"。

"什么是老贼？"

自打从部队侦察兵退役后从警，老孟在一线擒贼逾 30 年，战绩赫赫，依他的"权威释义"，"老贼"即反侦查意识超强、警觉敏感度极高、行窃手段隐蔽性极佳的窃贼。

"怎么抓贼？"

老孟不直接回应，只说可以去听听被抓到的贼怎么说。老孟琢磨过这个道理，贼心里也会反复掂量怎么能不被逮着，不少行窃嫌疑人并不避讳向警察讲述自己如何"栽"了的细节。

要说贼来北京地面上试手，从来没耳闻过"孟叔"，明摆着道行太浅，小毛贼一个；要说在孟叔手里栽过，那可以在江湖里吹个小牛皮；要说经孟叔手有过"三进宫""四进宫"，那就可以将这份羞耻当成"荣耀"，在贼众中大肆宣扬。

"这么多年，就没有哪个贼威胁过您？"

老孟神情严肃地应答："咱是警察，借贼一百个胆子，他敢！"说完，老孟再补上一句，"邪不压正"。

贼摸过老孟的"底儿"，此人上中学时全班联名致信学校领导，要将他赶出班级、留级受罚；当兵进部队大熔炉，此人与排长意见不合，挥拳就打，因指导员给他"穿小鞋"，他抽冷子将其孩子扔进猪圈……为此，他被关过军事禁闭，去草原深处孤独放羊。

老孟绝不想回忆当年——没日没夜守着七千多只羊，冬日草原天寒地冻，白毛风刮得昏天黑地，这个不到20岁的北京小伙子眼泪哭干了，没人说话，别看只有一年半之久，他不止一次想过怎么去死。

老孟庆幸自己在部队那个大熔炉里经受了非凡的历练，由此被锻造得特别能吃苦，特别能战斗，尤其是那股子与生俱来的倔强性格，被"焠炼"成凡人难有的品质。

专"折"老贼

认老孟当师父的警察后生们，不得不"夹紧尾巴做人"，跟师父学艺，根本甭动闹着玩的心思。现如今，此人可谓京城反扒一线年头最久、战绩赫赫的老警。即使在贼的江湖里，"孟叔"也不是传说，而是正经八百传奇版的真实"大人物"。

老孟打开手机给记者看一张照片，那是他躺在医院急救室病床上，头上脸上横七竖八堆着各种各样的管子。一位医生受家属之托，用手机拍下抢救他时的脸部特写，待他清醒恢复健康后，将这张颇有特殊意义的照片转发到老孟的手机上。

"我当时什么也不知道啦。"

老孟正在地铁站上擒贼，突发哮喘，身体剧烈抽搐，吓坏了身旁的同事。医院抢救时要给老孟切开气管，家属坚决不同意，建议用药稳定病情，老孟死里逃生，转危为安。

老孟兄弟姐妹五人，他位列老五，上边的全都是医生。按他的话说，"就我一个干了'武士道'"，意指自己当兵又当警察。

家属和同事想不到，住院第三天，本该老老实实住院观察的老孟，竟瞒过所有人，凌晨时分与徒弟去天安门广场擒贼。他心里有个"小九九"——"没几年就退休了，带好小年轻的，把我这点东西让他们学过去"。

老孟承认自己脾气急躁，看到徒弟不得要领，在抓捕现场就忍不住厉声厉色开口训斥："怎么学的，全忘哪儿去啦？"老孟骂徒弟自有一套"歪理"：

"我骂你不对，你也骂我呀，别看你年轻，有本事打擂台，看看到底谁对谁错。"

瞧他吹胡子瞪眼那样子，小年轻的哪儿敢跟他对吼，只能心里嘟囔。领导了解老孟，说他是"刀子嘴、豆腐心"，可他那"刀子嘴"剜起人来就奔心窝子"捅"，老孟知道自己的毛病，几十年这么过来的，改也难。

"都这把岁数了，为啥还愿意一天到晚跟小年轻的去抓贼？"

老孟立马回应，"不抓贼，你没那种快乐"。

照老孟的说法是，"一看是笨贼，我就让徒弟上"。老孟最志得意满的一句话是："'折'老贼最有乐子！"

发表于 2014 年 7 月 31 日

一手擒男贼一脚踹开持刀同伙

小王速写

人物档案： 小王，32 岁，北京市公安局便衣民警，一级警司。
个性言语： 抓贼时精神高度集中，就算一闷棍抡到脑袋上也倒不了。
第一印象： 身体壮实，体能充沛，神情专注。

"那女的开包掏出一把折刀，被我一脚踹倒。"

小王探组在公交车上跟踪三男一女行窃团伙，眼见一男窃贼在两同伴掩护下出手，小王断喝一声，上手抓捕。这时，小王瞥见近旁那女同伙竟打开坤包，掏出一把锋利折刀。小王眼疾手快，这边手擒男窃贼，那边一脚飞踹执刀女子，危机瞬间化解。

生手尴尬

"警校那教材上，反扒就那么几行话。"

小王入警校正经学的是刑事侦查专业，毕业分配后干反扒，他起初还真没瞧得起这一行。按说入警校就憋着当刑警，这算什么，要不怎么说"小偷小摸"呢。

整天挤在人堆里瞄着谁是小偷，好端端一大警察，跟小偷较劲，哪有刑警破大案风光啊。

"刚毕业，挺'木'的。"

小王跟着师父学艺。师父不爱说话，一招一式先不讲明白，全靠徒弟观察自悟。最初那些囧事儿至今历历在目——师父走哪儿去了，小王没留神看不到师父人影了；师父挤上车了，小王还傻待在车下呢；师父把嫌犯摁倒在地了，小王傻抓着嫌犯胳膊不知怎么协助师父给嫌犯戴铐子。

师父不爱说话，徒弟犯愁这手艺得求师父点拨啊，不知师父瞧得上瞧不上自己。好在师父爱喝酒，小王虽然不会喝也不能喝，为跟师父套近乎，不行也得行。只有在这时候，他才能从师父嘴里套出一点点门道来。直到自己有了第一次亲手擒贼的经历，又听师父给别人摆乎——"我新带那徒弟能瞅出贼来了"，小王这才渐渐有了自信。

"第一次上手我都有点蒙，"小王说，"抓的是不是贼，当时并不敢十分肯定，身上直出冷汗。"

时隔十年，那日子那时刻那情景历历在目。

在一辆行驶至颐和园北宫门的公交车上，小王站在靠近车门的位置。车行将进站，小王低头瞬间，猛然看见有只手慢慢伸向紧挨自己的那名乘客衣兜，随即一个红色钱包被伸出的手指夹出衣兜，而那乘客正欲下车，对此无知无觉。

小王来不及多想，迅疾出手……

转眼干反扒已有11年，这些年一路走来，曾经有过真想放弃不干这行的念头，如今小王心里最感激的是，"师父帮我建立了自信"。

相互理解

别看小王年轻、壮实，足球场上是个前锋，真轮到抓贼，免不了斗勇、角力。瞧手臂、手背、手指上那道道伤痕，都是与嫌犯在水泥地面或柏油路面扭打滚爬受的伤。说起累，这么壮实的小伙子奔波一天下来，扑倒在床上，乏得洗都不洗，就想闭眼足足睡上几天几宿。

那年冬天，小王从公交车上下来追一嫌犯，棉袄棉裤棉靴，腰上别着警用器具。那嫌犯真能跑，让小王生生追了一公里路，追上嫌犯可把小王给累"疵"啦。

抓贼累点没什么，最怕被偷的失主不配合便衣警察执法。

抓到嫌犯，失主需要向办案机关确认被盗物品，举凡被盗物品是钱包、手机、笔记本、卡包、日常用品，均要经办案民警询问后做一份说明案情的笔录。无论失窃地点在哪里，失主不能不暂时放弃个人的私事，协助便衣民警完成必要的办案法律手续。

此时，一些失主往往不感恩便衣警察为他追回本属于他的私人物品，不愿意甚至拒绝配合便衣警察执行公务。小王遇到过这样一件"奇人奇事"。

一女子在远郊区的公交车上被窃贼盗走钱包，钱包里装有银行卡、身份证和现金。小王抓住嫌犯，向女失主言明需要她配合警察执法去作证。当她听说要去的指定地点距案发地点路程较远时，她一边表示放弃作证，一边声称钱包里的东西都不要了，她宁肯补办也不愿走这一趟。当这女子发现小王态度坚决时，她明明看过小王的警官证，却执意打110报警，要求确认小王到底是不是真警察，真把小王弄得哭笑不得。

再有一次，小王与两个同事在公交车上抓住一盗窃团伙，需要几位乘客作证。没想到车上一堆人没好气儿地说，"哎，你们快点，我们还等着上班呢！"

依小王的话说，"别以为今天没偷着你，你就不当回事，没准明天贼就瞄上你了"。小王的话还有另一层意思：警察打击犯罪是为了保障大家财物的安全，需要每个人的支持和配合，这样才能形成合力，震慑犯罪。

发表于2014年8月9日

勘查千米血迹缉拿断指凶嫌

陈国震速写

人物档案：陈国震，37岁，北京市公安局海淀分局刑侦支队民警，三级警督。
个性言语：一个人就算再狡猾，在作案时总会留下痕迹，露出马脚来。
第一印象：眼神犀利，反应机敏，语速快，逻辑思维强。

"大白天的，一个小男孩，愣是被两个陌生男人从他爸眼皮底下抱走了。"

陈国震站在一对年轻夫妇面前，倾听他们哭诉年幼儿子蹊跷失踪的过程，忍不住落了泪。陈国震刚当父亲不久，完全能感受到对方心里那种锥心刺骨的悲痛和绝望。

限期破案

冬日，太阳刚刚过午，年轻爸爸在出租房大院里看人家打麻将，5岁小儿站在离父亲仅四五米远的地方独自玩耍。两名陌生男子朝男童走来，动作麻利地用军大衣将男童裹住，抱起就往几步远的院门外疾走，男童没有喊出声。

有人大声提醒年轻父亲，两名陌生男人此时已启动电动车狂奔逃离。

一切发生得如此突然，男童父母简直不敢相信年幼儿子竟然在光天化日下被人抢走。年轻夫妇愧疚、抱怨、自责，面对警察讲述时无法控制自己的情绪。

"孩子没了，我活不了！"母亲伤心欲绝，父亲抽泣哽咽。

案情很快上报市局领导，领导鉴于案情发生的恶劣程度，批示责令限期破案。一个由多警种、多部门配合的专案组迅速成立，陈国震参与其中，负责从视频监控中寻找犯罪嫌疑人。

案件发生地距城镇很远，地处偏僻，附近正在拆迁，有一片荒地。嫌疑人作案后到底走向何方是警方破案的关键。

陈国震与办案民警以案发地为中心，划出三公里范围，既要依据具体环境条件详尽分析嫌疑人行走路线，又要尽可能调取监控摄像查找嫌疑人及所驾驶电动车影像，同时走访潜在的目击者。结果，除案发中心地带有监控镜头拍摄了有限的嫌疑人影像之外，整整三天三夜过去，破案进程毫无进展。陈国震心里承受着极大的心理压力。

"再扩大三公里。"陈国震将办案民警分成多个小组，逐一调取小商店、杂货铺、汽车修理店、学校以及洗浴中心等场所安设的监控录像，在入夜时分甚至夜半，办案民警与拥有监控摄像头的单位和业主进行协商，调取监控录像查看。

记不清看了多少相关时段的监控录像片段，也记不清对一段重点视频录像看过多少遍，陈国震从毫无头绪渐渐获得依稀线索，随着多条信息的逐渐汇集，嫌疑人的行动轨迹越来越明晰。警方最终掌握到两嫌疑人身影分分合合，最后一同出现在火车站的影像……

陈国震十几天没怎么合眼，直到与办案民警前去河北邢台抓获两名嫌疑人，得知两嫌疑人将男童卖到外省得手几万元。

"抓到嫌疑人的当天，正是上级限期破案的最后一天。"陈国震欣慰地说。

一节断指

冬日，夜深时分。

一年轻女子下夜班，走向自己暂租的简易楼。当她走到距楼门不及20米处的小胡同时，突然遭遇一男子抢劫，女子忍不住惊恐大声呼救，岂知，对方抽出菜刀，向她劈头盖脸砍来，致使她血流如注倒地……

案发后，陈国震赶赴现场仔细踏勘，发现距中心现场近十米的路面有异常凸起物。他在强光电筒的光照下蹲下端详，用镊子夹起沾着灰土的凸起物——那竟然是一节手指。

陈国震立即联系被害女子身旁的办案民警，询问该女子是否被人砍掉手指，得到的回答是被害人手指俱全。一个念头迅速涌入陈国震脑际："会不会是行凶嫌疑人挥刀失手，砍掉了自己的一节手指呢？"

陈国震沿着路面出现血迹的方向追寻又有新发现：几滴、一串、一小滩，又有几滴、一串、一小滩，血迹断断续续延伸至一千多米。"伤者手指断面流血不止，攥狠了，疼得受不了，不得不松些，松开时，血就流得多些。"陈国震当场有了这样明确的推断。

毫无疑问，断指嫌疑人肯定要去大医院救治。陈国震很快得到信息：夜半时分，北京一家著名医院骨伤医院接收了一名手指受伤的患者。陈国震赶到医院，经与手术主治医生协商得到允许后，换上手术服，出现在等待手术的患者面前。陈国震亮明警察身份，围绕案情提出一项项询问，均被对方一一否认。

陈国震拿出装在取样塑料袋中的残指，告诉这名男子：依靠现代科学技术，无论DNA检验还是多项刑侦技术测验手段，都可以查明他说的是不是真话。

最终，这名嫌疑人坦白，由于被害人呼救，他慌了神，抽出身上藏的菜刀一通乱砍，结果砍断了自己的手指。

"在科学技术面前，嫌疑人的任何谎言都会露出马脚来。"陈国震很自信。

发表于2014年8月14日

毒贩拒捕抡起板砖砸警察

尚超速写

人物档案：尚超，29岁，北京市公安局海淀分局缉毒民警，二级警司。
个性言语：缉毒是我人生经历中积累的特殊财富。
第一印象：身材高挑，英气勃勃，笑容可掬。

"抓捕毒贩，现场千变万化，存在种种无法预知的可能和危险。"

尚超入警校读的是治安管理专业，在校即知，将来进派出所工作少不了面对那些婆婆妈妈、唠唠叨叨的闲杂事。谁知道，刚进基层派出所报到，还没做好思想准备，他就被派去跟"师父"抓毒贩。

初次参战

"毒贩进行毒品交易都是手递手，很短暂，几秒钟完事"，尚超说抓捕毒贩跟抓小偷战技相似，"你在嫌疑人近旁，不能让他先发现你"。

那年夏天，警方周密部署了一场擒获毒贩的战斗，由于目标嫌疑人曾受过公安机关多次打击，指挥员考虑尚超是新来的民警，嫌疑人不认识他，决定由他实施跟踪任务。

尚超跟踪嫌疑人走进一条胡同，见嫌疑人停步不前，便躲在一根电线杆后观察，距嫌疑人十多米远。尽管他知道有多名战友埋伏在附近，可眼前却没看到一个人，自己"紧张得身上发抖"。直到战友将嫌疑人抓获，尚超还不知嫌疑人是怎么进行毒品交易的。初次参战，领导没有责怪尚超，这小伙子却在心里埋怨自己。

抓捕时仅凭勇猛并非上策，这是经验之谈，最佳战效讲究智勇双全。尚超亲历了一次惊险搏斗的经历，意识到运用智慧的重要性。

冬天，尚超跟踪一嫌疑人走进一条胡同，接到抓捕指令后，他冲上前，趁对方没留神，一把将对方撂倒。不料，对方倒地时喊出他的名字。尚超定神一看，原来对方是曾被他处理过的涉毒人员，此人以往屡屡以小零包贩毒，为逃避打击，他十年前吞下一把水果刀，一直拒绝去医院开刀取出。

尚超掏出手铐，不料对方突然拼命抵抗，两人就地滚打起来。

"我俩从胡同这头滚到那头，两人都从砖垛抄起板砖对打对抡。他满脸是血，我只是手臂擦破了皮。"

据尚超回忆，当时，两人身上冬衣全被撕破，手表、手机以及衣兜里的物件散落在地,"他拿胳膊肘捣碎旁边一煤棚门玻璃,抓起一大块玻璃碴冲我砍,他的手被那玻璃碴割破,一直流血。我知道像他这类长期沾毒品的,即使没有艾滋病,也有肝炎,我俩都有伤口,都流了血,想想挺后怕的"。

同事赶来支援,他们扶起尚超,见他脸色惨白,神情恍惚,虚脱呕吐。

"如果现在遇到这情况,我会选择更好的时机和地点实施抓捕",尚超认定自己当年搏斗时缺少经验,考虑不周。

跟踪入室

一名女嫌疑人在小街路边完成毒品交易后,缉毒民警并没急于抓捕,而决定跟踪她,以查清她的具体住处。这名女嫌疑人的身影闪进小区后立即消失,让抓捕人员有些意外。

尚超推断,女嫌疑人应该是走进距离小区院门最近的一个楼门。他加速奔去,在楼门里听到有人拾级而上发出的声响。与尚超搭伴执行抓捕任务的一名公安大学实习女生紧随尚超身后。

"那是一栋老住宅楼,楼道四通八达,从哪个楼门都能上到任一楼层。"

尚超终于在楼梯转弯处望见正在上楼的女嫌疑人。此时,她有意识地回头看下面跟上来的是什么人。

尚超灵机一动,回头朝紧跟其后的学生搭档说,"别闹了,别闹了,行啦,到家再说"。显然,女嫌疑人没有怀疑跟在自己后面上楼的这一对小男女是追捕她的人。

"她怕人跟踪,一直爬楼爬到九层。我听她从楼梯拐进楼道,打开屋门,就赶紧冲上去。"

尚超和学生搭档推开女嫌疑人刚要合上的屋门,大喝一声:"警察,别动!"

对方极度慌张,而尚超目光扫视屋内,发现厅堂里站着另一年轻女子,是个孕妇。他掏出手铐将女嫌疑人铐住,正准备叫同事支援,一个身穿保安服的男子闯进门来。

"你干嘛?"

来人率先发问。尚超反问:"你是干什么的?"

那男子稍稍一愣:"这是我家!"尚超伸手去抓这男子,那男子转身奔逃,他在楼道里没跑出多远就被尚超抓住。

警方经讯问得知,那男的是女嫌疑人的丈夫,两人都没工作,多年来卖毒品,日子居然过得蛮富裕。

那名孕妇是女嫌疑人雇用的"马仔",女嫌疑人负责联系接头地点和人,孕妇拿海洛因去卖,丈夫在外边望风。不知为什么,那天女老板亲自出马,没让孕妇去卖毒品,结果被逮了个正着。

发表于 2014 年 8 月 21 日

"嗅觉记忆"考验法医忍耐力

王元兴速写

人物档案：王元兴，35岁，北京市公安局海淀分局刑侦支队民警，三级警督。
个性言语：法医的工作，说到底，是良心活儿。
第一印象：中等个头，眼有血丝，神情疲惫。

知道受害人若经鉴定伤情严重将获得数额相应较高的赔偿，一些伤者及家属夸大伤情，游说法医不依受伤真相作出鉴定报告，甚至不惜弄虚作假诓骗法医。

王元兴干法医10年，鉴定过形形色色的伤情。在他看来，伤情鉴定不难，难在向伤者和家属解释鉴定结果时往往会遇到伤者及家属的执意纠缠。不久前，王元兴入选"第七批全国刑事技术青年人才"，成为北京市唯一一名在一线从事法医实务的入选者。

CT片造假

等候伤检的人们熙熙攘攘，王元兴说鉴定伤情时犹如身处"菜市场"，而工作像是在"打仗"，时有"火药味儿"十足的情景出现。

一名伤者拿来某家医院为他做的腰部X光片，声称自己腰椎骨折。王元兴仔细察看X光片后，认为伤者提供片子的图像不清晰，不能确认腰椎骨折存在，要求伤者去医院做腰部CT扫描，以进一步确认损伤存在。

不久，伤者将医院对其腰部的CT扫描片递给王元兴。这张CT扫描片的报告文字认定伤者腰椎骨折，报告上签有医师姓名，还加盖了医院公章。

按说，这张CT扫描片给出的报告内容完全可以作为法医伤情鉴定的定性参考。然而，王元兴仔细查看这张CT扫描片后，仍不能排除心中的疑点。于是，他专门求教北京一家著名骨伤医院的多名专家，在专家们给出不存在腰椎骨折损伤的意见后，又与提供该CT扫描片医院的签名医师联系。让他没有想到的是，那名女医师向他郑重申明，她本人根本没有在这张CT扫描片上签过名。

王元兴理解伤者作为受害者希望多获得赔偿的心情，但他直言不讳地告知伤者及家属：伪造证据触犯了刑法，要追究罪责，这样做不仅害了自己，还害了协助造假的医师。

听到王元兴这番话，伤者坦率承认造假，连声愧疚地说"我错了，我错了"。

王元兴所在部门一年伤检数达数千件，他和他的同事总共才八个人，还不用说刚来的两个年轻人尚未独立工作。按人头掐指算算，就知道这些法医有多劳碌、多辛苦。

三赴现场

盛夏季节，死亡人体若数小时不被发现处理，蛆芽生出时间较比其他季节快得多。

"上个月，我一天出了三个高腐现场。"

"高腐现场"即尸体高度腐败的现场。那一天，王元兴自下午三四点钟忙到次日凌晨三四点钟，身体和心理经受了极限考验。

一位男性老者在家中死亡约有一周，直到久聚不散的恶臭气味引来邻居报警才被发现。王元兴到现场勘查，看到老者尸身高度腐败，眼耳口鼻处肉蛆蠕动，腐败气味极其刺鼻。

老人有四个儿子，平时谁都不怎么来。当老人有个儿子闻讯来到现场探望，开口的第一句话竟是："我爸的存折放哪儿啦？"目睹这情景，王元兴心生感喟。

"我去现场一般都不戴口罩。"

王元兴说，法医尸检时一般不戴口罩，为的是用嗅觉判断有无致人死亡的特殊物质气味，如毒药和化学物品等。死尸高度腐败的气味沾在人身上特别难以清除，尤其是吸附于鼻毛上形成"嗅觉记忆"，好几天里总让人觉得腐味儿不消。

记得那天吃晚饭，王元兴身着警服，端着一碗面条吃着，走过身旁的人眼神异样地瞥他。他很清楚，虽然他洗了多遍，但也洗不掉那股"怪味儿"。那碗面条没吃完，任务来了，又一个现场要去。

"死者是个有吸毒史的年轻人。"王元兴走进现场，见死者趴卧地板，体型庞大，头部浸在一小滩血泊中，身下及近旁散布着茶几的碎玻璃碴，死者父亲报警，称儿子被人杀害。

王元兴凑近尸身蹲下细看，死者身体布满肉蛆，抹掉一片，又一片蠕动着从皮下肉里冒出来，那情景"像泉水涌出"。与王元兴同去的一名刑警随即出现了严重的生理反应。

死者身体实在太沉重，王元兴戴着三层胶皮手套翻转尸体，因用力过猛，手指扣破手套，污秽血水浸入手套，恰恰染及王元兴大拇指上的那道伤口。他当时心里一惊，感到情况不妙，赶紧抽出手来，找到自来水管冲洗多遍，此后多日仍心存担忧……

选择法医职业的人避不开污血、腐尸、白骨；避不开去山崖、水边、荒野验尸；看常人看不到的惨相，嗅常人掩鼻避开的腐味，触碰常人不敢想象的尸身。

"死者不能自述死亡经过，我们要将死亡真相尽可能地还原出来"，王元兴有句实实在在的话，"法医的工作，说到底，是良心活儿"。

发表于 2014 年 8 月 28 日

犯罪嫌疑人拒捕咬碎刑警指尖骨

翟宝宇速写

人物档案： 翟宝宇，32岁，北京市公安局海淀分局刑警，一级警司。
个性言语： 干刑警是我的兴趣和爱好所在，办案时有危险、压力大，常人很难想象。
第一印象： 眉毛粗硕，眼睛不大，一脸胡茬，身体壮实。

"那小子一口把我指尖骨咬碎啦！"

翟宝宇将左右手食指并在一起伸出，眼见那右手食指明显短了一截儿。

疯狂拒捕

那是一次抓捕涉罪嫌疑人的专项打击行动，地点在远郊区一处偏僻工地附近。

小翟开车，与三名同事前往约定地点守候。足足等了三个多小时不见来人，嫌疑人手机也一直关机未开。考虑到嫌疑人可能改变主意，小翟与同事决定离开，走之前开车在附近转转。

车绕着工地缓缓开着，四处无人。待车绕工地一圈再转回到约定地点时，只见一穿帽衫的年轻人独自在路上走着。两名刑警远远下车，意欲走过去与那个行人打个照面，搭讪一下，看他是否符合嫌疑人体征。

相距不及二十米，那人撒腿就跑，他横向窜过路中间绿化隔离带狂奔。小翟赶紧驱车掉头回转协助追逃，远远地见那人奔向工地院门，小翟的同事也追进工地院门。

小翟开车冲入工地院门，只见逃者与追者双双手持三米长的脚手架钢管，像古代兵士持长矛一般对峙着。小翟举起警官证大吼一声"警察，别乱动"，纵身钻过头上架起的两根钢管，就在他两三个箭步突进到逃者胸前之际，头上的两根钢管猛力击打，小翟同事瞬间被一股巨大的力量震倒在地，丢掉钢管。而转身欲逃的嫌疑人脖颈上挨了小翟狠狠一甩棍。

"我用右臂去勒他脖子时，右手捅到他嘴边，他就势咬了我一口。我跟他打了几分钟，谁都没劲儿了。"

小翟当时根本顾不上疼，直到同事奋力追上来，协力将那死命拒捕的嫌疑人摁在地上。这时他才看到自己右手食指指尖就连着一点皮"当啷"着，满手血水和泥水混在一起。

小翟被同事紧急送往最近的医院。急诊医生告知，小翟伤情严重，必须转送大医院接骨，超过4小时，指尖骨就接不上了。急诊室医生一边忙着为小翟指尖伤口清创一边这样告知：人咬伤比狗咬伤的感染率还高，为确保安全，要做好截骨的心理准备……

小翟后来闻知，医生决定截掉小翟右手指尖骨时，守在手术室外的队长泪流满面。

"平地抠饼"

刑警办案哪有影视剧或小说里描述得那么神奇。

依小翟的办案经历来看，每办一案，即从被害人报案时刻算起，案情线索基本处于"断头"，涉罪嫌疑人没有确切身份、没有手机联系方式、没有照片或视频图像资料、作案现场没有留下痕迹。

小翟用"平地抠饼"这词儿形容刑警破案的困难。

"平地抠饼"本是曲艺、杂技艺人行话。源于旧时曲艺、杂技艺人表演场地为露天一块平地，用白粉画个圈作为表演场地，旧艺人将此喻为一块画饼，凭这块"饼"混饭吃。

远离北京数千公里的两名嫌疑人，利用当事人被泄露的身份信息，假借手机网络检测，先诱骗受害人上中学的孩子关机，再利用时间差打电话给受害人，称孩子已被绑架，索得赎金20万元。

那年夏天，小翟与同事为抓捕这名诈骗嫌疑人，生生在福建漳州蹲守了90多天。

"抠"出来的线索一点点呈现：嫌疑人身为山里一偏僻村落之人，但此村落不通车，进山只有一条小路。据当地警方介绍，若有外人前去，村里每户人家都能远远看到，擒拿嫌疑人几乎不可能。小翟锲而不舍追索涉案信息，继而"抠"出摄像头中嫌疑人所驾车辆一晃而过的影像，进而获得嫌疑人可能住在城里某居民小区的模糊信息。

于是，小翟与同事每每夜半步入小区查车。功夫不负有心人，待小翟与同事将自以为作案天衣无缝的嫌疑人擒拿归案时，经讯问后得知，这名嫌疑人还有另一同伙，两人曾为狱友，如此诈骗作案多达数十起。

抓捕归来，一岁半的女儿见爸爸来到眼前，惧怕地躲在妈妈身后。

"我老不在家，毛毛（女儿小名）对着手机视频里的爸爸亲，真见到爸爸却畏惧害怕。"小翟无奈地笑笑，接着叹了口气。

发表于2014年9月4日

笔迹鉴定破获骗赔杀人案

曾艳萍速写

人物档案： 曾艳萍，29岁，四川警察学院助教，二级技术警司。
个性言语： 最怕鉴定出错，再难的事也要咬牙搞清楚。
第一印象： 交谈时眼神专注，讲话时一口标准国音，笑起来很真诚。

大学毕业后，曾艳萍走进四川警察学院刑事科学技术系报到。

刚到学院，曾艳萍就被送往中国刑事警察学院文件检验技术系学习。对曾艳萍来说算是"改了行"——白发皓首的老教授站在大学讲台上，一声声教念国际音标发音，曾艳萍与大学同学像幼儿园小朋友那样随声学舌。这情景让她至今难忘。

字迹鉴伪

一名涉嫌致人死亡的犯罪嫌疑人潜逃17年后被公安机关擒获。他在接受办案人员讯问时，自述当年与人发生争执打斗，自己曾身受重伤住进乡卫生院，并不知晓对方伤情。后来听说对方伤重身亡，遂逃往外地。

这名嫌疑人向警方提供了两份证据，一份是他因伤入住乡卫生院时医生开出的诊疗处方，一份是他从乡卫生院出院时医生开具的证明。两份证据均由乡卫生院同一名医生签名填写。

办案人员取到当年开具诊疗处方及出院证明的那名医生的比对样本笔迹后，请求四川警察学院物证鉴定所给予验证。

曾艳萍作为鉴定人之一经仔细观察，发现上述两份证据字迹与后来提供的比对样本差别较大。时隔17年，后来提供的笔迹样本运笔不畅，部分笔画有弯曲抖动，甚至有修饰重描的现象。

"这样的笔迹特征符合老年人的笔迹特点，我们怀疑这位医生现在年龄比较大了。"

曾艳萍打电话询问乡卫生院医生的年纪，得知他如今已有70多岁。曾艳萍考虑到，一个人从中年到老年，由于身体机能的退化，如手臂、手指运动机能的退化，视力衰减等，笔迹特征变化较大，受此影响所形成的那部分笔迹特征不能作为本案进行同一认定的依据。最终，曾艳萍与另一位鉴定人认定嫌疑人提供的两份证据确为那位乡卫生院医生亲笔所写。

鉴定人出具的鉴定意见不仅对嫌疑人涉罪行为的定罪量刑具有重要作用，更关系到公安机关的办案质量。曾艳萍多次遇到过办案机关送检人员守在鉴定检验室楼下等候鉴定结果的情形，也多次接到送检单位在鉴定意见书出具后打来的感谢电话。

"最怕鉴定出错。"

鉴定意见在理论上有五种：认定、否定、倾向认定、倾向否定、无法得出鉴定意见。曾艳萍这样说，"敢在鉴定意见书上签名，我就有十分的把握"。

签名露馅

曾艳萍对自己亲历的一起笔迹鉴定案件印象深刻。

那是一起骗赔杀人案，案情发生在外省一处私人采矿点，有三人将一名智障人骗到矿上当采矿工人，四人下矿后，三人合谋将智障人在地下矿道中杀害，伪造采矿事故。随后，三人假称智障人家属，与矿主达成私下赔偿协议，获得60余万元赔偿金。涉嫌合谋杀人的三人均在那份死亡赔偿协议书上签了字。

拿到赔偿金后，三人一起离开那个矿。

不久，这三人又将另一智障人骗到附近另一矿上，企图采用同样手法骗取赔偿金。他们未能料到，这个矿的矿主与先前支付赔偿金的矿主是同一人，而这三人在填写"事故死亡者"姓名时仍然采用他们为先前那名死亡者随意起的同一姓名。如此纰漏立即引起矿主警觉。矿主报警，三人逃跑，最后全被公安机关擒获。

由于三名嫌疑人拒不承认杀人涉罪，公安机关将那份签有三人姓名的死亡赔偿协议书送到四川警察学院物证鉴定所鉴定。

这次鉴定任务实在艰难，由于涉罪三人均为少数民族，三人在死亡赔偿协议书上的签名为化名，且为音译汉字，三人汉语极不流利，且极少书写汉字。尽管样本送来七八张纸，但全是少数民族文字，同汉字没有可比性。一般来说，书写自己姓名应有相当熟练的稳定性，但这三人采用化名，且汉字书写极不熟练，连简单的常用汉字的结构都写错了。

曾艳萍反复盯看样本，发现这三人书写本民族文字的笔迹特征与死亡赔偿协议书上的音译汉字签名有比对的价值。她与几位笔迹鉴定人审慎地分析，反复探讨比对嫌疑人笔迹的上下结构和左右结构，用科学方法阐明嫌疑人书写特征，从而为三名杀人嫌疑人的涉罪行为固定了相关证据。

"我的大学同学大多去了中学教书。"

曾艳萍坦言，最初她根本没想到自己会到警察学院任教。请她评判自己这些年来从事的工作，她沉吟片刻，说自己从事这一职业获得的事业成功感可能比另一种人生选择要更直接些。

发表于2014年9月11日

用扎实证据判明谁是车祸肇事者

王洪明速写

人物档案：王洪明，44岁，四川警察学院教授，专业技术三级警监。
个性言语：教学、科研、鉴定，干了二十三年，我挺喜欢这个职业。
第一印象：相貌英俊，讲话沉稳，呈现出中年男人的成熟魅力。

交警在处理交通事故时，无论勘验现场还是析判责任，来不得半点马虎：
——肇事者不能逃脱责任；
——无辜者不能背负罪名；
——受害者应该获得赔偿；
要让公平正义在每件事故处理中得到充分体现，交警肩上担负着神圣的职责和使命。

"真相"存疑

冬夜时分，四川省泸州市老城区。

双向双车道的道路中央躺着一名死者，马路边蹲着一名年轻司机，他抱头不语，神情呆滞。他驾驶的大货车冲进路边一家店铺熄了火。

王洪明大学毕业参加工作，到基层交警队锻炼，赶上处理这起交通事故，记得冬日凌晨一点来到事故现场，天气特别寒冷。

在事故现场，死者体态呈"大"字形躺在路中央，头发乱蓬蓬，衣服又脏又破，"像是个流浪汉"。王洪明注意到，马路中央那条用白色石料铺就的中心隔离线因长年车轮碾压出现一条凹槽，肇事车辆刹车制动时在车尾留下一处淡淡的椭圆形血痕，血痕接近中心隔离线的凹槽，而凹槽里浸满死者的血迹。

"先入为主的想法是，死者是被这辆车压死的。"

王洪明提醒同去勘查现场的一名交警，将那处淡淡的椭圆形血迹拍下来，但当时并没有去多想这处血迹对析判事故有什么用处。一通忙碌之后，死者被送往殡仪馆，事故现场撤掉，涉嫌肇事司机被当班交警带去询问，王洪明上床休息了。

早上七点半，王洪明被交警队指导员喊去，指导员见面就说："出问题了！"

原来，那名涉嫌肇事的司机拒不承认压死人，声称驾车时突然看到路中央躺着个人，慌乱中急打方向盘，致使大货车失控撞进路边店铺。

王洪明冷静地思考片刻，对指导员说："司机说的可能是实话。"

口说无凭。王洪明赶紧调看冲洗出来的现场照片，照片记录了那处淡淡的椭圆形血迹，血迹中依稀可辨涉嫌肇事车辆后轮印有非常清晰的血迹。问题是大货车碾压受害者时，受害者血液会不会瞬间被碾压出来印到车轮轮胎上？可能的情况是，死者被这辆大货车碾压之前就已经严重受伤，他躺在路中央流了大量的血，至于他当时死没死，无从知晓……

这次勘验经历深深地印在王洪明脑海里，他将自己对此案的深入思考告诫给一班班聆听自己授课的学生和在职民警。

识破谎言

弯道上，一辆小客车与大货车迎面相撞。

幸运的是，小客车驾驶员仅受表皮伤，车内副驾驶座位上的乘坐者一条腿两处骨折，后排乘坐的小孩子锁骨碰断。两辆车的驾驶员向交警陈述时各执一词：

大货车驾驶员称自己正常行驶，小客车行驶到弯道时突然侵占了大货车车道，逆向行驶到大货车前进方向的右侧，而右侧路外是农户住房；小客车驾驶员则声称自己的客车在事前已经停在弯道外侧比较靠边的位置，他正想下车去方便一下，即被大货车撞上。

负责调查事故的交警倾向于小客车驾驶员的陈述，但苦于没办法核实事故真相，便将这起事故提交到四川警察学院物证鉴定所，案情转至王洪明手上。

王洪明到现场观察发现，弯道那里为双向双车道，路面较宽。他来到停放损毁车辆的停车场里，听到参加救援的工人们正在七嘴八舌地议论事故发生经过。王洪明仔细勘验两车各自的损坏状况，分析判断事故的发生过程并计算双方车辆的肇事车速。

鉴定结果显示，大货车在事故前的行驶即时速度约为每小时43公里，小客车在事故前的行驶即时速度约为每小时59公里，小客车属于超速行驶。拿到鉴定报告，小客车驾驶员还对王洪明嚷嚷说"我的车就停在那儿……"王洪明不疾不徐地对小客车驾驶员说，"事故不像你说的那样。你的车在动，速度还很快"。

小客车驾驶员听到这句话不吱声了，他沉默好一阵，扭头对处理事故的交警喃喃说："差不多"。大货车驾驶员此刻感慨万分地向交警道谢。

"交通事故纠纷虽然不像其他刑事案件那样尖锐突出，但涉及对事故损害后果的承担，谁都不愿轻易让步，在案情存疑的情况下，有时只能通过一定的技术手段来还原或接近事故的真相。"

王洪明相信，"要想把鉴定做扎实，不能只熟悉一门或几门课程就行，需要全面掌握相关学科知识并积累办案经验"。

发表于2014年9月17日

查探凶手火烧死者臀部怪异动机

樊家林速写

人物档案： 樊家林，52岁，四川警察学院教授，专业技术三级警监。
个性言语： 侦查破案要依靠科学。
第一印象： 沉稳慎言，思维缜密，交谈中体现出深厚学识与修养。

"有的案件破了，并不值得太高兴。"

樊家林这样说，源于他在探究一些刑事案件的侦破过程后发现侦查人员在涉案关键线索一闪即逝的瞬间没能及时把牢。樊家林对此深怀忧虑，在他看来，"破案讲科学，就能在很大程度上避免冤假错案的发生"。

"扫帚星"

那年寒冬，某城市一栋楼6层的房主打算将空置一半的房间出租给商人做仓库，没想到那里发生了一起命案。

死者是一名20岁上下的年轻姑娘。赶赴命案现场的办案民警看到死者衣着脏兮兮的，死者躺卧位置临近的墙壁上呈现着大量喷溅血迹，死者臀部一侧被火烧焦，地上有一小堆纸片燃尽的灰烬。

萦绕在办案人员脑海里的问题是：

——这楼层空置日久，死者衣着邋遢，像是乞丐。冬日里，乞丐多选择这类避风处过夜，莫不是乞丐间因矛盾激化引出了命案？

——死者怎能毫无戒备之心，这有违一般年轻姑娘具有的人身安全常识。

——勘查现场得知，凶手用手抓住死者头发一次次狠狠地将她的头颅撞击墙体，以致鲜血喷溅。从衣着看，死者经济条件不好，凶手图财杀人的可能性不大，但凶手为什么火烧死者臀部呢？这似乎说明作案人对死者有强烈的性报复倾向。

种种迹象表明，死者可能是乞丐，案件也与乞丐有关，或许存在因争风吃醋杀人的可能性。

办案民警便装接触乞丐，请乞丐吃街头麻辣烫，听他们胡吹瞎聊。

聊着聊着，突然有乞丐提到一个人，那人被称为"扫帚星"（民间俗指将会带来灾难或厄运的人，是骂人的说法）。乞丐们不知那人姓什么叫什么，却经常被那人欺负，说那人有一次喊这些乞丐帮他偷东西，乞丐们不干，那人就用打火机火苗燎他们。

很快，办案民警找到被乞丐们称作"扫帚星"的那个人，发现此人智力水平偏低。这起命案的真相被警方还原后，居然有着如此蹊跷的过程：

"扫帚星"在街头遇到智障女，两人此前完全不相识，一见面互生好感，"扫帚星"没想到智障女一下搂住他脖子，窜到他背上要他背着走。行进途中，智障女突然用手指猛挠"扫帚星"后颈部，这可惹火了他。一气之下，他把她背上那栋没人的六层楼上，拼足气力报复她，置她于死地……

对比最初依据线索作出的预判，案情真相是：死者不是乞丐，凶手也不是，死者与凶手偶然相遇，相互根本不认识，杀人动机既不是现实矛盾冲突，也不是因争风吃醋杀人。

"特别难"

一起案件发生后，往往因证据有限，导致案情扑朔迷离。能否将案件发生的真实原因"框"入分析思考，并围绕正确思路展开卓有成效的侦查行动，如何做到运用科学手段把握这一点，樊家林说"特别难"。

樊家林有过多次参与办案的经历，出现场回来常常失眠，脑海中翻来覆去对已知线索作出假设和判断，纠结于肯定、否定、质疑、犹豫的复杂情绪中。

记得有一次赶赴命案现场，他得知夫妻俩被人杀死在家中，在现场看到前屋窗帘和靠窗的桌子上留有大量血迹，既有浸染留下的血痕，也有流注状血痕，有滴落留下的血痕，也有蹭擦留下的血痕，有静止状态留下的血痕，又有移动过程中留下的血痕。这些血痕蕴藏着大量信息，像无声的语言诉说着发案时的情形。

不过，重现案发情形，还需要勘查人员有敏锐的观察力，借助科技手段，通过严密的系统化思维才能做到。樊家林说，侦查人员到案发现场为自己最初形成的印象找理由是经常发生的事。在他看来，用对待科学的态度对待破案，势必要对预设判断做质疑和反证，不能说服自己并作出合理解释的，就不能轻易判定。

樊家林认为侦查学是人学，侦查人员要了解人性，懂得生活，要"上知天文地理，下知鸡毛蒜皮"；侦查学是"社会学"，侦查人员要了解区情社情，各行各业，各类场所；侦查学更是科学，侦查工作最重要的是——不要轻视科学的东西。

发表于 2014 年 9 月 24 日

杀人凶嫌不是外星人就能抓到

程兵速写

人物档案：程兵，57岁，四川警察学院教授，专业技术三级警监。
个性言语：我个人天赋不算好，但我相信勤能补拙。
第一印象：盈寸白发，身姿挺拔，气宇轩昂，神情谦和。

入秋时节，天空阴沉，小雨淅淅沥沥。

程兵领着四川警察学院侦查系四名教师来到某县城繁华地段的一条巷子里。四个月前，这里发生一起命案，经营街边服装店的一名年轻女性在这里被尾随男子抢劫，中刀身亡。

当众承诺

恰巧四川警察学院与这起命案发生地的警方共建教学实践基地不久，这起命案的全部资料被带回到侦查系主任程兵的案头，全系教师参与"梳理"案情，集纳众人智慧。

随后，程兵带着四名教师专程前往命案现场查勘。尽管当地公安事先答应接应他们，却因一起刚刚发生的重大案件全都赶往现场侦查，无法和他们会合。

"那里是居民区，居民听到有人问案情，都围了过来。"

警院教师找到命案发生地点后，围过来的居民们义愤填膺地表达他们对抓获杀人凶手的迫切期待。程兵问面前一位上了年纪的妇女是否知晓案情，岂知她顿时泣不成声、双膝下跪。原来死者恰恰是她的女儿。

"大姐别急，我们就是为这案子来的"，程兵伸出双手，弯腰扶住瘫倒在面前的妇女，随即对周围群众说："请大家放心，我们警院的专家会协助公安局侦破这个案件，一定能抓获凶手。"

当众承诺真就没有一丝犹豫吗？万一破不了案呢？

程兵——自1980年入警院工作，掐指算算已逾30年，参与过类似重大案件尤其是久侦不破案件的侦破调研实践。此次行前，他与同仁一次次审阅案情，了解办案侦查员及指挥员的思路，主持警院侦查系同事对这一案情的分析会。程兵对居民的承诺并非心血来潮，他内心确认"破案有点儿把握"。

疑难悬案

凶手是惯犯还是偶犯？是蓄意杀人还是突起歹意？是吸毒者还是赌徒所为？是一人作

案还是伙同他人？是本地人还是外地人？

程兵掌握到的基本案情线索为——死者30多岁，在县城闹市区与人合伙经营街边服装小店，衣着朴素，当晚九点多关店回家，拐入小巷，在走廊遭尾随者抢夺身背挎包，经搏斗，包扣被扯掉。凶手持跳刀刺戳被害人十几刀，其中一刀刺中心脏。

在全案真相水落石出之前，任何推断都要能经得起质疑。

警院教师提供的分析意见是：凶手选择抢劫目标存在偶然性，匕首丢在现场，匕首上有指纹，说明凶手有恐慌；用刀手法不似心狠手辣的抢劫惯犯。

值得庆幸的是，命案现场的巷子口对面，一轿车车主怕爱车被盗，在家居二楼的窗台上自架摄像头，入夜后开机，恰恰录下嫌疑人慌张跑出巷子口的画面——那是一年轻男子在奔跑，他身着T恤衫，腰内侧疑有一鼓鼓囊囊之物。这成为侦破此案最有价值的线索。

承诺兑现

毕竟案件侦破工作面临困境，毕竟案件"悬"了四个多月。

警院侦查系教师助力这起命案侦查工作，事实上与当地警方共担破案承诺，这对警院专业水平和声誉无疑是一次严峻考验。

嫌疑人在录像中显形，怎么找到他？

"除非此人是从外星球来的，否则一定找得到。"程兵这句话斩钉截铁。

来自警院教师的建议是：复制嫌疑人视频截图，走村串户发放，当地电视台在黄金时段播放嫌疑人视频截图悬赏线索，找有前科的重点管控对象逐一辨认……

就在警院助力当地警方侦查这起命案仅仅一个月后，程兵的手机响了，是命案发生地公安局主管刑侦副局长给他打来的，对方欣喜地告诉程兵，"这个案子破了，我们找到了这个人！"

原来，办案警方采纳警院教师建议，关键突破点始于看守所收监的一名吸毒者，他在辨认视频截图时声称虽然不知嫌疑人姓名，但与此人一起玩耍过，此人是外地人，不知道现今人在何处。凭此有限线索，办案人员将侦查重点瞄准此人同乡聚集地，这一招果真奏效，很快将命案嫌疑人生生从他藏身的老乡堆儿里揪出来擒获。

"我父亲是共和国第一代警察。"

程兵年少时最崇拜父亲，自小立志长大要像父亲那样。17岁赶上知识青年上山下乡，到农村插队落户。回想当年，程兵感叹插队那些日子对今后的人生之路产生了不可忽视的重大影响——能吃苦，能担当，不轻易打退堂鼓，不达目的绝不罢休。往事历历在目却已成过眼烟云，程兵轻喟一声，"一个人的幸福指数不是金钱和地位能够衡量的"。

发表于2014年10月10日

测谎不能冤枉无辜的人

樊永岗速写

人物档案： 樊永岗，37岁，四川警察学院副教授，专业技术三级警督。
个性言语： 每次运用心理测试技术介入案情，备感压力，最怕冤枉无辜。
第一印象： 相貌清逸，仪态俊朗，身躯凛凛，嗓音洪亮。

一位农民工离家赴外省打工，回家过年。

已是父亲的他，偶然发现12岁女儿手机里存有与一成年男人的暧昧短信，深感惊恐。这位父亲邀人威胁这个男人并拿到他签名写下的"认罪书"，然后向警方报案。

"你们公安不办他，我就找人把他弄死！"

那位父亲怒不可遏地冲民警吼道。

测谎探寻

这位父亲向警方提供了那个男人写下的"认罪书"，"认罪书"承诺赔偿，但那位父亲执意要求公安机关以罪论处，他不晓得手里那份"认罪书"属于采用非法手段取得，不能作为定罪证据。

案情送到四川警察学院物证鉴定中心，办案机关请求对嫌疑人进行心理测试。此时，樊永岗接触心理测试技术未及一年。据受害幼女向办案民警吐露，成年男子与她相识三年，是当地一家摩托车修理店的店主，他与她经常在一起玩耍，这名男子引诱她看黄色录像，然后与她多次发生性关系。侦查人员调查得知，这名男子有家庭，与妻子育有一个刚满周岁的儿子，夫妻感情好。办案民警带这个男子来物证鉴定中心做心理测试之前，樊永岗与同事进行了大量的准备工作。

用于刑事侦查的心理测试即为民间所说的"测谎"。

"测谎"——通常使用一套准备好的问题提问被测试者。与此同时，测谎仪也在不停地监视被测试者的生理活动状况。通过对仪器异常活动数据的分析得出结果，以查明被测试者有无经历特殊事件的心理痕迹。鉴于测谎可能侵犯被测人的意志自由、侵犯其隐私权和不被强迫自证其罪特权，四川警察学院物证鉴定中心把"被测人同意"作为程序启动的要件之一，对被测试者进行相应的告知义务。

心理测试花费了整整一上午时间，结果认定被测试人陈述不真实。

第一次测试后，樊永岗与另一位同事继续与摩托车修理店店主谈话，感觉他内心十分纠结，谈到家庭、谈到儿子，他眼红落泪，心理状态抵近临界点。

樊永岗与同事带他一同去学院食堂吃饭时，摩托车修理店店主在心理测试过程中感受到专家对他没有任何歧视和强迫，也许出于内心深深的愧疚和忏悔，在下午进行第二次心理测试时，他毫无保留地将自己与那名幼女如何交往的全部细节如实相告。

难以圆谎

县道上发生一起交通肇事案，致使一名过路妇女身亡，肇事司机驾车逃逸，现场没有监控录像、没有目击证人，也没能取到痕迹证据。

这起交通肇事案因受害人家属从未放弃收集线索，终于从外省打工还乡人们的聊天中获取到两名肇事嫌疑人姓名的线索，这时距案发已有8年之久。办案警方苦于调查无果，找两名嫌疑人询问又无人承认，只好求助四川警察学院鉴定中心对这两人进行心理测试。

"两人都属于不愿多讲话的那类人。"

樊永岗记得，办案民警预判其中一人作案嫌疑较大些，另一人也存在嫌疑，却难以断定究竟谁是真正的肇事者。对这两人的心理测试进行了整整一天，直到当晚九时许，其中一人放弃心理抵抗，主动交待了肇事经过：他与死者是同村人，相互认识。在心理测试中，这名嫌疑人心理上受到内疚自责的强大冲击力，虽然多年来不敢或不愿自首，但始终认为"是祸躲不过"。

"出事那年，这两人才20多岁。"

樊永岗说，警方预判嫌疑大些的那个人，无论测试前谈话和探讨问题时都非常配合，戴传感器时却很紧张，图谱异常波动。但是，测试结果出来后大大出乎警方预判，曾经认为嫌疑大的那个人恰恰被测试结果否掉。

这起多年悬案案情真相"水落石出"后，肇事人表示愿意承担经济赔偿责任。受害人终于冤情大白了。

"让被测试者内心确认自己经历过特殊事件的心理痕迹，这非常难。"

四川警察学院物证鉴定中心自20世纪90年代就成立起心理测试中心，至今已经接受过诸多重大疑难案件任务，对投毒案、杀人案、偷盗案等涉罪嫌疑人进行心理测试。

樊永岗将心理测试技术喻为犯罪心理动态分析的"一根探针"，这根探针可以从犯罪心理的无数个"点"上扎下，依据由此生发的人身理化反应展开科学分析。如何做到百分之百的准确，这正是樊永岗与同事未来努力钻研的方向。

发表于2014年10月23日

找到丢弃粥皮儿检测毒物成分

王文速写

人物档案：王文，47岁，四川警察学院副教授，一级技术警督。
个性言语：刑事侦查技术工作是"绿叶"角色，干起来不容易，却有乐趣。
第一印象：开朗外向，风趣健谈，思维敏捷。

"我读大学可不是奔着当教师来的。"

王文调入四川警察学院之前已有10年工作履历，在大学，他学的是应用化学专业，在山东青岛工作延续了应用化学专业的事业。待转入四川警察学院，他认为自己曾经攻读的专业并未荒废，警院教书与所学专业可谓"无缝对接"，只是未料到初入警院跟20岁出头的小青年早出晚归地培训。

回想参加培训的那些日子，王文喟叹不容易，却也真真正正感受到警察的神圣使命。

一块石头

入警院工作不久，王文受学院委派，前往成都市公安局锻炼。

夜深时分，临街一家店铺失窃报警，王文跟随刑侦技术民警前往案发现场，看到那家店铺金属卷帘门未关，店铺窗玻璃被砸碎，经过仔细勘查，案发现场几乎没有提取到任何有破案价值的痕迹，包括指纹、脚印，只有嫌疑人用来砸玻璃的一块石头。

尽管那块巴掌大的石头没引起旁人的注意，却激活了王文的逻辑推理。

古代不乏审石断案传奇，举凡包公、郑板桥、海瑞，民间均有口耳相传，流传至今。王文当然不能将此案疑石"五花大绑"置于什么公堂上，也不能满街鸣锣招民众观审。他默默地盯着眼前这块石头，左端详、右端详。

"这块石头怎么来的？"

王文细细观察失窃店铺所处位置的邻近环境，涉案疑石不可能取自店铺近旁，临街两边也不存在这种可能。再观疑石，石头表面长有青苔，说明它曾身处阴暗潮湿处。王文扩大搜寻范围，走到街拐角，看到有个水龙头，看到水龙头近旁地面上有个凹坑，拿着疑石与凹坑比对，恰恰吻合，他确定疑石取自这里。

接着，令人欣喜的线索浮现，就在这水龙头前，办案技侦人员取到了两枚清晰的脚印……

一根线绳

一名幼女被人强奸杀害，警方锁定犯罪嫌疑人并将他抓捕归案。尽管嫌疑人交代了犯罪经过，但警方没能掌握确实充分的证据，仅凭嫌疑人口供难以将案件移送起诉。

涉案的唯一重要物证——一根线绳，被送到四川警察学院物证鉴定中心。

"办案单位根据嫌疑人交代，从嫌疑人家中找到一根线绳，想鉴定这根线绳是否与嫌疑人在涉罪现场遗留的线绳一致。"王文得知，嫌疑人曾交代称作案时身上带有线绳，准备用这根线绳捆绑被害幼女。鉴定难度实在太大——能否将这一物证明确指向嫌疑人呢？

王文告诉侦查人员，必须将嫌疑人家中所有相类线绳找到。结果，侦查人员取到了嫌疑人家中装混合肥料的口袋。

王文运用微量物提取技术验证：嫌疑人携带到作案现场的那根线绳上的微量生物附着物，与装混合肥料口袋的附着物一致。警方依据这一鉴定意见成功移送起诉该案。

一片粥皮

一对夫妻怀疑有人投毒报警。

警方调查得知，这对夫妻中的女方为二婚，前夫是重度残疾人，她和新婚丈夫与前夫共住一处是为了照顾前夫。那天，夫妻俩在家中饮下自泡的药酒，酒后感到身体极不舒服，丈夫怀疑妻子前夫投了毒。

办案侦查员将夫妻俩那天在家中喝下的药酒送到四川警察学院物证鉴定中心检验，酒里发现有农药残留成分。侦查员还端来一盆夫妻俩当天中午吃剩的米粥送检。王文发现粥盆边缘有些白色粉末，经鉴定是一种毒物，与药酒里的毒物成分一致。

让王文疑惑不解的是，粥盆边缘的白色粉末显然是撒落的，米粥里显然应该有同样成分，但无论怎么检测、反复检测多次，硬是没提取到任何毒物成分。

"我这个人有个长处，不认死理，最怕把自己陷进去"，依王文的习惯，遇到难解之事，不妨放一放，再重新思考思考。

嘿，"放一放"之后，果然有了破解妙想——"中午""米粥""热粥放凉""粥皮儿"——吃粥人有没有不吃粥皮儿的习惯呢？

侦查员按这一思路回到那夫妻俩家翻找垃圾，居然捡出那天被夫妻吃粥时丢弃的粥皮儿，并从中检测出毒物成分。

说到这里，王文嘴角泛起一丝微笑，"我读大学时非常注意全面学习"。

王文在大学学习的是应用化学，他同时兴趣盎然地钻研了机械制图、美学、电工、心理学、行为科学等诸多专业之外的内容，这对他如今从事司法鉴定"不认死理"、多角度攻克难题奠定了良好基础。

发表于 2014 年 10 月 30 日

让弹头在显微镜下印证真相

郭勇速写

人物档案： 郭勇，39岁，四川警察学院副教授，专业技术二级警督。
个性言语： 我的座右铭是：有追求，不强求。
第一印象： 温和细腻，从容不迫，耐静戒躁。

一名涉嫌盗窃的犯罪嫌疑人拼命奔逃，两名民警持枪追赶。"砰""砰"两声枪响，奔逃中的嫌疑人屁股中弹，扑倒在地……缉捕行动结束，两名民警的用枪行为受到质疑。

一份鉴定申请书递进四川警察学院物证鉴定所，具有痕迹检验鉴定人资格的郭勇与同事接受了这项艰巨任务。

一粒弹头

"俩人都说自己朝天开了一枪，鸣枪示警。"

郭勇将一粒从嫌疑人体内取出的弹头小心翼翼地摆放在显微镜下，将镜头下的弹头放大40~120倍，观察弹头上留下的种种细微痕迹，以鉴定送检的两支六四式手枪中到底哪一支枪射出了这枚子弹。

为了解两支送检手枪的"个性"，郭勇与同事先赴靶场，分别用这两支手枪各射击五发子弹，将弹头带回实验室做成标本进行比对。

六四式手枪是中国自行研制的第一种手枪，自1964年设计定型之后，时隔16年后定型生产。这种手枪枪管口径为7.62毫米，枪管长86.5毫米，有4条膛线，用以杀伤50米内目标，其杀伤力在距离目标25米时能射穿2毫米厚钢板、7厘米厚木板、4厘米厚砖墙和25厘米厚的土层。

经初步辨识，从嫌疑人体内取出的那粒弹头并非直接开枪射击命中，而是被跳弹击中。

"跳弹"——是指子弹以一定倾斜角击中光滑硬物时很容易被反弹，反弹后击中其他物体"。在有经验的枪弹痕迹专家眼里，很容易区分直接开枪击中人体的弹头与跳弹击中人体的弹头。

容易认定的事实是，如果朝天鸣枪示警，弹头不会经跳弹击中嫌疑人屁股。可以肯定，持枪射出这粒弹头的民警没有讲真话。然而，这粒击中嫌疑人屁股的跳弹是从哪支枪里射出的呢？

"两支枪都是老枪,膛线都磨损严重,用以认定发射枪支的线痕很缺乏。"

郭勇手把显微镜,瞪大眼睛,整整看了10个小时——辨识弹头的每一处微细遗痕,辨识属于枪支独有的"痕迹个性"。

长时间俯身在显微镜前目不转睛,郭勇两眼胀得生疼,直到毫不犹豫地确认那粒弹头与一支送检射击手枪的"母子"关系,他才松下心来。

一把钥匙

一家公司办公室里的三台空调柜机及外墙上的外挂机一夜间被人窃走。办案民警赶赴失窃现场,提取了手印、足迹等痕迹,但破案线索仍不明朗,警方迟迟未确定侦查方向。

郭勇应专案组之邀走进那家公司办公楼,在失窃空调机的二层楼办公室窗前观察,见临窗有条封闭走廊通道,通道里满是垃圾。在空调外挂机附近,郭勇看到有蹬踏印迹。

这些蹬踏印迹是怎么来的?郭勇一边观察一边分析推论,从阳台围墙上捏起几丝纤维。纤维遗留?应该是某种客体与阳台边缘强力摩擦留下的。

"什么客体?"

可能是麻绳。阳台下方外墙上有蹬踏形成的泥泞足迹,应该是嫌疑人把巨大的空调柜机搬到这里,用绳索吊运到楼下,楼下有人接应,这至少需要三人配合才行。

郭勇进入遍地垃圾的走廊通道,或蹲或俯身近瞧细瞅,长达四小时的悉心探微,在扒开一堆肮脏遗弃物时他眼前突然一亮——一把钥匙。

这把钥匙在那堆脏乱物中格外显眼,很光亮,钥匙上贴着一块小纸,纸上字迹写有"203",推断是这里房间钥匙的标号,因为失窃三台空调柜机所在的房间就有"203"办公室。

"去看看保管办公室钥匙的人那里,有没有少了203房间的钥匙。"

郭勇发现的这一重要线索明晰了侦查方向。

办公楼的管理者为避免混淆各房间钥匙,将众多办公室房门钥匙拴挂在一个专门制作的金属大圆盘上,既在圆盘上标注房号,又在钥匙表面贴上标注以便区别。每间办公室有两把钥匙拴挂在大圆盘上。查找结果发现:大圆盘上标有"203"处本应拴挂两把钥匙,却只有一把钥匙。

"谁能接触这个拴挂钥匙的大圆盘呢?"

案情很快有了进展,一个被办公室主任批评经常旷工、不久前被辞退的人,有条件接触办公室钥匙圆盘。盗窃空调柜机的团伙没想到,他们在搬挪盗窃空调柜机时无意丢下的一把办公室钥匙,成为警方缉捕他们的重要证据。

"从事痕迹技术鉴定工作,使我从一个性格比较急躁的年轻人,变得内敛,变得做事仔细、严谨,一丝不苟",郭勇相信,鉴定工作最重要的是"实事求是",译成大白话即为"是什么,就是什么"。

发表于2014年11月6日

她不惧危险徒手夺刃救人质

岳永莲速写

人物档案：岳永莲，39岁，女，四川省旺苍县特巡警大队副大队长、一级警司。
个性言语：逢善不欺，逢恶不怕。
第一印象：乐观、开朗、大度、善良。

"想骗我——你退后——退后！"
持刀男子厉声嘶喊，将手中利刃紧贴被劫持人脖颈要害。
"我退、我退，不慌嘛。"
岳永莲退后半步，后挪一点，再前挪一点，语气和缓地劝慰对方放松情绪。

徒手夺刃

周日上午，酷暑时节，天气闷热。

四川省旺苍县东河镇百丈街一小商铺突发劫持案件。劫持者为一壮年男子，个头不高，肌肉健壮，脾气暴烈，不允许任何人靠近。被劫持者是小铺女店主，她的手臂和腿部已被划出长长刀口，正在淌血，人已吓傻，神情呆滞。

这桩劫持案因亲情纠纷而起：劫持者与被劫持者曾为夫妻，双方离婚后，男子想见很久不曾相见的小女儿却无法取得前妻同意，遂积怨暴怒、理智崩溃。

"那家店铺很窄很小，里面货架上摆了一些货物，门内有个长柜台"，岳永莲与同事接警后急速赶到，便装迈入小店，里面光线很暗，劫持者用臂弯勒住人质脖颈，狂怒嘶喊。抵在人质脖子上的利刃已不经意地割破皮肤，浅浅刀痕浸出鲜血。

"最担心对方一时冲动下手"，岳永莲提出由自己交换人质，劫持者坚拒不从。岳永莲站立墙角，与劫持者相距两步外，语气淡定，婉言相劝。僵持二十多分钟后，劫持者依然亢奋，言语偏执，拒不妥协。

警方处突的两套方案很快确定：与嫌疑人近距离谈判，伺机夺刀；狙击手待命射击目标人。

"这么久了，是不是让她喝口水？"

劫持者终于同意了岳永莲的善言提议，一杯水从小铺外递进来，一特警趁劫持者稍有松懈，挤进门内，飞身从岳永莲身后向前扑出。

"我已经想好怎么防止刀子割她脖子。"

岳永莲随即跃身，疾速伸臂将右手插入刀与被劫持者脖子之间，再翻腕夺刀，如此连贯动作瞬间完成。由于未有任何防护措施，岳永莲右腕、右掌心被利刃割伤，刀口很深，皮肉外翻，血流不止，左臂因搏斗中撞到货架，被硌出两道长长的伤口。

事后，岳永莲回忆，"当时没觉得疼，后来想想有些后怕"。

不让须眉

岳永莲出生于矿工家庭，在家中排行老四，父母公平对待每个孩子，并不独独娇生惯养她。她从小懂得知恩感恩、善良做人、勤勉做事。

入警前，岳永莲在矿上受过大苦大累，无论天晴还是下雨，煤矸石粉尘终日飞扬，她整日守在煤矸石传送皮带前刮板槽，防止落下的煤矸石阻塞传送带。

年轻的她曾用黄瓜片糊在脸颊上美容，待午间小睡起身，当她发现失去水分的黄瓜片贴牢难除，用力一抠，竟抠出血来。

备考公务员，岳永莲复习两年。适逢女儿出生，她在学校当老师代课，备课之余每每夜读至三更，记得去市里参加考试，坐了两个多小时的长途车；听说仅录取十人，自己是最后一名，领通知再去市里面试，成绩排至第二名；再待体能测试，名列第一。

还记得被分配到旺苍县公安局一派出所报到，她精神抖擞地穿警服上岗。不久，旺苍县公安局组建特巡警大队，岳永莲跻身第一批队员，成为队内唯一女民警。比肩站立的，全是二十来岁的毛头小伙子，被队员唤做"岳姐"的她已是孩儿妈。

清晨三公里晨跑，一天不少，仰卧起坐、俯卧撑各项科目竭尽全力，绝不偷懒。问训练有多苦、多难，岳永莲没有回答，却腼腆地说："我比一般男同志要强些"。

当她跻身市、省民警体能竞赛大会上，那苗条身影爆发出的卓越体能令观者惊愕赞叹。她荣膺四川全省唯一"十佳警务实战"女教官称号，自然是水到渠成之事。

训练代替不了实战。

摸排出租车司机被杀案、翻山越岭调查小煤窑意外事故命案、与法医勘查遍布肉蛆的尸体，岳永莲从警后经历过诸多"第一次"⋯⋯

有家农户，男主人是盲人，女主人残疾，夫妻俩带着两个孩子艰辛生活。岳永莲虽不富裕，却想着比自己生活更困难的陌生人，每月从薪水中挤出一些钱定时寄给这一困难户。

时至今日，父母的教诲时常在她耳边响起，"逢善不欺、逢恶不怕，别人有困难要帮助他们"。

发表于 2014 年 11 月 14 日

最怕误判非正常死亡真相

常建华速写

人物档案：常建华，27岁，江苏省金坛市公安局，三级警司。
个性言语：做善事，做有意义的事。年轻，更要努力。
第一印象：戴眼镜，瘦瘦高高，性格内向，行事稳重。

"考大学时觉得法医很神秘，姐姐也是学医的，我就选择了这专业。"

大学期间，常建华赴上海实习。那年夏季，警方从河道里捞起分别装在塑料袋里的人体上肢和躯干。常建华戴上口罩，站在几名法医身旁，在长达四五个小时的解剖全程中嗅着难以忍受的臭味，内心惊惧，觉得眼前这些前辈"特别了不起"。

尊重死者

去年盛夏，白日气温超过40摄氏度。

一位年逾七十的独居老人几天没有出门，熟悉他的邻居心生讶异，老人天天晨练，莫非病倒在家？热心邻居前去探寻，见院门紧闭，无人应声，翻墙入院，推开房门探望。屋内恶臭弥漫，来人掩鼻望了一眼，吓得撒腿往回跑。

常建华与同事赶赴这家院落，推门进屋，屋内光线很暗，老人已倒地身亡。小常俯身近看，老人身上覆盖的厚厚一层"黑衣"突然"飘浮"升起，四散成嗡嗡作响的无数黑点，骤然露出老人未着衣服的躯体。

小常观察四周环境，初步判断老人是在家洗浴后意外倒地身亡。老人尸体被送至殡仪馆，卸下尸袋，小常将老人尸体搬到运尸小车上，内心无比震撼——看不到尸体，全是密密麻麻蠕动着的肉蛆。

"眼睛好，有时不是好事。"

这次经历之前，小常曾听过前辈讲过这样的话，当时他不明白这话到底是什么意思。这回算是体验了、明白了。

"喷杀虫剂、用自来水冲"，小常手执粗大水管，猛水劲冲，如此"战斗"拼搏四五十分钟。在场亲属和派出所民警无一人敢靠近观看。小常把尸身擦净，将衣物盖在尸身上，结束工作。家属迎上前，对小常由衷地说了声"谢谢"。

不要说这一次，就是那些满身是血、浑身是伤的死者，小常每次都要洗净、拭干尸身，缝好伤口。殡仪馆从不接手这份差事。

就法医工作而言，这既是职责所在，更是良知与善心的历练。小常从警至今，已经处理过逾百具尸体，"让死者有尊严地走"，是这位年轻人内心真实的感喟。

验明死因

"针头很粗，针管长十公分。"

身为警方刑侦技术员，小常每次接报有死者，都要前往现场察看，辨识死因。

抽心血进行毒化化验，是辨识死者死因的一项重要手段——用针管从死者心脏部位下针，抽取心脏血液检验，以确认血液中是否含有有毒成分。

一名身患心脏病的14岁少女在睡梦中猝然离世，她自小身患严重心脏病，父母抚养女儿多年，担惊受怕的这一天还是早早降临了。小常走进女孩卧室，告知女孩父母要履行职责进行尸表检验，抽取心血，需要他们在场协助。

对方坚决拒绝，母亲哭得死去活来，父亲垂泪不语。

小常好一番释明职责，苦苦劝慰，终于获得女孩父母信任，颔首默许。母亲不忍在场旁观，远远躲开，父亲站立女儿卧室门口，见小常俯身开始工作，转身面向门外，低头不忍观看……

对非正常死亡尸体进行检验的目的是要排除案件嫌疑，最怕错过貌似非正常死亡而事实真相却是他杀的案情。

小常有过一次十分难忘的经历，老城区一所老房子里，一中年离异女子躺在家中床上死亡，她薄被盖身，仅穿内裤，并且双腿错穿内裤裤洞；她口唇及指甲呈现紫绀，颈部有类圆形皮下出血，痕迹很浅很浅。

家属认为这中年女子只是普通猝死，对死因并无异议，但小常对死者进行尸表检验时，对她颈部类圆形皮下出血的浅痕十分犹豫，因为存在另一种判断：浅痕可能是尸斑，甚至不排除死者生前在这一部位曾经受伤，属旧伤遗痕。

小常亲历过掐脖刑事案件的尸检，依据按压特征及窒息征象，结合现场所有细微痕迹仔细辨识，着眼于死者衣着不正常，又发现枕头上有些微血迹，判断导致中年女子死亡的原因是机械性窒息，据此判断这是一起刑事案件。

很快，小常的判断得到证实——死者居住房间上层有一处较隐蔽的阁楼夹层，一中年男子在阁楼夹层的狭小空间里上吊身亡。案件真相被还原为，这名男子在床上掐死女子后，自己爬进阁楼上吊自杀。

这次经历极大地增强了小常的自信心，也让小常有些后怕——万一当初判断失误，查不明窒息致死真相，将他杀案件当成非正常死亡案件，他真不敢再往下想。

发表于 2014 年 11 月 20 日

窃贼夜半盗取车内财物留痕迹

张岩速写

人物档案：张岩，26岁，江苏省金坛市公安局民警，三级警司。
个性言语：技术工作很辛苦，我愿意学，愿意干。
第一印象：阳光青年，身材高大，体质健壮，心思细腻。

"蛛丝马迹"。

张岩入警后的工作与这个词密切关联，发现"蛛丝马迹"需要心细，光心细不成，还需运用技术手段将"蛛丝马迹"变为证据固定下来。

难忘第一次跟"师父"赶赴刑事案件现场，在不锈钢表面提取指纹，虽说学过怎么操作，却"得心不应手"，张岩急出了一头汗。

疑似血迹

今年盛夏，时针抵近午夜时分，110指控中心接到报警，金坛市新城区停车场有车辆被人砸窗行窃，报案事主称车内失窃数千元。张岩赶赴现场查看失窃车辆，眼前景象让他心里一怔：

砸车窗行窃嫌疑人一般都是砸碎车子正、副驾驶两侧车窗，然后盗窃车内财物，而这一次，嫌疑人却将轿车前挡风玻璃打破行窃。现场没有发现作案工具，副驾驶一侧的车窗玻璃上多处留有清晰的五指指纹。据车主介绍，这些指纹是他在查看自家车辆时触碰的。接着，张岩在车前盖上发现鞋印，结合车盖上存留的其他痕迹，初步形成的判断是：嫌疑人爬上车前盖，用脚将前挡风玻璃踹出一个洞，趴在车前盖上将手伸进车内。

现场光线很弱，张岩打开强光手电，在车前挡风玻璃碎洞内外仔细察看，一滴液状暗色痕迹呈现在眼前，"嫌疑人把手臂伸进玻璃碎洞时不小心划破了手？"

他小心翼翼地将这一疑似血迹提取，还提取了车上可疑指纹一并带回实验室比对。第二天，指纹比对结果查明了嫌疑人身份，疑似血迹的DNA鉴定也比对成功。嫌疑人落网，办案民警率先给张岩发来短信告知。张岩笑着回忆说，"看到短信很高兴"。

这起砸车窗盗窃的嫌疑人55岁，是惯犯老手。据他向警方供述，停车场发生过多起盗窃车内财物的案件都是他一人所为。

抢劫命案

一位银行副行长与人饮酒，经不住对方轮流行劝，喝得酩酊大醉。

岂知劝酒人预谋绑架，此时正一步步付诸行动——步履蹒跚、思维不清的副行长被人架上车，车子疾驶至城外乡村，他被关进一间空房，手脚被绑，胶带封嘴，没多久咽气毙命。两名绑架者给副行长朋友打电话，问清副行长居家具体位置，从死去的副行长身上搜出家门钥匙驾车而去。进家门见他老婆在家，来人二话不说，将那女人捆绑起来，打得她鼻青脸肿，逼问钱财所在、逼问保险箱密码……

张岩走进受害人家中，侥幸活命的副行长妻子向他哭诉了案发经过，还说嫌疑人用她家的毛巾擦拭留下指纹的地方。依据她的回忆，张岩找到嫌疑人抽烟后扔掉的香烟头，提取了嫌疑人喝水杯子上的痕迹，还提取到嫌疑人未能擦拭掉的指纹。

痕迹比对出嫌疑人，但刑警行动更快，案发未及 12 小时，嫌疑人已被擒获归案，这让已经成功比对出嫌疑人的张岩，心里有些许遗憾。

雪碧空瓶

盗狗团伙驾车巡游乡村，用麻醉枪射击目标，将农家狗盗走。

那年冬天，张岩去一盗狗案发现场，在农家院内看到被大力钳剪断的狗链，从地上捡到麻醉枪射出的针头，院门外有个弃掉的空雪碧瓶引起他的注意。

"这时节，喝雪碧？"张岩觉得这个雪碧瓶很反常，他转身询问被盗狗的那家农户有无小孩喝雪碧，回答没有；问这村里有人喝吗，回答这村里只有老年人，没人喝它。于是，空雪碧瓶被张岩带回实验室，经提取 DNA 后，张岩比对出一名外地作案嫌疑人。

别看张岩入警工作才两年多，在刑事技术实践中收获不少。就说今年，这小伙子从新年伊始至 9 月，共勘查各类现场 240 余起，出具鉴定 20 余份，破案 20 余起。

张岩办案后留存着这样的记忆：

盛夏入夜时分，小偷进家，将母女三人床前放置的手机、笔记本悉数盗走，三人酣然大睡，无一人察觉。后母女三人发现被盗，急急报警，却无任何破案线索可提供。

小偷光顾乡村老太婆家，盗走戒指、耳环、钱款，老太婆嚎啕大哭。及至民警抓捕小偷后带他指认现场，老太婆挥手痛打小偷，哭喊着"老头子有心脏病，你把他买药的钱偷走啦！"

一男子报警称小偷入家盗走 3000 元，说夜半回家忘记锁门。此人神情一点也不着急，感叹说"还好，打牌输掉 4000 元，不然也被偷走啦！"

发表于 2014 年 11 月 27 日

老刑警灵光一闪破迷案

曹钊速写

人物档案： 曹钊，59岁，北京市公安局海淀分局民警，一级警督。
个性言语： 破案是挑战，累，不觉得，有乐趣。
第一印象： 满头白发，眉眼慈祥，谈风颇健，精神矍铄。

一名涉嫌诈骗犯罪的年轻人不敢与眼前的曹钊对视。在这名老警察的犀利讯问下，他吭吭哧哧半晌，突然冒出这么一句话，"我这人确实有点——太坏。"

老曹暗喜，"对方扛不住了"。

果然，此人"竹筒倒豆子"，彻底"撂"了。

"扎货"诈骗

抓到这名涉嫌诈骗犯罪的许姓年轻人，警方费了不少周折。

中关村这地界号称"北京硅谷"，每天人流熙攘，大宗交易着品种繁多的电子产品及附属品。一许姓外地小伙子在这里混了两年，凭着数次交易的成功，获得了几家商户对他的信任。

许向一家供货商家假称有货主订购大批显示器，人家将货物如数批送，谁知他伪称随即结账，转眼"失联"。与此同时，河北省石家庄市一家单位欲购大批显示器找他帮忙，许让订货单位先行打款到账，后却不给对方发货，再玩"失联"。

老曹接手案情，带领探组展开调查，得知许根本不与在北京暂住的父母同住，且很少探望。有线索反馈：许有一女友，知姓不知名，还知道她的手机号。

警方查询这一手机号，意外带出她所关联的商家，而那商家网页纯属虚假挂网，根本没在工商部门注册。老曹假借客户名义，拨通许女朋友的手机，得知她所告知的上班地点。老曹带人去那一地段查找两天，未有任何进展，案情不得不"放一放"。

适逢老曹出差西藏，藏地漫漫车途，他凝神梳理案情，突然灵光一闪：

与嫌疑人女朋友关联的那家网上假造商家的名称中，有个字是嫌疑人名字中的一个字，而假造商家的另一个字会不会是以他女朋友名字中的一个字命名的呢？

老曹想到此，立即兴奋地从千里之外的西藏给探组打电话。探组派人联络嫌疑人居住地公安协助查询，一下子调出嫌疑人女朋友身份证号，那女子的面容特征同时呈现在办案民警眼前。

许姓嫌疑人很快被警方擒获,他不仅供认出警方已知两起涉嫌诈骗的犯罪行为,还供述出诈骗南京一要货单位的荒唐案情:

南京购货方找许发货数十台显示器,许收到对方数十万元货款后,找来两个老乡,让快递公司往南京发了 30 箱面包冒充显示器……

入室盗窃

老曹说,他对年轻民警有句告诫:"芝麻粒大的线索,错过了,对破案会形成很大障碍。"

曾经发生的一起入室盗窃案,不是寻常钻窗撬门的那类,嫌疑人闯入知名商厦高层一家倒闭公司,雇人搬走几十部台式电脑、笔记本电脑以及存储此处的办公设备。若不是警方及时破案,嫌疑人下一步已联系好车辆,准备将剩余的数十张电脑桌全部搬空。

何人如此胆大妄为?

老曹率领探组接手案情展开调查。要将那么多物品搬下十几层商厦大楼,必用电梯,必有车接应。地下停车场的监控录像提供了最初的影像——嫌疑人乔装打扮,戴帽子、戴眼镜,遮挡车牌号,但老曹从多角度监控影像中判断,嫌疑人是个三十来岁的男子。

"涉案车确定是日产逍客 SUV 轿车,车体白色,但车牌号究竟是什么?"

接手案情距案发已有两个多月,侦查方向确定——查车!老曹与探组民警倒查停车场每日进出车辆,全车场一天进出数百辆车,真可谓"细筛过眼",忙碌了整整一星期,发现了第二辆涉案的奔驰车。

事隔多日,突破案情最大转机降临了,对涉案车型烂熟于心的民警发现:那辆车体白色的逍客 SUV 轿车驶入地下停车场,这一次居然没有遮挡车牌号。接着,民警查出这辆车属于一家租车公司;随后,民警查出什么人在作案时间段里租用了这辆车。再后来,民警查出此人驾驶的奔驰轿车是自家家用车,还查明作案嫌疑人有吸毒史。

原来,嫌疑人曾担任过这家倒闭公司的部门主管。公司倒闭后,接收托管的公司仅委派一临时工看管空无一人的办公大平台,而这名临时工一个月也不一定来巡视一趟。倒闭公司所在商厦对盗搬办公物品之事无人过问。

老曹回忆说,探组办案民警曾拿着地下停车场收费监控影像找倒闭公司原职员辨认,无人识出作案嫌疑人曾是同事。

距 60 周岁不足百日,老曹行将退休。回想这辈子的经历,他说干警察几十年不觉得累,因为年轻时受过太多的大苦大累,磨炼了意志,再加上个人性格喜欢接受挑战,虽说破哪个案子都很艰辛,但他很享受破案的乐趣。

老曹朗声笑道,"我能把骗子诓住,信吗?"

发表于 2014 年 12 月 5 日

让装疯闹监的人知道羞耻

李于速写

人物档案： 李于，49岁，江苏省灌云县看守所所长，二级警督。
个性言语： 我做事认真，有责任感，从不马虎，原则不能丢。
第一印象： 目光坚定，嗓音浑厚，秉性耿直，爱憎分明。

"特殊场所。"

李于用这四个字概括三年前第一次走进江苏省灌云县看守所的感受。

2011年，李于接受领导委派，离开就职25年的交警队，前去灌云县看守所出任所长。头一次走进武警荷枪把守的大铁门，他仰脸眺望高墙上架设的带刺铁丝网和电网，随后步入监视走廊，俯看下方一个个狭长监舍里关押着身穿橙黄色马甲的老老少少——这些人涉嫌抢劫、盗窃、寻衅斗殴伤人等犯罪。

装疯闹监

一个身材高大壮实的年轻人刚刚被押下警车，立即被监所老民警认出，"不好对付的人又来啦"。此人屡因盗窃犯罪被判刑，几进几出。凭着膀大腰圆、动粗斗狠，监舍里十几号人无人敢与他叫板。

这次进监舍，他故伎重演，白天别人学习法规，他躺着睡大觉；晚上别人睡觉，他彻夜拍门吼叫，闹得四下怨气沸腾。看守民警找他谈话、训诫、按规定实施约束措施。他不顾管教，疯狂应对。

"一进监舍，他就把大便拉裤裆里，脱光衣服。"

李于与几名民警赶到，见他用手抓着黏糊糊的大便四处乱抹，弄得身上、墙上都是，臭气熏天。见民警赶来，他疯上加疯，用舌头舔食粘在手臂上的大便。

李于冷静观察，果断告知可以带他去做精神鉴定。一旦鉴定作出，认定他在监管期间装疯卖傻，后果很严重。随即，李于对此人以往生活状态展开调查。有信息反馈回来，此人曾穿西装，讲话注意分寸，未见胡言乱语，未闻疯痴异常。

第一天的疯狂闹监在第二天又开始重演，几名看守民警欲控制住他，用水管为他冲洗，他双手死攥着两坨臭屎，只要有人上前，就张开掌心，嚣张挥舞，直到体力下降、气喘吁吁，被民警用被子罩住他的头，大家一拥而上，把牢他双臂，责令他摊开手掌，接受清洗……

李于数十次找他谈话，不烦不躁，明释刑事政策、法律法规，再从家庭亲戚关系讲起，延伸到为人夫、为人父，孝顺父母、教育后代的礼仪良俗，渐渐撬开对方心锁，唤起他一丝残存的羞耻心，让他意识到自暴自弃牵连家庭，让自家孩子、老人蒙羞，备受外人白眼。

整整折腾一周，这家伙听从劝诫，放弃"演戏"。

旁人讶异，谓李于有绝招儿——这块"茅屎坑里的石头"怎么就服软啦？

奋不顾身

"他们拿着土枪和大砍刀啊"，李于当交警数十年，曾参与过惊心动魄的抓捕战斗。

那年，县境公路上接连发生多起抢劫大货车司机的恶性案件，公安局部署缉捕专项行动，派出多组侦查人员。李于跟两名同事结成一组设伏抓捕。此时正值严冬，气温连日在零下十几度，民警们蹲守了一个多月，未发现任何迹象。

凌晨时分，突然有一辆挂有河北牌照的大货车径直开到警车旁，大货车司机神情慌张，报警称刚刚遭遇抢劫。

"大家一下子兴奋起来。"

李于记得那天夜里雾很大。就听前方不远处突然一声枪响，朦朦胧胧见多条人影躬腰慌乱跑来。李于没有多想，迎面朝那些黑影冲刺奔去，岂料近身一看，对方抡着两尺多长的大砍刀，冲着来人左劈右斩，情形危急。然而，抡刀者无心肉搏恋战，只为拔腿快溜。

"我那时年轻，力气比现在足"，李于瞄准时机，下脚一个巧绊儿，将眼前抡刀人撂倒，再飞扑上前，将他死死压在身下。

"哪有警察怕地痞流氓的？"李于从不畏惧这些人，几十年执法经历过太多太多，从没有什么人能占到他的上风。曾经有个痞子私下跟别人吹牛，说在全县没谁敢查他的车，但只在一个叫李于的交警手里栽过。

李于来看守所就职前耳闻那地方"风险大、难管理、易出事"，担任看守所所长后，凡要求他人做到的事，自己绝对率先做到，工作开展得风风火火，工作业绩令人刮目相看。

去年年底，李于就职所长两年，发现血压升高、身体不适，经医院确诊需要进行肝部手术。结果，他在手术台上被切除了四分之一肝脏和全部胆囊。李于一周前刚去上海动完第二次肝脏手术，医生责令休息，可他一回单位就上了班。

同事问他肝脏怎么了，他笑着说，"长了东西，医生说是癌"。瞧他那神情，看他还那么风风火火地干事，真没把这当回事儿。

"人要活得充实。"这是李于心里自勉的话。

发表于2014年12月10日

网上追逃嫌疑人检查站被擒

白冬生速写

人物档案： 白冬生，39岁，江苏省泰州市公安局交警支队民警，三级警督。
个性言语： 父母从小告诫，长大要做诚实的人、正直的人。
第一印象： 大眼睛，双眼皮，目光专注，略显腼腆。

"我不能再照顾你了。"

白冬生刚刚考入江苏警官学院，母亲身患癌症，病情危重。他赶回家中，跪在母亲病榻前，泪水忍不住簌簌滴落。毕业走出校门，白冬生刚刚参加工作，父亲病逝。追忆往事，白冬生红了眼眶，低头侧脸缓缓说着。

逃犯落网

深秋之夜，江阴大桥检查站哨位。

这座大桥全称"江阴长江公路大桥"，1999年10月建成通车，是中国两纵两横公路主骨架中的跨江咽喉工程，其单向收费道口多达14个。大桥通车之际，泰州市公安局组建高速大队，白冬生成为第一批入选警员。

夜深时分，正在执勤的白冬生，出手示意由远及近的一辆长途客车停在检查站卡口前。这是一辆从山东临沂驶往浙江温州的长途客车。车门打开，白冬生手执便携身份证查询仪上车，车上有一名中年女子查不出确切身份。

"她说自己是安徽人。"

面前这位女子一身红灯芯绒着装，戴着眼镜，听她报出姓名和出生地，话音却夹杂着一丝东北味儿。白冬生查遍安徽省人口信息，没找到她报出的姓名。

"你去车上把带的行李拿下来，查不清身份是不能走的。"

白冬生说完，本以为这女子要跟他大吵大闹，可她偏偏异常平静。怀疑她是东北人，就查东三省人口信息。与她所报姓名相同者共有1700多人，查来查去都不是。查东北三省公安机关网上追逃人员信息，有一人照片与这名女子长相酷似，那名网上追逃女子是辽宁锦州人，涉嫌挪用单位公款两万元。

"眼前这女子会不会与追逃照片上的女子是同一人呢？"

凌晨四时，白冬生与身份可疑的女子一直对话，问家庭，问生意，问孩子，讲法律，讲社会责任，话里话外绕着违法犯罪要接受处罚聊，一直讲到东方发白，但对方很少应答。

"她承认自己是锦州人,想冒名顶替那个挪用公款的人,没想到我们连夜通知锦州警方,人家第二天就到了。"

这女人次日在看守所见白冬生领着锦州警方,来人要带她走,她寻机把白冬生叫到一边悄声说,"你人不错,我也反省了"。接着,让白冬生大为惊讶的是,这女人径直坦白她的真名叫什么,是哪儿的人,老公叫什么,老公杀了人。

白冬生返身赶紧上网,按照她说的本人姓名和她老公姓名查询,这两个名字赫然出现在当年当地公安追逃名单中,夫妻俩位列杀人嫌疑人"001"和"002",已潜逃 16 年。

大桥卫士

身为交警支队中队长,白冬生担负着江阴大桥交通和治安管理的双重职责。现如今,大桥日均车流量多达 5 万辆。如何在汹涌如潮的过桥车辆中最大限度地查处违法犯罪嫌疑车辆和人员,至今都是白冬生与同事每天必须应对的重大课题。

——车辆没有牌照,必查;

——车辆故意遮挡号牌,必查;

——驾驶员看见收费车道前有警察突然弯道避开、下意识异常踩刹车、异常加速或减速,必查;

——凌晨时分驶来的出租车,必查……

仲春时节,大桥卡口检查站哨位。

一辆上海牌照小轿车驶入检查站,驾车中年男子左臂包着衣服,手臂上有血迹,民警上前看到他手臂上有齿痕和一内切创口。该男子接受询问时辩称打架摔倒蹭破手臂。眼看民警还要细查,他企图逃跑,被民警及时控制。经与上海警方核对,此人刚刚在上海涉嫌杀了人。

仲夏时节,大桥卡口检查站哨位。

一驾驶员面对民警询问,冒用自家表哥身份。白冬生查明此人表哥为部队现役军人。眼看难以蒙混,这名驾驶员弃车狂奔,被另一名民警紧追不舍,跑过 4 公里,逃者瘫倒在地。民警查明,此人与另外四人曾在广东涉嫌绑架埋尸的重大恶性刑事案件。事隔多年,此人已娶妻生子,变身成功商人。

置身车流,尘烟扑面,汽油呛鼻。

冬寒刺骨,酷暑溽热,查处违法车辆和涉嫌犯罪人员可能遭遇无法预知的伤害危险。自 2010 年 6 月担任中队长至今,白冬生带领警员 4 年中擒获 200 余名涉罪嫌疑人。

白冬生忘不了考上警院,父母脸上欣慰的笑容;忘不了父母如何谆谆教导他做人做事要有骨气;忘不了父母用行动培育他吃苦耐劳的精神和毅力。

日夜劳碌,不辞辛苦,白冬生遵从自己对人生理想的承诺——好好工作。

发表于 2014 年 12 月 18 日

筛查数千份血样寻获杀人凶嫌

韩海军速写

人物档案： 韩海军，35岁，江苏省南通市公安局刑警支队法医，三级警督。
个性言语： 从事技术工作要按科学办事，不能迎合别人意见，哪怕是领导。
第一印象： 处事严谨，喜琢磨，不太爱讲话。

大学毕业仅3年，韩海军从中学教师变身派出所警员，再跻身市公安局刑警支队物证鉴定技术员，完成了个人职业生涯"三级跳"。如此经历，韩海军心底最忐忑的是什么？

在大学学的是化学专业，进中学课堂依然与瓶瓶罐罐、各种试剂打交道，及至通过公务员考试穿上警服进派出所，刚满一年就被一纸调令调入市局刑警支队从事法医物证工作。

新工作要求韩海军熟悉并运用分子生物学、遗传学、法医学及计算机统计学方面的多领域知识，这可极大地激发了韩海军的学习欲望，他边学边干，边干边学。

歹毒杀女

"晚上10点来的电话。"

一天夜深时分，南通市公安局刑警支队办案负责人打来电话，告诉韩海军当天下午4点多，一名2岁女孩被人吊死在村中。

作为DNA刑事技术专业人员，韩海军连夜赶赴案发现场，与痕检、法医多名同事忙碌到凌晨时分。回到市局DNA实验室，他面对的难题是：如何从现场提取的物证中找出与犯罪嫌疑人相关联的微量生物检材？

韩海军凝视着工作台上从犯罪现场取回的物证——两段绳子：一段是勒过幼女脖子的绳子，一段是绑在被吊物上的绳子，这两段绳子本为同一根绳，由两股小指般粗细的绳子绞成一根绳，绳上打了一些结扣。

勘验现场时，韩海军目睹被害幼女小小的遗体，心里溢满愤怒："什么人下手干出这么伤天害理的事，畜生不如！"

然而，找出嫌疑人的物证分析却由不得放任情绪，需要冷静客观地进行科学分析。他提醒自己不放过任何发现线索的机会，"最重要的是要富集到足够量的生物检材"。

幼女是如何被人抱到殒命现场的？

嫌疑人是如何在绳上打结的？

韩海军揣想着嫌疑人用双手或单手在绳索打结用力，他与助手提取出绳索上存留的嫌疑人生物信息，再将单一试验结果输入比对数据库进入图谱分析，终于查出绳索上幼女与另一女性的细胞混合物，显现出符合亲缘关系的明确特征。经过反复优化试验方案，科学证据将命案嫌疑人的侦查方向引向幼女生母，而殒命幼女的生母恰恰在公安机关吸毒人员档案里有记录。

案发仅仅 9 小时后，幼女生母被办案民警抓获。

凶嫌显形

寒冬腊月，海安县有人报警说当地一条河中发现有浮尸。

办案民警赶赴现场，查明河中浮尸为中年女性，泰兴市人，驾驶黑车运营，被人杀死后抛尸入河。由于抛尸地点不是犯罪第一现场，警方在抛尸地点所获物证极少，而被杀身亡的中年女性已经在河里浸泡近 24 小时。

警方获取到犯罪嫌疑人使用被害人银行卡在自动取款机前的录像，观察研判这名嫌疑人身高一米八左右，但此人取款时戴头盔、穿雨衣，精心伪装。

这名取款人是谁，他究竟与杀人嫌疑人是不是同一人，警方没有掌握更多线索。

被害人的生物检材被送到南通市公安局 DNA 实验室，韩海军从被害人的多枚指甲内检出不完整的 Y 基因型，分析这有可能是嫌疑人留下的。时隔 4 天，韩海军依据办案人员提供的物证，通过 DNA 检验技术，确定杀人第一现场位于焚车抛尸地点数十公里外的某乡村路段。

尽管如此，案发 8 个多月，逾千份重点人员的送检血样经韩海军日夜劳碌进行 Y 染色体比对检验，却无一比中。

专案组调整部署和侦查方向，韩海军与同事两次赴邻近南通的泰州市，在泰州市公安局 DNA 实验室的全力配合下，从当地两千余名重点人员的大名单中筛出六百余份血样，分为三组逐一比对。

十几天后，案情有了令人欣喜的突破。在南通警方 DNA 实验室里，泰州市一无业中年男子血样中的 Y 染色体与被害人指甲中遗留的不完整 Y 染色体比中，嫌疑人真实身份显现。

"这人被抓，抓了就交待了。"

回想为侦破这起恶性命案不舍昼夜的历程，韩海军感慨，"这次经历对我影响蛮深刻"。

发表于 2014 年 12 月 26 日

床上微小血点证实性侵犯罪

张敏速写

人物档案： 张敏，女，28岁，江苏省灌南县公安局法医，三级警督。
个性言语： 考大学时没想当警察，当了警察才知道真是辛苦。
第一印象： 高个大眼睛，笑起来很真诚，讲话谨慎。

"我妈半夜爬起来为我算分数。"

张敏参加高考后回到家里，估计考试成绩超过录取分数线，便告诉母亲各科考分，入夜倒头大睡。母亲半夜三更爬起来，把女儿考分加了一遍又一遍，边算边憧憬女儿的未来，激动得一夜没睡。

张敏在家中排行老二，姐姐学医，看电视剧法医角色令她着迷，便在大学专业志向一栏里填上法医二字，从此入了这一门。

睁眼男尸

进大学学法医，张敏熟悉了一张张人体生理解剖教学图片，一次次接触用福尔马林药水处理过的人体标本。最记得赴广东省佛山市公安局实习时第一次接触尸体。

那年夏天，张敏跟随佛山市公安局法医前往当地一处出租屋。屋里有个男青年，他意外摔断腿，正在静养，这时他与女朋友吵嘴闹矛盾，一时想不开。独自在屋时，他从床上滚到屋里地上，摸到墙边一个啤酒瓶，将酒瓶磕碎，用酒瓶碎片划破肱动脉身亡。

"他低着头，光着身子，坐在地上，满地是血。"

正值盛夏，那男子死亡后直立上身僵坐在地。法医让实习生张敏协助他将死尸扳直平躺以便尸检。法医用力按住死尸双腿，要求张敏扳住死尸双肩向后用力。张敏用力后扳，直到死者身体后仰躺平。

张敏万万没有料到，死者躯体后仰时，脸部朝上，恰恰与张敏面对面。就在那一瞬间，死者那双大睁的双眼直愣愣地与张敏对视，吓得张敏全身如触电一般，心里骤然发毛。尽管她忍住没吭一声，可那瞬间难以形容的恐怖感受一直延续到当晚，张敏回到宿舍时，骇得不敢闭眼睡觉，死者那双眼睛总在眼前浮现。

"这不是第一次吗？过几天就忘了，经历多了，也就不觉得有什么害怕了。"

张敏微微地笑着说。前年夏天，大中午的，张敏正准备吃午饭，来了一个电话，说河边发现一具男尸。张敏赶赴现场，走进警戒线时，四下里已经围了不少群众。张敏蹲在打捞上岸的浮尸身旁，那尸身不仅腐败，且露了白骨、白蛆蠕动、苍蝇乱飞，臭气熏鼻。

张敏要勘明死者是否受过致命伤害，便由死者头部开始，从五官、脖颈、脊椎、四肢细细察看，她当时判断死者年龄在30岁左右。两个多小时忙完了，她才与同事一起去吃午饭。

第二天，张敏再去殡仪馆接着检验。张敏后来得知，死者为本地人，有吸毒史，家属反映此人生前明确表达过轻生念头。

流泪母亲

张敏做母亲不久，女儿刚满1周岁。回想自己亲历多起性侵案件的法医勘验，张敏感慨多多。

某小学男教师诱骗多名小学女生与他保持性关系，这情形被家长们发现后报警。仅凭嫌疑人居室内的一些毛发，还不足以获取确凿的涉罪证据。张敏在嫌疑人作案现场反复寻找，细细察看，终于在嫌疑人床上找到一微小血点。这一仅有两毫米直径大小的血点经与受害少女DNA比对成功，成为嫌疑人的涉罪证据。

让张敏诧异的是，其中一名年仅12岁的受害少女，得知嫌疑人被刑事拘留后，独自找到派出所对民警说，"老师对我挺好的，不要抓他"。

一名高中女生，傍晚时分步入校内公共卫生间。一名30多岁的学校男职员见附近无人，紧随而入，将她逼到墙角，一只手掐住她的脖子，另一只手在她身上乱摸，这女生虽然身高超过一米六，但被吓得不敢吱声……当受害女生被忧心忡忡的母亲牵到张敏面前，那女生极度紧张，双手掰个不停，拒不配合例行检查。张敏最终从女生脖颈上不大明显的血痕印迹上，获取到涉罪侵害的证据。

一名14岁少女离家出走，与一名20来岁的男青年同居，怀孕5个月被家人找回。少女流产后，张敏需要做妊娠鉴定，少女的母亲久久地倚立门边不停地流泪，张敏问她什么话都不作答。鉴定持续了一天半，这位母亲极度悲怆的神情给张敏留下难以磨灭的记忆。

每次进解剖室面对死者，张敏心里都会生出自勉的一个念头——"人的生命太珍贵，但它实在太脆弱了"。

发表于2015年1月8日

数十次抽自身鲜血做试验

贾东涛速写

人物档案： 贾东涛，40岁，江苏省南通市公安局法医，二级警督。
个性言语： 父母从小教育我待人要谦和包容，做事要对得起良心。
第一印象： 性格爽朗，语速快，思维缜密，行动果断。

海边、渔船、渔家。

少年贾东涛曾经强烈憧憬着能有一张自己的小渔网。那年暑假，他在母亲的指教下学织渔网，戒烦戒躁，执着编织，直至打紧最后一个网结，心底一股无法描述的幸福感喷涌而出，至今难忘。

青年贾东涛憧憬着穿警服、入警队，虽报考公安大学未如愿，但考入华西医科大学法医专业，毕业后前往南通市公安局刑警支队报到，渔家小伙圆了警察梦。

黑霉尸骸

江苏省海安县一村民妻子失踪4年后，警方摸排出涉案嫌疑人是她丈夫，该男子向警方交代杀妻过程时坦白，将妻子遗体埋在自家院里一棵梧桐树下。警方遂在他指认的那棵梧桐树下挖出一堆发黑尸骨。

命案涉罪嫌疑人抓到了，有了口供，但要证明梧桐树下挖出的尸骸就是被害女子本人，难度非常大。那堆尸骸被送至北京检测，历时两个多月没有结果。案件移送检察院很快被退回，要求补充侦查。陈旧尸骨检验从来都是一道横亘在科研人员面前的难题，尸骸埋在地下时间已久，现有的测析方法和科学手段均无有效解决方法。"海安尸骸"又被送回南通。

此时，贾东涛已在南通市局DNA实验室工作3年，这期间，他把实验室购入的所有进口设备的操作流程、运转机能摸得熟透。同事后来才知，贾东涛做免疫学常规血型检测需用新鲜血液，适逢深更半夜急于检测，他不待天亮，抽自己的鲜血用于检测，竟然共有30多次。

"海安尸骸"摆在贾东涛面前，他检验一失败一再检验一再失败。他上网遍寻国外案例，获悉两篇重要科学文献参考，经苦苦琢磨，反复调整思路和方法，几乎到了没日没夜、废寝忘食的地步。时隔20天，贾东涛的检验结果显示："海安尸骸"与被害人父母血样的基因型符合亲子关系——"十六个位点基因型成功扩增"。办案人员一直悬着的心终于放下来，警方得以成功移送案件。

江中遗骨

"海安尸骸"检测方法能否适用于其他陈旧尸骨检测？

破译陈旧尸骨的"骨语"成为贾东涛科研攻关的一项重要课题：搜集足够丰富的检材反复检验，耗费大量时间和精力取得海量数据，据以固化"海安尸骸"成功检测方法的可重复性和检出率。时隔一年，贾东涛与DNA实验室同事成立科研攻关小组，申报了《陈旧尸骨DNA提取方法研究》课题。

恰在这一年，湖南发生了一起震惊三湘的恶性命案：一名受害男子遭锤打、枪击致死，先被悬尸于船只侧舷江水中，后被凶手夜半拖尸上岸肢解，分别沉尸块于两县市交界江段水中。两名涉案嫌疑人其中一人被警方擒获，不料此人在指认犯罪现场时意外挣脱，从江桥飞身跃下，溺江毙命。另一涉案嫌疑人被警方擒获后本已坦白交代，但在得知同伙溺毙后改口否认全部涉罪口供。故警方必须找到被害人尸身，才能推动案件进入下一步司法程序。

当时正值酷暑时节，警方出动大批警员搜寻茂密山林、江岸险滩，并调动专业潜水员探寻江底。两个月后，终于在一处江滩旁寻到断脚、断手各一只。这是被害人的残骸吗？

办案警方遂后送检多家鉴定机构，但由于断脚、断手骸骨在江水中浸泡日久，均被告知无法给出明确鉴定意见。后经公安部推荐，南通警方DNA实验室接受了鉴定沉江骸骨的艰巨任务。贾东涛与同事反复检测，最终在数月后正式告知办案警方，送检骸骨正是被害人遗骨。

消息传至湖南，有办案民警激动地流下泪水。一年后，那名翻供的嫌疑人被法院判处无期徒刑。

鞋底血渍

仲春时节，凌晨时分，乡村一户人家突燃大火，年轻夫妻双双毙命家中。

警方赶赴现场侦查，发现这场大火并非意外，而是有人故意纵火杀人。摆放在一楼客厅门口的一双蓝色塑料拖鞋引起警方注意。贾东涛观察这双拖鞋时发现鞋底有一滴血点，检测得知这滴血迹是被害女主人的。

不难推测，杀人现场在楼上卧室，而这双拖鞋在凶案发生后被人穿着走出卧室，下楼后留在门厅口。进一步的推断是，只要凶手穿过这双拖鞋，拖鞋上就应该留有其微量人体信息。如果只有一个人的DNA信息，这是好比对的，但要想从三个人的混合DNA图谱里找出谁是凶手，难度太大。贾东涛不敢回想长达两个多月的检测经历，他只记得那些日子里领导不时地催问检测结果，而检测图谱总是不稳定。

"整错了怎么办，我良心过不去"，贾东涛那些天焦虑不堪、度日如年，上班发愁、下班叹气，终日眉头紧锁。直到检测结果排除掉很多人之后，贾东涛发现有一个人总也排不掉。接下来，办案民警找来那个嫌疑人询问，对方心理防线很快崩溃……当时贾东涛正在北京出差，接到电话，支队长就说了这么几个字："案子破了，你是对的啊！"

发表于2015年1月23日

"石佛警官"凝神静气破大案

徐正权速写

人物档案： 徐正权，45岁，江苏省泰州市公安局民警，二级警督。
个性言语： 宁可做过，不可错过，错过就没有机会了。
第一印象： 个子高高，慈眉善目，眼神专注，内心沉稳。

徐正权办案，不论案卷摞有多高，不惧案情有多复杂，这位经济犯罪侦查行家分析案情时都坐得稳、耐得住，神情犹如一尊"石佛"。要知道他的对手往往是高智商、高学历的公司白领、技术精英、企业骨干……徐正权的破案业绩在同事眼里颇有几分传奇色彩。

"不论什么事，都要多琢磨；多琢磨，肯定有收获。"

这句话正是徐正权从一次次攻坚克难中提炼出来的经验之谈。

英文账单

一名在一家大型企业负责采购设备的主管人员，每年经手的采购金额逾亿元，其采购业务经常需要与国外企业接洽。这名主管因涉嫌非国家工作人员受贿罪，被"请"到侦查办案人员面前。

这名主管收受巨额贿款的绝大部分涉罪事实已经被公安机关掌握，但当他提及还有一笔外国公司给他的贿款时，却淡定地甩出这么一句话，"说了，你们也查不到"。

徐正权清楚地记得，那主管讲这句话时，眼里闪过一抹轻蔑的神情。

囊括了离岸账户、德国公司、荷兰阿姆斯特丹银行结算中心、苏格兰皇家银行等多头线索，罪犯的涉罪"底牌"就隐在徐正权桌上那厚厚一摞400多页的英文账单里。

"就算少了他说的这笔受贿款，也不影响对他的定罪。"

但徐正权不甘心放弃这一线索，他定神俯身，把那400多页英文账单一行行看过去，再一行行看过来。账单里没有一个中文字，他绞尽脑汁研判，多日之后终于发现分散在多个账页中具有关联性的一些阿拉伯数字。

这些阿拉伯数字一旦出现，总是十二个，它们四个一组，组成三组。徐正权注意到，每当这三组阿拉伯数字一并出现时，每个数字相邻位置都固定不变，那主管的姓名是三个字，英文账单里出现的三组阿拉伯数字会不会与那主管姓名存在某种关联呢？

徐正权上网查询，知道这样四个数字一组的排列，有可能是摩尔斯电码的数字编组，当他使用摩尔斯电码翻译器录入那三组可疑的阿拉伯数字后，结果正如他所料，译出来三个中国字恰恰是那主管的姓名。

除那三组被破译的阿拉伯数字外,徐正权又将英文账单中全部有三组阿拉伯数字之处都输入摩尔斯电码翻译器,结果发现了另有四名企业员工受贿的线索,受贿金额逾10万欧元。

当那主管被告知公安机关彻底查明了他们收受外国公司贿赂铁证的时候,徐正权看到了他满脸"傻掉了"的神情。

揪出"内鬼"

泰州一家企业突然发现自己拥有的核心商业秘密泄露,十分惊慌。

办案人员接到报案后得知,该企业拥有的工艺技术居世界领先地位,其产品销售量占全球销售额50%以上,其核心商业秘密泄露给国内外省同行,该企业无疑将遭受到毁灭性的打击。

徐正权与办案人员接手案件时感到非常棘手,因为能够接触到企业核心商业秘密的人非常多,既有企业法定代表人,又有公司高管、图纸保管、设备工程师、设备制造商,还有分布在其他多个省份的分公司相关人员。

到底是谁出卖了企业的核心商业秘密?

顾虑到案件的特殊性,专案组进行调查时不能公开。

徐正权与专案组成员既往返于省内常州、无锡等地,又跨省奔波于辽宁、山东、浙江、安徽、上海多地,将存疑的重点岗位和重点人物细细筛滤,逐一排除疑点,终于从蛛丝马迹中析出,这家企业下属的某省分公司工程部一名工程师存在可疑行为,并由此扩大侦查力度取得突破,这名工程师供述了自己如何被另一省企业同行收买,将本企业核心商业秘密偷偷复印、复制后出卖的涉罪行为。

侦查员确知收买工程师的外省同行企业有两家,经分析这两名嫌疑人必须同时归案才能确保案件侦破质量。回想抓捕过程,徐正权难忘待在北方某省城的经历,水喝不惯,饭吃不惯,一天天熬着、候着、盼着,不知何时出现机会。

这起案件从立案到成功抓捕嫌疑人历经十六个月,辗转八省市,行程逾万公里。为这家知名企业避免经济损失人民币两个多亿。据说此案移交检察院的案件材料装了满满一卡车。案件成功起诉后,徐正权——这名经济犯罪案件资深办案警官的感慨是:"这可能是一辈子遇一回的案件。"

发表于2015年1月26日

端一碗红烧肉夜入小树林

裴军昌速写

人物档案： 裴军昌，42岁，江苏省泰州市公安局法医，二级警督。
个性言语： 法医的职责就是替死者说出他们来不及说出的话。
第一印象： 戴眼镜，气度儒雅，头脑机敏，谈锋颇健。

生在农村，长在农村，裴军昌自小知晓，若农家有谁身染重症，家人为救治亲人往往落得倾家荡产。他在弱冠之年已有志当医生，念想着至少能让家人受益。

裴军昌考入江苏扬州大学学习临床医学专业，有公安部英模报告团来校讲演，最入耳一名法医的英模事迹，恰逢入迷观看《大宋提刑官》系列电视剧，裴军昌对未来从事法医职业生发出强烈的憧憬和冲动。

机会降临，裴军昌毫不犹豫推门自荐，毅然跻身公安法医之列。

尸蛆破谜

去年春末，泰州城区。

一名架设电线的电工欲解内急，步入小树林深处，陡然发现惨死尸身，失魂落魄，慌乱报警。一青壮男子在此被人砍断脖子，行凶者杀人后纵火，将死者躯体部分烧焦后逃逸。

警方苦于案发时刻没有目击者，动用数千警力办案。裴军昌赴现场勘查死者躯体后，深知专案组领导在没有任何线索的焦虑中特别期待他能通过尸检确定案发时间。

被害人躯体滋生出众多白白的肉蛆，肉蛆单体长度达到3毫米，这些蠕动的蝇蛆能解答命案发生的确切时间吗？

他翻阅资料，速览苍蝇生长史，方知中国地域差异大，蝇蛆种类形形色色，不同季节生长速度亦有不同。有的苍蝇卵需要8~20小时发育成蛆，有的如麻苍蝇产下的就可能是蛆。

裴军昌一边查资料，一边打电话向苍蝇专家请教，专家回答：最好的办法就是养蝇蛆八九天观察看看。

没有任何现成答案，裴军昌只好从食堂买一大碗红烧肉，入夜时分，小心翼翼地端着它走进命案发生的那片小树林。四下寂静无声，黑暗中依然弥漫着浓浓的血腥味儿。待寻到树林深处死者丧命处，他倒下红烧肉……

夜半时分，裴军昌再进小树林观察，想看看红烧肉里有没有长出蝇蛆来，一路向前，踩到坑洼里，身子歪倒撞向小树，不知怎么的，感觉有些瘆人。最没想到的是，那碗扣在地上的红烧肉竟被两条流浪狗吞噬干净。

等不及天亮，裴军昌前往一家屠宰场，讨来一块带毛带血的生猪肉，再进小树林，放下肉，盖上些落叶，每隔4小时前去观察一次，拍摄照片，记录树林内外及命案现场温度，观察蝇蛆发育，第二天傍晚，他终于断定死者遇害的具体时间。

办案人员据此调看监控图像，找到犯罪嫌疑人和受害人活动的图像画面，从而成功擒获凶手。为了积累宝贵的资料，裴军昌继续观察蝇蛆发育过程，四小时一次，一直到第九天蝇蛆化蛹。

冰箱碎尸

一年轻母亲带9岁女儿出门买东西，下楼后发现没带钱，让女儿等她回家取钱。

没想到，这位母亲取钱下楼后不见女儿身影，随着时间的流逝，她越来越慌，动员小区邻居四处寻找，同时拨打110报警。

警方接到报警，对小区进行摸排，次日早上确定作案嫌疑男子，该嫌疑人40岁，已婚，因与老婆吵架，老婆一个半月未回家，他独自居家。该男子与那母女俩同住一幢居民楼的相邻楼道，算是抬头不见低头见的邻居。

尽管该男子把洗衣机、阳台及室内地板打扫得干干净净，但办案民警还是发现了他的作案遗迹——小女孩的尸体碎块冷藏在他家冰箱里。裴军昌一边勘查一边感到极度震惊和愤慨，如此伤天害理的恶行究竟是怎样发生的，他身为法医，必须还原女孩冤死的全程。

裴军昌与同事花费了整整两天时间将两百余块尸肉全部复原，并从中发现小女孩死前曾遭受过性侵害。蹊跷的是，被害女孩的心脏没有找到，后经办案民警讯问方知，凶手作案后将被害女孩的心脏装进塑料袋里拎到马路边，扔进路边的垃圾箱里。据凶手交待，他将小女孩骗进家中实施性侵，小女孩因恐惧和疼痛叫喊，他下狠手将女孩掐死后残忍碎尸。

裴军昌忘不掉小女孩生前拍摄的活泼美丽的照片，也记得在法庭上，被告人愣愣地盯着尸块拼出的受害女孩体型照片表示认罪、不上诉。

裴军昌喟叹道，"那时，我的小孩刚3岁多，做父母的谁也受不了这个。那混蛋太残忍啦！"

发表于2015年1月30日

昏迷前将自己与贼铐在一起

张松斌速写

人物档案： 张松斌，40岁，江苏省海安县公安局民警，三级警督。
个性言语： 父母教育我做人要正直、守本分，要对得起工作。
第一印象： 身材高大，相貌俊逸，神情坚毅。

昏迷前，张松斌用手铐将犯罪嫌疑人与自己牢牢铐在一起，任凭对方拳脚击打，他横下一条心，"就是打死我，也绝不让他跑掉"！

搏命缉盗

去年盛夏时节，一家公司的女会计惊慌失措地登门报警，声称有人在网上用QQ盗号冒充公司老板，指令会计向所谓业务单位账户汇款结账，女会计不假思索汇出近60万元巨款，事后心生疑惑，急忙联系出差在外的老板确认有无此事，方知上当受骗。

张松斌接到报案后立即着手调查，发现这笔汇款在极短时间内被转至30张二级网银卡上被人取走，取款地点远在广西壮族自治区南宁市。取款者共有4人，取款人在银行监控镜头前严密伪装——戴头盔、戴假发、戴口罩，夹克衫拉链一直拉到脖领顶头。

张松斌带领两名刑警赶赴南宁市，走进隶属南宁市的一个县城。

四年前，张松斌来这里侦办过诈骗案件，知此地盛行网络诈骗多年，县城里常有多地民警前来侦办诈骗案件，而年复一年的"猫鼠斗法"也造就了组织严密、擅长逃避打击的一个个团伙。

有外地民警驻扎此地数月经年仍难以逮到半个人影，皆因外地人听不懂当地话，就算民警身穿便衣询问，只要一打听当地什么人就"露馅"；进村山路往往只有一条，外人进村，远远就被村里人盯得清清楚楚。更不用说一些村庄参与诈骗人数众多，一旦有风吹草动，村人相互告知，闻风而逃。

张松斌偏偏是较真的人，不惧林深路险，与同行战友往来奔波，殚精竭虑，寻找线索，历经两个月之久，终于摸清其中一名涉案嫌疑人的身份，揣测他可能会出现在一所乡村学校接送孩子。

时间定格在去年11月10日下午，天上飘着小雨，一辆轿车停驶在乡村学校校门附近。张松斌确认从驾驶室开门下车的正是嫌疑人，没想到此人很高、很壮。

张松斌与两名同事迎上前抓捕嫌疑人时，那人疯狂挣扎，连声高喊"快来人救我！"

眨眼间不知从哪里跑来七八个青壮年，来人不顾张松斌掏出警官证证明身份，劈面抢拳，抬腿猛踢。

张松斌在昏迷前果断用手铐一端铐住自己右手，一端铐住嫌疑人，他被嫌疑人纠集喊来的人在地上拖行数十米，另外两名同事被围殴者打得口鼻冒血、胸腹剧痛、呕吐连连。

正值学校放学，围观人数众多，却无一近前劝阻，直到当地110出警赶来，抓获两名行凶歹徒，其中一人是嫌疑人亲哥哥，一人是其堂兄。

张松斌迅即被当地警方送入医院救治，诊断结果为颅内瘀血、颅底骨折，身上多处软组织挫伤，右手手腕被手铐划出道道血痕。

回到家乡，张松斌被领导命令入住县医院继续医治。妻子送衣物进病房，见丈夫半边脸肿着，一只眼眯着像"熊猫眼"，几乎认不出来，眼泪骤然从眼里迸出。

义愤难遏

那天值班，一位母亲领着女儿来到张松斌办公桌前。

母亲眼含泪水，女儿低头不语，双手揪着衣角揉搓。母亲欲言又止，忐忑良久，终于开口陈述，说女儿畏惧出门，不愿上学，行为怪异，总是用衣服把自己紧紧裹起来。母亲反复追问女儿是不是被人欺负了，女儿却咬紧牙关不吐一字，母亲悲愤落泪，女儿却不为所动。

张松斌见女孩子缩在墙角里站着，脸色苍白，于是找来一名女警与小女孩交谈，自己暂时避开。几个小时后，小女孩讲出一段令人震惊的案情：她被几名男青年强奸后，又被恐吓逼迫带来四名女孩，她们被几名男性青少年强暴。

案情调查开始，张松斌找到一名女孩的父亲核实情况，那位父亲吼叫着"我不想活了"，执意要民警告诉他是谁欺负了他的女儿，他女儿站在一旁不停地流泪；张松斌记得找到一名作案嫌疑人家长时，那位家长不相信自己的孩子犯下了如此严重的罪行；一名涉罪青年向张松斌忏悔，说他也憧憬过自己的未来——报名参军、报考公安。

张松斌疼爱女儿，多次承诺按时回家陪女儿却难以兑现。一次夜深时分回家，妻子上夜班去了，张松斌进门见刚上中学的女儿趴在书桌上睡着了，吃完的方便面盒就放在桌上，他轻抚女儿额头，两行热泪扑簌簌滚落……

身为一个父亲，张松斌对那些受害女孩及家长内心遭受的沉重打击感同身受，他和同事奋力破案，将涉嫌多起强奸、轮奸、聚众斗殴、寻衅滋事、敲诈勒索的10名涉罪嫌疑人一一擒获归案。

发表于2015年2月4日

DNA 检测仪器指示灯亮起瞬间

陈烁速写

人物档案：陈烁，39岁，浙江省临安市公安局刑侦大队民警，二级警督。
个性言语：金钱、名誉都没有那么重要，人生有些事要看淡。
第一印象：性格外向，笑容灿烂，处事谨慎，不事张扬。

山高林深，路途险峻，陈烁跋山涉水，赶赴游客身亡现场勘验死因；酷暑盛夏，尸体腐烂，陈烁不避恶臭，近前对死者细细观察周身；实验室里，陈烁屏息静气，小心翼翼提取生物检材再一一悉数检测。

常人难以想象的肮脏、枯燥、繁琐、煎熬，日复一日地考验着法医。谁说法医工作如影视作品中那般光鲜有趣？

南下千里

陈烁在辽宁省沈阳市出生长大，算是地地道道的东北姑娘。

要说考入沈阳医学院苦读五年，当个医生挺好，却不知她动了哪根筋，转身考入中国刑事警察学院法医系再攻读两年，毕业后南下近两千公里外的浙江省临安市，像大风吹来的蒲公英，张着理想的小伞，降落在距杭州数十公里的小县城，让自己执意选择的法医职业在南方异乡起步。

异乡这边的男人少有东北汉子的高大壮实，女人多纤细瘦小。下火车乘车前往市公安局的路上，陈烁错把路边掠过的竹林当成树木，禁不住惊叹："哎呀，这边啥东西都那么细小，就连山上的树都长得这么细溜儿啊！"

哪有天生胆大的姑娘？

陈烁就读于中国刑事警察学院法医系时，全班48名学生中有15名女生。第一次上解剖课，男生站在前排，最记得那次解剖新鲜尸体——一名年仅18岁的酒店门童意外丧命，小伙子躺在解剖台上双眼紧闭，面色苍白，上身穿着红呢子酒店工作服，那红色竟穿过眼睛如刀尖般刺入陈烁心中，睁眼闭眼挥之不去。

此后，陈烁每晚起夜经过楼道去厕所，必唤醒寝室同学陪同，折腾得大家不堪其扰，终于在两个月后，人人拒绝她的求助。

陈烁胆小吗？

到沈阳市公安局东陵分局实习，一摩的拉客司机被人杀死在野外，东北盛夏的高温不输南方,那尸体遍布蠕动着的白蛆。眼看同去的两男生两女生无人上前,陈烁强忍胃里翻江倒海的呕吐感,一心想着不能让带学生的公安局法医看不起,装着满不在乎,近前抄起水管冲洗尸体……

没有什么干不了的事情——如今的陈烁很自豪。

看淡名利

2006年5月,临安市乡镇发生命案,一名下夜班的女工独自走入一段灯黑人稀的小路,意外遭遇强奸抢劫身亡。那乡镇一带居住有数千名外来打工的青年男女,命案震惊企业、震惊政府,让众多打工女孩心存惊惧,每逢外出必结伴而行。

临安公安数百民警进驻当地,对适龄男子DNA血样逐一筛查,几个月调查下来没有发现任何线索,企业老板、打工人群的恐慌一直持续不减,公安机关辛苦异常却不得不面临着极大的破案压力。陈烁过手两千多份血液检材,有的检材甚至需要一而再、再而三地核准,达到排除合理怀疑的科学标准。

四年前,临安市公安局成立DNA实验室,陈烁参与了从初创到完善工作的每一进程,目睹实验室设备从最初的简陋逐渐扩展充实,一天天地进步。以往必须要跑到省城杭州市局送交的生物检材,终于有一天不必往来奔波,联网查询更是便捷迅速。

陈烁清楚地记得三年前那天上午九点,她正在比对检测,仪器指示灯突然亮起。这意味着眼前获取到的被检测者的生物检材成功比中未破案件犯罪嫌疑人的数据。近前细看,眼前的发现令她激动无比,眼前比对的检材竟与六年前那个奸杀乡镇女工的嫌疑人留下的生物遗留物吻合。

为了保证检测结果确凿无误,陈烁按住心头的兴奋,下午重新进行比对检测——"无误!"

命案嫌疑人被擒,他作案当年仅17周岁,未被列入重点检测之列,而他这些年也没有因畏惧酿造命案而逃离本地。这名嫌疑人被抓获时23岁,他当年正在当地乡镇企业打工,入夜时分临时起意抢夺手机,被害女工挣扎呼救,他连下毒手,夺人性命。

陈烁比对出这起多年未破恶性积案的嫌疑人,好消息迅速层层上报。犯罪嫌疑人被抓获后,临安百姓口耳相传,临安公安民警也终于能够释放如碾重负。

做法医避不开跳楼裂头、断腿的自杀者;避不开被锐器戳烂胸腹的冤死者;避不开水淹久泡的膨胀躯体;避不开车辆辗轧后内脏外露的意外死者……一个人怎样好好活着,陈烁心里自有把持:"金钱、名誉都没有那么重要,人生有些事要看淡。"

发表于2015年2月13日

难忘失主领回被盗钱财的情景

王荣荣速写

人物档案：王荣荣，32岁，江苏省南通市公安局民警，一级警司。
个性言语：当刑警，不苟且、不糊弄，我要尽力做好这份工作。
第一印象：个头不高，壮壮实实，精神抖擞，动作麻利。

小时候憧憬当警察，憧憬着自己神勇无畏破案抓大坏蛋。

王荣荣在警校实习期间，永远记住张家港一派出所副所长告诫他的一句话："记住，当警察一辈子就四个字——正义、善良。"从警至今，王荣荣参与侦办重、特大刑事案件近百起，其中有40多起命案；与战友擒获600余名犯罪嫌疑人。

在领导和战友眼中，王荣荣算是当之无愧的破案能手，可他却说自己只是运气好一点点罢了。

案发即破

南通市出租车调度装备GPS系统之后，王荣荣出于对刑侦工作的敏感，专程前往相关部门讨教GPS调度系统知识，这套系统的各项功能和作用引起他的极大兴趣。

据技术人员介绍，这套高科技系统"集车辆实时定位监控、远程监控调度、出租电召、计价器无线上传等功能于一身，着重强调车辆及人员安全监控，集防盗反劫为一体"，尤其在防范与遏制针对出租车司机犯罪的报警功能上，不仅能以声、光方式提示指挥人员，还能够在电子地图上以醒目方式显示报警车辆的报警状态和报警地点，同时自动记录轨迹、自动录音。指挥人员可根据报警情况用短消息或语音进行指挥调度和警情处置。

王荣荣没想到，自己刚刚掌握了出租车GPS系统知识，就成功将此运用到一起刑事案件的侦破工作中。

南通市区，一对夫妻经营着临街一家小小彩票店，夜深时分，行将关门休息，两男子突然闯入，捆绑夫妻二人，抢走现金逾千元。彩票店内安装的监控镜头记录下两男子招呼一辆出租车离开的画面。

案发地点正处于王荣荣警队管辖片区。

接到报警，王荣荣立即联络出租车GPS系统指挥部门，确认嫌疑人乘坐出租车的车牌号码、运行轨迹、车行方向。王荣荣通过该系统通话功能告知出租司机稳住"乘客"，让司机确认同车人听不懂南通地方话后，询问司机"乘客"人数、身高、相貌、打算去哪儿。

两名嫌疑人下车后找地方去吃夜宵，根本不知晓他们的一举一动完全处于缉捕民警的掌控之中。案发仅一小时，来自山东的两名犯罪嫌疑人就被警方擒获。

王荣荣结合侦查经验，创立起一套监控视频与出租车 GPS 系统结合的刑事侦查程序，自此破获了一批重、特大刑事案件。

不敢设想

大白天，小区有户人家被盗，受害家庭小夫妻报案称失盗 8 万元。王荣荣与刑警同事赶到现场，发现嫌疑人系采用技术性开锁手段，打开受害人家门行窃。

小夫妻告知办案民警，8 万元是他们好不容易从亲戚朋友处借来准备为年幼孩子治病的钱，而他们的经济状况并不富裕。王荣荣听后心存疑念，"这会不会是报假案？"

侦查情况显示，受害人居住小区地处开放性位置，通道多，人们来来往往，寻找作案嫌疑人行动轨迹难度极大。正在这时，又接连发生入室盗窃案件。警方经过串并案分析，研判前后起案件是同一伙嫌疑人所为，并依据监控录像资料分析，查明两名行动可疑男子的行踪。

王荣荣在执行这次任务时，恰逢妻子生产，他却无法守在妻子产床旁。时近中午，天下着雨，他打着伞坚守在既定监视位置，念着医院里即将生育的妻子，眼前也浮现出受害小夫妻苦苦期盼找回被盗救命钱的可怜眼神……

两名嫌疑人终于现身在小区楼道门口，王荣荣与同事冲上前铐住嫌疑人。警方讯问后得知，两嫌疑人中竟有一人是大学生，他从网上学习了技术开锁手法，与人结伴开锁行窃。

嫌疑人起初只认入室行窃不承认盗取 8 万元钱财，大学生嫌疑人悄悄问王荣荣可能会判刑多少年。王荣荣先告知被盗小夫妻的实际困境，再告知他如实交待会减轻刑罚，他向王荣荣承认在小夫妻家盗走 8 万元。

"应该说，他还是有同情心的"，王荣荣记得那个大学生嫌疑人供述窃走小夫妻 8 万元后，隔日专门要求找王荣荣谈话，他痛快承认了盗走小夫妻家 8 万元的犯罪事实，承认自己从内心里觉得对不起人家。

"我也是做父亲的人啊！"王荣荣感叹道，假设那 8 万元真找不回来，孩子的命救不了，亲戚朋友的钱无法还，那小夫妻的"天"就塌了，他们往后的日子怎么过，真是不敢想下去。

王荣荣忘不了与同事将嫌疑人退赃的 8 万元交到小夫妻手中的情景。那一刻，他真切地感到身为人民警察的神圣和自豪。

发表于 2015 年 2 月 26 日

海军声呐兵变身视频监控好猎手

徐占胜速写

人物档案：徐占胜，56岁，北京市公安局呼家楼派出所民警，一级警督。

个性言语：实践是检验认识、修正理念和方法的唯一途径。

第一印象：面相慈祥，心地善良，思维缜密，行事稳健。

"我迷迷糊糊地倒着，听见有人说快送医院，我心里特急。"

那天，徐占胜参加抓捕飞车抢劫嫌疑人行动，狂追百十米未果，回到派出所感到胸部憋闷，背部似被巨大电流击穿，呈现放射状刺痛，渐渐失去意识，不能言语。

120急救车、医院、手术室、心脏支架。

那个令他眼前发黑的日子，是2002年2月25日。

着迷监控

徐占胜这辈子爱琢磨事、好探究行事方法。

高中毕业前，他无师自通木工手艺，摆弄锯、刨、凿、胶，自制三开门大衣柜送亲朋好友。那年头，三开门大衣柜被视为百姓家中的奢侈家具。

高中毕业，他凭体检甲级入伍海军，学声呐技术，登上猎潜艇出海。那年头，军队把北京高中毕业生当宝贝供，争着抢着把他们送到声呐、通讯、雷达、信号岗位培养技术尖子。

当兵四年复员，他在北京铁路分局车辆段干电器钳工，一直没放弃文化学习，直到北京市公安局向社会公开招考民警，徐占胜在而立之年跻身首都民警之列。

"没想到当警察顾不上家。"

从警时，徐占胜已婚，当了父亲。二十六年来，做事认真的他在基层派出所各个岗位都干过，而最令这当年的声呐兵、电器钳工关注的是，如何把派出所视频监控技术发挥到极致。

徐占胜痛恨犯罪，深知多年来沿袭的传统破案手法难以应对犯罪手段的翻新和变化。做心脏支架手术一年后，老徐向领导吐露出埋藏心底的念想——去视频巡控平台岗位干。

呼家楼派出所视频巡控平台建成至今，已进入第12个年头，任职视频巡控平台主责民警的老徐，个人所著的《"311"视频巡控技战法》变成他多次站在市警院讲台授课的讲义。听者印象最深的是讲义中"精良武器""精良技术""精准目标"三概念构成的严密逻辑体系及视频案例；听者最初难以相信的是"以人找案"。

茫茫人海，纵使全天候录下所有街头巷尾影像，如何"以人找案"？

常言道"贼眉鼠眼"，只要摸清贼盗出手规律、洞穿贼盗作案动机，熟悉惯偷惯盗体貌面相，实现精准打击的关键就在于目标明确。

十二年来，老徐带领"徐家班"，每日将派出所辖区发生的全部治安警情登记在册，细细研判，日积月累，大家熟知小区、道路、店铺、饭店街况与监控镜头位置，当街边犯罪发生时，能在第一时间准确切换监控镜头，捕捉嫌疑人犯罪行为及逃跑路线、方向、方位，准确组织缉捕。

"我们不用追。"老徐很自信。

这些年来，每年逾百起嫌疑人作案后被擒，民警往往在嫌疑人自以为远离现场，放松戒心时出现在他身边。抓捕嫌疑人行动利落，民警自身安全、周围群众安全，那是有"天眼"罩着。

特殊拥抱

视频录像中，一个头发乱蓬蓬、外衣左胸饰有大大"米"字样的年轻男子打着手机，身处杂放自行车、电动车和摩托车的街头，慢慢踱着步子。

"看他，哪有打手机四处张望的？"老徐最清楚这家伙想干什么。

自打这年轻男子被监控视频盯上，监控员就给他起个绰号——"米字旗"。

"米字旗"共有22起涉嫌盗抢摩托车犯罪记录，其中9起直接被视频监控员或便衣巡查发现。此人专偷大排量摩托车，盗撬技术最高、逃窜最快。抓捕队员多次抓捕都没能抓住他。老徐相信，只要他不罢手，早晚有一天会落入法网。

一天，老徐与同事在派出所门前打扫街道卫生，突然看到"米字旗"驾车从派出所门口经过，由于他驾车速度快，老徐怕逮不着反倒惊了他，没贸然行动。直到那天，老徐和队员将"米字旗"结结实实地摁倒上铐，老徐上前拥抱"米字旗"时说了声"我想死你了！"

早早在派出所挂了号的"米字旗"，自案发至被擒，整整历时10个月零22天。"米字旗"不知所措，一脸茫然，老徐随即喝道，"不知死活的家伙，你犯了那么多事，还敢从我们派出所门前过！"

呼家楼派出所视频巡控室各台电脑内存有满满的视频档案，以往刑警最怕嫌疑人零口供，但只要经监控视频录下现行犯罪影像的，绝对不耽误构罪起诉。

时至今日，老徐带领的"徐家班"及他的《"311"视频巡控技战法》声名远播。从实现个人价值的角度出发，老徐说自己最期待基层派出所视频技防联动一体化，最乐意看到"天眼"克贼擒盗、大显神威。

发表于2015年3月7日

长安街上有这样一位女巡警

王姗娜速写

人物档案：王姗娜，28 岁，北京市公安局巡警总队民警，三级警司。
个性言语：没有什么幸运是应当给你的。要问的是，你担当得了什么？
第一印象：身材高挑，谈吐从容，理性冷静，心智成熟。

王姗娜身穿警服，佩戴全部巡警装备，飒飒巡行在首都北京长安街上。

入警三载，不论酷暑盛夏、风雨雷电、寒冰严冬、雪霰交加，日复一日上岗执勤。每每六七个小时的辛劳，这位年轻女巡警心里沉淀了几许职业体验和情感？

放下矜持

"天安门在哪儿，怎么走？"
"去动物园，坐地铁快还是公交快？"
"西单大悦城在马路这边还是那边？"
"庆丰包子铺离这儿有多远？"

身为首都政治中心区的巡警，王姗娜步巡时经常遇到外地来京旅游者询问。有趣的是，人们大多对女巡警怀有敬佩之心，保持着一定距离，可一旦有人上前问路，往往会围上来一拨儿又一拨儿人相继发问。

节日期间尤甚。

西单文化广场尤甚。

未及一小时，逾百人问事问路，这现象并不夸张。最不可思议的是，几十次甚至上百次询问竟然是同一个问题，比如"天安门在哪儿？"

巡警的职责中固然有为社会和公民提供服务一项，但应接不暇地回答、回答、再回答，不免令人口干舌燥、心情烦躁。王姗娜经历如此体验，思想有波动。她与妈妈聊天，妈妈一句话醍醐灌顶般警醒了女儿："你想想，妈妈到外地向警察问路，如果警察不耐烦……"

一位头发花白的老太太神情焦虑地朝天安门方向吃力地走着，她告诉正在步巡的王姗娜，前方是她家所在，而她的家在复兴门外。老太太显然反了方向。

不管王姗娜怎么劝说，固执的老人家坚信自己没错，直到老人家被王姗娜苦口婆心的诚意打动，才听信眼前这个警察丫头的劝告。当老人家转身告别时，她特别叮嘱王姗娜，

"丫头，晚饭一定到我家去吃，我等你来啊"。

"执勤心态很重要。"

生活中的王姗娜是一个爱美食、爱电影、爱逛街的80后女孩，工作中，她清楚自己的定位——首都好巡警要培养自己一言一行的文明意识，要培养服务百姓意识，女巡警在工作中还需要淡化性别意识。

"执勤时，女孩子的矜持最要不得，必须放下。"王姗娜对此毫不犹豫。

独立自主

父亲是法官，母亲是护士。

王姗娜出生时比预产期晚了几天，爸爸取一个"姗"字放入她的名字里。小时候因父母工作繁忙劳碌，王姗娜常常独自一人在家。

身为女儿，王姗娜对父母的评判是：家里大事多由母亲定夺，她敬佩母亲；父亲爱读书，自己继承了父亲感性、知性的一面。

"从小到大，自己的大事自己做主，父母尊重我的选择。"

考大学、选专业、考公务员、当警察、当巡警，父母给女儿的一句话是："选择了别后悔。"

烈日暴晒，长时间走在街面上，抹多少防晒霜能阻止肤色变黑啊！

雷暴闪电，风急雨骤，街面无人，女巡警与男巡警一样照常执行巡查任务。

王姗娜从警伊始，多位"师父"言传身教，告诫她执行公务要心系百姓、将心比心，要自觉维护首都民警形象。

"在法律专业学习了思维方法，锻炼了分析、辨别能力，也确立了人生价值观，教会我处理任何问题先要冷静，多用理性思维。"

领导信任王姗娜，请她结合自己的实战经验和体验，参加指导入队新警的岗前培训，她制作PPT，将工作各环节及细节逐条逐项地分类介绍；领导交给王姗娜撰写巡控工作规范任务，她利用休息时间撰写近两万字的文稿，不断向"师父"、老巡警、队领导、上级领导请教，广泛征求修改意见。

"不要说你大学毕业怎样，不管有人说站街巡查是浪费生命"，王姗娜笃定内心职业认同感的道理是："没有什么幸运是应当你得的，要问的是，你担当得了什么?!"

《论语》中有句话曾是王姗娜中学时为写作文背诵的，她起初对这句话理解不深。随着年龄增长，阅历增加，这句古语讲述的道理越来越清晰地呈现在她的眼前。

时至今日，她张口即来，一字不差——有道是："不患无位，患所以立，不患莫己知，求为可知也。"

发表于2015年3月12日

超常毅力淬火破案神功

王洪速写

人物档案：王洪，29 岁，江苏省镇江市公安局京口分局民警，二级警司。
个性言语：对人要真诚，做事要勤奋、踏实。
第一印象：浓眉大眼，英俊豪气，身体壮实，言语谨慎。

警帽、警徽、警衔、警服。

小小年纪，王洪每次看到爸爸妈妈正装出门，心头溢满崇拜。

高考成绩张榜，王洪分数越过本科院校招生录取线，逢警校提前招生，他听从内心呼唤连填三校，走进警院，完成学业，穿上警服，践行理想。

冥思苦想

王洪父母尊重儿子的人生选择，语重心长地提示儿子"和平时期，警察辛苦、顾不上家、牺牲率高……"父母话语里深藏着鼓励和关爱，王洪向着内心既定理想目标前进。

入警伊始，他被分配到位于闹市的一家城区派出所执勤，虚心积累一线警务执勤体验。处置突发警情、侦破刑事案件、抓捕涉罪嫌疑人、维护节假日秩序、调解民间纠纷，整整 5 年，当警察会有怎样的"奉献"和"牺牲"，王洪有了真真切切的领悟。

为抓捕嫌疑人设伏蹲守，要忍受内心焦灼和体能消耗的煎熬，要顽强抵抗心理极限和体能极限的逼近；为妥善调解民众纠纷，要反复劝慰激烈冲突的双方，不顾精疲力竭、口干舌燥的疲惫。

入夜时分，一年轻女子上公共厕所时被一尾随男子跟踪后实施强奸，发案地点邻近派出所，没有目击者，法医未成功获取嫌疑人生物检材，发案地点安装的监控视频因光线黑暗导致影像模糊难辨。被害人丈夫悲愤交加，案发后时不时来派出所询问破案进展，强烈希冀尽快将犯罪嫌疑人抓捕归案。

王洪身为承办案件的警官，目睹小两口的悲愤，专心致志地寻找破案线索。绞尽脑汁在相关路段与案发时间的监控视频中寻找案情衔接点。

破案压力曾让王洪失眠，"一闭上眼就想怎么破这个案子"，直至最终明晰嫌疑人的大致面容及身形轮廓。那天，王洪行走在大街上，眼前突然晃动着一个在脑海中浮现过无数遍的身影——"抓！"

嫌疑人在讯问中向警方承认他那天晚上临时起意，跟踪一年轻女子并实施犯罪。此案经被害人辨认及警方确认所有涉罪证据后，罪犯得到应有的惩处。

"什么时候是你最高兴的时刻？"

还用说吗，就是嫌疑人被他当街抓捕的那一刻。

三米底单

破案要有定力。

案件发生，没有任何侦查线索，或已有线索庞杂无序、真伪难辨，办案人殚精竭虑却一无所获——压力山大，谁能戒烦避躁、冷静勘察，谁能在看似绝望的迷局中突破困境，最终考量的是办案人内心定力的极限。

去年入夏，镇江市公安局京口分局发现在当地微信、QQ中浮现出几则上传涉黄图片和挑逗性招嫖言辞。警方深入追查，一层层揭开一个组织者、网络键盘手、代聊中介者、卖淫者沆瀣一气的"托拉斯"黑幕。

"一个嫌疑人使用十个手机号码，一个手机号码与众多号码通话。"

到底哪一时段的哪段通话可固定为嫌疑人涉罪行为的证据，王洪详细罗列全部信息，在浩如烟海的碎片化信息中找出对应的涉罪关联证据，逐一加以甄别。专案组同事目睹王洪熬红眼睛、日思夜想排查逾万条通话及网上聊天记录，最终筛选出长达三米的"底单"，罗列出辨析后的"关系图"。

随着侦查工作的深入，王洪与战友不断修正"关系图"，最终抽丝剥茧廓清案情内幕：一特大跨省网络卖淫组织者指派卖淫者赴广东、深圳等地购得不记名手机"黑卡"，速递给从未谋面的组织者；网络操盘手使用"黑卡"及虚假身份注册的QQ号发布暧昧招嫖信息，"黑卡"仅用一天即丢弃；组织者与网络操盘手、代聊中介者、卖淫者之间多为单线联系；代聊中介者与嫖娼者商定时间、地点和价格，通知"鸡头"组织卖淫者赶赴异地"空降"；卖淫者完成交易即按比例将嫖资交付上线；各级上线按分成比例通过银行转账支付给组织者。

尽管有团伙犯罪嫌疑人向王洪坦言："干这事，早晚会被逮住。"但王洪相信，他们事实上并未想到定能被警方擒获，这伙犯罪嫌疑人采用高科技手段，利用手机软件定位，异地指挥，通过手机或网上招嫖，单线联系，防范严密，利益分成明确。如果警方仅凭最初发现的几条招嫖微信或网上信息就案办案，不深究细查，这一特大网络组织卖淫的"托拉斯"仍处于隐蔽状态中难为人知。截至该团伙主要成员被警方擒获时，该团伙在短短两年里流窜十几省市作案，涉案嫌疑人多达70人，涉案金额逾百万元。此次破案体验，更加强化了王洪的办案理念：

"搜集证据穷尽一切，细致研判不懈努力，多元思索冷静辨析，坚定信念考验毅力。"

发表于2015年3月19日

让凶嫌在 DNA 筛查中现原形

吴应锋速写

人物档案：吴应锋，36 岁，江苏省扬州市公安局民警，主检法医师。
个性言语：重大案件的成功告破，离不开刑事侦查技术民警辛劳与智慧的付出。
第一印象：戴眼镜，身材瘦小，眉清目秀，性格直爽。

三省交界，深山老林。

山里娃吴应锋考上大学，父母陪他走一个多小时山路，赶到阳平关小站乘车。只去过县城的儿子要到 480 多公里外的西安上学。

父亲只留一句话，"男儿志在四方"，母亲眼望车厢里站立的儿子，泪眼婆娑。大学毕业，吴应锋背起行李行路更远，赶赴离家近两千公里外的江苏扬州。

冤情大白

"两百多件不同批次的生物检材被送到 DNA 实验室。"

刚到扬州市局刑侦支队工作不久，吴应锋就赶上当地一起重大命案的侦破工作。两百多件"不同批次的生物检材"不过是工作术语，吴应锋目睹案发现场送来两百多块人体碎肉碎骨，心中充满惊讶和悲愤，"什么人能痛下杀心，干出这样伤天害理的事来！"

公安机关立案侦查时，社会上谣言四起，人人惊恐。如此之多的人体组织，到底是一个人的，还是几个人的？

仅凭直观判断，应该不止一人躯体，但科学检验结论没有出具之前，当然不能随意轻言。

扬州市局刑侦支队 DNA 实验室连续五昼夜投入超负荷工作，领导催促鉴定结果，而仪器在检验流程循环程序中要经历几小时的等候。吴应锋记得自己昼夜辛劳，困得熬不住，就在等候结果的几小时里趴在工作台迷糊一阵儿。

几天后，结论明确：被害人共有三人，男性，年龄均在十八九岁。

杀人者是男性，有高等文化学历，已过而立之年。被害三人与他素不相识，他为什么杀害三个与他无冤无仇的小青年，残忍碎尸后将部分人肉制成食物，请不明真相的熟人入家烹食？此人恶魔附体，被办案民警擒获判刑，民众开心至极。

那是一起持续三年不时发生的恶性刑事案件，嫌疑人拦路抢劫强奸杀人，恶行不止，既挑战社会正义，又直接拷问公安机关的执法威信。

扬州市局刑侦支队 DNA 实验室将罪案现场搜集到的相关生物物证细细筛查，最终获取同一男性的 DNA 基因，成功将四起案件串并，为案件侦查方向提供了有力支持，直到将相关数据输入全国 DNA 数据库实时查询，成功比对出嫌疑人。

吴应锋感慨叹道，"这个恶魔终于出现了！"

破译物语

人死不言，冤情隐迹。

指纹、毛发、汗渍、血迹——犯罪现场存有的涉罪物证信息，需要运用刑事侦查科学技术手段逐一破译，追查真凶。命案警情报来，不论自然环境多么复杂，天气多么恶劣，法医势必要在第一时间赶赴案发现场勘查。

吴应锋入职扬州市公安局刑侦支队，十二年来经历过一次次紧急任务，加班加点，不舍昼夜，手机二十四小时畅通，以确保随叫随到。

人们对法医职业并非一无所知，法医要置身于血淋淋的命案凶杀现场，或身穿白大褂端坐仪器前。然而，法医在破案压力下要承受怎样的焦灼，人们大多难以体验——用科学精神和原则对待涉案证据，不允许疏忽失误，更不允许妄自猜测。

"DNA 实验室工作是在封闭环境中进行，很枯燥。"

"枯燥"——是指获取 DNA 检材后，工作人员要遵循科学检测流程，严格按照国际标准操作，针对不同检材类型选用不同检测方法：提取、扩增、检测、分析。

提取，无非是一次次地在工作台上重复简单动作，每次都要保持高度注意力，一次完整的检测循环至少要花费 8 小时，面对失败结果，要静心思考，精心调整方案，重新检验。历经一次次检测循环，也许持续一周之久，也许历经两周甚至更久。

"为什么检测不出，是不是提取有误，是不是仪器维护出了问题？"

吴应锋有过夜夜不眠的苦闷，有过梦中惊醒的心悸，遇到疑难检材无法成功检出时，他在良心上会感到对不起受害人，对不起"警察"这一称谓，甚至痛感自己无能。

十二年来，吴应锋参与刑事案件现场勘查 260 余起，从事物证鉴定 7600 余份，检验各类生物检材 32 000 余份，出具鉴定 1200 余份，均无一差错。

举凡成功运用 DNA 刑事技术为案件侦破提供直接证据，助力案件侦破，吴应锋最开心、最幸福："无论付出再多辛苦都值得。"

发表于 2015 年 3 月 26 日

亲历侦破"苏湘渝"持枪抢劫杀人案

贾健速写

人物档案：贾健，35岁，江苏省南京市公安局刑侦局民警，三级警督。
个性言语：认认真真、踏踏实实走好人生每一步。
第一印象：双眼皮，大眼睛，五官匀称，俊朗豪气。

幼小女儿一听爸爸要出差，每每赖在爸爸身上哭泣。

只要忆起这情景，贾健心头总会浮现出难言的复杂心绪——手机里存有女儿惹人疼爱的影像，出差有片刻闲暇，便一张张点击出来痴看一番。

一眼认定

父亲是军人，母亲是民警，姐夫是民警。

贾健应考南京市公安局特巡警，在数千名报考青年中名列第一。母亲看到儿子如愿进入警察行列时说了这样一句话："要珍惜来之不易的机会。"

一外地男子与南京本地一女子谈恋爱，该女子由奶奶带大，与奶奶同住。奶奶不同意孙女与外地男子结婚，但孙女已与男子同居怀孕。一天，男女双双向奶奶恳求，老人家坚持不允婚事。男子先劝怀孕女子打车离开，他一人留下跪求。几天后，男子陪女子到一电话亭打电话给奶奶家，家里没人接电话。

警方发现奶奶尸体，怀疑其孙女与男友有作案嫌疑，但案情线索只明确了一个电话亭，只获得监控视频中一段行路身影，只推算出嫌疑女子怀孕临盆，只有男嫌疑人一张很旧的一代身份证头像，而嫌疑男女踪迹皆无。

冬天的一个傍晚，贾健带领一侦查员在嫌疑人可能出现的地段守候了五六个小时。是否撤离？时针指向当晚八时许，贾健说再等一等。

这时，有一个男人从那个被监视的电话亭旁边路过，虽然此人没有停步，但路过时不经意地回望电话亭，这一举动引起监视车里贾健的注意。当这名男子路过监视车后，贾健下车跟踪而去。

那男子有所觉察，转身拐入一巷道，疾走几十米后突然返身回走，被贾健迎面攥住右手，断喝一声："叫什么名字"，来人不自觉地道出姓名，他恰恰是警方寻觅的作案嫌疑人。

原来，该男子那天劝女子下楼打车离开奶奶家，接着跪求，奶奶坚决不允，该男子陡起杀心。将奶奶杀害后塞入衣柜，返身回去告诉怀孕女子说奶奶基本同意，过几天再去劝说奶奶。

孙女对奶奶遇害毫不知情,还在男子的陪同下去电话亭给奶奶打电话。那男子与刚刚生育的女子住在一家酒店,他是为刚刚降生的婴儿去商店买尿不湿,在路上被贾健和同事擒获的。

有同事问贾健:"你怎么认出嫌疑人的?"

贾健反复审看那一小段监控视频,从中熟悉了嫌疑男子的姿态和小动作。目睹他一路走来,心里就确认这是他要找的目标。

百日缉凶

三年前的一天上午,江苏省南京市一家银行门前一声枪响,引起全国关注。

这起被公安部命名为"1·6南京劫案"的案件与多年以来湖南长沙、重庆等地发生的六起持枪抢劫杀人案均系同一犯罪嫌疑人周克华所为,抢钱劫匪胆大包天的罪恶行径震惊全国。

贾健好不容易争取到的偕妻子、女儿外出旅行的甜蜜假期被意外打断。他接到命令,立即退掉个人机票,加入到"苏湘渝"系列持枪抢劫杀人案的侦破行动中。公安部指挥南京、长沙、重庆等发案地公安机关组成联合专案组,贾健作为南京选派的联络负责人进入联合专案组工作。

"每天接到一百多条举报电话,都要仔细甄别。"

贾健难忘当年不舍昼夜捕捉任何有关嫌疑人线索的那些日子——焦灼、煎熬、失眠、等待。他在联合专案组结识了来自重庆警方的办案民警。最令他敬佩的是,重庆警方办案人员历经近八年之久锲而不舍追捕嫌疑人,他们与家人聚少离多,外出办案已成为生活常态。

贾健与专案组同事飞重庆、飞云南、飞湖南,刻不容缓地寻迹研判,生怕错失一丝战机。嫌疑人周克华行迹诡异超常,直至他在重庆一家银行储蓄所门前又一次持枪抢劫杀人,贾健连续四昼夜全程参与侦破工作,为"苏湘渝"系列持枪抢劫杀人案的最终告破作出了可圈可点的贡献,被江苏省公安厅授予个人二等功。

亲历了侦破"苏湘渝"系列持枪抢劫杀人案全程,贾健出差120天,行程逾万公里,在他看来,这是一次"可遇不可求的机遇",经历了难得的破案体验。

记得那天早上,贾健接到专案组同事打来的电话:"你知不知道周克华被击毙啦?!"

贾健不相信,接着又听电话里说:"开枪互射,我们的人没事。"

记得那是2012年8月14日上午,贾健与其他专案组同事一同前往重庆沙坪坝区周克华被击毙处察看激战现场,他依然不敢相信一切就这样戛然而止——"明天,就能回家啦?!"

发表于2015年4月2日

三天三夜细看视频捕捉魅影

祝树静速写

人物档案：祝树静，38岁，江苏省扬州市公安局邗江分局民警，三级警督。
个性言语：我从来不曾为追求荣誉而工作。
第一印象：瘦瘦高高，单眼皮，说话神情和缓，声音不大。

出生时，父母给儿子起名"树静"。

一个"静"字，仿佛卜知自家男孩的未来——他如愿考入江苏省警官学院，学习的是管理系文秘专业；他毕业即入刑警队，奔波在外，风吹日晒，继而转入图像侦查，端坐桌前眼盯电脑屏幕……

这番经历可谓"欲静而动""动而入静"。

狂追千米

祝树静个头高，身体显得单薄，全仗着学生时代爱踢足球、追逐奔跑打下的体能底子，干刑警多年，腿脚仍不逊年轻人。忆起当年缉捕盗窃摩托车、电动车团伙的经历，他嘴角现出一弯浅浅的微笑。

这一团伙的两名成员被扬州警方抓获后，祝树静与刑警同事将嫌疑人押上警车，驱车带他们去指认作案现场。警车行驶在一段乡村公路上，前方有一骑摩托车的年轻男子顺方向行驶，随着距离越来越近，警车里的两名嫌疑人开口说前面骑车那人跟他俩是一伙的。

不等警车抵近，前面骑摩托车的年轻人回头发现身后有警车，扔下坐骑，转身跑下公路进入田地。祝树静毫不犹豫，开门下车撩腿就追。

虽说追者个高步大，但架不住逃者心切情急。那场景，逃的和追的都拼力较劲、呼哧带喘、浑身燥热、喉咙冒烟。

眼看那名男子进了村口，祝树静就一个念头，绝不让他在自己眼皮底下逃掉，直跑到上气不接下气，心脏好像噎在嗓子眼怦怦狂跳。这时，前面几步远那名男子也迈不开步了，他倚着一户人家的门，喘息声像拉风箱似的，身子瘫软。

"他也跑不动，我也跑不动了。"

到最后，祝树静挪步上前，将对方一把摁住，上铐。

一帧缉凶

干了11年刑警，祝树静与同事风里来、雨里去，不顾危险、不辞艰辛地干。及至各地警方顺应时代要求，引进先进科学手段服务刑事办案之际，他加入了图像侦查之列。

祝树静忘不了利用监控视频侦破的第一起刑事案件，"黑车"司机遭遇凶犯持刀抢劫，人被嫌疑人掐脖子后用刀捅伤。案发闹市，影响恶劣。

然而，案发之际，道路监控镜头稀少，案发现场虽有监控录像，但出现在画面中的人很多，分不清哪个是嫌疑人。祝树静经反复推断后确定嫌疑人行走路线，从仅有 1/10 秒的一帧画面中，窥到嫌疑人在树叶中一闪即逝的身影。"眼睛眨一下，视频里的影像就没了。"

说起人在办公室面对电脑，案情来了，没白天没黑夜地枯坐观看，盯着看，看得头昏眼胀、眼痛泪流，甚至胃肠作呕，如此毅力考验绝非常人所能经受。

曾有一起重大刑事案情发生报警之际，全市涉案时段的监控录像都调集到祝树静与同部门同事桌上，那可是逾千 G 的图像容量，一部两小时的电影也就一个 G 的容量，他们在 4 个月里反复不停地看。"看得晚上都睡不着，闭上眼，眼前总有图像画面在晃。"

三天三夜

扬州海宁皮革城发生重大失窃案件，一家商铺 35 件貂皮大衣被盗，总计价值逾 30 万元。警方以案发中心现场为重点，调取了皮革城内 48 个监控镜头共 300 小时的监控录像图像详尽析判。

经确认，嫌疑人于凌晨三时进入被盗商铺，而皮革城外广场的照明灯光在嫌疑人进入后关闭。依常理推断，嫌疑人盗得貂皮大衣后应该走出来，但广场上漆黑一片，看不到人影，判断盗窃嫌疑人的重要线索难道就因此而中断了吗？

"无光源图像"是技术词语，即夜黑无光的视频画面。

一杯杯浓茶喝下，一次次凉水冲脸，一下下拍打脑袋，祝树静足足盯了三天三夜，终于在案发时段的"无光源图像"中捕捉到那个走出皮革城的身影，时间为"5 点 11 分零 9 秒"，借此印证了他此前推断嫌疑人走出皮革城的时间。依据这一时间要点，祝树静延伸调查，通过监控录像确认嫌疑人驾驶轿车的车牌号码、车型及车身颜色。

提及自己拥有的多项立功荣誉，祝树静很淡定："我不能说我不珍视这些荣誉，我承认它很有价值。不过，我从来不曾为追求这些荣誉而工作。"

发表于 2015 年 4 月 10 日

筛查海量数据锁定命案嫌疑人

张斌速写

人物档案： 张斌，44岁，江苏省南京市公安局刑科所副主任，二级警督。
个性言语： 本本分分地做好工作，对得起自己，对得起家庭。
第一印象： 浓眉大眼，相貌英俊，谈吐谨慎。

生在农村，长在农村，张斌自小瘦弱，体型单薄。

农忙时节，少年张斌与弟弟帮父母打稻米，邻家女孩攥木叉推起一抱抱禾捆在场院上飞跑，张斌每每推禾捆欲快跑，总是歪歪扭扭前行，父亲喟叹："你不是种田的料啊。"

半截烟蒂

干农活儿笨拙的农村娃张斌，高中毕业考入南京大学生化专业就读。

生物化学是一门边缘学科，这门学科的任务主要是要了解生物的化学组成、结构及生命过程中各种化学变化。大学毕业时可选择考研究生、去制药厂，张斌却惦着穿警服威风，认为所学专业科研用得上，便前往南京市公安局报到。

命运全然不似想象中的那样，没想到入警培训后被指派去派出所当片警，挨户登门跟老百姓打交道，或调解纠纷，或接警抓小偷。张斌笑说自己当时"昏掉了"。

及至市局筹建DNA实验室，张斌被派去外地进修，回来跟着法医干了8年。法医验伤非自己所学专业，但与其后从事的DNA检验有着十分相同的工作要求，张斌记得那8年里，"每份验伤鉴定报告不能错一个标点符号"。

自DNA实验室初创伊始，张斌早早介入其中，为明白操作流程，他仔细阅读仪器英文说明，数月后弄懂了仪器程序的每一环节并开始操作。多年以来，张斌与同事在疑难检材的检验上下功夫，研究和改进检验手段，大大提高了现场生物检材的提取成功率。

"DNA样本比对是精细化工作，不能出错。"

六年前发生一起命案，在逃嫌疑人的血样经张斌比对，发现其DNA数据比中广州数据库中一人的DNA数据。命案发生后，警方已经通过侦查锁定作案嫌疑人，但此人远程辗转于安徽、浙江、贵州数省，行踪难觅，后来在广东落脚，他在一家极不起眼的小吃店打工，日子久了，竟在当地一帮烂仔中混成了头头，办了个私家赌摊招揽生意。

南京警方下广东抓获他时，他正在与人赌博，兜里揣着8000元。他不知道当年在杀人现场丢下的半截烟蒂成为这一命案被突破的关键线索。尽管多年里他东躲西躲，但最终被DNA样本识破罪身所在，他向办案警方坦白交待了多年前夺人性命的详细经过。

2014年，张斌受理检验的43起命案中有41起获得有价值的DNA数据，在认定犯罪嫌疑人和案件的顺利诉讼中起到了至关重要的作用。

万人比对

正值盛夏，一乡镇临街卖粮商户发生血案，母女遇害身亡。案发商铺门外，人们里三层外三层地聚拢围观，看警察拉起警戒线进进出出，各种猜测传言四起。

警方勘察确定，凶案为一人作案，出入痕迹清楚，嫌疑人与被害人有搏斗，母亲和幼女均被闯入者用刀刺死，屋内到处是血。该商户在镇上经营粮食，一层是商铺，二层居住，凶案发生在二层。案发当晚，商铺男主人在外进货未归。案发一个月，警方侦查工作没有查出嫌犯踪迹。

凶案现场搜集到的几十份生物检材被送到张斌案头，他逐一仔细检验，从被害母亲的指甲缝里提取到一个男性DNA样本。最繁重的DNA检验工作降临了——警方经综合研判后，依据已有线索，以案发现场为中心，在30公里范围内大规模采血以进行DNA比对。

"我的工作压力特别大。"

张斌记得，随着一批批采血样本送到，他即开始忙碌的检测试验，总要持续工作到凌晨三四点钟，只有在等待试剂显示结果过程中，才能趴在桌上迷糊一会儿，直至一万多名男性血样一一完成比对，仍没有发现嫌疑人，这结果让人很无奈。

时隔一年，大白天发生一起未遂偷盗案，一陌生年轻男子企图悄悄入院行窃，不小心被屋里的人发现追出，来人跑掉了，却将骑来的一辆簇新摩托车丢在院外不远处。

案情上报派出所，民警判断入院行窃者势必回来取摩托车，便前去蹲守，果然抓获了试图取走摩托车的年轻男子。没想到，当这名试图作案男子的血样被采集后，一入库比对，竟然与一年前卖粮商铺母女遇害现场嫌疑人血样DNA比对成功。

嫌疑人向警方供述，当年那个夜晚，他爬进商铺二楼窗子入室被女主人发现并呼救喊叫，他在搏斗时用刀捅死她，发现屋里一小女孩受惊吓哭泣，再上前杀死小女孩。

凶案告破，民众放鞭炮庆贺。张斌最欣慰的是，辛苦没有白费，正义得到伸张。

发表于2015年4月16日

文身壮汉挑衅刚刚上岗新民警

蔡志强速写

人物档案：蔡志强，32岁，云南省官渡监狱民警，三级警督。
个性言语：我把人生苦难看作财富，好好活着就有希望。
第一印象：个子不高，单眼皮，谈吐间流露出坚韧不拔的气质。

"我叫他过来，他敞胸露怀站在我面前，一只脚踮着。"

蔡志强初入监区上岗，得知这里关押着刑期15年以下的服刑人员，其中以毒品犯罪和盗窃犯罪人员居多。一名犯故意伤害罪的服刑人员，成心当着众人的面给这个新来的年轻民警难堪……

初来乍到

那人膀大腰圆，胳膊绘着文身，任凭蔡志强按监规怎样训斥，对方就是满不在乎。在场有位老警察把这一切看在眼里，悄悄对蔡志强说："你要习惯这种行为，不要过分往心里去。管理服刑人员也不能有意刁难他，要照章办事，对事不对人。"

老警察指点这个初来乍到的年轻人说，如果不能正确对待，会给以后的管理工作酿成更大的麻烦。蔡志强用心记住了这番教诲。

如今已是副监区长的蔡志强提起当年笑笑说，年轻新民警刚来工作时都会遇到他经历过的尴尬。依自己十几年来的工作体验，蔡志强相信，服刑人员中确有顽冥不化的坏人，但是他们当中的大多数经过教育感化是可以挽救的。

一名服刑人员因诈骗罪入狱3年后刑期过半，打亲情电话得知妻子患白血病入院治疗，他情绪失控，躺在床铺上彻夜失眠、粒米不进。他与妻子感情很好，妻子生下女儿，他抱都没抱一下女儿就入狱了，担忧、自责、愧疚折磨得他寝食不安。

蔡志强以自己早年的身世经历告知这名服刑人员如何在人生困苦中摆正心态。对方在聆听后受到极大震撼。他妻子在接受骨髓移植后仍没有战胜病魔，但他在蔡志强一次又一次释情释理下走出精神崩溃的境地，一心好好改造，争取早日出狱去孝敬父母，抚养女儿。

有位老婆婆的儿子入狱服刑，那位与儿子多年同居、未领结婚证的女人弃家离去，留下两个未上户口的孩子。眼见孩子入校学龄已过，无法入学，蔡志强向领导汇报后，与两名同事赶往服刑人员家居属地，与当地政府和公安机关协商，一次交涉未果，两次、三次，直至他和同事为老婆婆办理了低保手续，为两个孩子解决了户口，让孩子顺利进入小学读书。

寒冬之晨，白发苍苍的老婆婆自百十公里外来到官渡监狱，颤巍巍地将一面锦旗递到监狱长手中，向站在一旁的蔡志强慢慢躬下腰身，老泪纵横地连声说"谢谢，谢谢"。

报恩心结

父亲下葬那天来了很多很多人，彼时蔡志强年仅12岁。

"他当过兵，是个很正直的人。"

蔡父是云南省昆明市一偏僻贫困山区农村的村支书，病故下葬当日，昆明市政协副主席专程从城里赶来，这位大领导曾是蔡父的上级。父亲在世时常常为村事劳碌而顾不上家事，母亲也曾有过抱怨。

父亲过世，母亲扛犁携年少儿子牵牛出耕，别人家有壮年男人吆牛犁田，蔡家少年个小力薄却性格倔强，拼足气力咬牙扶犁，让母亲在前牵牛。

种田辛苦，样样家务更是少不得，小志强心疼妈妈日夜操劳，争着挑水浇地、剁菜喂猪、烧火做饭，带好年幼的妹妹。受过极度劳苦的煎熬，干完活浑身像散了架一样，在回家的路上走着就能闭眼睡着。

目睹着同龄人快乐无忧，小志强有过悲苦自艾的时刻，但他记住妈妈为勉励他说过的一句话："你好好上学就行，日子以后会好起来。"

蔡志强读小学成绩突出，进入初中学习，每学年考试成绩都是年级第一名。尽管学校减免了他全部的学费，但由于家境实在困难，他放弃继续读高中，令学校老师惋惜不已。

在老师的建议下，蔡志强初中毕业报考云南省司法警官职业学院。拿到录取通知书，初中学校校长先帮蔡志强向乡镇申请并获得了两千元补助款用于交学费，再驾车带上蔡志强和蔡母前往学院报到。

联想到初中班主任等多位一直关爱他的老师以及亲朋好友，蔡志强内心溢满感激之情却无以报答，"山上的果树收获了，妈妈每年都摘下满兜子的梨、桃子送到学校，那是爸爸生前种下的果树"。

蔡志强离家去警院时，身着初中校服，军训结束后穿着绿色"准警服"回家，记得走进家院他喊了声"妈，我回来啦"，母亲正在家里忙着，闪身出屋，见儿子精精神神地站在眼前，她一时惊喜回不过神来，愣在门口……

五一、国庆、春节假日，蔡志强在工作岗位上劳碌，没有怨言，他心里有着这样一个想法："我没有多大能耐和本事，但我尽力，这是对以前帮助过我家的那些人的最好报答。"

发表于2015年4月23日

大喝一声止住江边百人械斗

童国际速写

人物档案： 童国际，41 岁，江苏省扬中市公安局民警，三级警督。
个性言语： 不论在什么岗位，一定把事情做好。
第一印象： 脸庞清瘦，眼神犀利，专注做事，追求完美。

夜深时分，长江岸边，船坞临江，人头攒动。

童国际跳上半入江水的船体上，左右手各攥牢一人，拼尽全力大吼一声，"今天要弄死多少人，你们想想！"船体两端数百人的喧嚣声骤然减弱。众人望向站在船上大吼一声的警察。四周渐渐沉静下来，只有江水、风声作响……

制止械斗

"白天，两边就打起来了。"

船厂聚众斗殴，缘于该厂两股东争执翻脸，各自召来百十号人，一方要将新造好的船体拖下江，另一方坚决阻拦，双方较劲儿陷入胶着，夜深时分，各方备械以逞斗狠之勇，大规模械斗一触即发。

接警后，童国际带领 30 名民警赶赴船厂，当时的场面令童国际和同事们惊诧不已，若以区区数十名民警贸然冲入激愤对峙的数百号人群中，万一有人失去理智与执法民警冲突起来，那场面绝不是警方愿意看到的。

"怎么做才是最好的？"

童国际仔细观察，得知两个股东此时正站在船体上激辩对骂，他叮嘱民警留在警车，随后自己开门下车，冲入人群，跳上船体，站到两人中间，一手攥牢一人，大喝一声……

"把关键人物震住"，童国际以个人的英勇行动，让一场似乎不可避免的大规模械斗戛然终止，这归功于他入警多年积累的工作经验，也得益于他做事专注、思考细微的秉性。

涵洞解疑

一对外地夫妻，婚姻破裂，二人反目，女方远道而来，在本地一处乡村找到打工机会，安顿下来。男方怒气不消，从外地追到本地。

女方命殒，男方成为警方追查的嫌疑人。

时值冬季，命案发生在农村，嫌疑人身影仅在乡镇银行储蓄所门前的监控镜头中闪过，警方搜集信息综合分析，确认嫌疑人未乘车离开本地，有目击者看到嫌疑人越过江岸护栏走进沙地，警方寻迹前往江岸边那处开阔的浅滩沙地。放眼江岸，护栏纵向距江流数十米远，其间横跨着长度两百余米的岸边沙地。

嫌疑人来这里想干什么，跳江逃走，跳江自杀？

寻不到嫌疑人尸体，这起命案就成了悬案，结不了案。警方在江岸沙地拉起警戒线，好奇民众围了上千人，翘首静观。

"案发48小时，我几乎没睡。"

童国际脑海里将地形勘察与嫌疑人心理一遍遍地揣摩分析，沙地上有那么多人的脚印，弄不清谁是谁的，他在江岸上的沙地里勘察了整整一天，江边沙上虽未找到任何人的新鲜足印，但命案嫌疑人是否跳江难以确定。数百米外的沙地尽头有一涵洞，涵洞上方建有公路大转盘。一个念头闪过童国际脑海，"涵洞会不会成为嫌疑人选择的自杀地点？"

他带领办案民警走向涵洞，江水正处于低水位，他站在涵洞洞口向里张望，没有任何迹象，再向里走几步，尝试着在涵洞的江水中捞一捞，发现了嫌疑人尸体。

千里追缉

草木葱茏，植被茂密，偏僻小村前有小河，后有山峦，进村要过桥。这小村距江苏扬中逾千里，却是四名电信诈骗犯罪嫌疑人的居住之处。

举凡外人过桥进村，必有人盯梢跟踪，看来人是不是寻踪而来的便衣警察。四名嫌疑人的落脚点就在村中，但为防止抓捕，他们常常更换住处。童国际一次次进村出村，摸清情况，依据已经掌握的可靠信息，把办案民警分为八个组，将抓捕时机定在凌晨。

凌晨2时，万籁寂静，童国际带领一抓捕组悄悄围住一户人家，进屋后确认一名嫌疑人并将他带走。此次行动将四名嫌疑人中的三人捉拿归案。历时近两个月的跨省抓捕，扬中警方将这一电信诈骗团伙到手的近60万元涉罪款项全部追缴回来。身为带队负责人，童国际承担着巨大的精神压力，他不仅要在第一时间把牢即时搜集来的涉案线索，更要及时加以缜密研判，尤其在部署抓捕行动时，最怕哪个细节事先考虑不周导致重大纰漏出现，不要说费尽心机抓不到嫌疑人，如果有民警在抓捕中负伤甚至牺牲，这是最不能原谅自己的。

"你没想到的我想到了，下次你要想到"，童国际在总结抓捕行动经验时，严肃地对办案民警说，他希望年轻队员能够独当一面，更快地成长起来。童国际在交警、巡警、派出所民警、督察、刑侦等多个工作岗位干过，如今是从警的第21个年头，他有句话是这样说的，"不论在什么岗位，一定要把事情做好"。

从警这些年来，他是这么说的，也是这么做的。

发表于2015年4月30日

勘破杀人焚车假殉情命案

庄群勇速写

人物档案：庄群勇，44 岁，云南省沾益县公安局法医，二级警督。
个性言语：吃苦劳作对人的品格磨砺最大。
第一印象：面容慈善，极具亲和力，语速快，动作快，走路快。

高考结束尚未公布分数，云南农家娃庄群勇填写下中国刑事警察学院的择校志愿。曲靖市公安局干部进村登门，恭喜他考上大学却劝他改填志愿，说在沈阳的中国刑事警察学院太远，上昆明医学院法医系也能当警察。

"那就依了吧"，庄群勇事后才知，自己的高考分数超过中国刑事警察学院录取线，而省里为把人才留住，便有了这一出登门劝说。

还魂蛋

山上发现一具尸体，埋在石头下。接到报警，年轻法医庄群勇赶赴现场。那是一具男孩尸体，看上去才十来岁，尸体已经开始腐烂。

"好可怜啊！"家里人谁能把孩子埋在这前不着村后不着地的山上；如果这孩子遇害而死，怎么查来查去没有致死损伤？庄群勇对尸源疑惑不解，只好请师父来看看。师父是曲靖市公安局老法医。庄群勇打电话介绍勘察情形时，倾向于认定这是一起男孩遇害身亡的刑事案件。师父说去现场转转，两人一起来到山上。尸体曾埋在一堆石头下，有人好奇地扒开石堆，发现了男孩尸体。

"你这个家伙害死我了！"俯身石堆察看的师父突然大喊一声，把庄群勇吓了一跳。师父翻开一块石头，捡起石头下压着的一方手帕，手帕里包着一个剥了壳的熟鸡蛋，"不用再查了，回去！"

师父摊开手帕里的鸡蛋说，"这叫'还魂蛋'，本应搁在死者腋窝里，有人搬动尸体时不小心掉落一旁，这孩子是病死的"。据师父判断，男孩家人带孩子远道就医，孩子在途中去世。依风俗，死在村外的人不能回村埋葬，家人走在半路的山上，没有挖掘工具，只好捡石块埋了孩子，这不是一起刑事案件。此后多年，这次经历成了师父打哈哈的笑柄，只要庄群勇求教师父，师父少不了要调侃他一句，"看看有没有还魂蛋啊"。

截脚趾

一犯罪嫌疑人在他丢弃杀人工具的现场告诉刑警，他用来杀人的钉耙就扔到路边那块大岩石上面。大岩石两三米高，一般人攀爬困难，恐怕要绕远找路花时间。有过跆拳道训练的庄群勇观察地形后自忖，依助跑登踏，再加手扒岩凸，应该能翻上大岩石。他后退几步，加力冲上，就在上手扒住岩石凸起时，风化严重的大块岩石竟被他扒动，随即坠落。

"要不是我动作敏捷，肯定要被砸断腿。"

庄群勇在身体下落瞬间调整身位，避免了更大创伤，但足有七八十斤的岩石一角死死地砸到了他的右脚前端，皮鞋尖被砸烂，一股强烈的麻木感窜上身。他没有犹豫，继续助跑攀上大岩石，找到那把钉耙。坐进车里，痛感袭来，他真真切切地体验了"撕心裂肺"的痛感，"像有万根针扎遍全身的神经"。他让同事解下警用领带扎紧受伤流血的脚趾，同事犹犹豫豫，气得他大喊，"快点，领带是救命的！"

庄群勇右脚两根脚趾没保住，手术截掉。妻子是外科医生，抱怨他早半小时就能保住脚趾。庄群勇当时心想，若没取到杀人工具要再去一趟那个偏远山区。再说，他没以为会花费多少时间。

假殉情

山中一废弃采石场，有一辆微型车驶入后焚毁，车旁一女子尸体焦黑，巡山护林人发现案情报警。警方调查得知，殒命女子为当地人，寡妇，经营烤烟非法生意，人长得漂亮，曾与一有妇之夫一起做生意，甚至借给他数十万元。蹊跷的是，那名男子因大面积严重烧伤住院救治，时间与焚车时间极为接近。

死者母亲找到警方，指控那男人有杀人嫌疑，说她女儿曾逼他离婚，男子推三阻四，两人为此多次吵架，她女儿又让他还钱，直到她女儿心灰意冷，不想再纠缠下去，打算再另找个男人过日子，这男子便动了杀心。

躺在医院的病床上，被烧伤男子这样回答警方询问："我俩想一起死，为殉情开车到采石场，我们用松枝点火，火烧大了，我怕了，逃了，她没逃。"庄群勇在现场找到一把宰牛刀，不仅从刀上提取到殒命女子的血痕，还从烧伤男子的衣服和鞋子上验出女子的血迹……烧伤男子拒不交待涉嫌谋杀的犯罪行为，他却无法否认焚车旁丢弃的宰牛刀是他的；无法否认刀上及他衣服和鞋子上有死者血迹；无法否认现场焚车是泼倒汽油点火酿成的。

烧伤男子出院被警方采取取保候审措施，因看守所不愿将这名严重烧伤嫌疑人收监，死者母亲只要在街上看到那男子，就难以抑制内心的极度悲愤，"每次看到那个男的，我的心都会疼！"

"有一阵子，她每天8点准时来公安局哭闹，到处上访。我劝她，她才听。"庄群勇记得，这名犯罪嫌疑人被法院判处死缓时，死者母亲的心里终于得到些许补偿。

发表于 2015 年 5 月 7 日

知道是法医很少有人主动握手

杨忠保速写

人物档案：杨忠保，44岁，云南省玉溪市公安局法医，二级警督。
个性言语：从容对待生死。
第一印象：秉性内向，眼神清澈，目光专注，行事细致。

殡仪馆，洗尸台。

整整三天，杨忠保终于将百余块高度腐败的尸肉碎骨拼凑出人形。在旁目睹的几名殡仪馆工人连连唧叹，"哎呀，瞧你，也不戴口罩，这工作比我们——还苦啊！"

解剖课

考大学之前，山里娃杨忠保连县城都没去过。

家，在距县城六十公里的山坝子里，父母辛苦劳作，兄妹四人，他排行老二，弟兄三人都考上大学，哥哥先工作，挣钱为他支付学费和生活费。

本来，杨忠保报考的是公安专科学校，待高考分数张榜，他的总分超过本科录取线。学校经与市公安局沟通，让他改志愿入昆明医学院法医专业。家里人不知道法医是干什么的，找人去县公安局打探，问到县局老法医那里，人家只说工作还不错，每月除工资外还有9元补助，那时9元的补助相当于30%的月薪呢。

山里娃杨忠保小心翼翼地揣牢千把块钱，乘坐了四个多小时的长途车抵达省城昆明，走进昆明医学院。班里同学多来自农村，农村丧葬风俗很盛，不论小孩子还是年轻人，都忌讳面对棺材，每逢村里有抬棺材的人家，大家都躲得无影无踪。

大学一年级下半学期上解剖课，第一堂课看老师摆弄福尔马林药水里泡着的人体标本，杨忠保整整两天什么东西也吃不下，有个同学一听上解剖课就忍不住泪水直淌。

上过一次次解剖课，杨忠保渐渐调整好心态，逐渐适应了。

难忘工作后第一次赴现场单独勘察，那是8月里的一天，在山里一处悬崖崖头，一摩的司机被嫌疑人杀死后丢在崖头，尸体高度腐败。杨忠保在大太阳底下一口气忙了四五个小时，最终验明遇害人舌骨被捏碎。

父亲当年若不是听信县局老法医提及的9块钱补助，未必执意让儿子学法医。杨忠保工作至今，忆起往事时笑着说，"现在工资科目里还有这9块钱补助"。事实上，自上大学起，他就没向家里"交底"干什么工作。

染色体

不怕脏、不怕臭、不怕尸容狰狞、不怕尸蛆涌动，这仅仅是法医面临的一般性考验。

能不能从现场提取到嫌疑人犯罪的关键证据，能不能依据证据研判出更加明确的侦查方向和目标，从扑朔迷离、真假难辨中澄清事实真相，这——最最考验法医的本事。

杨忠保在学习 DNA 检验技术时特别注意到"Y 染色体"：

——"Y 染色体是决定生物个体性别的性染色体的一种"；

——"Y 染色体上的基因只能由亲代中的雄性传递给子代中的雄性（即由父亲传递给儿子）"；

——"Y–DNA 分析已应用于家族历史的研究"。

当地相继发生两起强奸杀人案，从两起案发现场获取到的生物检材表明嫌疑人是同一人，另有线索证实嫌疑人操本地口音。

在案情难以突破的情形下，考虑到当地民情符合人群聚集居住、流动性不大的特点，杨忠保开始尝试采用 Y 染色体技术排查嫌疑人。最先找出嫌疑人姓氏，然后针对该姓氏在当地的六个族群进行排查，每每比中 Y 染色体的一个位点，侦破工作就朝着嫌疑人目标逼近一步。

几个月过去，警方排查了 40 多人，将范围缩小到 8 人。经采样个体识别后，嫌疑目标指向一个父亲和他的两个儿子，由于案发现场留有指纹，警方在比对指纹时一下子就确认了嫌疑人。

"茫茫人海啊！"

这次成功经历极大地鼓舞了杨忠保和他的同事。多年来，杨忠保在国家级、省部级刊物及学术交流会上发表了《DNA 技术在侦破抢劫杀人案中的应用研究》等专业技术论文 15 篇，参与完成《四个民族六基因座的基因频率调查及其法科学应用》等 3 项科研项目。

一名男子遭遇抢劫杀害后被抛尸在国道 323 线公路下的树丛里，案发 8 个多月之久，侦查工作没有找到突破口。

杨忠保临危受命，运用已初步成型的"Y 染色体排查技术破案法"，在波及玉溪、普洱及红河三州市进行的父系家族排查中，不懈努力，最终从累计排查的近 400 人中辨明犯罪嫌疑人正身。

"如果有人知道你是法医，很少有人主动跟你握手。"

杨忠保说自己是一个非常内向的人，不会轻易动感情，遇事冷静，在 DNA 科学研究上追求完美，每每看到在自己努力下破获一起案件就十分兴奋。

看过那么多人的生生死死，他说自己可以从容对待生死。

发表于 2015 年 5 月 14 日

从微米切片中寻找命案真相

汤晓蕙速写

人物档案： 汤晓蕙，女，33岁，江苏省南京市公安局法医，一级警司。
个性言语： 不知什么时候死亡就来了，要珍重人生，善待生命。
第一印象： 个子高挑，眉清目秀，嗓音清脆。

大学入校报到第一天，来自天南地北的11位法医系女生聚首宿舍，兴奋激动，不知谁爆出一声"我们今晚去校园探险吧……"汤晓蕙上高中时看过一部长篇电视剧《鉴证实录》，剧中女主角的法医风采令她神往。高考报考专业，她毫不犹豫填写下"法医系"三字，毅然迈上了理想的人生之路。

错疑凶杀

大学临近毕业，汤晓蕙到南京市公安局实习，已经工作多年的师兄带她来到一家住户勘查现场。她仔细察看死于床上的老太太，老人家颈部有多处刀痕，深可见骨，嘴里塞有草纸。

"肯定是凶杀案！"依据学校学习的书本知识和自己的分析，汤晓蕙确信眼前发生的是一起刑事命案，没想到师兄提出了完全相反的判断意见。"你看，门窗没有手动痕迹"——这里的环境是密闭的、相对安静的空间。

"你看，床上物品位置正常"——被害者反抗侵害势必要有本能动作，而床上没有搏斗、扭打的凌乱痕迹；"你看，死者血迹分布"——床头只有反复刀砍甩落的血滴，却没有老人挣扎涂抹的血迹；"你看，刀痕相互平行"——说明被害人在受伤被害过程中体位固定，如果稍有挣扎，体位改变，刀痕的方向就不会如此一致；"你看，她嘴里塞着草纸"——如果加害人意欲杀人怕被害者呼救，为何不用毛巾或枕巾捂嘴，往嘴里塞纸只会给被害者机会咬伤自己；加害人若杀人后再用草纸塞嘴，实属没有必要。

结果，办案人员多方调查得知死者精神存在问题，死者生前总怀疑有人要谋害她，丧命前几天她精神萎靡。这一看似凶杀案件最终被确认为自杀。

谎报死因

造船厂一名电焊工人在船舱作业时死亡。依据工友讲述，分局法医最初疑析死者可能触电身亡，提取了死者疑遭电击处的皮肤送到市局检验。

汤晓蕙检验后发现死因与电击不符，便与分局法医一同再去提取样本。经检验发现，补取的样本虽然有电击伤痕，但距离死亡时间较久，而这名工人被发现时已基本处于死亡状态，此处的电击伤痕显然不是造成他死亡的原因。警方动员家属同意法医对死者进行解剖以验证死因。但是，死者妻子是一位农村妇女，迷信丈夫是她的"白龙马"，声称若把"白龙马"肚子剖开，她家的福分会荡然无存。警方与检察官进村找死者妻子办解剖手续，那女人操起菜刀疯狂追撵来人。

事态僵持之际，造船厂一包工头向警方自首，坦白说曾经不愿将此事交付安监部门检查，只想向家属赔钱了事，没想到法医这边坚持要查明死因，保险又赔不下来，家属天天堵门，他心里慌了。原来，由于作业场所通风不良，电焊作业时，阻燃用的二氧化碳大量沉积在地势低潮的小仓内，第二天电焊工人单独进入小仓时中毒倒地，工友发现后欲下仓救人，下到半途胸闷难受，匆忙上来。明白人赶紧去找通风设备鼓风吹气，没等通风设备抬来，仓里人已经没了命。工头害怕安全监察部门查处，又怕耽误工期，吩咐工友对警方说死者在大仓工作时意外死亡。其实，死者是在小仓中毒身亡的。

汤晓蕙对死者进行解剖，证实了死者的死因，工头受到了法律的惩处。

一拳致命

实验室、显微镜、切片。

汤晓蕙从事的是法医病理学，这是一门运用相关医学专业知识研判暴力死与非暴力死的死亡原因、死亡方式、死亡时间以及致伤物推断的科学。

"要心静，要专注力强"，汤晓蕙小时候学拉手风琴和弹钢琴多年，她认为这与她俯身显微镜观察切片时能够心静、专注有着关联，"一坐一天看枯燥的切片，不是什么人都能坐得住的"。

一对夫妻婚前经营着几家茶餐厅，离婚后依然经常接触。两人当街发生吵架后进屋再吵。不久，男子急送女子去医院抢救，声称女子吵架过程中以头撞墙。入院抢救一周，女子不治身亡，其死因真是她自己猛力以头撞墙导致的吗？

"死者颅内有许多血块，要找到血管破裂处不是很容易。"

事实上，疑似破裂的血管有数厘米长，但真正破裂的血管仅有几毫米，而法医一张切片仅能反映几微米，再加上血管上盖着血痂，法医首先要验明血管破裂处、破裂状态，才能继续判断血管如何受力破裂，而这样的切片一做就是几十张、几百张，需要一张张审慎验明。汤晓蕙通过仔细检验发现，死者的致命伤是下颌处遭受重击，这显然不是撞墙所能撞到的位置，而是因下巴遭受重击导致颈部血管破裂死亡。警方详尽勘查两人吵架的屋内，没有发现任何撞墙痕迹，甚至在男子指认的墙壁前都没有找到两人的足印。

男子最后向警方承认自己说了谎，事实是他在激怒中一拳打在女子下巴上，女子当场昏迷，他最初以为她假装倒地，后来才送她去救治，但为时已晚。

发表于 2015 年 5 月 21 日

执法现场出现死伤即奉命勘验

徐秀英速写

人物档案：徐秀英，女，47岁，广东省清远市人民检察院法医。
个性言语：罪与非罪，差之毫厘，生死攸关。
第一印象：个高清瘦，思维机敏，性格爽快，手力遒劲。

高考选择专业，父亲执意要女儿学法律，母亲执意让女儿学医学。

见父母争执不下，女儿灵机一动，从父母心愿中各挑出第一个字组合起来，那就是女儿的选择——"法医"。

天南地北

父亲从军10年，转业响应建设祖国边疆的号召去了新疆，把四川老家的妻子和年幼的女儿一同带到了边疆安了家。女儿眼里的父亲是一个正直豪爽、眼里不揉沙子的人。

2000年，父亲因心脏病猝然去世，有人上门守灵。这个成年男子忆起年少时被徐父从公交站领回家无私收养，如此恩情令他永世难忘。可是，后来他触罪判刑，父亲再不认他，更不许他踏入家门。

"他一辈子没原谅我"，男子边忆边泣，"我一辈子都不会忘记他对我的好"。

到底自己身上承继着多少父亲的性格因子，徐秀英笑笑说没想过，但母亲家里从医者众，的确影响了她内心报考专业的选择——大舅毕业于华西医科大学，小舅执业中医，表兄妹中多人从医。

在憧憬理想的青春花季，徐秀英着迷推理断案，遍读英国著名女侦探作家阿加莎·克里斯蒂的小说译本及日本名作家撰写的推理侦探小说。17岁的徐秀英背着行囊从新疆乘车远赴两千多公里外就读，站立在西安医科大学建校以来首届招收的法医专业学生队列中。

刚入学，徐秀英与六名女生结伴勇闯实验大楼，这幢大楼在众多学生眼里浮荡着些许阴森神秘的感觉，记得七人鱼贯走进一楼长长幽暗的楼道，楼道尽头是人体标本室，见对面有人匆匆走来，他拎着从人体标本上切下的整条胳膊，擦身而过时女生们吓得面面相觑。

大家继续前行，来到楼道尽头，浓烈的福尔马林气味从标本池内溢出，女生们依次揭开标本池盖子，里面摆放着一具具人体标本……

1990年，徐秀英以优异成绩毕业，她放弃了留校的机会，毅然选择回疆工作。在疆期间，她先后在检察、公安从事法医办案工作。1995年，她与丈夫一同调往广东清远市，成为单位里唯一的一名法医。

踏雪缉凶

在新疆工作的岁月日渐远去，但曾经办理过的桩桩案件，徐秀英记忆犹新。

那年冬天，一名十几岁少年被人发现惨死在冬天冰冷的雪地里，他被人捅了百余刀。入冬第四场雪过后，惨死少年被人发现，现场血迹上积雪，雪后落灰，再落雪，再落灰。

"这个现场我和同事看得很仔细，把雪一层一层扫开，一层一层勘验。"

徐秀英记得，现场散落的数双鞋垫和那双比少年脚大许多的男式真皮皮鞋，成为揭开案情的入门"钥匙"。

犯罪嫌疑人是一名未成年的在校学生，曾因偷盗被学校记过。当他又一次从学校实验室门口盗走两双真皮皮鞋时被另一少年发现。为了阻止告发，他把两双皮鞋送给了目击少年，由此埋下仇恨。

那天，他将目击少年骗至僻静的苗圃处，因不知人体哪里是要害，胡乱捅刀，竟至少年身上锐器创口逾百。当他想穿走少年脚上的那双真皮皮鞋时，因自己脚大穿不上，即使将皮鞋里多双鞋垫掏出来扔了一地，无奈鞋小，只得弃鞋逃遁。犯罪嫌疑人被抓获后，案情真相印证了徐秀英与同事的判断。

赴广东清远工作有一年入夏时节，派出所抓获的一名盗窃嫌疑人突然死在审讯室内。

徐秀英细致解剖尸体，进行病理学检验，查明死者头部小挫裂创伤与轻微心脏病变均不足以致命，而死者全身大面积广泛软组织挫伤出血导致的创伤性休克，才是其亡命的真正原因。因死者有心脏病，有人提议是否可以变通一下，她毫不犹豫地拒绝了。最终，两名实施刑讯逼供的人员被检方依法提起公诉。

"错了就错了，对了就对了"，徐秀英淡定地说，"出现错误，正确对待嘛"。

或夜半时分进太平间解剖死者；或近身测量腐败尸身尸蛆的长度；或开颅开腔探查水中膨胀变形尸体的死因；或迈入尸臭充溢、尸蛆化蝇满屋的现场；鉴定勘察任务紧迫，几天几夜不能合眼……法医们少不了如此经历。

徐秀英如今在检察机关从事诉讼案件检验鉴定证据的质量监控工作，每天的主要工作就是运用法医技术专长审查诉讼案件中的法医鉴定类证据材料，防止因鉴定错误致使错案的出现。只要本地区执法现场出现死伤，她就会立即奉命去现场勘验、检查、监督。

发表于2015年5月30日

半截烟头识破窃画大盗

李萍速写

人物档案： 李萍，女，38岁，广东省广州市公安局越秀分局法医，三级警督。
个性言语： 女孩子谁不怕虫子呀，但我不怕接触尸体。
第一印象： 身材娇小，细长眉眼，话语柔和，举止从容。

大学毕业之前去公安局实习，李萍跟师兄走进殡仪馆，看到台子上摆放着一具尸体。师兄吩咐她说，死者头皮出现渗血，要开颅检验，让李萍持锯将尸体头颅锯下来。

亮闪闪的小钢锯递到李萍手里，这可是个力气活儿……

胆大心细

李萍专心操作，然而力气有限，不得不停下手来缓缓劲儿，哪想到四周寂静，待转头看看，空旷房间里只剩自己一人，师兄到门外等她去了。

大学毕业，李萍走进越秀公安分局，工作至今接触尸体近千具，且不说俯身近视面容狰狞的尸体，就算是接触那些四肢折断、肠肚外露、腐败肿胀、枯骨一堆的尸骸，任哪个大男子敢轻易吹牛说自己有这个胆量近前触碰？

一老者在家中猝死，邻居闻到气味不对之后报警。

李萍与警员赶到后怎么也打不开老人居住的房门，原来老人走近房门时倒下，身体在里面死死抵住了房门。当警员与李萍费尽气力，好不容易推开房门，一股极其强烈的恶臭扑面而来，李萍上手去抓死者手臂，手臂上的皮肤成片脱落，屋里地板上满是白花花蠕动的尸蛆……

"不是一点都不怕，遇到特惨的情景，也会有些心动。"

李萍记得，一天凌晨5时，天还黑着，一人从22层高楼上纵身跳下，人跌到水泥地上摔得粉身碎骨，近前都看不出个人形来。她来到现场勘查，心里叹息，"真是跌得好惨"。

每每赶赴命案现场，如能以勘验结论为办案单位指明正确侦破方向，这是她最感欣慰的。

应现代刑侦技术科学化的时代要求，李萍在局领导安排下从法医现场勘查转向 DNA 检验技术的操作。虽然这项工作减少了现场勘查的种种艰辛，但能不能从看似无可寻迹的犯罪现场提取到直指作案嫌疑人的生物检材；能不能从生物检材甚至受到一些污染的微量检材中找出无可辩驳的涉罪证据，不仅要求检验者具备娴熟的操作技术，更要凭借检验者见多识广的丰富经验。

枯坐实验室，面对刑事案件现场提取到的有限的生物检材，调配试剂，直至图谱理想峰值的出现，精神压力没有一丝一毫的减弱。最怕一抖手、一走神，瞬间损失检材，酿成难以挽回的失误，势必贻误大事。

"如果检材少得可怜，更得特别小心翼翼"，李萍神情严肃地说。

蛛丝马迹

凌晨时分发生命案，有人报警，现场一死一伤，嫌疑人逃逸。

案情发生在沿铁道线一段极偏僻的路段，没有路灯，多人血迹散落数十米，显然经过打斗流血，可以初步判定凶器为单刃锐器。死者固然不会讲话，而让办案人员难以理解的是，伤者思维清楚却拒绝开口讲述，死伤二人身份均为铁路职工，他俩在上班途中经过那段黑灯瞎火的路段遇到抢劫，还是有人蓄意谋杀？

"我们整整做了一个通宵。"

李萍经检验确定嫌疑人在打斗中也流了血，并依据嫌疑人遗留的血迹作出了清晰的 DNA 图谱。几年后，当嫌疑人 DNA 图谱再次出现被比中，警方在重庆将嫌疑人抓获。

众多吸毒者聚集到一家酒店，警方在这家酒店的房间里发现毒品。于是，办案民警从数十个房间吸毒人员遗留的可疑物品上提取检材，检材竟多达近两千份。

命令下达，"找出这宗毒品案件涉罪嫌疑人的证据"。

如此检材批量是前所未有的，如果认定不了嫌疑人，法律绝不允许超期羁押，警方就要放人。经过一一仔细勘验，李萍与同事协作，依据从嫌疑人衣服上、矿泉水瓶口、烟头上遗留的微量生物检材，比中了涉嫌犯罪的 18 名嫌疑人。

珍藏名贵字画的一户人家白天失窃，被盗字画价值逾百万元，侦查人员勘查现场拣到半截烟头。当晚夜深时分，李萍从烟头上提取并析出作案嫌疑人的 DNA，将这一数据输入广州市公安局 DNA 库，立即对比出嫌疑人，此人行窃次日即被警方擒获。

提起这次经历，李萍笑得很开心。

"妈妈，记者采访你，你要穿制服，再带上枪"，八岁儿子闻听有记者采访妈妈，似懂非懂，稚气地对妈妈说。

李萍乐不可支地反问儿子，"妈妈带枪干吗呀？"其实这位母亲知道，小孩子想让妈妈更神气些。

发表于 2015 年 6 月 4 日

机智识破被关押人员及亲属计谋

傅军速写

人物档案： 傅军，38岁，江苏省扬中市看守所民警，三级警督。
个性言语： 做好工作，才是对关心我的人最好回报。
第一印象： 个头高高，帅气阳光，目光专注，行事认真。

一老板因涉嫌犯罪入看守所羁押。

傅军在看守所接待窗口工作，有一自称老板老婆的女人，每天送百元钞票给丈夫，依据看守所相关规定，她要填写表格。令人费解的是，这女人每次在"寄送财物人姓名"一栏里填写的人名都不一样。

傅军留意将数十天的姓名登记连缀一处，发现这女人竟藏着向被羁押老板通风报信的心计。

大桥卡口

1994年10月，扬中长江大桥建成通车，这座桥不是严格意义上的长江大桥，它仅仅将扬中这个四面环水的中国第二大江心洲与南面的陆地连通起来。这座由家乡民众集资筹建的大桥，结束了数百年来扬中人靠舟楫与外界交往的历史。

大桥通车前三个月，扬中市公安局向社会公开招考警员，17岁的傅军在两百多名应招青年中以总分第二名的成绩加入警察行列，如愿以偿地兑现了儿时憧憬，也让参加过对越自卫反击战的父亲格外欣喜。

扬中市公安局新设大桥派出所，傅军与一同招考入选的30名年轻新警上桥值守，春夏秋冬、季节交替，白昼黑夜、雨雪风霜，傅军与同事们在纠察一起起贩运假烟、伪劣商品案件中，在桥面发生的一起起交通违法、交通事故中，练就了一双双火眼金睛，明察秋毫，依法查处。

傅军曾盘查出凌晨盗骑摩托车、盗开轿车的小贼、老贼；机智擒获中巴车上多名聋哑人组成的流窜盗窃团伙；倾力劝解因感情纠纷企图跳江自杀的女子……

识破计谋

2004年，傅军调入新工作单位——扬中市看守所。不要说谁谁见过多少大世面，去过看守所的人都知道，那里的环境气氛绝不轻松。

傅军深知，在此值守，由不得半点疏忽——"接待窗口"要审查收押、换押凭证的法律文书；要查验办案机关出具提讯、提押羁押人员的手续是否完备；要告知被收押人员依法享有的权利……

看守所接待窗口可谓正义与邪恶斗智斗勇的战场。

有人将通风报信内容写在薄薄的餐巾纸上夹在衣缝里；有人将翻供字条藏在袜子里；有人在送入衣物标签上密写违禁话语；还有人将半个刀片裹起含在舌下欲带入监所……

傅军笑笑说，"这种事经常发生"。

一小伙子因行政拘留入所体检，傅军发现他内裤异常鼓起，问内裤里有什么东西，小伙子神色大变，他贴身穿着的三角裤衩里竟兜着一包东西，自以为可以蒙混过关，没想到被傅军一眼识破，搜出一包冰毒。

淡定人生

2001年1月，扬中市公安局例行体检，傅军健康出现问题。

傅军不敢疏忽大意，前往上海大医院详细检查，一医疗专家依据检验报告，确诊他肝区长有四处异物团块，肝左叶两块，肝右叶两块。

母亲泪流满面，妻子眼圈红润，刚刚年满24岁的傅军只觉得脑袋里"轰"地一震，他告诫自己"不能在亲人面前掉泪"。

介入手术治疗后，傅军肝部火烧火燎，剧烈的呕吐开始了，尽管打过止痛针，夜深时分他依然吐个不停，直至干呕。术后一周，傅军原有190斤体重竟一下子消瘦掉30多斤。

公安局领导出于关照傅军健康的考虑，调他去看守所工作，休养数月，傅军"死缠烂打"讨工作，所领导杨全荣面对傅军的"纠缠"心绪复杂，要说下属有难有灾，本应体恤有加，但他明白傅军心里想的是什么。

2012年，傅军复查病情，医生发现久无动静的肝区肿块出现了活跃迹象。傅军医治后仅仅休息了3个月，再次重返工作岗位。同事见他淡定对待病情，振奋工作，慨叹他是硬汉。

2014年6月，看守所搬迁新址，傅军主动担负起看守所信息化设备管控升级、与专业公司对接业务的工作。为了及早促成信息化系统调试工作，保证看守所搬迁设备的正常运转，傅军经常加班加点。

那天凌晨时分，傅军回家后累得昏倒在沙发上，妻子醒来，发现丈夫昏倒，赶紧叫醒他，傅军只记得进家时头很晕，后来发生了什么事一点也不记得了。

"我一直不相信自己的病是很不好的病。再说，老想着病有什么用，工作能让我愉快"，这是傅军的心里话。

发表于2015年6月11日

细辨模糊指纹缉获投毒真凶

杨松速写

人物档案：杨松，47 岁，云南省玉溪市公安局刑科所所长，一级警督。
个性言语：从痕迹研判各种案情，会不断地挑战你解决难题的能力。
第一印象：身体壮实，神态从容，心思缜密。

最不被高中老师看好的人，竟然以高考高分如愿被中国刑事警察学院录取。

17 岁的杨松背起行囊，自云南玉溪乘车上路，历经三天两夜抵达北京，再转乘北京驶往东北方向的列车，熬坐 12 小时抵达沈阳车站……30 年时光如白驹过隙，回望人生之路，"痕迹人"杨松感慨多多。

一块毛巾

大学毕业前夕，杨松走进云南省昆明市公安局五华分局实习。在大学上课期间，杨松只在教学片里看过一些命案现场的镜头。实习时，他参与了一次命案现场的勘查。如今，不论什么时候想起来，眼前都能即时浮现出难忘的情景。

"近看，真有点恐惧。"

犯罪嫌疑人用毛巾捂死了被害男子。人死数日，面部变形，若俯身近视，其容貌狰狞。办案刑警将死者口中的毛巾揪出，发现毛巾上有疑似植物碎屑，颜色发黑。杨松领受任务，带着这块涉案毛巾前往中国科学院一家植物研究机构，请专家对毛巾上粘有的疑似植物碎屑进行鉴定。

一位上了年纪的老科学家接过毛巾仔细端详，反复查看，再将鼻子凑近毛巾嗅来嗅去。杨松在旁眉头紧皱，心里发毛，"那可是死者嘴里含了几天的毛巾啊"。目睹这瞬间，杨松内心受到极大震撼，他敬佩老科学家行事如此一丝不苟，笃定自己工作要以此为榜样。

一粒弹头

杨松明明报考的是中国刑事警察学院侦查专业，招生老师说他物理、化学成绩考分高，偏要他改学痕迹检查专业。入学即领到冬夏装全为橄榄色的警服，他跟同学忙于在穿衣镜前打量自己，忙着在校门、教学楼、图书馆前留影照相，忙着冲洗照片往家里邮寄，这番喜庆冲淡了对专业变更的不愉快。入学之际，中国刑事警察学院痕迹检查专业有指纹、足迹两位全国知名专家。杨松亲耳聆听专家授课，对痕迹科学产生极大兴趣。对比侦查专业，尤其让他心动的是，痕迹检查可以"直接判定犯罪嫌疑人"。大学毕业后，杨松回到云南省玉溪市公安局。不久，初出茅庐的杨松在参加一起枪杀命案的勘查研判中崭露头角。

荒野中，一辆轿车被弃，副驾驶座位上有男子身中五枪丧命。五粒弹头全都被找到，但车内还有一处弹着点被忽略，有人猜测是跳弹形成。杨松一一搞清楚每粒出膛枪弹的击发位置、弹道、弹着点，坚称嫌疑人开了六枪。毛头小伙儿的这一说法没得到众人认可。他执意为自己的猜测找出证据，再去验车。

结果，当他拆开副驾驶一侧的车门时有了发现，"哎呀，弹头就卡在车门底缝里"。老警察们自此对这个中国刑事警察学院毕业返乡的大学生刮目相看。

一枚指纹

炎炎夏季，正值收获荔枝大忙时节，有人蓄意在果农饮料瓶中投放"毒鼠强"，致3人死亡，案发后在当地村民中引发恐慌。案情上报后，省、市、县三级公安机关组成专案组，一一甄别与死者有矛盾因果关系并有作案时空条件的嫌疑人员。

第一名中毒死亡者是个小孩，家长以为他中暑，孩子死亡后，家人匆忙将孩子自行火化。其后相继中毒死亡的是两个成年人，二人喝的不是同一瓶水，投毒者到底针对谁下毒？

专案组折腾了一个多月，没找出任何有价值的破案线索。有一人接受警方询问时声称如果怀疑他，那就是他干的。警方反复排查后，认定他在案发时间没出现在现场。侦查前期，被害人家门近旁有个被丢弃的"磷化锌"纸袋，纸袋上显现出一枚指纹。这枚指纹因为太模糊，曾被技术员认为无鉴定价值。

专案组负责人要求将能够提取到的可疑物证再全部重新细细勘查。

杨松拿到这个指纹图片仔细观看，采用计算机图像处理方式将这枚指纹图片放至满幅A4纸般大小。鉴于"磷化锌"纸袋上的指纹已消失，无法再直接检验。此刻，摆在面前的只有这一指纹照片。

杨松"闷"在计算机前对这一模糊指纹点点线线地"抠挖"，整整劳碌两天，终于令这一模糊指纹的细节特征显露出来，并判断出这枚指纹是在撕开"磷化锌"纸袋口时由右手食指留下的。尽管"磷化锌"与遇害者中毒的不是同一毒药，但这是破案的唯一线索。检验结果呈报专案组后，专案组核对指纹后依法传唤了嫌疑人，嫌疑人最终向警方交代他将"磷化锌"投到受害人家猪圈以及将"毒鼠强"投放于受害人家水瓶中的作案经过，其作案动机源于家族矛盾。

"哎呀，案破了，高兴啊，我喝了一大杯酒！"破案压力全面释放，杨松至今难以忘怀那瞬时喜悦万分的时刻。

发表于2015年6月18日

从房间顶棚搜出被盗金银首饰

夏顺民速写

人物档案：夏顺民，50岁，江苏省泰州市公安局海陵分局民警，二级警督。
个性言语：做刑侦工作，对我个人的成长和考验有很大的益处。
第一印象：中等身材，性格内向，行事细心。

夏顺民父母是普通工人，自己在电器开关工厂当了七八年的技术员，专门跟电打交道，可他对自己未来人生之路的设想越过厂院之墙，想去外面闯闯试试。

"我崇拜警察。"

时逢公安局向社会招考民警，夏顺民执意参加考试，过关入选。当他身穿一身橄榄绿的警服，激动无比地走进家门与家人欢喜相见的场景，至今回想起来仍像刚刚发生一样……

当片警

崇拜警察的年轻人大多受影视剧或书籍影响，认为警察是擒贼缉盗、除暴安良、匡扶正义的英雄。一旦进入警察队伍，脚踏实地从事服务民众的各项工作，就不得不放下心目中那些豪情万丈的幻象，适应眼前的平凡工作。

夏顺民入警成为合同制民警，两年后转为正式民警，先在一城郊接合部的派出所当"片警"，每天上班要解决村民找上门来的各种纠纷——婚姻、建房、田地、抚养、继承。

"实际上我是一个很内向的人"，夏顺民在工厂时思考的是电线走向、开关连接、大型开关柜内置和电路设计，用不着跟不相干的谁谁讲话，"当片警，你要学会跟各式各样的人打交道"。

进了派出所，有双方吵着进来要你解决争端的——你一个小民警，面对着比你大几岁、十几岁的男男女女，嘴里喷着唾沫，义愤填膺，骂个昏天黑地，要动手互殴，你凭什么本事平息双方怒气，有什么能耐让双方听从你的劝解？夏顺民当片警之初，最焦虑这些问题，"派出所里有个老民警，做工作很有一套"。

老民警年长夏顺民，一直从事处理和调解矛盾的工作，在当地民众中颇有威望，年轻民警也特别敬佩他。老民警悉心教授调解方法和技巧，年轻民警很是受益。

从片警转入户籍和内勤工作。值守服务窗口仍然与人打交道，但工作职责有变化，要求熟悉相关法律政策，"农转非"牵涉户籍政策福利，转与不转对申办人利害攸关；做好内勤更需细致周到，各式文字材料必须按时提交。

掐指算算，入警逾十年，夏顺民心底依然保持着对办案侦破的强烈憧憬，他一再请求，正好赶上办案警力不够。于是，憋了多少年的心愿终于兑现。

干刑侦

派出所辖区发生一起入室盗窃案。

被盗事主是个瓦工，曾去国外打工，国外劳务挣得的数百美元存放家中被人盯上。那天，事主外出归来，发现家门异常，屋内有动静，他连忙站在家外报警并大声呼喊求助。

两名嫌疑人闯出奔逃，一人挣脱围堵逃掉，一人跳入河中。接警赶来的夏顺民和民警在众人协助下将此人擒获上岸。依据嫌疑人对另一同伙姓名的交代，夏顺民迅速上网搜索信息，得知逃逸的嫌疑人在邻镇一家小旅馆入住。他带领另一名民警和两名协警驱车赶去，当服务员打开房门之际，他第一个冲进房间，躺在床上歇息的嫌疑人被眼前的情形吓得浑身哆嗦，束手就擒。这次难忘经历，让夏顺民内心积蓄的正义感为之喷发。

一名驻港部队旗手的转业复员兵，离开轿车去购物，返回时发现车玻璃被砸，车内放置的一架高级相机被盗，他报案时心急如焚，那相机是他复员前在香港购置的，相机价值不菲，且内存许多个人相片。

夏顺民依据对方提供相机的序列编号、相机品牌及外观描述，从相关市场情报中搜寻线索并加以研判，查询出这起砸车盗窃案的是一名外地嫌疑人，此人有盗窃前科，他被抓获时正在网吧上网。夏顺民记得，归还相机时，失主脸上呈现出由衷欣慰的神情。

"我店里被盗啦！"

夏顺民接到一金店老板的电话，打电话报案的人嗓音喑哑，语气慌张。夏顺民经常走访金银加工、回收摊点，对其进行跟踪管理，他知晓打电话报警的这位老板年近七十，为人正派，诚信经营。办案民警在案发现场勘查，了解到这家金店有价值十几万的金银物品被盗。

"我们连夜追查。"

警方抓捕犯罪嫌疑人时，在他暂住的房间的顶棚上找到被盗的部分金银首饰。据嫌疑人交待，还有一部分被盗物品卖掉了。

"就是我的，就是我的"，金店老板辨认被盗物品时激动万分，他赶制了一面锦旗送到派出所。

夏顺民年逾半百，回顾从警生涯，说这职业必有操劳、必有苦累、必有危险、必有焦虑，有担心也有后怕，但他从容地说，"当警察，我无愧这个职业"。

发表于 2015 年 6 月 27 日

楼板踩塌瞬间扑捉吸毒嫌疑人

易辉速写

人物档案：易辉，50岁，云南省曲靖市会泽县古城派出所所长，一级警督。
个性言语：我踏踏实实做了点事，对得起这身警服。
第一印象：矮小身材，头发半白，眉浓眼亮，动作有力。

高中毕业，易辉考上云南省昭通警校。

在云南省曲靖市会泽县供电局工作的父亲最先得知儿子考上警校的消息，急忙请局里开三轮摩托车的师父载他回到30公里外的村子，喊上正在地里干活的儿子上车，陪儿子去县公安局办手续……

三次负伤

凌晨时分，易辉带领三名民警奔袭一偏僻山村，抓捕一名涉嫌抢劫杀人犯罪的嫌疑人。

"我们带着枪，穿便衣去的。"

嫌疑人见警察抓捕大声呼救，他的十多名亲戚冲过来，拒不理会民警出示证件及解释，责难、谩骂、阻拦民警执行任务，向民警脸上吐唾液、对民警拳脚相加，企图抢回嫌疑人。易辉的脸颊被火钳打破淌了血。易辉说，"我们始终没有掏枪，坚持等到援兵到来"。

有一次抓捕一名吸毒人员，此人发现被人跟踪，拔腿就逃，易辉紧追不舍，追过路口，追入巷子，追进一幢木楼。嫌疑人奔上楼梯欲跳窗，易辉用力前扑，踩塌楼板，身体骤然坠落，但他在坠落前伸手牢牢抓住嫌疑人的一只脚踝，身后战友及时赶上，擒住嫌疑人。易辉胸部重重地卡在塌陷的楼板边沿，肋骨受伤。就在易辉接受采访前不久，他在抓捕一名偷盗面包车嫌疑人时第三次负伤。

这名嫌疑人在一家医院院里盗车得手，驾车来到医院院门口，即被易辉和同行的侦查员拦下，就在易辉上前盘问时，嫌疑人疯狂启动被盗面包车，撞飞设置拦截的铁架，夺路而逃。易辉身体遭受车体猛力冲撞受伤……

坦白杀机

省城昆明，一家开饭馆的三口人被悉数杀死，在饭馆打工的一名年轻伙计受到警方怀疑。警方询问这名年轻打工者后，因没有确切证据，暂时放了他。这名年轻人回到会泽家乡后露了口风。

有人向会泽警方举报，称他从昆明返乡前，他母亲在家为儿子做"老鞋"（死人下葬时穿的鞋），而年轻人的继父向警方举报，说他听到继子与其母亲的对话，他妈问他怎么能回来，儿子回答说我什么也没说就被放回来了。

易辉带着民警将这名年轻人叫到派出所询问，经劝导加感化之后，年轻人如实坦白为何动了杀人念头。原来，这个出身偏僻乡下的年轻人，进省城到那家饭馆打工，且不说脏活累活都叫他干，且不说吃得差、薪水低，老板夫妇还频频对他恶言恶语进行侮辱、极度歧视，老板夫妇的小孩子对他更是任意辱骂、嚣张跋扈。此遭遇，让怒火攻心的年轻人趁一家三口不备之机，手持利斧，将三人逐一砍杀。

杀人者必受法律惩处，但这年轻人心理扭曲的历程折射出的复杂社会背景，令易辉感喟连连。

"三最"纪录

一个以"搬家式"盗窃方式流窜作案的疯狂犯罪团伙，由四名劣迹斑斑的主要犯罪嫌疑人纠结十余人，通过事先踩点探查，摸清商家出行规律，针对贵重商铺、服装店、食品店、米店大肆行窃，人扛车载，四处作案。

腊八节前一天，会泽一家烟店遭遇"搬家式"盗窃。据烟店老板向警方自述，早上天未亮，他惦记烟店附近家中患病的父亲，离开烟店返家，他家距烟店不过一里路。短短十几分钟后，待他返回烟店，见离开前锁好的金属卷帘门大敞，店内烟货全被搬空。

警方抓捕涉案嫌疑人讯问得知，这个团伙对这家烟店蹲守一周之久，发现烟店日夜有人值守，准备撤离。但是，就在那天天亮前，他们发现烟店主人离开，于是迅速行窃，用大钳剪断卷帘门锁，开车至门前，聚众狂搬，逃之夭夭。令警方惊讶的是，据多名团伙成员供述，他们在盗窃烟店之前已作案60余起。尽管有涉案团伙成员陆续到案，但该团伙主要犯罪嫌疑人始终拒绝供述。

身为专案组组长的易辉与侦查员们调查得知，一主要犯罪嫌疑人将所盗财物销赃万余元，回来对另一主要犯罪嫌疑人称只卖得5000余元。警方借团伙主要犯罪嫌疑人互相猜忌不满，加之各个嫌疑人迫于判刑压力，纷纷向办案人员举报他人，还挖出这个团伙因分赃不均而将一团伙成员杀死、埋尸江边的命案。

最终，会泽警方在省公安厅督办下，抓获此案团伙成员29人、破获案件近200起、案值200余万元，追回赃款100余万元，创下了会泽公安史上专案破案数最多、涉案价值最高、追缴赃物最多的"三最"。

时光转瞬即逝，从警28年的"老警察"易辉依然忙碌不停，每天早上跟年轻民警一起出操，每天处理繁杂事物。问易辉怎样评价从警生涯，他淡淡说出三字——"挺充实"。

发表于2015年7月2日

百米冲刺按倒命案嫌疑人

王开虎速写

人物档案：王开虎，39岁，云南省宣威市公安局刑侦大队长，三级警督。
个性言语：从痕迹研判各种案情，会不断挑战你解决难题的能力。
第一印象：高高瘦瘦，头脑冷静，身手敏捷。

铜匠爷爷传给爸爸一手绝活儿。儿子自小看爸爸钉、铆、焊、敲，看老爸将一把把铜壶、一口口铜锅递给来人，看来人喜笑颜开地付钱离去，心里特别为老爸骄傲。而儿子考入一所师范体育运动专科学校，铜匠老爸想到儿子会成为"公家人"，也是欣喜有加。

王开虎从师范学校毕业时参加公务员考试过关，同时被宣威市公安局看中打篮球的天赋，遂毫无悬念地被公安局录入，如愿成为一名人民警察。

极度尴尬

没想到去公安局报到第一天，王开虎就被领导指派跟随一位老法医出现场。一定是案件多得抽不出人手来，领导没办法，才叫这个刚刚报到的小伙子给老法医当助手。

那是一起重大命案，夫妻二人被人杀死在家中，案发地点位于距市区几十公里外的偏僻山村。王开虎年少时村里发生过一起命案，那是他第一次闻听法医这个称呼，与乡亲们远远围观时，他感觉法医的工作很神秘。

"你怕死尸吗？"踏进被害人家房门之前，老法医问王开虎。这个内心要强的小伙子硬着头皮说不怕。

哪承想，他蹲在老法医近旁，目睹人家干练地对两名被害者仔细勘验，眼见死者身上的致命刀伤血迹淋漓及惨死容貌，明明自己"心里很不舒服"，可还必须将老法医要求他记录的一字字写进勘验笔录。

老法医口述诸多专业词汇和术语，王开虎闻所未闻，茫然无措，每每请老法医重复告知哪个字怎么写，就算老法医告诉他是什么字，他竟然也写不来。老法医没有一丝抱怨，一再安慰他，说不会写就用拼音，反正知道是什么意思，等回去再整理文字。这次经历对王开虎"刺激很大"，什么时候都忘不掉。

入警一个月，领导叫他写篇协查通报，十分钟后就要交差。王开虎还从没有接触过这项差使，急忙找样本看看协查通报怎么写。时间很快过去，领导追问写好没有，他嗫嚅着说看看再写，领导脱口而出"这个都整不来，还能干什么事情！"

一瞬间，王开虎内心遭受到极大打击。

这小伙子的名字里有个"虎"字，他可是全市篮球场上闻名四方的骁勇中锋，岂能轻易服输。王开虎发奋钻研各项公安业务，主动旁听审讯、阅卷分析、找老民警讨教。一年后，他能够独立办案。如今想想，倘若没有最初的尴尬经历以及愈挫愈勇的不懈努力，哪有如今业务能力的练达。

极度危险

乡镇上一家开牛肉馆子的老板夫妻被人用刀砍死，身后留下三个未成年的儿女。民众惊惧，公安破案压力倍增。市公安局一名副局长带领专案组投入工作，在奔波破案的二十多天里，王开虎硬是三天三夜没睡觉。

依据掌握到的涉案信息，专案组研判此案动机为仇杀，警方在排查中发现案发现场遗留的刀柄上刻有"H"字样，这个"H"与嫌疑人家中另一把刀上刻有的"H"完全相同。涉嫌命案的父子俩被办案人员传讯，王开虎经讯问得知，酿成命案凶嫌另有他人，与涉嫌命案的父子有亲戚关系。

取得口供已是凌晨，王开虎接受命令立即驱车赶往会泽、昆明。

王开虎与四名办案同事一直未能休息，他在车上有些迷糊，但未睡着，途中觉得车身忽悠"飘"了两次，睁眼探身观察情况，发现驾车民警居然闭眼开车，处于睡态。王开虎猛力拍打驾驶民警肩头，又唤起车里熟睡的其他人，提醒大家不能全睡下，轮流开车。

"要不是发现及时，我们几个很可能翻车滚到山下全'报销'啦"，王开虎至今想起来仍心有余悸……一抢劫犯罪嫌疑人为躲避抓捕，逃至一偏僻山顶的独居人家中寄居。此嫌疑人狂妄放风，说若有警察抓他，他必同归于尽。有信息表明他可能随身绑有爆炸物。

办案人员夜半出发，恰逢降雨，山路泥泞。由于不能打手电，大家跌跌撞撞爬了两个多小时抵达预设地点附近。山顶独居人家有二层共三间房，没有院围，每间房都有一条大狗伏守。为抓捕成功，警方制订突袭方案，距独居人家百米外冲刺上前。攻击命令下达，王开虎一马当先带领突击组冲向嫌疑人所在房间。"我们冲到距房门不到十米，几条狗叫起来。"王开虎带领队员疾速撞开房门。此时，嫌疑人刚刚从一楼沙发上起身，立即被扑上去的民警和持枪武警按倒上铐。

"危险的时候挺多。"

王开虎说自他担任领导职务以来，每逢重大危险的抓捕行动，他总是第一个冲上去。他有妻子有儿子，不是一点都不怕，也不是没有后怕，只是"我不愿看到队员受到任何伤害"。

职责所在，使命使然，这位刑侦大队长坦言，儿子经常见不到父亲，天天打电话询问。提起这事，他嗓音暗哑，"我——真的对不起老婆和孩子，没办法啊"。

发表于 2015 年 7 月 9 日

命案现场掘地三尺遍寻蝇蛹

侯在林速写

人物档案： 侯在林，38岁，江苏省苏州市公安局法医室副主任，主检法医师，三级警督。

个性言语： 我的性格比较坚韧，工作较真，生活简单随意。

第一印象： 脸庞瘦削，身体结实，言语谨慎。

在安徽蚌埠医学院的学业行将结束时，侯在林想进中国刑事警察学院再读两年。他出生在皖南农村，父亲长年在外省打工，母亲艰辛抚养他和两个妹妹，家境贫寒。他深知家中欠债多多，但犹豫再三，向母亲坦露心愿。母亲听了儿子的表白，平静地说，"只要你愿意读书，就读下去"。

嗅觉失忆

做泥瓦匠的父亲常年在外奔波，侯在林是家中唯一的男孩子，又是长子，什么农活儿没干过？记得年少时一夜摇船，至天亮将几千斤稻谷扛进家院。侯在林完成学业参加工作，至今从来没觉得有什么辛苦能比得过年少时在家经历过的那些磨难和痛苦。

大学毕业早早当医生不好吗？

为什么坚持要去中国刑事警察学院再学两年？

难道不想让父母尽早摆脱经济拮据的困境吗？

这个年轻人的心里早就埋藏着一股对未来的执拗追求——"当警察"。

自小目睹了太多民间解决纠纷的野蛮较力，目睹了太多斗狠斗恶的狰狞恶行，正义向善的强烈希冀在一天天长大的少年胸中滋长蓬勃，"小时候看到有警察到村里来处理事务，觉得什么人对警察都很尊敬，不敢任性撒泼耍赖"，这震撼并影响了这个小小少年对世界的认知。

想起医学院毕业前入医院实习，他说自己就像个大夫一样整日治疗病情；想起进入中国刑事警察学院校门后，他更清楚如何在探寻知识的道路上把好方向和路径；想起去广东省深圳市公安局龙岗分局实习时跟法医出现场，最难忘的事是嗅觉失忆。

盛夏时节，在深圳的一个乡镇上，越来越多的人嗅到一股强烈散发的恶臭。警方找到臭味所在，一处多年荒废的小破屋，屋里有具高度腐败的尸体。为尸体拍照的警员戴上口罩，屏住呼吸近前，仍被呛得头晕眼花，无法静心拍照，"拍照的人可以不离那么近，但我们得上手检验"。实习生侯在林和法医都看到了尸体身旁有个农药瓶，而农药瓶里也散发着强烈刺鼻的味道。蹲在尸体旁不过十几分钟，侯在林奇怪地发现鼻子的嗅觉竟然完全丧失，什么也闻不出来了。"我没戴口罩。"侯在林说，那种情形，一般的口罩也管不了用。

初出茅庐

　　天气酷热，警方依据报警线索寻到野外的一片芦苇丛，那里有具尸体。现场观察发现，尸体仅剩下骨骼及少量皮肤软组织，颅骨有骨折线，内脏几乎没有，尸体及尸体周边有大量蛆虫蠕动。

　　法医工作要点在于廓清尸体个人识别特征与大致死亡时间，为寻找尸源提供线索。侯在林刚刚参加工作不久，他坐在专案组现场分析会场的一个角落里，认真倾听并做着笔记，众人推断的初步结论是死者死亡时间有一个月以上。没料想，专案组领导要他谈谈对案件分析的个人看法，他突然记起中国刑事警察学院老师授课时提到，若命案现场存在大量蛆虫而没有发现虫蛹，可能死者的死亡时间不长。他小心翼翼地提出自己的推断，认为这个死者的死亡时间不及 10 日。

　　众人目光一下子全都盯过来，侯在林顿时浑身不自在。毕竟在座的都是经验丰富的资深刑警，而自己刚刚工作。会议主持人请这个小青年讲明理由，侯在林凭记忆将大学时学到的苍蝇生活史粗略背了一遍，引起了与会者对死者死亡时间的又一番激烈讨论。会后，专案组负责人让侯在林与大学老师联系，听取老师意见。夜深时分，长途电话打往沈阳。老师听完侯在林的详尽汇报后，指导他如何具体进行下一步的求证步骤，侯在林连夜对采集的案发现场蛆虫测量，记录相关数据。

　　天色微明，他与同事复勘现场，掘地三尺，确认没有找到虫蛹，继而有证据得以精确推断出死亡时间——截至警方发现尸体，死者死亡 7 天。结果，专案组据此在附近村庄查明一名失踪人员，经综合技术手段支撑，抓捕到杀害死者的犯罪嫌疑人。

　　"洛卡尔物质交换定律告诉我们，犯罪行为人只要实施犯罪行为，必然会在犯罪现场直接或间接地作用于被侵害客体及其周围环境，会自觉或不自觉地遗留下痕迹。"

　　侯在林由衷地热爱自己选定的法医职业，他相信每一个与案件有关的物质，都会透露出不同的秘密，由此经历从无知到有知的新鲜感和满足感，这也是他最沉迷其中的原因。

　　入警 12 年，侯在林早已不是当年那个初出茅庐的年轻人。如今担任苏州市公安局法医室副主任的他，有着检验尸体 2000 余具、检验活体 3000 余例、参与侦破各类重大杀人案件 300 余起的亲历。

　　"我的性格比较坚韧，工作较真，生活简单随意，很有些像母亲"，侯在林这样评价自己。

发表于 2015 年 7 月 16 日

禁毒大队长与持刀毒贩搏命

王文武速写

人物档案：王文武，47岁，云南省罗平县公安局禁毒大队长，一级警督。

个性言语：父亲做事非常细致周到，我深受他影响，但无法企及。

第一印象：思维灵活，身手敏捷，智勇兼备。

18岁入警时，王文武领到一身橄榄绿警服，"裤管上有条红线"。高中毕业，他一心当警察。父母婉言劝告儿子，说当警察格外辛劳，没白日没黑夜顾不上家。

时光如白驹过隙，入警年头抵近30年，王文武心里一直有个念想，"退休后要好好陪老婆逛逛街"。

惊心动魄

当警察不久，正在县公安局值守的王文武与五六名民警接到紧急出警任务：距县城不远的一个村寨里突发恶性刑事案件，有人抱草放火烧别人家木楼，火被村民及时发现扑灭，放火者随即在村寨里持刀砍人，"我们赶到时，他已经被群众逼躲到自家的柴房里不出来"。

天色近晚，那间柴房低矮简陋，茅草铺顶。嫌疑人将柴房前门抵死，王文武与同事爬上房顶，扒开铺在房顶上的茅草，从缝隙中看到藏身屋中的嫌疑人。那人做好拼搏准备，举着削得长长尖尖的长木棒，由下向上一次次捅向屋顶上的警察。

"我最先扒开房顶，跳进屋里。"

几乎同时，柴房门也被民警撞开。王文武敏捷地闪开对方戳来的尖木棒和挥舞的砍刀，近身擒拿，瞬间制服疯狂抵抗的对手。这是他第一次面对穷凶极恶、手持凶器的犯罪嫌疑人。

记得有一年，同事结婚，正在喜宴上的王文武接到紧急出警命令，抓捕命案嫌疑人。他所在的缉捕小组前往案发地邻近的村寨，情报反馈称命案嫌疑人在亲戚那里。

"大白天的，嫌疑人亲戚家院门紧闭，不正常。"

王文武与同事入院，从堂屋侧门入室，见堂屋里坐有三人，神色慌张。他认出三人中那个命案嫌疑人，也看到桌上赫然放着一把染血的杀猪刀……

"那年头，警察还是蛮有威信的"，王文武身着便服进屋，大喊一声"我是警察，不要乱动"，命案嫌疑人束手就擒。

最危险的经历，要数前年那次抓捕涉毒嫌疑人。

盛夏时节，化装成买毒老板的王文武在一家宾馆里与毒贩夫妻谈妥毒品买卖价格，双方起身走到宾馆停车场交易，他及时向设伏队员发出了缉捕信号。男毒贩眼见一辆车突然冲过来，感觉不妙，立即抽出随身携带的利刃，径直向从车上跳下奔到面前的便衣民警前胸刺去，女毒贩转身就逃。眼见冲上前的民警中刀蹲下，那男毒贩挥刀再欲行刺。

一切来得太快，距男毒贩几步远的王文武疾速冲上前，与持刀乱刺的毒贩抱在一起扭打，对方一刀刺中他的右小腿，鲜血直流……

"就差那十几秒，最怕配合不默契，自己受伤是小事，有战友伤亡那可不得了。"王文武说。

瞬间释然

十年缉毒，王文武可谓身经百战，身为指挥员，同时又是战斗员，他对作战预案总要思来想去，最怕百密一疏。哪里没想到，哪里就可能出现意外，不论我方人员伤亡还是嫌疑人伤亡，都存在莫大的责任风险。

难忘那次历经44天长途奔袭，将两名贩毒老手擒获，他与设伏战友收缴22公斤各类毒品，毒贩与毒品人赃俱获，而双方无一伤亡。

"线索是我们这边发现的，追到西双版纳抓捕。"王文武化装成买毒老板，与多名毒贩同吃同住40多天，一点点盘关系、套信任，毒贩3次考察眼前这来人是不是"条子"，打探这"老板"是不是有钱，更要揣测这"老板"是不是"道"上的行家。一切的一切都被具有丰富侦查经验的王文武一一"骗"过。

交易时刻到来，毒贩连换三个地点，这些都在王文武预定的抓捕方案中。

车，停在偏僻山区公路的一个拐弯处，两个伏击组按时就位，远处摩托车声响，对面来人，摩托车后座驮着一蛇皮口袋。

来人问："钱带了吗？"

王文武带他到车后备厢，打开装有百万元现钞的橘黄色旅行箱。

王文武问："货齐了吗？"

对方拎过来蛇皮口袋。

伏击民警现身，王文武一把搂住面前的交易者，两人摔进公路边的排水沟。

王文武最得意的是，当他与伏击民警完全控制住两名毒贩时，那两名嫌疑人对眼前这位曾经熟悉的"老板"突然变身为"条子"惊讶无比、惊恐万分。

结束战斗瞬间，王文武朝天深吐一口长气，释然的心情无法言说，数十天夜以继日的疲劳一并袭来。累啊，真是太累啦！

发表于2015年7月23日

拍摄疑难指纹比中犯罪嫌疑人

沙轶速写

人物档案：沙轶，女，35岁，江苏省苏州市公安局刑侦支队，三级警督。
个性言语：工作没做好，不会撒手。
第一印象：身材高挑，嗓音柔和，内心坚毅。

"我曾经特别胆小，又很内向。"

参加高考后，沙轶收到江苏省警官学院录取通知书，确知自己进入痕迹检验专业，预想未来恐怕少不了与血淋淋的刑事案件现场打交道，心底有些发"毛"。

第一次

入警院结束了三个月的新警封闭训练，沙轶换下作训服，领到一身簇新警服，第一次穿上，就与同学跑到警院大门口，面对相机镜头，拍张照片寄给远在家乡的父母，让亲人分享自己内心的欣喜。

从警院毕业，刚去单位报到没几天，领导让她跟随刑警、法医、痕迹检验人员前往野外一处命案现场拍照。那是一名专营载客的摩的司机，被人杀害后抛尸在一片荒僻林地。

没等走近，沙轶就望见死者腹腔外露的惨白内脏，心生畏惧。近前再看，死者身下的泥土因浸入鲜血呈现出酱紫色。那一刻，沙轶特别特别紧张，拿着相机踌躇不前，手脚冰凉，自小到大，从没目睹过如此刺激视觉的场景，但职责使然，她必须抵近死者拍照，在目镜中直视被害人腹部破开的伤口、直视一大堆外泄内脏，摁下相机快门，将所有细节证据清晰地固定在胶片上。

第一次参加尸检，那是一具在水中久浸、高度腐败的尸体，专业术语称其为"巨人观"。那尸身呈现通黑色泽。法医在检验时，沙轶以为尸体旁放置着一只胶皮长手套，哪晓得法医告诉她，这是尸体手臂皮肤套筒般地整体脱落，她震惊不已。

有了第一次，就有了以后的十几次、几十次、上百次、数百次地出命案现场、尸检现场。她每年要参与数百起交通事故死亡者火化前的处理工作，在殡仪馆对那些因车祸撞没了脑袋、碾烂了身体、轧断了四肢的遇难者拍照，更要直面被罪犯逞凶杀害的受害人，死者也许怒目圆睁、也许嘴歪眼斜，她都要在相机取景器中端详确认，按下快门。

沙轶坦言，自己曾经有一段时间生活在恐惧的心理阴影里，尤其在入夜时分，不敢一人独处，但最终让沙轶神定心安的，是老爸讲出的那句话：

"你的工作是要替那些屈死的人申冤。你把证据记录下来，那些冤死鬼魂是不会找你来的。"

沙轶口气淡定地说，"经历多了，也就看开了"。

最欣慰

警院学习时，学生们都知道刑事技术专业考试课程最难，且不说涉猎法医、文检、痕迹各个课程，更有高等数学、物理、化学学科的严格考试。

"摄影课程只学了一个学期。"

沙轶记得当年同班同学几人共用一台海鸥 135 相机四处狂拍，然后进暗室用天平自配显影药剂，冲洗胶卷。哪晓得毕业进单位报到，被分配干刑侦影像，这一干就是 13 年。

当年，领导兼师父交给她一台高级相机。沙轶摆弄过海鸥相机，却从未见识过那种高级相机。聆听了师父讲述该相机各功能键的使用方法，一遍遍仔细阅读相机说明书，若真正想弄明白相机构造并熟练操作，非得下一番苦功不可。

沙轶在各种光线下将镜头对准形形色色的物体，了解光源在不同表面、不同材质映入镜头的不同影像，每拍一张都详细记录，尤其针对疑难痕迹的拍摄技巧，她悉心研习。

一私人工厂传达室发生命案，值夜老人被人杀害。沙轶赶赴命案现场拍摄，发现屋内窗台前一张老式木桌的抽屉面板上留存着一枚沾有微量血迹的指纹。涉案线索十分稀缺，而这枚指纹粘在老旧木桌漆面上难以提取。因此，能否清晰地拍摄出这枚指纹的独有特征，成为判断这起命案侦查方向的关键物证。

"当年，我们这里还没有采用高光谱、全波段 CCD 物证检验系统技术。"时间紧迫，指纹越新鲜越好拍摄，沙轶要靠精确掌握相机拍摄技术取得指纹特征。她不仅要克服光源的漫反射和二次漫反射，还要克服拍摄位置和角度的特殊限定——屋内空间很小，不能触碰地上躺倒的死者，也不能踩到地面上那一大摊血迹，因为法医要在她拍摄之后勘验被害人尸体。

"我采用暗视场拍摄方法，拍到了清晰的指纹线，完好地呈现指纹。"

沙轶支好相机架，反复研判，成功拍出清晰指纹。这张指纹图像被输入指纹数据库后，很快比中并擒获了有前科案底的命案嫌疑人。

问沙轶工作最累的时候是什么状态，她最记得那次勘验一家三口被灭门现场，受害人家住两层楼，每个房间都要细辨涉案证据——拍照，再去殡仪馆对尸体拍照，再回到命案现场复勘，白天黑夜连轴转，"在尸体旁哪怕有片刻闲暇，就能闭眼睡着"。

发表于 2015 年 7 月 30 日

顽冥服刑人员心理矫治痛哭失声

郭小迪速写

人物档案：郭小迪，30岁，北京市监狱心理矫治室，二级警司。
个性言语：一个人内心发生的变化，可能会引发一场难以预测的蝴蝶效应。
第一印象：神态稳重，语气和缓，显示出与年龄不相符的成熟。

这里是北京市监狱——防冲击栅栏、高大厚重铁门、持枪武警、读卡电子栅门、安全检查门、智能电子栅门。

大学毕业，郭小迪着眼自己所学专业的未来，选择入考北京市监狱向社会公开招考的工作岗位。第一次来到这里，好一派森严异常景象，他内心很受震撼。

坚定理想

"心理学很神秘。"

高考第一志愿填写心理专业，郭小迪笃定这是内心的向往。他要迈入大学这门学科学习，家人尊重独生子的人生选择。记得有一次看过央视心理访谈节目，激发起郭小迪的好奇心，后来又在影视片中看到心理咨询师，理想的心愿不知不觉地在心底汇聚起相关信息，直到考入北京师范大学心理专业。大学毕业之际，郭小迪本可有另外的选择，但他实在不舍对专业的钟爱。

儿子报考北京市监狱，家人审慎地与他交谈，充分了解到他怀有怎样的心愿，他们决定尊重儿子的选择，并建议他做好充分的思想准备。

"来之前，我没有找到这个单位太多的信息。"

来之后，郭小迪下分监区任管教民警，24小时全天候与服刑人员生活在一起，研习管教民警的各项职责和工作方法，直到独立应对形形色色的复杂情形。

忘不了第一次监管服刑人员亲情会见，郭小迪目睹一位母亲怀抱年幼的孩子与服刑丈夫隔着玻璃墙用电话交谈，孩子用嫩嫩的小手拍打着厚厚的隔音玻璃，不断哭叫着爸爸，玻璃墙内外的夫妻二人泪流满面……

"来这里工作前，我觉得服刑人员与社会上的普通人大不相同"，郭小迪后来才意识到"其实，他们与我们一样，是普普通通的人，有亲情、有认知困扰"。

在分监区任管教民警两年半，郭小迪调入北京市监狱心理矫治室。早在郭小迪来这里工作之前，北京市监狱心理矫治室已成立4年之久。

"如果没有那两年半当管教民警的经历,我根本不可能做好服刑人员的心理矫治工作",依郭小迪悉心观察,这里前辈同事的专业水准绝不低于社会上心理专业的同行们。

他由衷地感叹道,"我是幸运的"。

启迪良知

这里是北京市监狱心理矫治室的"内视观想"场所——五六平方米的小格间、榻榻米、灰色绒布蒲团、木屏风、衣物箱。凡自愿申请"内视观想"的服刑人员,均可以被安排来这里接受"导引师"帮助。

"内视观想"是一种新型心理矫治方法,经由北京市监狱借鉴国外和国内实践经验引入,这种方法是让服刑人员经心理咨询师(导引师)帮助启发,在独立密闭的空间内对人生经历进行系统回忆和反思,通过这种深入的自我观察进而调整心态。三年来,郭小迪与心理矫治的同事们接手过逾 200 名申请者,有服刑人员不止一次、再次地提出申请。

一名年逾 40 岁的前银行职员,在家中因琐事与妻子争吵,情绪过于激动将妻子杀害,儿子惊悉噩耗,毅然与父亲断绝亲情。这名男子被判死缓入狱后,执拗地认为妻子被杀完全是咎由自取。

据这名服刑人员"内视观想"时向郭小迪追忆,他妻子平日强势处事,挣钱比他多,自己总受到妻子呵斥或指责,积怨良久,终于爆发失控。但他无法理解儿子断绝父子亲情的做法。一再念想儿子由他一手带大,父子感情笃深,他入狱后给儿子写信一再拒回,遂陷入"破罐破摔"状态。

"我杀了你妈,可你是我养大的啊?!"

洞悉这名服刑人员的隐秘心结之后,郭小迪一点点撬动他对妻子往日温情的回忆,再请他回忆与儿子的深厚亲情。直到他终于吐露妻子给他买过贵重物品的往事,追忆起妻子在他数日卧床不起时守在床前,他还记得自己醒来时看到趴在床边睡着的妻子……泪水涌出了他的眼眶。

"我养大了你,可我杀了你妈!"

这位执于自我的服刑人员终于能够换位思考,理解儿子毅然决然的举动,他变得主动申请劳动、积极参加监狱举办的演讲比赛并获奖,这一切是想让儿子了解父亲如今的作为是出于真心的忏悔。

"有人怒气冲冲,有人痛哭流涕",郭小迪眼见众多被咨询者因触及灵魂卸下"面具",发生种种变化,他的感慨是:"人和人在情感和认知上是相通的,都有向善的一面。"

郭小迪全身心地投入心理咨询工作,不惜牺牲下班和周末休息时间,他毫不怀疑这样的工作在帮助他人净化心灵的同时,也有助于自我心灵境界的提升。

发表于 2015 年 8 月 6 日

抓捕抢劫嫌疑人时恰遇地震

邵斌速写

人物档案：邵斌，39 岁，云南省鲁甸县公安局文屏派出所所长，二级警督。
个性言语：爷爷和爸爸说过，当警察不能乱打人，不能乱收人钱财。
第一印象：纯朴厚道，耐苦耐劳，工作不惜力。

"只有读书才是唯一的出路！"

大哥当年用粉笔把这句话写在家中土墙上，那土墙凸凹不平，是兄弟入夜歇息的矮屋的内壁，矮屋建在狭小的猪圈之上，屋内充斥的猪粪气味，且光线阴暗。但大哥写在墙上的每一个字都烙在少年邵斌心里，一直闪烁着耀眼的光芒。

贫困励志

邵斌兄弟姊妹七人，排行老四，上有一个姐姐、两个哥哥，下有一个妹妹、两个弟弟。他少小割草喂猪、喂马、喂牛，钻老林背柴——路远路陡路滑，拢好柴，起身迈步，不敢停步，直走得肩背勒痛、腿脚酸胀、头晕眼花、气短胸闷，直走得真想放声大哭。

哥哥们进县城读书去了，邵斌在家牵牛耕地，清晨起身，劳作入夜。牛累人倦，牛要脾气不听使唤，精疲力竭的少年邵斌拦不住牛，坐在田头悲伤哭泣。

贫困家庭孩子众多，粮食时有断档之危。小邵斌跟在母亲身后，怯怯地去亲戚家登门借粮。记得读高中住校时，他为省钱常常只吃一点白米饭，不吃菜，大哥来学校探望他，知悉他如此度日，兄弟俩抱头痛哭一场。

大哥高中毕业没考上昭通师范专科学校，返乡任代课老师。而大哥的高中同学考入师专毕业后与大哥在同一所学校教书，人家可是正式的教师。大哥更加发奋备考，最终如愿以偿。二哥先于大哥一年考上，两个哥哥都成为人民教师，成为拿国家薪水工作的人。

二哥是兄弟姊妹中第一个考上昭通师专的，全家欢喜异常，除了村里已有一人在县城粮管所工作外，邵斌二哥成为村里第二个端公家饭碗的人。

"我家虽然经济拮据，但家教很严。"

邵斌的爷爷和爸爸在村里一直被乡亲们公认是有德有规之人，威望很高。得知邵斌考上警校，爷爷和爸爸语重心长地教诲说，当警察，好人坏人都会遇到，做事要公道，更要有良心，不能乱打人，更不能乱收钱财。

"那双黑皮鞋 98 块钱，上海产，登云牌。"

进警校领到警服后，校方要求新学员自备一双黑皮鞋。二哥给弟弟出钱，邵斌自己去鞋店买鞋，他清楚地记得买鞋的所有细节，如今忆起，他感叹"那可是我人生第一次穿皮鞋啊"。

危急时刻

从警至今，邵斌时常自我告诫："咱是农村娃，出来不容易，好好工作才对得起老百姓和妻儿老小。"

不论在偏远山乡派出所做内勤、干基层民警，还是当教导员、副所长、所长，举凡刑事办案、人口管理、治安防范、法制宣传、报警求助、帮教监督，邵斌都不遗余力地全身心投入。

一名吸毒人员盗窃摩托车被前去抓捕的民警堵在家中，他紧抵屋门拒绝出屋，把屋里的煤气罐拎到门边，做好同归于尽的准备。

"我叫邵斌，就我一个人进去跟你谈谈，行不行？"

邵斌大声喊着，屋里人应答："我知道你，你让别人走开！"

邵斌被允许走进洞开的屋门，在与对方近距离交涉时，他发现屋里床前的地面上已被泼洒大片煤油，气味浓烈，对方一手按在煤气罐阀门上，一手紧捏打火机。

邵斌冷静地向他讨要个小凳子坐下，劝说他放弃对抗，说警方可以在法律允许范围内对他的涉罪行为酌情处理。半小时后，对方戒备心态有所松动，这时，他突然打了个大喷嚏，下意识地抬起捏有打火机那只手的手背去蹭鼻子。

邵斌果断起身，瞬间将对方摁翻在地，守在院门外的抓捕民警闻声迅速冲来支援，双方无一伤亡地终结了这次危险对峙。

去年鲁甸县发生6.5级地震，城区屋倒墙塌，死伤严重。

邵斌时任县城中心城区派出所所长，地震发生时，他正指挥民警追踪一名涉嫌开车抢劫犯罪的嫌疑人，实施抓捕之时大地震意外发生，抓捕未成。

时隔两天，眼看救灾部队官兵、外地志愿者从四面八方纷纷赶来，邵斌一边指挥派出所全体警员抗震救灾，一边担心那名嫌疑人趁乱抢劫。果然情报来了，嫌疑人现身，邵斌下死命令必须将这名嫌疑人抓捕归案。

嫌疑人驾车抢劫了一名妇女，将车开至城郊偏僻之处，停下车低头翻看抢来挎包中的财物时，被追踪而至的民警堵个正着。但他不肯束手就擒，疯狂启动所驾车辆，冲撞横拦路中的警车，竟将警车顶出百余米开外，企图夺路而逃。民警开枪示警无效。邵斌靠前指挥，冲着对讲机大喊"瞄准丌枪，不能让他逃掉"。枪声响起，嫌疑人手臂和肩膀被击中，抓捕民警冲上去，把嫌疑人揪出驾驶室……

"做人清清白白，做事踏踏实实。"

邵斌干了这么多年警察，恪守做人做事这样两句话，他对这份职业抱有深深的感恩之心。

发表于 2015 年 8 月 15 日

掘井下探十几米找寻人体残骸

李祥霖速写

人物档案： 李祥霖，49岁，江苏省镇江市公安局润州分局刑事科学技术工程师，二级警督。

个性言语： 及时破案，特别欣喜；案件破不了，愧疚。

第一印象： 慈眉善目，憨厚内向，慎言敏事。

"外公一辈子干农活儿，忠厚诚恳；外婆一辈子清清爽爽、干干净净。"李祥霖自小与外公、外婆共同生活，感情至深。上初中时，他守在外婆病床前，一直侍候至老人家过世。

高中毕业，李祥霖考入江苏公安专科学校（江苏警官学院前身），那年寒假他没有回家，在学校接到家里电话，听说外公去世，顿时呆愕……

弑父命案

"农家娃什么农活儿没干过。"

插秧种稻、施肥间苗、收割脱粒、挑水种菜，经受过极度劳累，深知粮食来之不易，小祥霖耳濡目染外公、外婆如何打理农家生活，如何诚恳待人，潜移默化地积聚起自己的人生准则。

每每忆起当年满心欢喜地穿上警服，满心欢喜地站在学校校门留影，李祥霖总要念及天堂里的外婆没能等到这一天，而病重的外公也没能亲眼见到身着警服的外孙站到床前，他心底烙下一片不敢深触的痛。

从警之后，一次次出警，一次次目睹罪犯凶残夺人性命、伤人身体、抢人钱财，李祥霖避不开那些悲戚无助、痛心疾首、愤怒难抑的目光和神情，心里总涌动着全力擒获罪犯、尽早惩治犯罪的激情。

每逢案情复杂、线索繁乱，一时难以侦破之际，李祥霖往往会仔细审视自己破案过程中的每一举措和步骤是否恰当准确，有时会感到焦虑，怕出现闪失，怕未能及时发现已有的罪迹。

那年夏天，一居民楼中突然漫出一股难以形容的腐臭，臭味儿从一捡破烂儿的老人家中窜出。李祥霖与同事接警后入室勘查，他手持相机进门，只见满地白花花蠕动的肉蛆，老人的尸体横卧内屋，他不得不踩着肉蛆前行，任鞋底踩爆的肉蛆不断发出"噼噼啪啪"

的响声。

待他凑近肤色发黑的尸体，从相机取景框中瞄看死者头部的伤痕，瞄看伤痕中蠕动着的成片白蛆，当时"真是臭得要命"。李祥霖屏住呼吸却坚持不了一会儿，不得不迅速撤到屋外，稍稍调整一下，再返身进屋继续拍照，"越来越臭，吃不消啊"。

这起命案侦破后，警方擒获了涉罪嫌疑人，他——竟然是老人的儿子。

掘井寻尸

那年初春，有居民一大早到水井旁洗菜，发现井中有物体疑似尸块，遂报警。法医赶赴现场经勘验后确认是人体躯干的一部分。

警方展开调查，有居民反映说，夜半时分听到水井方位有"咚咚"声响，至凌晨时分才消失；有人在凌晨时分看到一陌生男子骑摩托车从井边离开。于是，警方决定排水打捞，探明井底情况。

井水被排净，李祥霖与同事轮流下井，搬抬井底石块运上地面，历经十多个小时的不懈努力，足足向下掘进十几米，终于在井底发现藏匿在大袋子中的人体四肢和头颅。

警方研判，嫌疑人将死者分尸后装入大口袋，再绑上石头欲沉井灭迹，没想到死者躯干入井后脱离口袋飘浮水面，嫌疑人慌乱之下，想用井边附近废墟的石块压沉飘浮的人体躯干，折腾至近天亮才仓皇逃离。

警方进一步获悉，嫌疑人不仅杀害肢解一人，抛尸井中，还杀害并肢解了另一人，其尸身分别抛弃在一厂房附近的厕所化粪池中和一个废弃烟囱内。

李祥霖来不及喘息，与同事们匆匆赶往化粪池，刺鼻的大粪气味直冲脑仁儿。为尽快查明尸源，大家协力舀粪铲粪，劳碌整整一昼夜，直至粪池见底。李祥霖穿着高腰雨靴下到粪池里，与同事们拣寻出十几块死者残体，他累得瘫坐在粪坑边，说不出一句话来。

这名丧心病狂的杀人者是个四十多岁的离异男子，他杀掉两名十八九岁的年轻女子后购置电锯，在家中肢解两名死者躯体后抛尸。警方在他家中床边和地面发现了死者血迹。嫌疑人看上去五官端正，李祥霖说："这种人不能以相貌来判断。"

李祥霖1988年自警校毕业进入镇江市公安局润州分局，在派出所、局办公室工作过，从警第11个年头转入刑事技术工作，至今勘查过8000多个现场，提取过1万多枚指纹，采集DNA样本（检材及样本）6000多份，破获了3000多起案件。

在同事和领导眼里，李祥霖令人敬佩之处在于他为人憨厚，做事不惜力，性格沉稳、执着、坚强，有"破案能手"之誉。

发表于2015年8月20日

以救援生还者方式抬出遇难者

任新林速写

人物档案：任新林，28 岁，武警镇江消防支队大港中队上尉。
个性言语：生命在灾难面前真是很脆弱。
第一印象：思维敏捷，动作协调，意志坚定，英气勃勃。

任新林小时候最崇拜的人——爸爸。

爸爸当过消防兵、消防军官，又转入公安。爸爸总是很忙。妈妈只言片语地提到过爸爸的救火经历，但爸爸从不讲他如何救灾历险。长大后，任新林执意投身消防部队，妈妈尊重儿子的选择，语重心长地言明，干消防少不了面对危险，顾不上家事，辛劳异常，她告诫儿子：

"一旦确定人生选择就不要后悔。"

不怕牺牲

任新林在大学攻读通讯专业，毕业前夕进入一家公司实习，他以出色的表现被公司确定接纳，但任新林放弃了这一就职机会，投身消防部队，公司总经理对此很是不解。

大学毕业前夕发生汶川大地震，任新林与三名大学同学心急火燎地将个人简历报投消防部队，结伴前往南京消防部队表达入伍参加灾区救援的迫切心愿。总队领导好言相劝，说他们没有受到专业训练，单凭热情难以完成艰巨的救援任务。

任新林身高一米八五，跟父亲一样高，如今已是中队长的他，亲历过八百余场灭火抢险战斗，营救过百余名遇险群众。

最难忘小学二年级，任新林跟小伙伴打篮球，抽空去场外买饮料，遇到两三个小混混，小混混用点燃的烟头烫他，逼他掏出身上的十几块钱和电话卡。

恰巧，一位阿姨看到他的窘境，近前喊他，这位阿姨认识任新林的爸爸，感觉情形异常故来解围。小混混们跑开了，事情传到爸爸耳朵里，任新林挨了一通责骂，又被爸爸揍了几下，说他一点骨气都没有。有骨气就得有实力，任新林入伍前酷爱篮球，曾入选南京市体育运动学校；入伍后苦练体能，前年获得过全省基层干部单兵比武第八名的好成绩。

2015 年 1 月 2 日，黑龙江哈尔滨市道外区一过火仓库塌方造成 5 名消防官兵遇难，大港中队组织队员在大会议室观看救火视频，目睹牺牲场景，会议室里笼罩着悲伤肃穆的气氛。

天津港"8·12"特别重大火灾爆炸事故遇难者"头七"祭日，大港中队全体队员再次聚集在大会议室观看火灾视频，人人眼含泪水，抽泣声此起彼伏。每每有消防官兵牺牲的新闻，妈妈总是第一时间给儿子打来电话，叮嘱儿子注意安全。

"我们中队队员基本都是90后，他们来部队，要在这里奉献出自己最宝贵的青春年华去执行抢险救援任务"，任新林说，他们待遇不高，但只要听到救援命令下达，没有人犹豫不前，都很勇敢，大家只想尽快救人，想不到别的。

英勇救援

"我们坐在火山口上。"

任新林所在的大港中队辖区里有一些化工企业，这些企业生产、储存着数十种危险程度较大的化学品，例如氯气、三氯化磷、氟化氢等易燃、易爆、具有剧毒及强烈腐蚀性的化学品。

那年，一家化工厂发生火灾，火势猛烈，任新林率领主攻组观察发现喷水和泡沫效果不佳，指挥长决定喷洒干水泥，由四个攻坚组轮流上阵。一车干水泥重达十几吨，一组六人协力抱起水泥输送管，抵近火场，启动水泥车利用强大压力将干水泥吹喷出去。

"完全是粉尘，戴着空气呼吸机都感觉难受"，任新林记得，用水浇透的防护服难以抵御火场高温，灼烤难耐，"一个半小时打完一车干水泥"。

任新林带领的攻坚组在火场持续战斗18小时，自下午5时进场，至次日中午11时，大家的体能和耐力逼近极点。直到火势终于可以控制时，有队员喝着饮料就睡倒在地。灭火战斗结束，任新林回营房昏睡到第二天才醒。

灾情最惨的经历要数那次在高速路上救援连环车祸伤员。

深秋时节，凌晨4时许，高速路团雾路段十数车连环相撞重大事故报警，有多人被困。四辆消防车开到距事故现场两公里处无法前行，任新林与队员携带百十斤重的破拆器械小跑赶路。

"现场太惨烈，血肉模糊"，眼前景象令到场救援的消防队员感到惊悚——两辆大货车中间挤压着一辆小轿车，四五米长的小轿车在巨大冲压力下，竟然被挤压成片状。大货车驾驶室里，司机伏身方向盘上，满头碎玻璃，意识模糊，他腹部被方向盘卡住，腿也被卡住。

另一大货车驾驶室里有一对夫妻，丈夫连喊救命，妻子脸向下趴在副驾驶座位上，消防队员将丈夫救下车，再准备将他妻子从车窗抬出，结果发现这女人的身躯已经被挤断为两截。出于对死者的尊重，任新林和队员们以救援生还者的方式，小心翼翼地将这位不幸遇难的女子抬下车。

"人的生命在灾难面前真是很脆弱"，任新林见过许多同龄人没有见过的灾难惨相，他心底里更多一层珍重生命的感喟。

发表于2015年8月27日

让物证替殒命人"讲"出案情

赵璟悠速写

人物档案：赵璟悠，女，27岁，江苏省苏州市公安局民警，二级警司。
个性言语：小时候性格像男孩子，与娇气无缘。
第一印象：眼神清澈，机敏聪慧，内心沉稳。

"一杯咖啡，几本书，一整天什么都不管"，赵璟悠心仪这样的时刻。

降生时，父母为女儿起名字左思右想，最终由父亲圈定"璟悠"二字，寓意"自由自在"，兼顾发音响亮。赵璟悠自小学、初中、高中一路走来，学习成绩出色。第一志愿报考警察院校——这是赵璟悠早已笃定的人生选择，也圆了妈妈的一桩心愿。

第一志愿

外公是一名忠于职守的警察，他生前希望子女能加入警察行列。若他活着时能看到外孙女穿上警服、英姿飒爽地站在面前，老人家该有多么欣慰。

"我出生才3个月，爸爸妈妈就把我送进厂里的托儿所。"

赵璟悠说自己出生时父母工作很忙，不大顾得上家，直到后来也没像别的家长那样把女儿娇娇气气地养大。她可谓是自然成长，小时候性格很像男孩子。

父母同在一家大厂子里工作，父亲性格比较内向，先干电工，后跑销售。爱看哲学书籍的父亲回顾自己这段经历时坦言，工作岗位变化促动了原有个性的改变，并颇具辩证意味地告诫女儿：

——"遇到挫折不是坏事。"
——"努力没错，但不是所有的努力都有回报。"

初中时，赵璟悠的化学成绩在重点班里名列前茅，这个女孩子对钻研化学尤有兴趣，高考成绩张榜公布，赵璟悠如愿被江苏警官学院法化学专业录取，当她穿着迷彩服参加新警培训整整三个月时，跟所有同届入学的学生一样，也眼巴巴地盼着能像师哥、师姐那样穿上警服，神气活现地在校园里踱步。

量体裁衣，领取警服，忙着照镜子、拍照片，并把照片发给高中同学、朋友、亲人，内心充溢的喜悦难以忘却。

大学毕业，赵璟悠前往苏州市公安局报到，直接进入刑警支队理化实验室工作。如此人生经历至今令她备感欣慰——所学专业直接与工作岗位对接。

"我很幸运。"赵璟悠如是评判。

耐住寂寞

理化实验室负责毒品检验、毒化物检验、心血检验、尿液检验、胃内容物检验以及其他复杂检材和爆炸、纵火等微量物证的检验。

身处理化实验室工作，晒不着、吹不着、淋不着、冻不着，虽说不似法医必赴现场勘查，但要面对瓶瓶罐罐里装有各式各样的化学试剂，面对复杂严谨的实验程序，"所有命案、刑事伤害案件都会与实验室的工作关联着"。这个工作岗位特有的艰辛鲜为人知，行内人都明白，这工作既要"扛得住清苦"，又要"耐得住寂寞"。

一年轻女子死在室内，脖子上有勒痕，第一判断她是被人勒死的，她的男朋友成为嫌疑人。接受询问时，嫌疑人支支吾吾。警方没有证据确认犯罪细节，破案希望只能寄托在物证检验上。

命案现场有一瓶饮料，赵璟悠检验后发现里面含有安眠药成分。出于慎重，她对死者的胃内容物多次检验，确认安眠药成分很高。接着，她又从办案人员在命案现场取到的一把梳子上检出了安眠药成分，明晰判定夺命杀人者的作案方式和细节，为破案提供了重要信息。

一工厂女工死在厂内宿舍，血液里发现含有"毒鼠强"成分。虽然厂院大门有录像，但女工宿舍没安装摄像头，殒命女工的男友虽进出过命案现场，但痕迹正常。办案人员为寻找毒源，尽可能地将屋内所有物品都送检查寻，包括几百批次量的生活用品、衣物，甚至地砖、墙面。理化实验室全员参与，轮班苦干，赵璟悠一轮轮检验，做得头晕眼花，心理濒临不堪承受的边缘。

苯，具有强烈毒性。为强化检验效果、提取涉罪证据，参加实验的工作人员明知苯有毒性，仍使用苯操作提取……一个检材提样的检测过程就需要40分钟，经软件运行分析解读在电脑屏幕上呈现图谱。赵璟悠整整劳碌两天，经受了非常大的心理压力。

回首走出大学校门这些年来，赵璟悠受理过全市毒品案件754起，鉴定毒品检材3400余个；受理刑事毒物案件500余起，检验心血、尿液、胃内容物及其他复杂检材1200余个，受理爆炸、纵火等微量物证案件400余个。

然而，她发现这些年来相关科学分支越来越繁复，工作要求越来越高，最初以为按既定程序和方法就可以了，眼下却相信"没有什么既定的提取方法"，进而时时关注检验技术最新发展动态，跟进学习，督促自己提高技术本领。

"挑战非常大"，赵璟悠对此深有体会。

发表于2015年9月2日

衣兜水浸纸团藏有命案线索

彭文速写

人物档案： 彭文，69岁，中国刑事警察学院首席教授、公安部特邀刑侦专家、二级警监。

个性言语： 我这辈子做人做事真实、直爽、认真，喜欢较真儿。

第一印象： 身高体壮，健谈风趣，睿智敏思。

"父亲大字不识一个，记性特别好，一直在村里当生产队长，老百姓服气。"

彭文生长在黑龙江省西部富裕县的一个农村中，父母是地地道道的农民。高中毕业，彭文考上东北农学院兽医专业，家穷没钱，公社视这个年轻人为骄傲，借他70块钱助他前往省城哈尔滨就读，这笔钱在当年可是不少呢。"从富裕县坐火车到齐齐哈尔，车票一块二毛钱"，彭文至今记得。

爆炸惊魂

农学院毕业后，彭文被分配到北疆边陲一偏僻公社兽医站工作。

时逢"文革"后期为蒙冤干部恢复名誉和待遇，他还没到兽医站报到，就被县里抽调去工作组，因他经手办理了原县公安局局长的案子，公安局长恢复原职后将他调入公安局，并送他去省公安厅、省医科大学等地进修，局长劝他："我们这里缺法医。兽医、法医都是医，你学起来不费事儿！"

学成归来，彭文一直在刑警队努力工作，被县局选任为刑侦队长。

那年春节将至，县里南部山区有人报案说村里烧死了一个女人，还烧了七间草房。他领着五名民警带上勘查器材出发。当时气温零下四五十度，大雪埋路，车开到半道不能前行，大家改乘拖拉机，改乘爬犁，改骑马，走进报案村庄已是后半夜。

村书记领彭文一行前往一处大通铺的村委"打尖儿"。村里断电，众人摸黑进屋，大通铺上已有多名男女睡下。村书记吆喝起睡在炕头的人，让公安局来人睡炕头。

"人员这么杂，勘查器材丢了咋办？"

彭文心里怎么也不踏实，他知道距此二十多里外有一住处，给大家下死命令离开。好不容易走到新换住处，刚要脱衣躺下，突然传来消息，先前报案的村庄在他们离开后发生大爆炸，彭文立即率人返身察看。

爆炸点就在村书记安排他们睡觉的村委炕头，那个位置被炸出一个大坑，四人当场被炸死、七人被炸伤。爆炸点散落着八颗手榴弹柄。距爆炸点最近处有个双腿炸断的男子。

原来，村书记的小舅子在村磨坊里强奸并杀害了村妇女主任，就在磨坊内焚尸，不料火焰上房。他闻知公安要来查案，知晓姐夫管理村里民兵枪弹库房而钥匙由姐姐掌握，便对姐姐谎称要去江里炸鱼，从枪弹库取出八颗手榴弹。凌晨时分，他盘算着与办案人员同归于尽，悄悄摸到大通铺炕头，拉响集束手榴弹。那双腿炸断的男子就是以死搏命的命案真凶……

浸水纸团

"我可是拎着墨水瓶一边办案、一边写书啊。"

彭文在基层公安干刑侦工作历经十五年，一直有个念头，要把办案经历和体验记录下来，他苦干三四年，写出五十多万字的《实用法医学侦查知识问答》书稿，并投寄给群众出版社正式出书。

彭文转入中国刑事警察学院任课，曾任侦查系专案教研室副主任、主任，侦查系副主任、主任等职。黑龙江省公安厅前辈法医黄文衡是彭文心中最敬重的恩师，恩师对他说过这样一句话，"彭文你记住，法医中平常的东西你必须会干，但法医解决不了的疑难问题，你也必须钻进去干好"。

入选公安部特邀刑侦专家后，彭文获得了赴全国各地调研并指导破案的机会，视野更加开阔。一次，他受邀赴外省指导办案，了解到一起案情：

有人在城中河里捞起沉甸甸一大包东西，拆开发现是一具男尸。死者是个衣衫褴褛的中年男人，两只袜子颜色不一，脚趾露出，脚穿布鞋，面部多处划伤，双眼被人用刀刺破脱落。警方仅从死者衣兜里捡出三粒瓜子、四块叠好的餐巾纸，根据相貌特征难以查清死者身源。

彭文问办案警方："还有其他物证吗？"

回答："没有了。"

彭文提出想亲手摸一摸、翻一翻死者衣兜，哪怕还能找到一些微量物证也好。不巧，物证保管室的保管人外出，他未能如愿。临走，彭文给办案单位留下一句话，"看看衣兜里还能不能找出物证，这可是唯一的取证希望了"。

返回学院未及一周，当地公安局副局长打来电话，兴奋地告诉彭文"案子破了"。

原来，办案人员遵从彭文告诫，从死者衣服内兜里摸出一个经河水浸过且干枯的小小纸团，侦查人员水浸、展开、熨干纸团后，一个铅笔书写的手机号码出现在眼前，由此导引出案情真相——死者生前有40万元存款，他在妻子病逝后找了个20多岁的年轻女人，这女人用心计将死者的40万元钱财骗转她名下后便对他不理不睬。该男子索要钱财死缠硬磨，这女子找另一男子协作，下毒手将该男子杀死……

"干刑事侦查，最关键的是要细致、用心。"彭文一字一顿地说道。

发表于 2015 年 9 月 12 日

指甲缝里微量检材锁定嫌疑人

陈煌峰速写

人物档案：陈煌峰，33岁，湖北省武汉市公安局刑侦局一级警司。
个性言语：工作责任蛮大，尽量做细，不留遗憾。
第一印象：体能充沛，用心专注，粗中有细，能动能静。

"大学录取通知书下来了，我有那么一点点失落。"

陈煌峰高考后填报了四个志愿，有临床医学、电子信息、法医，当他得知被华中科技大学法医学系录取时，自己还真不了解法医学是一门什么样的专业，接到录取通知书时引发的疑惑是，"学医就学医，怎么还要学法律？"

莫得怕

读了五年法医学本科，再用两年时间攻读硕士，陈煌峰25岁走出校门，进入武汉市公安局刑侦局工作。进大学之前，耳闻法医少不了要接触死人，进大学上解剖课上看到、接触到的人体标本已经药物处理过，没有什么特别令他发怵的。如果未来的法医工作仅仅如课堂上所闻所见，真没什么大不了的。

待正式进入工作岗位，现场勘查时视觉和嗅觉的强烈感受令他至今难以忘却。

拆迁工地发现一疑似流浪男子死亡，陈煌峰跟随一位老法医前往现场勘验。尸体散发着恶臭，他俩蹲在尸体身旁，老法医一边勘验一边讲解技术要点，观察死者褴褛脏衣是否有打斗撕扯痕迹，再脱下死者衣服全身查验，从头到脚辨识有无打斗伤痕，历经一个多小时确认死者与刑事案件无关。

尽管陈煌峰大学期间在医院实习过，但他看到眼前这位死者左胸长有个拳头大的瘤体，这一异象令他触目惊心。

掐指算算，陈煌峰工作至今已逾八载春秋，目睹死亡惨相逾千起：有自杀者从高楼跳下，全颅崩裂，脑浆喷溅二十米远；有吸毒女骨瘦如柴，亡命在逼仄小黑屋床上，死不瞑目；有枪击身亡者土葬十余年被掘出验身，四肢腐烂；有江中浮尸呈"巨人观"，五官肿胀变形……

陈煌峰出生在农村，父母在家务农，父亲是个"聪明的农民"，母亲能吃苦又能干。陈煌峰参加工作后回家走在村里，村里老人都知道这个男娃当了法医，乡亲们郑重其事地问他"怕不怕死人？"

陈煌峰微笑着回答,"莫得怕的"。

责任大

　　殡仪馆,一死者躺在平台上,家属和老乡多人候在一旁,等待法医勘查死因。

　　工地塌方,一民工被埋,呼救者、救援者心急如焚。挖掘机隆隆驶来,巨型钢铲疾挖土方,被埋民工躯体出现,人已死亡。民工亲属察看死者后突然围砸施援挖掘机和司机,声称挖掘机致使被埋民工丧命。于是,法医被请去勘查死因,要弄清死者到底是由于被埋后窒息亡命,还是被挖掘机误操作致死。

　　陈煌峰走近死者,第一眼看去,平躺着的死者似乎没有外伤,细细检查全身后,他看到死者后背上有个洞,脊柱被切断,肺部外露,显然因背部遭受外力创伤致命,而窒息死因并不明显。不难猜出,救援单位责任人希望死因是由于窒息导致夺命,但事实就是事实,陈煌峰依据事实作出法医鉴定。

　　一名未婚年轻女子死在自家床上。

　　警方赶赴命案现场,从死者母亲口中得知,她本人住在一楼,她女儿住在二楼。早上,这位母亲喊女儿吃早饭,久久无人应答,她诧异万分地上楼查看,发现女儿裸死床上。

　　陈煌峰走进死者家中,见那位母亲悲痛欲绝、涕泪涟涟。

　　警方综合现场痕迹进行判断,案情逐渐显现:

　　嫌疑人翻上院墙再沿墙体下水管攀上被害人家的楼上阳台,撬开阳台门。这时,死者尚在洗澡,不知有异样动静。待死者洗完澡回到卧室床上玩手机,躲在一旁的嫌疑人扑上床掐脖捂嘴,欲行不轨,致使年轻女子死亡,嫌疑人悄悄脱身。

　　陈煌峰来到死者身旁,他既要勘明被害死因,又希冀找出嫌疑人遗留的生物检材,为擒获命案嫌疑人提供线索。

　　"就在被害人左手手指指甲里有那么一点点",陈煌峰取到的这"一点点"生物检材,最终通过DNA比对,让警方成功锁定了嫌疑人。命案发生第九天,武汉警方成功破获这起影响恶劣的入室杀人案,将嫌疑人抓获归案。

　　"我喜欢这个工作",陈煌峰内心再一次感到极大的职业自豪感和由衷欣喜。

发表于 2015 年 9 月 17 日

胸罩上一抹血痕查明命案真凶

方慧速写

人物档案： 方慧，47岁，湖北省武汉市公安局刑侦局法医、一级警督。
个性言语： 爱睡懒觉，爱读书，觉得科学很神奇。
第一印象： 温婉平和，外柔内刚，言语准确，思维清晰。

"一进房间，我差不多就要吐了。"

方慧记得，刚刚参加工作时，有一次跟老法医去命案现场勘查。躺着死者的房间里弥漫着浓烈的尸腐臭味，仿佛有无数只手一下子紧紧扼住了她的喉咙。看到同去的法医前辈若无其事地勘验着，方慧不愿当众示弱，愣是将强烈的生理反应死死压了下去。

时至今日，方慧不忘一同工作过的法医前辈们，"他们有着很高的专业素养和人格魅力，他们从事科学工作时没有旁顾"。

敬佩你

一具尸身上蠕动着成片成片的白蛆。

方慧蹲在尸体旁，从容不迫地用手将一个个扭动蛆身的白色小生灵撸到地上，俯身目视死者体表各处，检查有无致命创伤。一名全程陪同的公安分局局长自始至终旁观勘验全程。中午回食堂吃饭，这位局长诚心诚意对方慧说了三个字："敬——佩——你"。

"他觉得一个女同志能这样做，很了不起"，方慧却认为自己这样做完全是责任使然，前辈们都是这样做的，"你在这里，要做的就是这项工作，要把死者的死因、死亡时间和定性搞清楚"。

这番从容干练，并非初始即成。

一名老婆婆溺水身亡，死者被打捞上来已呈"巨人观"，全身浮肿变形，没人愿意抬她。

方慧与其他三个大男人抬担架行走，位置在后。死者一条手臂垂下，恰恰在方慧身边，担架每前趋一步，死者手臂就后摆一次，屡屡碰到方慧迈出的腿，这令她心里好一阵不舒服。尽管方慧从小就不是迷信的人，但这番经历至今记得。

"当了法医，许多时候你就不能把自己当女的。"

在命案现场，法医要将死者从头看到脚，看遍全身各个部位，无论死者高矮胖瘦，为其脱衣、翻身均是费力气的事情，且不说旁人没有谁愿意主动近前，男法医尚需旁人协助，女法医更不用说了。

方慧怀孕五六个月时，那次出现场，死者在江岸边一片树林里被发现。岸边有道齐肩高的防洪坝墙，同事与方慧踩着自行车后架爬上坝墙，再从坝墙上往下跳。方慧想也没想，挺着大肚子就跳下去了。

"案情就是命令啊"，方慧深知，尽快赶赴现场勘验，在生物证据变化甚至消失前固定下来，对侦破工作能提供极大帮助。待方慧回家向丈夫讲述了这番经历，丈夫说她"胆子好大呀"。

很开心

案情是谜，死因是谜。

法医采集证据，运用科学方法和经验综合研判，直至辨明案情，查出真凶，擒获罪犯，这一切最让法医愉悦。

方慧自小受父亲影响，酷爱读书，未知世界的神秘感一直鼓动着她的好奇心。考上大学，十里八乡的人都知晓这个漂亮的小村妹了不起。要知道，在她父母那个村庄里，前几十年都没出过一个女大学生。

大学放假，方慧回家帮父母干农活儿，乡路上有许多不相识的人主动跟她打招呼，她不认识对方，对方却认识她，这女孩当年名气好大好大。

同济医科大学法医系是方慧自己选定的专业，支撑这个主意的既有书中得来的信息，又有黑白电视机里影视剧的影响。这位年轻姑娘觉得法医是个神奇的职业，一心报考，可她哪晓得将来工作要与难以忍受的脏和臭打交道。

一位二十多岁的小媳妇与丈夫发生矛盾，独自在家居近旁一间简易房住下，意外遇害身亡。现场勘查发现室内东西整整齐齐，死者佩戴的手串珠子散落在地，胸罩上有一抹淡淡的血痕，死者丈夫被列为嫌疑对象。

然而，方慧去过现场，她对胸罩上那抹淡淡血印展开缜密分析，经观察发现，那抹血痕格外可疑，再经检测，这抹血痕非死者之血，而是一名男性的血迹。男性血迹如何抹在死者胸罩上？

可以推测，行凶男性与死者生前搏斗中出现轻微伤，将血痕蹭在死者胸罩上。这抹血痕经 DNA 检测，对比出一名四五十岁的男性，此人远在江苏南京打工。待警方找到他后，他坦白了杀人经过：他是湖北本地人，有两个儿子，他认识死者，偶然起意抢劫，由于很少有人知晓他返乡探亲，他杀人后即去了南京，没人想到他会作案。

案件破得漂亮，方慧特别开心，在她看来，攻克难题，解开谜团，伸张正义，既是对她工作付出的最好回报，也是她工作的神圣意义所在。

发表于 2015 年 9 月 24 日

躯干背部小痦子确认死者身份

韩立林速写

人物档案： 韩立林，51岁，黑龙江省牡丹江市公安局法医、二级警督。
个性言语： 最幸运的事莫过于从事自己喜欢的职业。
第一印象： 个头不高，满头白发，体健有力，快言快语。

"我小名叫学习。"
"你爸妈就这么叫你吗？"
"一直这么叫。"

韩立林父母年仅十六七岁时，就响应毛主席发出"知识青年上山下乡很有必要"的号召，自老家山东奔赴东北加入青年农垦大军，开发北大荒，成年后在冰天雪地的黑土地上结婚育子，给儿子起小名"学习"，这名字蕴含着父母对孩子未来寄予的希望。

每每提到自己脾气倔，韩立林总会调侃说"谁让咱是山东人呢"。

倔强血性

韩立林自小记忆力超群，学习成绩出色，是学校老师、同学公认的学习榜样。高考时，身处尖子班的他因贪玩落榜，眼看班里三分之二同学均中榜升学，心理遭受的打击犹如世界末日降临。学校老师一再劝慰他来年再考，韩立林倔脾气犯了，说什么也不干。

农场领导珍惜人才，抽调高考落榜生去中学教书。韩立林凭着数学、化学成绩好，在中学教书一年，因为不服"管"，辞职回家任夜校教师，后来转为大型自动收割机驾驶员。

农垦公安局招收武警指标下达到农场，韩立林报名入选，手持冲锋枪在看守所值岗。

转年，农垦公安局向社会公开招考警员，学习底子好的韩立林以优秀考绩入选刑事侦查科，跟随一名法医前辈学习法医物证和毒化检验技术，如今已历经三十一载春秋。

"我是他的第一个徒弟，他要求非常严。"

韩立林说的那个"他"是农垦公安局一位带过他的法医前辈。这位前辈告诫新来的毛头小伙子要好好研读案例，好好阅读技术书籍。面对桌上垛起的几十本专业技术书籍，倔脾气的韩立林跟自己较劲，一头扎进书中，悉心跟随前辈出现场，上手实践操作。

时隔五年，韩立林从农垦公安局调入牡丹江市公安局郊区分局，跟随新结识的另一位法医前辈工作。此前，韩立林一年里遇到的刑事案件不过两三起，到新单位一年处理尸体百余具，可谓没日没夜劳作，精神高度紧张，一时难以适应。

韩立林倔劲儿上来，咬定自己不能犯"熊"，尽管劳累不堪，却更加享受成功破案后"替冤死者伸张正义"的欣慰——这激励他"三十年如一日地战斗在第一线"，兢兢业业、无怨无悔。

细勘罪迹

夜半时分，报警电话响起。凌晨2时，天寒地冻，韩立林从酣睡中被叫醒，拎着器材出警。

命案现场地处村镇一家私人菜店，身有残疾的守店老者身中数刀死在店门口。店内灯光昏暗，物件特别凌乱，有撕打痕迹。

韩立林发现地面有一微微隆起处，扒开掩盖物，眼前露出一片形似夹克外衣肩饰带状物。他拾起端详，似乎是肩章带，其断端呈现着撕扯受力的罕见状态。经验证，这扯断的肩带不属于死者，疑为嫌疑人与被害人搏斗时遗落。韩立林告知侦查员，要留意穿着肩头一侧缺失肩带上衣的人。

办案侦查员一村村走访，发现一男孩肩头缺失一侧肩带，这男孩回答侦查员提问时支支吾吾。侦查员又从外围调查获悉，男孩父亲因犯罪入狱，这孩子什么坏事都干。确认这男孩是酿造命案嫌疑人的铁证，是来自案发现场肩带上的生物检材与这男孩具有完全的同一性。

那年夏天，一处粪坑里发现一段人体躯干，人人掩鼻不愿近前。韩立林上手冲清这段躯干，完成检验程序后，他注意到躯干背部左侧有一类圆形略突出的痦子。韩立林对此进行拍照并冲扩大量照片，交给办案侦查员。

时隔月余，有一女子前来辨认，称她妹妹背部有个痦子，皆因姐妹俩小时候一起洗澡经常拿这痦子打趣。案情于此有了进展，妹妹失踪时间对上了，DNA对上了，死者身份确认了。鉴于勘查尸身发现受害人肢体断端齐整，嫌疑人切割手法纯熟，由此引出的猜想是：嫌疑人起码干过屠宰。待到案件真相大白，果然犯罪嫌疑人是一名外科医生。

一名男性头颅在偏僻地段被发现，被抛弃的躯干、四肢也陆续被捡拾归拢，经证实均出自同一尸身。由于被害者死亡时间与尸体被发现时间相隔日久，尸块裹泥，一经触摸，腐肉即如烂泥般脱坠，清洗工作特别艰辛。

韩立林精心处置，持续工作六七个小时，终于发现被害人肢体左臂肩头文有一人名。这一发现为侦查员确认厂源起到了关键性作用。

三十年来，韩立林出现场三千余次，年均出具法医鉴定书六十余份，无一差错。

发表于 2015 年 10 月 1 日

嫌疑人举暖瓶用滚烫开水浇他

董景新速写

人物档案：董景新，36岁，黑龙江省牡丹江市公安局刑警、三级警督。
个性言语：永远不要为了钱工作，踏踏实实付出就会得到公平的回报。
第一印象：高大魁伟，精力旺盛，真诚待人，勤勉做事。

"小胖儿啊，怎么样啊，还等着哪？"

爷爷临终前，惦念孙子的工作没有着落，躺在医院的病床上叨叨着。这情景永远烙在董景新的记忆中。每年给爷爷上坟时，董景新总会将坟前清扫干净，摆上酒和糕点，跟长眠地下的爷爷唠一唠。

心愿实现

"爷爷一生的经历可以写成书。"

爷爷是新中国成立前的老党员、新中国成立后的村干部，在政治运动中受过种种磨难，却葆有正义、豁达、乐观的精神。聆听爷爷讲述曲折多舛的人生故事时，董景新总是瞪大眼睛，聚精会神，百听不厌。

董景新当警察的心愿得到爷爷的赞同和鼓励，当他考入省城警校，全家人欢欢喜喜，亲人们倾家出送。董景新猜得出，爷爷与他分别后少不了暗自落泪。董景新把身穿警服的照片寄回家，听家人说，爷爷把照片镶入镜框，挂在墙上，时不时凑近看看。

看似一帆风顺的前程陡然变故——警校一改包办毕业分配惯例，董景新与同届同学怀着难以形容的沮丧，背着行李，快快返回各自家乡。他一次次去政府打探消息，苦盼苦熬，整天宅在家里不出门。

董景新不肯坐等消息，联系在牡丹江市海林派出所工作的同学，去那里"实习"。这期间，爷爷经不住疾病纠缠病故。海林派出所拥有全国一级派出所荣誉称号，董景新来到这家派出所，意气风发地跟随警员完成一次次任务，逐渐掌握各项警务工作要旨，派出所上上下下目睹着这个没有任何薪酬的"实习生"拼力工作，像个真正的警员一样不畏劳苦，这个年轻人赢得了众口一辞的赞许。

派出所所长第一时间打电话告诉他公务员考试的消息，这可是董景新实现心愿的"最后一根稻草"。他立即回家，闭门不出，苦读苦背，只认书本和端到面前的饭碗，直到他坐在全省公务员考场里伏案答题。

成绩公布，董景新排名第40位，但市公安局录取线卡在第34名，董景新眼前发黑，"打击特别大"。尽管机会渺茫，但毕竟还有面试一关。董景新记得轮到自己进场，面前坐着七名考官，他深呼吸站定，向考官鞠躬……

面试分数张榜，董景新获得80.5分，后来才知面试过80分的考生极少，董景新心情依然忐忑。

"你小子是第34名，太幸运啦！"董景新至今难忘知晓入选的那一瞬间；难忘海林派出所领导和民警为他送行时每个人都哭了；难忘家里的奶奶哭了，父亲哭了，母亲泣不成声。

使命神圣

"永远不要为了钱工作，踏踏实实付出就会有公平的回报。"

爷爷生前对孙子的叮嘱渐渐变为现实。董景新从警伊始，领导征求他对分配单位的想法，小伙子从容作答，"哪里最忙、最累、最正规就去哪儿"。

董景新最先去牡丹江市公安局爱民分局报到，凭着前两年在海林派出所积累的业务知识和技能，凭着主动承担艰巨任务的积极心态，他表现出色，令单位同事和领导刮目相看。

"从警后我总是遇到好集体、好人"，回首往事，董景新少不了这番感叹。

那年冬天，环卫工人拾到一个女人头颅。警方经过紧张搜寻，锁定嫌疑人。

入夜时分，董景新与一名刑警来到一处偏僻街巷的小院内，两人入院后接近一间平房小屋房门，不知屋内是否有人，轻轻推开屋门，他俩背抵背持枪入内，满屋是强烈刺鼻的醋酸味道。董景新出手在漆黑中摸到门内一矮柜，摸到柜上装有物体的一个塑料袋。待他打开手电筒细看，顿时吓得心头直颤——一只人手。

董景新二人巡看屋内，发现屋里地面居然冻着一层冰，冰缘呈现红色，疑为人血。他俩预判这里是嫌疑人作案的碎尸现场。

冬夜气温能降至零下二三十度，寒彻骨髓。董景新与同事退出院外蹲守，一夜未见来人。直到上午8时许，一上年纪男子拎着暖瓶由远及近。守在巷道里的董景新装作路人，慢慢迎上。那男人打开院门之际，董景新恰好走到他身后，没想到那男子突然转身，举起满满一暖瓶开水冲他浇来。董景新下意识地出手一挡，冒着白烟的滚烫开水倾倒在他右肩上，尽管他冬衣穿得厚，但右手被开水灼伤。

从警以来，董景新亲手抓获杀人、放火、抢劫、绑架等重大案件犯罪嫌疑人逾百人，参与破获侵财案件逾千起。

"有了孩子，才真正懂得比你生命更重要的是什么。"

董景新婚后有了可爱的女儿，这个身材魁伟的男子汉领悟到身为人父的自豪和责任，同时对职业神圣的领悟也由此升入了更高的层级。

发表于2015年10月10日

趁嫌疑人没留神两秒钟撂倒他

傅秋峰速写

人物档案：傅秋峰，44岁，北京市公安局朝阳分局呼家楼派出所辅警中队长。
个性言语：把贼撂倒，他都不知道你是干什么的，那才叫出手漂亮。
第一印象：中等身材，面庞黝黑，嗓音浑厚，体魄健壮。

"妈送我走时，她掉了泪。"

傅秋峰少小出远门打工，母亲送他落了泪。那年他刚刚16岁，初中还没毕业，村里年轻人都奔向外省去挣钱，他也闹着玩似地"飞"了。

如今提起多年前病故的母亲，这中年汉子眼里泛出莹莹泪花。

落脚北京

河南舞钢山清水秀，傅秋峰出生在一个唯有傅姓一脉人族的大村落。

父亲病故那年傅秋峰不满周岁，母亲含辛茹苦地拉扯大五个孩子，他是老小，最受母亲疼爱。母亲一生善良助人，为养家糊口去矿上背过石头。母亲病故家里办丧事，那些日子来了老多老多的村民，都说母亲这辈子实在不容易，是个好人。

"这辈子做人做事受母亲影响大。"

傅秋峰少小离开老家，闯荡社会，远赴黑龙江甘南，又去山西临汾，再后来落脚北京。见过不少世面，而乐于助人、疾恶如仇的本性却始终如一。

一天，他听朋友说有地方招收联防队员，便前去应试，如愿领到一身簇新的保安制服，继而接受培训。自此，他开始了以首都保安身份谋生的"北漂"生涯，那年他19岁。傅秋峰先后在陈经纶中学、北京电线厂、蓝岛大厦、红领巾公园等七八家单位值岗。2001年联防队改制保安队，傅秋峰来到朝阳区呼家楼派出所就职保安队员，跟随民警出警。

二十五载时光如白驹过隙，若论呼家楼派出所辖区，别看这方天地只有2.8平方公里、10个居民社区、6条主要道路以及数十个街巷胡同，每一个街巷处处留下傅秋峰身为辅警队员巡逻的足迹。

夜幕初降或晨曦微露，酷暑暴晒或是寒风刺骨，只要辖区出现抢劫、扒窃、偷车、砸车、街头诈骗等街面案件，傅秋峰都不辞辛苦或跟随警员出警，或指挥队员行动。他凭借多年积聚的丰富经验，一次次出色地擒获嫌疑人，为辖区街面的平安和谐立下汗马功劳。

傅秋峰2011年被评为"第三届全国先进保安员"，时隔4年又被评为"北京市劳动模范"。

你看他面庞黝黑，那真真正正是长年在街头巡逻风吹日晒留下的印痕。

时光荏苒，当年那个外地来京的稚嫩小保安，如今可是一位身经百战、名声赫赫的反扒高手。

擒贼秘诀

"抓贼，老了不行，嫩了也不行。"

猛一听这话，让人不知所云，所谓"老"，是指出手迟了；所谓"嫩"，当然是出手早了。有人说傅秋峰眼"毒"，他自打从视频中盯牢贼影特征，只要这贼现身大街小巷，被他巡逻时一眼罩上，纵然二人迎面走、隔街走、斜叉走，那贼若出手下"货"，势必难逃被擒命数。在人头攒动的大街上，只要他瞄一眼，就辨得出有贼没贼，是什么贼。

擒贼受过伤吗？

傅秋峰伸出右手，无名指肚上一道刀疤。那次抓捕两名偷车嫌疑人，有队员近身摁住一个，另一嫌疑人伸手向一袖管摸去，动作反常，傅秋峰扑上去猛力搂抱，不料那人袖管里藏着一柄二三十公分长的匕首，刀刃一下割破傅秋峰的指肚，皮肉翻开，鲜血直涌……

傅秋峰撸起左腿裤管，小腿上一个鸡蛋大小的圆形疮疤。那次一偷盗摩托车嫌疑人从他身边驶过，他出其不意，一把搂倒对方，不料对方倒地时连带倾倒摩托车，车喷气管径径直戳在傅秋峰小腿上，那可是滚烫滚烫的金属喷气管啊，他立时被烫得咬牙咧嘴。待小腿肿得大碗口粗，创口淌出脓水，医生瞪起眼睛呵斥他"再晚来，你的腿就甭想要啦！"

"想抓贼，就得比贼还贼。"

当年，傅秋峰的启蒙师父是个老联防，师父教他识贼身、辨贼道、观贼眼、窥贼手，那可是口传心授，能不能揽得这把绝活儿，全凭好悟性。

若说哪条街通向哪条街，哪家院通向哪家院，哪个街口连着哪个街口，你必须熟稔于心；若跟踪偷车嫌疑人，必不能一辆车死盯不舍，那准得把贼盯惊了；若一眼从人堆里瞄出个贼来，必不能再盯第二眼，你若是第二眼扫过去，准得把贼惊毛了；若知道贼出手下"货"了，必不能拔腿即喊即追。最漂亮的出手，要算是你两秒钟之内就把贼撂倒摁住，贼还没弄明白你是干什么的呢。

行话有道是"贼输一眼"，还没下手的贼正四处寻找着，不知道已经有人盯上了他。贼往往偷得来劲、偷得兴奋之际，突然间被旁边几只有力的手臂掐住，贼的这份懊恼会记一辈子。

傅秋峰笑着说，有个偷电瓶车电池的贼，入夜时分四处寻摸，工夫不大就得手七块电池，也曾想过是不是收手撤身，架不住正在兴头上，忍不住再偷一块，偏偏这时被傅秋峰擒个正着，可把这贼悔透了，连声说若及时收手就不会有此下场。其实，贼哪知道，甫一下手就早早被盯上了。

发表于 2015 年 10 月 15 日

嫌疑人持刀拒捕刺入民警左胸

张超速写

人物档案： 张超，27岁，北京市公安局朝阳分局刑警、二级警司。
个性言语： 穿这身警服，就要对每个案件负责。
第一印象： 寸头、大眼睛、身材不高、行动敏捷。

凌晨时分，天未亮，空旷无人的街头，两个身影在明亮路灯下竞逐狂奔。前边一人气喘如牛，大步奔逃，身高体壮；后边一人紧追不舍，瘦小体健。

几百米掠过，两人间距急剧缩短。后者伸手抓向前者衣服时，前者右手紧攥一把尖刃猛地出手回刺。同一时刻，后者腾空飞起一脚，重重地踹在对方当胸……

失去意识

"我知道胸口挨了一刀，当时下意识地感觉没扎到心脏，就接着干。"

张超中刀之时，正与被追逐者对峙，对方不跑了，也跑不动了，张超连连高喊："警察，放下刀，趴下。"喊声震荡在夜空里，对方没有丝毫甘愿就擒的样子，摆出一副斗狠逞凶的架势。两边居民楼的窗户里都黑着灯，人们在酣睡。

若是平常人，他那飞身一踹，力道足以致人后仰摔倒，可眼前那壮汉仅仅趔趄几步，咬牙瞪眼欲搏命相峙。

张超注意力高度集中，对峙之时掏出一副手铐紧攥手中，他定定神，试探近逼，对方挥刀猛划猛刺，张超机敏躲过，抡起手铐重重地砸在对方持刀的手上，再一个箭步贴靠上前，擒拿对方握刀右手，一个反关节用力，致对方疼痛难忍，松手刀落。张超接着发力扳倒壮汉，将他压在身下，背手铐牢。

"这时我胸口挺疼，一看，血流到裤筒里，到脚面了"，张超赶紧打电话告知附近执行蹲守抓捕任务的同事，"我逮到人了，他扎我一刀，快过来吧"。

众人赶到，押走壮汉，张超坐在马路牙子上有些目眩，被人抬上车，紧急送往附近医院抢救。到医院怎么救治，打麻药、缝针等，张超的记忆全都模模糊糊。

张超抓到的壮汉，正是警方既定抓捕的一个重要嫌疑人，此人专扎汽车轮胎，被捕前作案数十起，民众反响强烈。身为朝阳分局团结湖派出所民警，张超参与了专案组的设伏行动，连续蹲守了半个月。

负伤那天，眼看天就要亮了，张超敏锐地发现路边有辆停泊的轿车右后轮瘪了，断定嫌疑人刚刚作案，遂沿街巡查，果然发现嫌疑人，便有了这番追逐、搏击、擒拿。

老父落泪

河北省承德市有个承德县，张超家在山区农村，离县城还有近百公里。

张超有两个姐姐，他是家里的"老疙瘩"，自小受父母宠爱。

负伤住院期间，分局领导到病房里探望这位年轻民警，问他要不要通知家人。张超犹豫再三说，"家里挺宠我的，别说了"。张超把负伤的事悄悄告诉自家的叔叔，他的两个叔叔都是警察，明白怎么让这事儿妥善落地。

叔叔找个借口，跟张超父亲说要去北京办个事，让老哥陪着一起去。

"我老爸到医院才知道这个事儿"，张超听叔叔后来讲，老爸离开医院时掉了眼泪，回家不敢跟老妈说。

"那刀是经嫌疑人加工过的，很尖很长，你想，专扎车胎啊。"

医生告诉张超，他左胸挨那一刀，就在心脏近旁，刀口宽两公分，深五公分，斜刺向上入胸，"真要是扎中心脏，我当时就挂啦"。

张超高中毕业考入中国刑事警察学院侦查系，2011 年夏天毕业，到北京市公安局朝阳分局报到，任职朝阳分局团结湖派出所民警。转年 2 月，新警张超就赶上这次抓捕嫌疑人，北京市公安局领导亲手为他戴上了一枚一等功奖章。两年前，张超被选调到朝阳分局刑侦支队重案队，他至今先后参与侦破重、特大刑事案件 56 起。

"大学里学的课程跟工作实践相比，还是有一定差距的"，张超不会忘记那些带过他的老警们是怎样手把手地教他工作。

民警调解纠纷时，"该劝时要耐心劝，还得会劝，该呵斥时也能来几句"。有这么件事让张超最难忘：

刚到派出所不久，那天晚上轮到张超值班，一位中年妇女来到派出所报警，进门就哭。这妇女是外地人，在北京干保洁。张超问她为什么报警，她说与丈夫吵架，丈夫动手打了她。正说着，在停车场做收费员的丈夫也赶到派出所。

"我才 23 岁，哪知道这样的夫妻纠纷怎么调解啊！"

张超忍着笑回忆，"反正我一通做工作，动之以情，晓之以理。一个多小时后，嘿，没想到两人都听了我的话，气消了，一块儿出门回家啦"，这事儿，让当年这个小嫩警特有成就感。

发表于 2015 年 10 月 22 日

嫌疑人专诈未婚高级女白领钱财

王吉华速写

人物档案：王吉华，43岁，北京市公安局西城分局刑警、三级警督。
个性言语：少让老百姓戳咱脊梁骨，良心上要对得起这身警服。
第一印象：头发浓密，眼神犀利，身体壮实，军人气质。

王吉华参军入伍16年半，复员转业时可挑选街道办事处、某新闻媒体保卫处、监狱管理局三个单位去工作。可这山东汉子执拗地要去公安局，没想到会置自己于什么样的现实境地。

倔强人生

自小在山东农村长大，王吉华是家中老二，下有一个弟弟，什么农活儿都干过——种麦子、种棉花、收麦子、收棉花、种菜、挑粪、放牛、放骡子。最熬人的，当属十六七岁时身背三四十斤喷雾器整日在田里打农药……他懂得在艰苦生活中要坚忍、执着，深知父母辛勤劳作、养家糊口不易。王吉华自小养成倔强、讲理、心慈、仗义的秉性。

上高二时，王吉华参军入了伍，全凭个人出色表现，从士兵逐级升迁副班长、班长、排长、中队长、部队教员、正连职军官。在部队时，他就看不惯营长通讯员吃半个馒头就扔掉的习惯，直到那受宠小兵往脸盆里小便，二人争执起来，当副班长的他给那小兵一个大嘴巴，招致营长大怒，王吉华又当着众人面与营长大吵论理。

在部队，顶撞上级哪有好果子吃，营长不仅关他禁闭、撤掉他即将获得的三等功，还责令他卷铺盖复员。懊恼、后悔、自责，王吉华在部队一直干下去的心愿朝夕间泡汤。人都上了返乡的列车，心灰意冷的他却被风风火火赶到站台上的团政治处主任与团参谋长喊下车，悄悄带回到部队。军旅生涯将王吉华的性格锤炼得格外坚强，成为日后度过人生难关的坚强支撑。

王吉华以部队正连职待遇转入北京人民警察队伍，被分配到北京市西城区一派出所。如今，年过不惑的王吉华苦笑着调侃自己，"也许是军装没穿够吧，就想当警察"。一个在部队响当当的带兵"连首长"转入新单位降至"列兵"，在部队积聚的所有人脉、资历和功绩全都归零。现实似乎嘲笑自己执意选择的人生理想过于幼稚，王吉华耳闻同龄战友在部队纷纷升迁到更高一级的领导岗位，自尊心遭遇到前所未有的考验，面前似乎耸立着几乎无法攀越的险峻峰峦。

王吉华个性中的宝贵底蕴生发出巨大潜能——秉性倔强、最不服输。他放下一切虚妄之念，从最琐碎、最基础的公安工作学起。不久，他付出的努力有了收获——赢得同事和领导的认可、尊敬。入派出所3年后，王吉华调入分局刑警队。

两个绰号

刑警赴外省办案，肩负抓捕嫌疑人重任，王吉华每每不空手回来。

"最不愿出差啦"，王吉华真实坦白心理感受，却偏偏是一员智勇双全的抓捕干将。同事给他起了两个绰号，一是"不空手"，一是"抓捕手"。

"每个案子，你得动脑子。"

共为诈骗嫌疑人的一对夫妻为避免暴露作案行踪，四处奔劳取钱。王吉华与同事为追踪线索，驱车从山东聊城追到菏泽，从菏泽追到泰安，从泰安追至河南濮阳，再从濮阳折入山东济宁。

"那男的冒充军人诈骗女青年。"

受骗女青年都是30岁左右的未婚女子，多为公司高级白领，有着研究生学历，可她们偏偏笃信一个从未晤面、只在网上联系的所谓"北海舰队大队长"。男嫌疑人三十来岁，又黑又瘦，与此人面对面时，那人像个年过半百的小老头，此人竟能一而再、再而三地在网上惑人。这名嫌疑人被抓时，他的手机就放在床头。警方发现该嫌疑人用手机在网上同时与二三十个女青年谈情说爱。诱骗多名女青年甘愿为他汇出几万，甚至十几万元钱款。

"怎么能这么轻易地相信一个从没见过的陌生异性"，这实在让王吉华难以理解。

光吃苦不动脑筋，算不上是优秀猎手。

要说抓捕这对夫妻，王吉华最初发现的案情线索仅仅是一名身材矮小的女子多次使用银行卡获取涉案钱财。这女子是何身份，为何长途奔劳四处取钱，王吉华预判可能有人相助，于是发现一模糊男子身影。

王吉华与同事四处暗寻，蹲守枯待，有过焦虑愁苦。没想到机遇垂青，最终确认嫌疑女子身份，继而牵出其丈夫姓名、身份和照片，成功抓捕这对儿犯罪嫌疑人，让此前积聚的劳苦释然开解。近年来，王吉华远赴福建成功抓捕电信诈骗嫌疑人，赶赴山东破获盗刷支付宝案件，奔袭河南擒获利用QQ推荐股票诈骗案嫌疑人。

在荣誉面前，年过不惑的王吉华心静如水，自自然然地秉持"苦——不言；喜——不语"这一准则。

何能如此？

依王吉华的话说，成功破案最欣慰的是，"能踏踏实实地为咱老百姓做点实事"。

发表于2015年10月29日

搞不清被害幼女年龄就得放人

陈沫速写

人物档案：陈沫，53岁，北京市公安局朝阳分局民警、一级警督。
个性言语：冷静是智慧的源泉，急躁是无能的表现。
第一印象：头发花白，心明眼亮，胆识过人。

几十年前，初中老师对全班同学讲过的一句话，铭记在一群青涩少年心头。几十年后，同学聚会，人生经历各有不同，共同忆起老师曾经讲过的那句话，依旧感喟连连。尤其陈沫，这位预审老警官心中格外珍视那句话——"冷静是智慧的源泉，急躁是无能的表现"。

半路从警

邻居小子是个中专生，上警校后穿着警服回家，让同龄的陈沫好生羡慕，心里像被猫抓似的。上高中时，陈沫贪玩，明明不好好做功课，偏偏每每考试成绩居优。他内心要强，从来自信不比别人差。就算是跟着哥哥们练摔跤，闹个鼻青脸肿回家，也不吭一声。

工作后，他在供销社干过装卸工、运货司机，见识过形形色色的底层社会众生相。要说最能把持得住的，是父母自小对他的培养和教诲——善良待人、勤勉行事。

陈沫头脑机敏，最为可贵的是有股子英勇无畏的天性。

"陈沫这个名字是我自己起的。"

上高中时，陈沫做主给自己名字改了，把原来名字里的字改成了"沫"字，此字语音与姓氏连读为"沉默"，用意即少说话。

陈沫年轻时力气大，当装卸工能平地抠起四袋水泥搬上车，足足四百斤啊；年轻时，陈沫路见不平敢出手，不论对方力大威猛敢拼敢搏，在同龄人中颇有威望。

在供销社干到第七个年头，陈沫看到报纸上刊出公安局向社会公开招聘民警的信息，毅然报考，把自己关在家里数月，猛攻应试科目，如愿上榜入选。

"当年警服有红领章，不准缝，只能用卡子别住。"

陈沫当警察那年26岁，先后在两个基层派出所干治安，专攻刑事案件，刚过而立之年调入北京市公安局朝阳分局预审大队，在这个岗位上工作至今。

什么叫预审？

用官话讲，这是一项专门业务，关键在于弄清被告人有罪或者无罪、犯罪情节是轻是重,不放纵罪犯,不冤枉好人。为揽好预审这个"金刚钻",陈沫寻书找书读书,广泛涉猎中外犯罪心理学、社会心理学、行为心理学、大众心理学,悉数研读,结合个人体验,在一次次面对形形色色犯罪嫌疑人的较量中淬炼,积累了丰富宝贵的预审经验。

遵循良知

一起涉嫌强奸幼女案情摆到桌上。嫌疑人与陈沫年龄相近,他自外地来京,涉嫌强奸一名幼女。尽管涉罪证据充分,但嫌疑人拒不认罪。审讯时限紧迫,最让陈沫寝食难安的是,要确认被害幼女的年龄。

被害幼女的母亲离异后再嫁,警方想要找被害幼女母亲核实幼女年龄,得知这位母亲因病返回四川达州老家。谁能想到,她返乡仅20余天即病重身亡。由于幼女年龄暂未核明,公诉机关对嫌疑人采取附条件逮捕措施,警方若不能在法定时限内核明幼女年龄,就不得不依法释放嫌疑人。

明明嫌疑人作孽残害过幼女,难道放了他不成?

陈沫好不容易从幼女继父那里得知她生父的姓名,却不知如何与她生父联系,时间仅剩下短短3天,获悉幼女外婆尚在老家,他急催年轻民警飞赴达州获取证据。

"那地方离达州还有4个小时的山路车程。"

让陈沫感到慰藉的是,年轻民警出色完成任务,提取到当地计生部门对这名超生幼女的罚款凭证,从而拿到了确凿证据。陈沫还听说,年轻民警建议当地派出所给这名幼女落实户口,为这位渴望上学的幼女解决了家人无法解决的困难。

"要是没做到这些,我良心上真是过不去",陈沫深深地叹了口气。

一名大学生发现自己被盗的高级自行车被人放在网上售卖,他立即报案。那名涉嫌偷盗高级自行车的嫌疑人被收审后一口应承偷盗了那名大学生的自行车。然而,陈沫注意到,大学生讲述的丢车地点与嫌疑人承认的盗车地点相距甚远,他要求办案民警询问该车生产总部以核对出被盗自行车大梁架下的车号,再找到售卖被盗自行车店家查明买主身份,确知买主并非报案大学生,而是一名女性。

"细节有疑问,必须要查清",在陈沫看来,如果把被盗自行车发还给那位报案大学生,那本不是他的自行车,而车主真正的损失也没能补偿,这样的疏忽同样是自己良心不能容许的。陈沫每年预审刑案嫌疑人逾200人次,工作压力大,尤其遇到团伙涉罪,人数众多,时有吃不下饭、睡不着觉的日子,家庭生活顾不过来,血压常年居高不下。

是什么支撑着陈沫在这个岗位上工作了20余年?

回答是,"我喜欢这项带有挑战性的工作"。

发表于 2015 年 11 月 5 日

地面干痰迹显形扒窃罪犯身影

刘垚速写

人物档案：刘垚，女，31岁，北京市公安局西城分局刑警、一级警司。
个性言语：刑侦技术关键就是细之又细，破案才有戏。
第一印象：清瘦干练，言行利索，仗义豪爽，不让须眉。

凌晨三时许，刘垚走进家门，匆匆来到年幼女儿的小床边，在熟睡女儿的小脸蛋上深情地吻了吻，满心充溢着"妈妈想你、妈妈爱你"的话语，却没敢扰醒女儿。

此前，刘垚走出家门执行一项特殊任务，历经高度紧张的全程26小时，飞赴境外，跨国押解诈骗嫌犯。她丈夫是警察，要备勤加班，年幼女儿生病，刘垚恋恋不舍、牵肠挂肚地奔赴机场……

美誉"刘哥"

刘垚办公桌上摆着女儿、老公、三口之家的温馨照片，可她手机里却保存着一张坠物小饰品图片，那洁净白皙的小饰物上醒目地刻有"刘哥"二字，刘垚得意地说，这是刑警队同事在外地出差时为她买来的。

队里外勤同事全是男性，刘垚年龄不大，为何赢得同事以"哥"相称？

别看刘垚身材精瘦，细胳膊细腿，可她工作起来，男人不敢小瞧、轻视。

从警察学校毕业入刑警不久，这姑娘跟"师父"推门进入一户人家，有吸毒者死在家中，正值入夏三伏热天，尸体腐烂流汤，无法忍受的强烈恶臭扑鼻呛肺。

刘垚远远地就能看见死者躯体上白花花的肉蛆爬来爬去，地上散落着一大片第一代蛆的死亡蛆体，二代蛆已经孵化。

尸体被拉至法医中心解剖时，刘垚用水清洗完尸体，手持相机准备拍摄，抵近对焦，却从拉近焦距的取景框中真切地看到尸体里又蠕动出一个个白白的肉蛆。中午回单位吃饭，刘垚看到肉菜，立即出现生理反射的恶心。

初入刑警队，刘垚听到前辈师父的一段经历。师父在一处杀人犯罪现场勘查，没能找出嫌疑人的指纹，但在厕所的老式蹲坑下水口捡拾到一根毛发。经过认真分析，预判是凶手在作案现场上厕所时遗留的。结果，就凭这根毛发，作案嫌疑人落入法网。

今年入夏，一女子从高楼坠落，伏在高楼二层凸出的天井平台上，死者卧在不足两平方米的平台上，躯体扭曲变形，头盖骨碎裂，四周墙体及地面溅满脑浆和血迹。

刘垚踩着梯子爬上天井小平台，站立提取物证，拍照固定证据，依据尸体损伤程度分析碰撞过程，她预判坠落点在 16 层以上，经过逐层排查，她在 21 层楼道窗前的地面上提取到坠落者遗留的足迹，以及坠落者在窗框内外的指纹痕迹。

较比最初，眼下的刘垚，早已见过几多惨相，历练成心神淡定、专心致志的老手。难怪同事乐意尊称这姑娘为"刘哥"，虽有调侃之意，却饱含敬佩之意。

细之又细

辖区发生一起盗割电缆刑事案件，案情显示：失窃电缆线全长 2800 米，涉及路灯、井盖 90 个。刘垚跟搭档要摸清每个井盖里到底有多少电缆被盗，下井不仅要拍照，还要提取涉罪痕迹。

刘垚清楚地记得，每个井盖直径 55 公分，井底直径 100 公分、井深 80 公分。人下到井里，转身很不容易，可以想象，她和搭档将全部路灯井一一完成取证是多么辛苦的差事。

一幢礼堂二层有间办公室抽屉里近万元现金被盗。

刘垚与同事赶到涉案现场仔细勘查，综合提取痕迹证据，研判盗窃嫌疑人是在夜间攀爬礼堂外墙，钻入窗户进入现场作案。铁皮文件柜近旁的一口巴干的痰迹引起刘垚的注意。

刘垚询问办公室人员得知，在这个办公室工作的人都是返聘的老同志，素质高，没有谁随地吐痰。刘垚提取了痰迹的生物检材，经比对 DNA 后确定了嫌疑人身份。事后得知，该嫌疑人有爬楼盗窃作案的前科。

每每赶赴犯罪现场，都极大地考验刑事技术人员的毅力和耐性。只要提取到嫌疑人留下的证据，刘垚都很兴奋、激动，照她的话说，"刑事技术人员是第一个进入案件现场的人，是刑侦工作的幕后英雄"。

刘垚从事刑事技术工作 9 年，勘查过盗窃、凶杀、抢劫、强奸、爆炸、投毒、纵火等各类案件现场，通过各种技术手段提供线索帮助破案。论及工作，这年轻女警察的体验是：

"刑侦技术的关键就是细之又细，破案才有戏。"

发表于 2015 年 11 月 12 日

赴火灾现场勘明母女被害案情

陈刚速写

人物档案: 陈刚,39 岁,湖北省宜昌市公安局刑侦技术大队民警、三级警督。
个性言语: 我喜欢我的工作和生活。
第一印象: 眼神炯炯,思路敏捷,心态从容。

"我当初根本没想到自己能当警察。"

回想湖北药检高等专科学校毕业前夕,宜昌市公安局到学校招录警员,校方推荐陈刚与另外三名应届毕业生面试,最终他一人入选,由此开始刑侦技术警察生涯,警龄于今已逾 18 年。

残存液体

凌晨时分,距宜昌市百余公里外的远安县鸣凤镇一居民家中发生火灾。

"我是在火灾发生第二天到达现场的",陈刚抵达现场时,大火已被扑灭。

消防部门初步判断起火原因是家中电路老化引燃电器酿成灾祸,过火房间有母女俩丧生。陈刚走进那间仅有十几平方米大小的过火卧室,母女二人躺在一张双人床上,母亲年龄四十岁左右,女儿只有十几岁,母女俩尸身焦黑,已呈炭化。

"家中起火,母女俩没发现吗?"

"火势渐大,母女俩没醒来吗?"

陈刚与同事仔细勘查现场,不放过任何疑点——寻找起火点、测量过火面积、研判燃烧过程和火势、观察母女二人丧生体位和临终姿态、勘验死者炭化衣着、抽验死者血液。

火灾现场的种种疑点渐渐暴露在刑侦技术人员眼前:

凶猛火势在卧室门窗上留下爆轰震裂的痕迹,这不似电路老化起火引发家用电器燃烧的形态;双人床前母女二人拖鞋摆放方位有异,不同于正常行为规律;陈刚在床边捡拾一只塑料瓶,瓶中有少许残存液体,理化检验测明瓶中残存液体含有汽油成分。

火灾现场搜集到的证据越来越指向刑事犯罪。

涉罪案情最重要的突破是陈刚从死者血液中检出足以致人入睡不醒的安眠药成分,这能够解释母女俩为何在火势越烧越旺的情形下仍然熟睡,毫无逃生举动。办案人员向死者亲人及朋友求证母女二人平日是否服用安眠药,他们得到了否定的回答。

于此,疑似天祸的这场火灾被警方确信是一起涉嫌故意杀人的刑事案件。警方成立专案组展开工作，很快从购买安眠药和汽油的人群中查明身负重大杀人嫌疑的一名男子，这名男子到案后向警方详尽供述了策划谋害母女二人的动机和行为。

陈刚由此积累的办案经验是：不论是天灾还是人祸，只有经过全面细致地取证和分析后才能下判。

极度疲劳

学好化学需要兴趣，更需要毅力。

且不说化学这门学问是在分子、原子层面上研究物质的组成、性质、结构与变化规律，且不说化学分为无机化学、有机化学、物理化学、生物化学各个类别，要想弄明白变化复杂的化学分子式，光靠聪明肯定不行。

这门学科在一般人看来是相当枯燥乏味的。然而，入门理化专业的陈刚，凭借在刑事侦查专业实践中积累的经验和技能，真真切切地感受到很多欣慰和满足。

那次，陈刚正在单位值班，一位老太太焦急万分地点名找他。原来，她目睹年幼孙子在楼道里捡拾起一粒楼角放置的鼠药后吞下。

陈刚此前多次处置过这种情况，知晓那是一种广泛使用的新型鼠药，药性发作缓慢，具有抗凝血效用。陈刚赶忙将毒性和解毒机理资料复印下来交给老太太，同时打电话告知医院医生如何处置。老太太感激万分，连连致谢。

某大学校园食堂发生一起投毒案件，数十名大学生食用食堂供应的面条出现毒性反应，呕吐、头晕、精神萎靡不振、浑身乏力。市局成立专案组，将食堂厨房所有食用调料以及剩余面条残汤、疑似中毒学生呕吐物、有毒性反应学生用过的碗筷，甚至洗碗水，一一取样送到市局刑侦技术大队理化实验室，要求查明毒物种类和毒物来源。

几十平方米的实验室里一时间堆满千余根试管，但检测仪器只有一台。

陈刚与大队长张恢联二人没日没夜地守在仪器旁轮流操作，摆弄试管、漏斗、添加试剂、震荡、离心浓缩，再将制作好的标准试样放入仪器检测。就这样劳碌近个把月，陈刚记得后来的自己呈现出动作机械、脑仁麻木的状态，而专案组领导不时地打电话询问结果，他从没遇到过如此心力交瘁的艰巨考验。

"不是人人都要当英雄。"

陈刚从来都相信，"能帮助别人解危扶困，人生就很有价值"。

发表 2015 年 11 月 19 日

拼尽气力将杀人嫌犯压在身下

肖军速写

人物档案：肖军，36岁，湖北省宜都市公安局刑侦大队长、三级警督。
个性言语：成功破案，心理压力才会放松下来。
第一印象：眉眼英俊，体健威猛，思维缜密，行事稳妥。

"没来得及打招呼，教导员就冲出去了。"
提起那次抓捕身负两条人命的重案嫌疑人，一幕幕惊心动魄的情景秒秒分分浮现在肖军眼前。

三天三夜

冬日天黑早。

那天晚上，宜都市公安局110指挥中心接到一中年女子报警，称她丈夫失联。据她讲，当晚六七点钟，她打通丈夫的手机，听到丈夫与陌生人发生激烈争吵，似乎在行车路上发生事故，但手机被挂断后再也没有丈夫音信。

报警女子和一名亲戚驾车沿丈夫下班的公路寻找，认出停在公路边有辆斯柯达轿车是失联人的私家车。待这名亲戚下车近前，车内一陌生男子开门弃车奔逃，车内座位上有鲜红血迹。宜都市公安局110指挥中心再次接到报警电话。

警方轩赴嫌犯泊车处，发现嫌犯驾驶失联男子的这辆车因油料耗尽不得不停车，当时恰巧被失联人亲戚看到，但入夜天黑，嫌疑人相貌未被来人看清楚。

警方紧急查看路面监控视频，结合车行轨迹及失联人手机信号，追查到一处巨大的化工业废料深埋场，那附近没有人居住，只有载重卡车没日没夜来此地卸载数十吨废料。

肖军记得参加案情研判，整整三天三夜没合眼睡觉。

警方连夜组织大批警力拦阻成批载重卡车，从夜深时分挖掘至天亮，终于找到两具中年男子被勒毙的尸体。

心狠手辣

被害人之一当天从单位下班后驾车回家，一同事搭车一程。

二人行车路上有辆白色富康车紧随其后，车里坐着三人，他们三人受雇于人，图谋"修理"与雇主老婆有染的一名被害人。

三嫌疑人此前跟踪被害人已有数日，制订了详尽的"修理"计划，在预谋路段突然超车，逼停被害人所驾车辆，故意酿成刮蹭事故。被害人下车时恰巧他老婆拨通他的手机，没讲几句，他就被胁迫扯入嫌疑人所驾车内。一名嫌疑人见被害人放在车前盖上的手机没关，过去把手机关掉拿走。此前，被害人老婆听到了有人与丈夫激烈争吵的短暂片断。

三名嫌疑人来到被害人驾驶的车辆前，惊讶地发现被跟踪车后座还躺卧着一人，于是留下一人进车内假意与他聊天，缓解猜疑情绪。另两人将被害人胁迫带入他们所驾车内，用钢丝套勒死。他俩商量如何处置另一人时，决定一不做二不休，将那名无辜搭乘者也勒死，然后驾车前往事先踩好点的一化工垃圾深埋场，将两名被害人的尸体抛进垃圾坑。

惊险扑捕

警方确知一名重要嫌疑人藏身湖北当阳市某镇一民居屋中。这民居是那名重要嫌疑人曾经一同入狱坐牢的"牢友"家。

肖军在宜都市局刑侦副大队长的带领下与同事设伏发现，嫌疑人藏身处地形复杂，门前仅一条窄路，附近平房紧挨平房，若嫌疑人上房奔逃，很难抓捕。

抓捕组四人凌晨1时许悄悄入驻紧邻嫌疑人藏身的民房，肖军在后门睨守嫌疑人住所，大队跟随教导员在前门睨守。腊月二十七，早上6点多，不敢懈怠的肖军一扭头，突然发现教导员跟随人影出门。

"有情况！"

肖军起身追出前门，见教导员跟在一高大男子身后，他快步超过那男子，向几十米外的巷子口疾走。肖军断定那高大男子就是嫌疑人，也随后跟去。

"他走几步就一回头。"

肖军距他有七八十米时边走边盘算，眼见教导员已先到巷子口，蹲下身与一卖菜老太太搭讪，他算计着嫌疑人若走到巷子外的集市上，二人恐怕不能合力抓捕，势必错失战机，他加快脚步。前边的人回头更加频繁，只剩十几米，恰好抵近教导员所在位置，肖军径直猛扑过去，嫌疑人正巧回身与他直面相对。对方发现不妙，右手急忙伸向衣内。

肖军猛力扑抱，摁住嫌疑人右手……交手短暂，嫌疑人被擒，但肖军与教导员高度紧张，气喘吁吁，待另外两名抓捕组成员及时赶到，四人将这名高大壮实的嫌疑人铐上手铐。

肖军事后想想有些后怕，"多亏我把他压在身下，他的右手恰恰又压在他的身下"。原来，嫌疑人衣兜里装着一把锋利的弹簧刀。

发表于2015年11月28日

揭穿掩盖杀妻编造的双重谎言

屈希良速写

人物档案： 屈希良，44岁，湖北省宜昌市公安局伍家岗分局法医、二级警督。
个性言语： 弄清死者的死因和死亡性质，没白忙，就有成就感。
第一印象： 面颊清瘦，话语轻声，不疾不徐，持重从容。

殡仪馆洗尸台上摆放着一桩碎尸案的无名被害者下肢。

屈希良在灯光下仔细勘验，聚精会神。四下里静悄悄，没有别人。突然，他的后腰被什么东西顶了一下，他下意识地回头一看，身后塑料大袋里立着的那只带手的胳膊侧倒，触碰了他。

"当时吓了我一身汗"，屈希良笑着说。

"多虑平"

一对夫妇仰卧床榻，丈夫深度昏迷，妻子死亡，丈夫经医院抢救后苏醒。

出院后，他声称自己头晕、记忆不清，回避警方对案情的询问，后来改口称他与妻子双双服用多虑平自杀。

多虑平，西药，别名多噻平凯舒，适用于各种抑郁症。

警方调查得知，这对夫妻将自家多年做生意积蓄的大笔资金投资开矿，不料资金耗尽，辗转多方借贷，仍难以挽回颓势。面对众多债主频频催逼讨要欠账款项，夫妻俩深陷悔愧惊恐的精神压力中。

屈希良注意到死者上身穿着睡衣，下身却穿着紧身长裤。这情形不同一般生活习惯，疑窦在于死者衣着是否被他人更换？

病理检验未从死者身体检出有致死疾病的病理变化，毒物化验也没能检出死者体内存在多虑平成分。然而死者"面部瘀血、发绀，可见大量出血点，左下唇粘膜有挫伤，左耳垂下方颈部见皮下出血……"

屈希良认定，死者死因应是被人扼压口鼻部及颈部窒息死亡。死者丈夫改口时曾向警方陈述，当天他与妻子在家中发生性关系，妻子有性窒息嗜好，为获得快感，她请丈夫出手掐她颈部，结果他出手不慎，将妻子扼死。

屈希良再着手进行相关生理检验，检验结果彻底揭穿死者丈夫编造的谎言。涉罪证据还原出案情真相：

死者丈夫趁妻子午睡在床，用枕头堵住妻子口鼻，再出手扼压颈部，致妻子死亡。妻子窒息后大小便失禁，丈夫慌张为她更衣，将脏衣脏裤装入塑料袋开窗丢出，继而服下多虑平自杀，但他自杀未遂，被抢救过来。后警方搜捡到那只装有死者脏衣脏裤的塑料袋。

妻子温柔贤惠，对丈夫一贯很好。丈夫交待杀妻动机竟然是有这番念头——他不能想象自己负债自杀后，妻子再跟别的男人过日子。

碎镜片

一位上了年纪的老奶奶，不顾腿脚不便，爬上儿子一家居住的 7 楼。

儿子一家多日失联，老人家焦虑忧惧，她使劲敲门，门窗紧闭的房间里透出一股混着焦煳味儿的恶臭。

正值盛夏，屈希良与同事赶赴现场，发现这户人家被纵火烧过，火虽未延烧到屋外，但屋内四壁熏黑，他踩着满地"噼噼啪啪"作响的尸蛆蛆体，开始对房间内三名身亡被害人进行勘验。

"房间里特别臭、特别臭，好久都散不开。"

这户人家 13 岁的女孩子最先被杀害。当日中午，女孩父亲回家，被藏身家中的嫌疑人杀死。女孩的母亲傍晚下班回家，也被嫌疑人杀死。嫌疑人所用的凶器是这家的两把菜刀。

屈希良在凶杀现场劳碌一周，从灰烬里拣出一块近视镜片，三名被害人无一人戴眼镜，这块小小的碎镜片将线索直接引向作案嫌疑人——一名在校大学生。

这名刚满 21 岁的年轻人出生在偏僻山区一个极度贫困的家庭，他在给这家初中女生补课时先杀死女孩，在家中翻找钱财，未能找到，守候至中午时分，待女孩父亲回家，趁他完全没有提防，挥刀砍死对方，从这位父亲身上搜出 100 元钱。

一心图财的嫌疑人继续守候。傍晚，女孩母亲下班推门进屋，嫌疑人正在观看她家 VCD 播出的视频节目，他仓促起身，上前搏杀，女孩母亲不敌年轻男子，但在搏斗中打落对方佩戴的近视眼镜。嫌疑人逃离时捡走了被踩碎的眼镜架和大块眼镜碎片，但还是遗留下一小块碎片。

警察前往学生宿舍抓捕这名嫌疑人时，他正坐在宿舍里观看从被害人家盗走 VCD 机播放的节目……

屈希良从警至今整整 20 年，在伍家岗分局的工作岗位上没挪地方。20 年来，他独立或参与完成各类案件现场勘查、检验鉴定近 4000 起，为桩桩件件重、特大和疑难案件提供了客观确凿的科学依据和证据。

这位法医从未刻意追求立功受奖，他每每弄清死者死因和死亡性质，欣然于"没白忙，就有成就感"。

发表于 2015 年 12 月 4 日

文件检验让骗子无所遁形

谢朋速写

人物档案：谢朋，48岁，中国刑事警察学院三级教授，专业技术二级警监。
个性言语：人的命运会遇到很多巧合，决定命运的关键时刻就那么几步。
第一印象：真诚待人，执着做事，追求完美，快言快语。

"人生这扇窗户关上了，没准打开了另一扇门。"

高中毕业，本不想当老师，他申报大学图书情报专业，却意外被分到化学专业；他曾懊恼化学专业枯燥，却学习成绩优秀；大学毕业没去化工厂，也没去制药厂，他入警院当了警察学生的老师。

回想人生经历，谢朋朗声大笑，他当下的喟叹是，"幸亏学了化学"。

真假印章

一张填写了数百万元数额的巨额支票被嫌疑人从银行提走。

时隔不久，又有人拿着同样数额、同一日期、同一签章、同一单位的支票前来银行支取。银行负责人慌了，仔细查看支票印章印迹，怀疑印文出自伪造印章，遂将可疑支票送到中国刑事警察学院恳请文检专家鉴定真伪。

可疑支票送来后，出现两种截然不同的分析观点：有人认为这张支票上的印章印文是真的；有人认为这张支票上的印章印文是假的。

谢朋认为，"关键要看印文的符合点和差异点"。

他细究可疑支票上的那枚印章印迹，尽管盖章人使用印章时与预留印鉴在力度、角度、方位、印油分布等方面存在差异，但其规格与银行预留件上的印章印迹完全一样。可以说，既有符合也有差异，特别是眼前这枚可疑印章印文在字迹笔画之间明显多出一块红色印迹，而银行预留印鉴上没有，这成为争议的主要焦点。怎么解释，这一印记是附着物还是印面的固有成分？

"经验很重要。"

谢朋注意到，可疑支票上的那枚印文的边框痕迹非常重，有污染。与其同期的样本除了多出的那块印迹外，边框的污染痕迹在形态、位置、印油分布等细节特征上高度相似，符合点价值很高，这绝不是偶然的。

据他分析，依据原子印章结构原理，印油由内向外渗出，正常盖章即使印面粘附异物，由于异物的阻挡，在印文上应表现为空白而不应着色。结合边框的污染痕迹，谢朋提出：一定是盖章人在使用这枚原子印章时不该蘸印泥却蘸了印泥，致使边框污染，呈现出印迹加粗且略显模糊的情形，特别是这次蘸印时，印面恰巧粘附了印泥中的一小块类似纸屑的附着物，印章便在支票上留下较重的边框污染痕迹，且在字迹笔画之间多出了一块附着物的印迹。

经过谢朋的解释，最后给出的鉴定意见是：可疑支票上的印章印文没有问题，与样本印文是同一印章盖印的。

那么前一张提出巨款的支票又是怎么回事？

警方启动侦查时调取了前一张支票，经检验发现问题所在，可以确认，有人将真实使用过的支票字迹去除后重新填写数额，到银行冒领巨额款项，而银行工作人员对前一张支票的伪造痕迹未能及时发现，致使嫌疑人成功冒领了巨额款项。

追求完美

入警院伊始，谢朋运用化学专业知识，专攻污损文件和文件制成时间检验技术。

随着涉及文件检验的民间纠纷及刑事犯罪越来越多，在谢朋眼里，文件检验演绎为"最杂的学科"，其综合性、交叉性、边缘性十分突出。文件检验这一学科不仅要求操作者熟悉化学理论和实践，还需要物理、数学、计算机、人体生理、心理以及印刷技术、造纸、文字、语言逻辑等知识体系的支撑。

教师注定要履行授业解惑之责。

谢朋笔耕不辍，主持或参加的科研课题有《国产圆珠笔油墨字迹书写时间鉴别》《新型系列透析液的研制》《墨水字迹硫酸盐扩散判断绝对书写时间的数学模型构建与验证》《常见人为老化伪造文件的检验研究》等。

谢朋最看重的是历时近十年完成的专著《文件制成时间检验》，这是着眼于国内和国际专业难点，专门论述文件形成时间检验技术的书籍。

这本专著为何耗时近十年，谢朋说这既不是因为自己懒，也不是因为忙，而是因为该项技术发展很快，他总是想尽可能做到"全面、系统、最新"。

文件检验专业又是应用性极强的专业，教师若不参与实践，若不熟悉社会中发生的各种复杂事件，绝难承担解惑重任。

谢朋个人共检验鉴定全国公、检、法及其他司法机关送检的各类民事和刑事疑难案件逾 2000 件。这些经历，与他钻进象牙塔的辛勤努力相得益彰。谢朋告诉记者，他想与朋友私下探讨的是："一个人到底应不应该追求完美？"

依他自忖，"凡事追求完美真的很累啊"。

发表于 2015 年 12 月 11 日

识破嫌疑人杀女友报假案谎言

韩治斌速写

人物档案： 韩治斌，53 岁，四川省南充市公安局顺庆分局法医、一级警督。
个性言语： 我是个兢兢业业、踏踏实实、不浮夸的人。
第一印象： 清瘦干练，神态从容，行事沉稳，待人热诚。

正在云南昆明读军校的年轻战士韩治斌暑假返回四川老家，推门看见病榻上卧床不起的父亲，再眺望山坡上歇歇走走挑粪的母亲，心如刀绞……

如今，父母去世多年，韩治斌年过半百，想念双亲，他眼前就浮现出这情景，泪水悄悄润湿双眼。

谎上加谎

农村娃韩治斌参军 19 年，当战士当班长当军医，退伍后调入军区干休所当保健医 7 年。因一心向往法医工作，他等来机会，进入南充市公安局顺庆分局。

一男子向警方报案，称女友在屋中自杀，他本想与女友一同赴死，但自杀后昏迷两天醒来。报警男子时年 32 岁，有家室，他告知警方，其女友从贵州逃婚来到四川，他弃家与女友同居。

韩治斌查验发现该男子颈部有刀痕，肚子上有刀伤，但刀刺深度仅达皮下，并无大碍，不可能造成休克昏迷。韩治斌还注意到，该男子自杀时身穿的外衣和毛衣上有锐器洞穿痕迹，但破损处纤维织物未见有血迹粘附，刀刃并未进入胸腹腔，由此推断自杀者先拎起衣服，而后再用刀刺扎肚皮。

赴案发现场勘验，韩治斌看到死在床上的女子胸骨柄被刺穿，气管和肺主动脉被刺破，屋内血迹很多，但死者穿戴整齐，好好地盖着被子。值得琢磨的细节还有，死者手腕、手心均没有血迹，虎口呈握物状。

"如果是自杀，她能不能有那么大的气力双手持刀，将自己的胸骨柄刺穿？"

疑问在于，人的胸骨十分坚硬，单凭这女子一己之力无法用刀在胸骨柄处形成致命性损伤。韩治斌综合勘查结果推断，死者曾持刀刺向男友，反被男友控制双手后反转刀体回刺女子胸部，形成致命创伤。

警方依据掌握到的案发现场证据讯问该男子，该男子百般狡辩，谎称女友有精神病，他本人也有精神病。结果，他在接受精神疾病医学观察时谎言被揭穿。

该男子不得不向警方承认，他与女友发生激烈争吵，杀害女友后，他精心进行了一番伪装，将死去的女友穿戴整齐，盖好被子，又把二人的合影照片放在死者头边，挑选合适位置摆好，再用刀刺向自己腹部，然后握着死者手背整整陪躺了一夜。

自以为能迷惑警方的杀人嫌疑男子，最终没有蒙过韩治斌的细心勘验。

意外殒命

一住宅小区6楼两室一厅人家，客厅餐桌下一女子毙命躺卧，身浸血泊，屋内充满浓浓血腥味。当地市、区两级公安领导带领大批刑警赶赴现场。

"是凶杀还是意外死亡？"

一位市局领导站在韩治斌面前，紧紧盯着他的双眼，神情凝重地发问，周围簇拥着前来办案的众多刑警。

毙命女子37岁，是一名出租车司机，与丈夫轮换着开出租车运营。她爱清洁，经常下班回家打扫卫生，保持家中洁净，其家中家具及摆设格外温馨，显示出女主人热爱生活的情调。当晚7时许，出车在外的丈夫如约联系家中的妻子，准备回家吃饭，可怎么打妻子的手机都没人接听。丈夫推门进家，惊恐万分地发现妻子倒在血泊中死去。

韩治斌反复勘查，镇定地给出结论："这不是命案，是意外死亡。"

迈进这家家门，韩治斌看到死者踢飞的拖鞋，看到死者体位附近一地大大小小的玻璃碎片，测量了死者颈部5公分宽、6公分深的致命伤口，找到戳入死者颈部那片大大的带尖角的玻璃碎片，综合门窗没有任何外人进入痕迹等诸多因素，合理推断意外如何发生：

女主人打扫室内卫生，柜旁置有两个高大沉重约10公斤的药酒玻璃坛，她穿着拖鞋抱起一坛，准备挪开时，由于地面有水渍，不慎脚下一滑，瞬间后仰，倒地同时，玻璃酒坛失手跌碎，一片偌大玻璃碎片深深扎中她的颈部，她用力拔出玻璃片，颈动脉鲜血疾速大量喷出，她意识很快模糊，来不及呼救，遂因失血过多死亡。

身为法医，举凡正常死亡、非正常死亡，韩治斌都要过目勘验，全天候备勤，往往三更半夜接到出警命令，起身就走，长年劳碌未得休假。13年来，他主持参与勘验各类现场3000余件，参与侦破重特大案件1000余件。四川省公安厅副厅长赴南充视察工作，闻知老韩的事迹，感叹说这里最忙最苦最累的一个人就是他。

韩治斌提到执业感悟时就说了这么一句话，"法医责任更大，需要掌握更多自然科学和社会科学的知识"。

发表于2015年12月17日

DNA 检材让残害女童嫌疑人现形

何生龙速写

人物档案： 何生龙，40岁，四川省南充市公安局顺庆分局法医、二级警督。
个性言语： 办案件重视结果，更需要重视因果。
第一印象： 性喜思考，用心专一，严谨做事，耐得艰辛。

高考结束，何生龙走出偏僻山村的家，在父亲陪伴下前往川北医学院报到。长途汽车一路颠簸，向着200余公里外的四川省南充市进发，历经7个多小时抵达……

江边腐尸

"我们那批毕业生是最后一批包分配的。"

四川省南部县公安局打电话到乡里，让乡干部通知等待分配的何生龙接听电话，问他愿不愿意到公安局当法医。此时，何生龙已被县医院选中，县医院妇产科需要一名男医生。谁料，县公安局抢先一步，把这个大学毕业生"劫"走了。

何生龙一进公安局就下基层锻炼，在城区派出所执勤。领导让他与两名辅警看管三名犯罪嫌疑人，他紧张万分，生怕被看管的那三人强行夺路出逃。待转入刑警队跟老法医出现场，何生龙庆幸所学的专业知识有用武之地了。

四名犯罪嫌疑人拦截一辆大货车抢劫钱财和车辆，将年轻司机杀害。嫌疑人被抓获归案后，办案侦查员带着嫌疑人指认埋尸地点，何生龙跟随老法医来到嘉陵江畔的一处沙滩，他和同事持锹将被害人尸体挖出。

时值二月，江风刺骨。

被害人尸体掩埋数月，已经高度腐败，气味极其刺鼻。老法医蹲在尸体旁一边勘验，一边教授如何操作以确保勘验结果正确。何生龙眼前是被害人蜷曲的躯体、被捆绑的手臂、勒在脖子上的致命绳结。

浓浓的腐尸气味与浓浓的福尔马林气味完全不同。

忆起在医学院第一次上解剖课，何生龙惊悚地看着老师将一具完整人体标本拆成"零件"，同学们还要亲自上手"拆卸"。他做过噩梦，梦境恐怖，但"很快就习惯了"。

微证锁凶

正月初一，南部县永定镇一个11岁的小女孩失踪，家人焦急万分。

7天后,小女孩的尸体在荒野山坡上的深深茅草丛中被发现,尸体高度腐败,她的半边脸遭动物啃噬露骨,现场很难觅到嫌疑人遗留足迹。仅从被害女孩衣着状态,何生龙预判她生前遭到强奸侵害。

案件发生在春节期间,百姓震惊。

何生龙在案发现场仔细勘验,县公安局领导就初步案情向市公安局领导汇报,市公安局刑警和法医紧急从百公里外赶来。

时间已近傍晚,若待市公安局同行赶到,夜幕降临,取证更困难。何生龙顾不得现场阴冷潮湿,遍查被害女孩躯体各部位是否留有可追索嫌疑人的痕迹。一处有荧光反应的点状生物检材被成功提取,送至省公安厅刑侦技术实验室进行DNA序列检验,比对结果圈定了嫌疑人身份。

警方从千里之外的上海将犯罪嫌疑人押解回来,何生龙欣慰自己付出的努力成为缉拿凶手的有力证据,而凶手必将受到法律的惩处。

平息恐慌

李姓村民在自家吃午饭后头昏、呕吐、大汗淋漓,家人急送医院抢救,次日人亡。时隔一天,死者弟弟在同一地点进餐后,也出现头昏、呕吐、大汗淋漓症状,送医施救,被院方用有机磷解毒方法抢救,庆幸脱险。

李家感染不明原因传染病的谣言在村中流传。李家家人和村社干部备感蹊跷,随即报案。然而,技术人员对李家详细勘验,未发现任何异常。

挂在李家门板上的一包萝卜丝和干胡豆塑料袋引起了何生龙的注意,他带走这两样东西进行化验,发现死者胃肝组织中与死者弟弟呕吐物和洗胃液中均含有甲拌磷毒物成分,而这成分与干胡豆塑料袋内的甲拌磷毒物成分相同。

死因明确,疑问犹存:为何六七个人吃同样的饭菜,亲兄弟两人中毒、一人死亡,其他人包括三位年逾70岁的老人都无异常反应,死者女婿一人喝下一碗煮有萝卜干的油汤也没事?

甲拌磷具有脂溶性,而萝卜干最吸油脂。何生龙联想到死者胃内数个萝卜干,它们会不会附有致命毒物呢?他走访得知,死者及死者弟弟二人进餐时吃下大量萝卜干,三位老人因年迈原因,进餐时未吃萝卜干,其他人均因不喜欢萝卜干而没有进食。

原来,数月前萝卜干被甲拌磷污染,李家将被甲拌磷污染的萝卜干与腊肉一起做菜煮汤,腊肉油脂渗入萝卜干内,但萝卜干内含的甲拌磷却几乎不能浸入油汤。结果,大量进食萝卜干的人中毒受害,而旁人均未中毒。何生龙依据科学道理作出审慎的解释,平息了村内流传的谣言。

"当法医至今,我总是心怀敬畏,因为每起正常和非正常死亡原因复杂,绝不可轻易下结论",何生龙笃信,"不加思考的实践,难能出真知"。

发表于2015年12月23日

辨明季节差异推断命案血脚印

李振键速写

人物档案： 李振键，59岁，江苏省南京市公安局刑科所痕迹专家、一级警督、二级警长。

个性言语： 我热爱做痕迹检验这个职业，有挑战、有责任、有成就感。

第一印象： 发稀谢顶，眉毛浓长，随和诚恳，坚韧不拔。

秋季农忙。

江苏省丰县一贫困农家的小伙子李振键正在生产队地里忙庄稼活，远远见大队书记带个陌生人向他走来。那人身穿上白下蓝的警服。没想到来人问李振键愿不愿意当警察，见他有些发懵，便允诺他用一天时间与家人商议决定。

"当警察，算是我'拣'来的差事"，老李呵呵笑。

足迹鉴凶

李振键被"点招"走入江苏省公安学校（江苏警官学院前身），成为首届毕业生，人家档案过硬：贫农出身、共青团员、民兵连长、表现出色。

"痕迹检验技术像个万花筒，包罗万象，痕迹检验人员就是个杂家，样样都要懂，要做好，真是不容易"，李振键毕业后接受了痕迹技术培训，聆听前辈介绍经验，由此开始钻研足迹的职业生涯。

盛夏时节，一家经营粮食买卖的男主人远赴外省洽谈业务，家中留有妻子和8岁儿子。夜深时分，小男孩在床上惊醒即被锐器刺杀，母亲仓促反抗遇害身亡。嫌疑人杀死母子二人，走上阳台，张望外面有无动静，在水泥地面上留下两趟薄袜血脚印。

李振键赶赴现场勘查，依据血袜印足迹预判嫌疑人为男性，身高一米七左右，年龄约30岁，中等身材。案发一年四个月后，寒冬夜半，一起普通入室盗窃未遂案件被事主发现并及时报警。该案入室手段与此前母子被害案相同。

警方连夜扩大搜索范围，在邻近村庄街道上发现一辆可疑摩托车。侦查员蹲点守候，见一男子凌晨前来取车，声称受人之托来"修理"这辆摩托车。随即，嫌疑摩托车车主进入警方视线，此人符合母子血案作案嫌疑人特征描述。县公安局技术人员将嫌疑人的袜足迹与母子命案现场足迹进行比对，尽管存在符合点，但足长、足宽、脚趾相互位置差异明显，难以确认同一性。

李振键接到市局领导委派命令，立即前往案发当地，详细了解制作足迹样本时的客观条件和环境。他十分清楚，母子命案发生在夏季，而这起案件发生在冬季，于是决定模拟季节温度，将房间温度提升到夏季温度，将水泥地面改为木板地面，让嫌疑摩托车主小跑一阵热身。

待重新制作足迹样本后，比对结果发现足迹各项数值差异均大大缩小，经综合评断，他认定嫌疑车主就是母子命案的犯罪嫌疑人。由于证据科学有力，审讯人员信心充足，犯罪嫌疑人坦白了入室抢劫杀害母子二人的罪行。

解臭有术

"我呕吐过，呕得黄水都吐尽了"，李振键最痛苦的经历莫过于盛夏之日久久蹲在命案现场，跟同事一起守着高度腐败尸体并在各种遗留痕迹前反复勘查，那是寻常人根本无法想象的场景，恶臭气味能搅得人五脏六腑翻江倒海，能让初来者呕得眼冒金星，浑身乏力。

在一起恶性入室凶杀案中，父亲、女儿、老母三人同时遇害。

正值盛夏，室外高温，室内勘查绝不能打开空调，要保持现场原有环境条件，李振键在现场足足勘查7天，恰逢儿子高考填志愿，妻子急拨手机要他这个父亲在儿子人生命运的重大关头提供建议，可他满脑子案情，无法离开案发现场，只对妻子说了声"你们看着填吧"。

"有时虽然尸体抬走了，可满屋苍蝇乱飞，满地尸蛆乱爬"，李振键说，只要他挪脚迈步，就能踩得四下血污里蠕动的白蛆"噼噼啪啪"爆响。

"勘查完，你要喝水，要吃饭，怎么才能喝得下、吃得下？"

李振键琢磨出个"招儿"：若在农村，他先找一处屎尿满地、臭气熏天的茅厕，站到里面待上二三十分钟，然后换一处臭气不那么强烈的茅厕再待十几分钟，如此"梯次降臭"，确有削弱腐败尸臭的嗅觉记忆的效果，能让自己喝水、吃饭从容一些，这一招儿"屡试不爽"。

早在入警校前，李振键崇拜父亲心灵手巧，向往学习机修机电专业，虽然未能走上心仪之路，但至今家中电器甚至家具的大小毛病，均经他过手修理，他自诩继承了父亲的衣钵。如此缜密心思，毫无疑问地被移入数十年从事的痕迹检验刑事技术中。

李振键多年步行上下班，途中观察人们的行走姿势，辨识鞋底磨损部位及磨损轻重程度，借以分析人们的走路姿势与鞋底磨损的关系。举凡男女、步态急缓、脚高脚低、步长步短、足歪足撇、负重空手，或体位上下蹿动步态或左右晃摆步态，或抬头挺肚迈步，或低头收腹前行，他逐一探究，持之以恒观察记录人们步态特点与其骨骼特征的关联。

三年前，李振键被江苏警官学院聘为教官。为了能把数十年积聚的丰富经验传授给警院的年轻学子，他悉心备课讲授，最感叹的一句话是，"命案现场勘查，责任重大，人命关天啊"。

发表于2015年12月31日

勘明河浮死者并非意外身亡

伍小生速写

人物档案：伍小生，49岁，福建省南平市建阳区公安局刑事科学技术室法医、三级警督。

个性言语：法医是一项挑战性很大的工作。

第一印象：慈眉善目，敏行慎言，坚韧不拔，从容达观。

伍小生在兄弟姐妹八人中排行第七，父母念及家中这个最小的男孩，为他取名"小生"。

这个"小小后生"家在福建南平偏僻山乡，他执念读书，不仅成为兄弟姐妹中唯一考学跳出"农门"的孩子，还是全村第一位考入省城的高中生。

心仪警服

入乡镇初中就读，伍小生每每身背可供一周生活的大米和腌菜，跋涉20多公里山路上学，放学回家与同学结伴行走，最后一段路总是只剩他孤孤单单一人行路，因为家居村落最偏僻。

读县高中，单程逾40公里，乘坐长途车再加徒步，这个成长中的少年在漫漫路途的行走中练就了可贵的韧劲、耐力和意志。

伍小生高中毕业填报学校和专业时，接受二哥建议去学医，他接到福建医学院录取通知去省城报到之际，众多家人与村干部摆席饮酒，家院里洋溢着皆大欢喜的喧闹。

本以为学医能为父母和家人健康提供帮助，哪晓得基础医学系的学生要接触尸体，接触尸体不仅要看、要摸，还要操持器械上手解剖，弄清人体各个器官与组织结构，切开表皮、脂肪、肌肉，剥离神经，辨识骨骼。

伍小生自小生长在农村，只要村里有人家出殡送葬，他跟别家孩子一样心生畏惧，躲得远远的，没有一次敢斗胆凑前。

入医学院上解剖课，眼见一具具人体标本，伍小生起初不敢直视，缩身退步。他庆幸很快度过了心理适应期，得以从容学习。毕业时，伍小生正犹豫着当教师还是做病理医生。这时，一直关心他的二哥来问他，"愿不愿意进公安局当法医？"原来，家乡公安局先与二哥有过沟通。

"我崇拜警察啊"，伍小生一口应承。

1991年夏，伍小生到公安局报到后，领导即安排他赴上海，前往华东政法学院法医系报到，与来自全国各地的50余名年轻人接受严格的法医专业培训。

"去上海培训，听专家教授介绍历史名人宋慈，没想到宋慈是我们建阳人"，知晓这位大宋提刑官的感人身世后，伍小生阅读了宋慈所著世界上最早的法医学专著《洗冤集录》以及有关他的记述文字，尤其对《洗冤集录》序中所述"狱事莫重于大辟，大辟莫重于初情，初情莫重于检验"这句话领会深刻。

伍小生多次拜谒宋慈墓地，对这位出生在800多年前的世界法医鼻祖充满敬意。

断明死因

一中年男子入夜时分蹊跷失踪，家人报警。

警方在一段偏僻河岸的路边发现了失踪人驾驶的摩托车。那辆倒地的摩托车在路面及路边留下痕迹，从勘查痕迹得到的初步印象是，驾驶人意外发生事故摔倒，现场附近发现一个跌破的摩托车头盔。办案人员最初判断是摩托车驾驶人出现交通事故，他本人有可能摔下摩托车毙命，也有可能严重受伤滚入河中溺死。

警方决定组织下河打捞，第二天在下游发现失踪者尸体并将他打捞上岸。

伍小生最初勘验死者尸体时没发现特别异常之处，死因很像是交通事故所致。然而，凭经验他总觉得哪里有些不对。两天后，他带着疑问再次检验尸体，发现死者颈前有一处不易识别的浅表皮肤损伤痕，解剖后看到皮下组织出血，他判断死者颈部伤痕非交通事故形成，死者在摔下摩托车之前已受伤。

案情由此改变性质，警方依法医断定的侦查方向再次细勘现场，随即有了突破性发现：

距摩托车倒地处不远的路旁树干上发现有捆绑铁丝痕迹，树干附近草丛中发现被人抛弃的一卷铁丝和一个烟斗，那个烟斗独特，本地少见。侦查人员针对这个烟斗展开调查，知悉这类烟斗为贵州籍打工人员所惯用。

犯罪嫌疑人被擒获，案情大白，他年过半百，身材矮小，体力孱弱，从外省来打工，手头拮据，多次窥探作案路段，决定入夜时分在路中拉根铁丝，一端捆绑在结实树干上，一端拉在手中，铁丝高度恰恰能勒至骑摩托车人颈部……

新年过后上班第一天，伍小生从命案勘查现场赶来接受采访，看到这位年近半百的法医眼角布满红红血丝，想必他肯定没能踏踏实实地享受这个新年的假日。

发表于2016年1月8日

文件鉴定不能让嫌疑人钻空子

刘建伟速写

人物档案： 刘建伟，40岁，法大法庭科学技术鉴定研究所高级工程师。

个性言语： 文件检验工作者实际上是社会诚信的鉴定人。

第一印象： 瘦瘦高高，目光犀利，谈锋机敏。

高考分数张榜，刘建伟各科成绩总分在全县应届考生中名列第二。这个乡村民办教师的儿子憧憬学军医，也心仪当警察。顾及母亲对刑警职业风险的担忧，刘建伟将申报中国刑事警察学院刑侦专业的第一志愿改为文件检验专业。

高中班主任得知刘建伟被警察院校录取，不禁叹道"唉，这孩子，白瞎（东北方言）啦"。

笃定目标

文件检验专业到底是干什么的，理科成绩出众的刘建伟一无所知。

入院伊始，学院允许文检专业男生可改志愿转入刑侦专业。刘建伟大大动心，没想到执教刑事科学技术系文件检验专业的贾玉文教授在新生见面会上讲的一席话，强烈地撼动了这个年轻人的心。

"文检是理科，是门手艺，非常有用。若学习过文检专业，工作后再学习刑侦专业，比较容易掌握；若工作后再自学文检技术，难度会大得多。"

刘建伟至今记得贾玉文教授介绍亲身鉴定过的几起案件后，他这个新生心悦诚服，笃定不改志愿。

高中毕业之前，刘建伟是个一心放在学业上的快乐小伙儿，不谙父母操持家业的艰辛。上大学4年，父母借钱供他读书。当过汽车兵的父亲辞掉民办教师工作，从老家坐5个多小时火车来到学院近旁，进入一家汽车维修站打工。母亲时隔一年也来到学院附近，白天在居委会接收居民缝纫活计，挣些辛苦钱，晚上替居委会看守房子。

每逢假期，刘建伟回家必打零工，努力去挣学费和生活费，以减轻父母经济负担。他骑上"倒骑驴"车运送货物，目标是挣够1000元，每每都能如愿。

大学毕业前夕，刘建伟请贾玉文教授指引方向。这位教授知道他学习成绩出色，又知道北京市高级人民法院恰有人才需求，愿意举荐。没过几天，北京来人面试刘建伟，真让这个年轻人好生紧张。

最最难忘与几名分到北京工作的校友一同上路。那是 1997 年 7 月 5 日清晨，列车停靠北京站站台。这个东北小伙子从来没到过首都北京，心情激动不已。

火眼金睛

一张借款 12 万元的借条摆在面前，一方当事人声称对方借钱后写下借据，还签了字；另一方当事人拒不承认，双方打起官司。

办案法官将这张字据送到法大法庭科学技术鉴定所进行检验。刘建伟发现借条上的签名确为真迹，但比对借条上除签名以外的文字，发现那些文字与签名并不在同一时间产生，疑窦明显，最终证实签名先于其他字迹形成。

在另一起案件中，法院将一张写有 35 000 元的收条送来进行鉴定，法官凭经验认为这张收条真实性存疑，却未能获得有力证据来证明。刘建伟反复检验这张收条，发现这张收条上的字迹布局不正常，不符合常理，他使用仪器检测字迹的荧光反映时发现，收条上的字迹先后由两支笔书写。经判断后确认，收条上原写有"收到 5000 元"，后被人在"5000 元"前添加了数字"3"，使收款数额增变为"35 000 元"。

刘建伟还记得，由一份涉外合同引发的纠纷诉至法庭后，法庭将合同复印件送来检验印文真伪，而合同原件存留在工商部门。刘建伟与同事带上仪器前往工商部门，对合同原件上的印章仔细检验，既研判印章着力轻重、印迹浓淡，又对印文墨迹形态进行分析，最终得出结论：合同原件上的印文并非盖印形成，而是通过彩色打印机打印在合同原件之上。

在另一起纠纷中，某公司与某某公司行将仲裁，某某公司找某公司商议撤销仲裁，并议定补偿条件。双方经中间人签订协议，将协议存入一保险柜内，约定某公司掌握保险柜钥匙，某某公司掌握保险柜密码。随后，某公司撤销仲裁申请，但某某公司迟迟未履行议定条款，某公司怒撬保险柜，拿出协议一看，惊讶万分，协议上居然没有某某公司法定代表人签名。于是，这份蹊跷的协议被送来进行检验，法院要求鉴定协议双方签名是否真实存在。

刘建伟检验时首先发现协议纸页上存在字迹压痕，但这模糊压痕究竟是放置不当产生的，还是曾写有字迹又被消除了呢？

经过检验最终发现，某公司签名人确实曾在这份协议上签过名，但他使用的是一种特殊的笔，这种笔专用于皮革制品，写上字迹后过一段时间就自行消褪了，那消褪的字迹是常人用肉眼无法判断的。

眼下，需要文件检验技术介入的案件大量存在，刘建伟总会提醒自己，作为文件检验人，要当好社会诚信的鉴定人，不能让造假文件变成合法文件，让居心叵测的违法犯罪嫌疑人钻了空子。他说"文件鉴定人决不能给违法犯罪分子提供'合法证明'"。

发表于 2016 年 1 月 14 日

嫌疑人杀害母女之后服毒自尽

方演速写

人物档案： 方演，41岁，湖北省宜昌市公安局刑侦支队技术大队，三级警督。
个性言语： 从事刑事侦查技术职业的人工作压力很大，就怕出错。
第一印象： 眉毛浓黑，鼻梁直挺，性格内敛，敏事慎言。

若不是警校提前招生，方演不会进警察队伍。当年，这个出生在湖北宜昌的小伙子已考上三峡大学医学专业，想着将来当个医生治病救人。

回想20年前的人生选择，方演说年轻时觉得警察职业有神秘感，很是向往，亲戚中也有当警察的。参加工作不久，那神秘感消失殆尽，每每感受到责任重大的压力。

制止械斗

方演从湖北省公安专科学校毕业后回到家乡，被分配到一个派出所工作。

派出所隶属于湖北省宜昌市公安局三峡坝区公安分局，这分局刚刚成立一年，派出所设在三峡大坝近旁，大家住简易房，在临时工棚里办公，工作环境和生活条件十分艰苦。

来自外省的各路工程队伍进驻坝区，人员众多，难免出现争执纠纷、酿成动怒动手乃至群体斗殴事件；大批建材堆放招致居心不良者窥探，偷电线偷钢管偷建材案件高发。

成立三峡坝区公安分局目标明确，维护坝区社会治安和建设良序。方演在三峡坝区派出所工作5年，有过一次惊心动魄的处置群殴事件的经历，最是难忘。

"我刚参加工作不久，一天，有人报警说有大规模聚众斗殴。"

方演与另两名警员骑着辆三轮挎斗摩托紧急赶赴出事地点，远远看见工地上有近百人分列两阵、叫骂推搡。三人跳下摩托车冲进人群，连连高喊"不要动手，我们是警察"。

激烈对抗中的人们情绪亢奋，一些人根本没注意到这三名警察的身影和呼喊，方演眼见在一堆安全帽中有铁锹、镐把、铁钎抡起，有几人倒在地上。

"我确实有点怕"，方演感到眼前混乱的场面难以控制，后背右肩下突然遭到一把铁锹的猛力击打，根本看不清是什么人敢对这个身穿制服的年轻民警抡起铁锹。

方演与两名同事声嘶力竭地坚持到更多增援民警迅速赶来。即便如此，这场群体斗殴历经一个多小时才渐渐平息。

"当时没觉得疼。"

回到派出所，方演后背右肩的疼痛愈发地辐射发作，所幸那把铁锹是平拍袭击。不敢想，若铁锹侧立砍来，免不了皮裂骨损，方演庆幸自己没受重伤。

杀人灭己

参加工作几年后，方演被领导抽调去中国刑事警察学院培训，专门学习痕迹检验技术。

进学院报到才几天就下雪，方演自小到大没遇过那么冷的天，更没亲眼见过雪。结束了近一年的学习，方演调入宜昌市公安局伍家岗分局开始从事刑侦技术工作。

"我这人比较内向，比较认真，沉得住气"，方演从事痕迹检验至今，觉得这工作与自己的性格十分相适，父母秉性做事认真，对成长中的他有着深深的影响。

三年前，一出租房房主报警，说租住他房子的母女二人被人杀害。

方演与同事出警，驱车赶至案发地点，命案发生在一县城城郊接合部，屋内鲜血满地，有搏斗痕迹，现场有两具尸体，一具尸体是30岁左右的女子，倒在客厅；一具尸体是七八岁的女孩，倒在母亲脚边。两人均死于致命刀伤。母亲手臂、躯干和头颅均有刀伤，女孩则被一刀致死。

很快，杀人凶器在屋里找到，那是一把剪刀和一把锋利的杀猪刀。

到底是什么人逞凶杀人，勘查发现门窗没有破拆或强行闯入的痕迹，屋内也没有翻找痕迹，客厅、沙发前各有一滩呕吐物，地上有许多烟头。

方演研判现场痕迹猜测，嫌疑人杀死母女二人后并未即刻逃离，他在屋内逗留一个多小时，在客厅地面上留下许多烟蒂，还坐在沙发上呕吐过东西，呕吐物中析出剧毒农药成分。这一切令人猜测嫌疑人与被害母女关系密切，且有自杀可能，方演建议专案组及时将搜捕方向和警力转向本地，扩大搜索范围。

"正确估判案情，明确侦查方向，能够为破案节省大量人力物力。"

方演的建议被专案组采纳，搜捕人员当晚在距凶杀现场20多公里外一条废弃山区公路尽头发现一辆农用车，驾驶室方向盘上俯卧着一个体格壮实的男子，他已经没有了任何生命迹象。方演不顾自己患病高烧，赶去勘查，找出驾驶室里被死者扔弃的、未喝完的农药瓶。这一切完全印证了方演此前在凶杀现场的推断。

"做我这项工作，压力很大，责任很大"，方演说，"就怕出错"。

发表于2016年1月21日

天天做鉴定不敢有一丝马虎

鲁涤速写

人物档案： 鲁涤，女，51 岁，法大法庭科学技术鉴定研究所主任法医师。
个性言语： 用科学手段挖掘出物证内在的信息和特征，需要知识和经验。
第一印象： 坦诚直率，平和冷静，从容淡定。

"我知道法医是干什么的"，鲁涤出生于医生家庭，父亲是外科医生，母亲是妇产科医生。小小年纪，她熟悉医院环境，知晓手术医生的艰辛，见过手术情景，18 岁考入山西医学院（山西医科大学前身）法医学系，她明晰自己选择了怎样的未来。

谁是亲爹

大学毕业后，鲁涤走进北京市高级人民法院，从事法医物证鉴定工作。多少年过去，她为审判工作服务，做过数不胜数的鉴定，有一起案件令她印象深刻：在北京开饭馆的一位老板被自家亲侄女指控为她孩子的生父，侄女年仅 15 岁，鉴定委托书摆在了鲁涤的办公桌上。这次鉴定不同以往——叔叔与侄女二人具有血亲关系，这种鉴定以前没有做过。尤其在采集了双方当事人及婴儿血样后，检测结果令鲁涤纠结。

依据遗传规律，一个人有 23 对（46 条）染色体，同一对染色体相同位置上的一对基因称为等位基因。这一对等位基因，一个来自父亲，一个来自母亲。如果被检测男子与孩子的 DNA 分型表现符合孟德尔遗传定律，则其可以是孩子的生父；如果被检测男子与孩子在 3 个以上的基因座分型表现不符合遗传规律，则可以排除亲子关系。如果有一个或两个基因座不符合遗传规律，还要考虑基因突变的可能。

在当时的检测条件下，鲁涤检测了 11 个 DNA 的 STR 和 VNTR 基因座，发现这两个被鉴定人之间有 3 个基因座不符合遗传规律，这在排除的案件中是比较少见的。这个鉴定的特点在于被指控男子与孩子母亲是近亲，他们的等位基因型接近，容易发生"错认"，也就是说容易把不是生父的被指控近亲错认为是生父。若被指控的这个叔父不是其侄女的孩子的生父，一般来讲，应该表现出有更多的基因座不符合遗传规律，为什么只有 3 个呢？

出于职业鉴定人的敏感，鲁涤想到，孩子的生父是否也是这个家族的男子？斟酌再三，鲁涤决定找办案法官，要求详尽了解怀孕女孩除接触亲叔叔之外，是否还与其他异性有过密切接触。

法官相告，开饭馆老板从外省来京打拼，带来众多亲戚。怀孕女孩的生活环境中有多个堂哥、表哥等不出"五服"的年轻男性，这个女孩不与外面的人接触，也没有在外被奸污的经历。由此可见，孩子的生父很可能也是被指控叔父和孩子母亲的亲属。这样一来，就可以解释为什么只有 3 个基因座表现为排除了。鲁涤综合检测结果及了解到的详尽案情，确信检测结果不能证明女孩怀孕与她亲叔叔有关系，作出被指控叔父不是孩子生父的鉴定意见。

谁是亲子

一老板拥有厂房和农庄等上千万元资产，他突然死亡，而后出现继承纠纷。老板死亡前已离婚，与前妻育有一儿一女，这对儿女均已成年。老板死后，有女子称该老板离婚后一直与自己同居，并与她育有一子，男孩已 14 岁，该女子提起诉讼，要求继承遗产份额。就在该女子诉讼之际，一外地女子现身，也加入诉讼，声称与老板也存在同居关系，二人育有一儿一女，这对儿女年纪尚小，她希望法院确认自己分享遗产的权利。

法官注意到，两位女子虽然都声称与老板有同居关系，却互不相识。

按照我国法律规定，非婚生子女与婚生子女享有同等的被抚养权和继承权。然而，关键是要通过鉴定获得存在父子关系的鉴定证据，方能通过法院确立这种权利存在。让鉴定人为难的是，老板死后，未留存任何样本，无法得到其 DNA。因此，要鉴别二女子所生育的 3 个孩子是否系老板血脉，包括老板前妻在内的 3 个女人、5 个孩子都需要参与到 DNA 检验中来，得以判断 3 个孩子与死者前妻的孩子（死者的婚生子）是否为同一个父亲所生，从而间接证明 3 个孩子是不是死者的亲生子。

在当今的技术条件下，这样的同父异母半同胞鉴定具有相当的难度。

鲁涤借助家系基因重建的方法，对常染色体遗传标记的结果进行分析，用 X 染色体遗传标记和 Y 染色体遗传标记对同性别兄弟姐妹进行分析。经过一番仔细审慎的检测，鲁涤给出了鉴定意见——第二个女子的儿子和第三个女子的儿子与老板的婚生子女倾向于系一个父亲所生的半同胞，第三个女子的女儿与老板婚生子女之间没有半同胞关系。

在鉴定受理阶段，鲁涤专门为办案法官和所有当事人讲解了此次鉴定的科学原理和检验过程，并详尽地释明了鉴定意见的证据价值。

"案件判决以后，各方当事人都没有异议"，鲁涤很欣慰，她记得自己年幼时耳濡目染父母如何尽心尽力地治病救人，记得成年后去父母工作过的小县城强烈地感受到被救治者及亲属几十年后对其父母当年行医的感恩之情，鲁涤很是感慨。联想到自己从事的法医鉴定人职业，鲁涤坦率地说，"老百姓打官司做鉴定，一辈子兴许就这么一次，鉴定意见是否准确对他们来说太重要了。这么多年啦，我天天做鉴定，哪次也不敢马虎啊"。

发表于 2016 年 1 月 28 日

鉴明死者生前死后伤及动物咬痕

易良高速写

人物档案：易良高，30岁，福建省南平市建阳区公安局刑事科学技术室法医，二级警司。

个性言语：最不容易的是向受害人家属讲明伤情和致死原因。

第一印象：英俊朝气，待人热诚，内心冷静。

未满20岁，易良高背起行囊，告别家乡那片秀丽山川。

这个来自湖南攸县的农村小伙子考入河南科技大学，北上逾千公里，本来选择临床医学专业，想当医生。学校却将其志愿调剂为法医专业。后来方知，在那届入校新生中，像他这般经历的同学大有人在，皆因"报这个专业的学生人数太少"。

胆大心细

"没想到，学校与现实的差别能有那么大。"

大学实习，易良高南下深圳，跟随基层公安一线法医学习。那次遇有环卫工人报警，在绿化隔离带里发现黑色塑料袋里疑似人头颅，易良高跟随刑警队领导和技术人员赶到现场，见那黑色塑料袋被扔在隔离带路边。

"他们叫我先上手翻翻，看看袋子里到底装着什么，可能是想考验一下我的胆量"，易良高近前蹲下，扒开塑料袋，里面居然真是一颗女性头颅，颜面肮脏，污血浸满头发。

"我当时还算比较镇定吧，天生适合做法医，呵呵。"

大学毕业，易良高参加公务员考试后被招入福建省南平市建阳区公安局，掐指算算，当法医已进入第7个年头。

那年，一退休男子出门未归，家属报警。警方调查发现，失踪男子曾与另一男子在一小饭馆饮酒，二人酒后去一家私人旅社歇息。易良高和痕迹技术员走进地处偏僻的那家旅社，楼道肮脏，小楼顶层有4间客房，他们逐一查看，未发现很大异常，只是有一间客房的石灰墙壁被刮了很多道痕迹，有点奇怪。

易良高和痕迹技术员没有放弃，勘查得更加仔细，终于在俯身窥看床铺下方地板时，发现光线暗处的床脚里侧有一滩痕迹，抬起床，原来是巴掌大的一滩血迹。接着再仔细查看，客房深色窗帘上的喷溅血点陆续被发现，墙壁上诸多被硬物刮过的痕迹经处理亦发现为血迹。

不久，警方在偏僻河岸边的草丛中发现受害者被分尸，尸块被装入一个旅行箱和一个书包，尸肉有野狗和老鼠拖咬过的痕迹。

在殡仪馆，易良高与同事把尸块残肢一块块、一段段拼凑起来，恢复受害者原有完整的人形，再查验尸身上的每一道伤口，研判这些伤口如何形成。既要辨明旅行箱和书包里装着的尸体是不是同一个人，查明被害者致命伤在哪个部位；又要分析致伤过程、致伤工具，还要分清受害者生前伤、死后伤以及动物噬咬伤的区别。

易良高检验分析，这起案件的嫌疑人出于常人无法理解的变态心理，杀死受害者后还作出了令人发指的残暴恶行。

深感无奈

国庆节前，水电站上游河段发现一具浮尸，这种水中尸体在南方很常见。

易良高接到报警后第一时间赶到现场，将浮尸拉上岸，进行初步检验。由于浸泡多日，尸体高度腐败已呈"巨人观"。

易良高注意到死者脖颈、胸部、腰部、腹部、大腿根部都被绳子或铁丝绑住，绳索及铁丝深深勒进皮肉。易良高没有见过类似的案件，他的第一感觉是很像一起凶杀命案，"唉，国庆假期甭想歇啦"，他当时心里暗暗想着。局里其他法医和市局的法医也赶来，经过详尽勘验后，大家展开分析，结果出乎易良高意料。

经过系统的尸体检验，结合浮尸上绳结和铁丝结扣的手法分析，前辈法医们一致认为死者系跳河自杀死亡，一是尸体未见外伤，二是所有绳结和铁丝扣儿基本在身前能自由活动的部位，如手脚并未被绳索束缚，而是留有活动空间，这不符合他杀情形。

"他们的分析令我很是佩服，这提醒我进入一个现场不能先入为主，要详细检验并结合调查情况综合判断才能下结论"，易良高这次长了见识，可面对死者家属时，困惑在于对方坚信死者被害身亡，强烈要求公安机关找出凶手。

受害人家属往往受情绪左右，不能冷静聆听法医作出的检验结论，依自己笃定的偏执意念提出种种要求。比如最常见的是，尸体上出现了尸斑，这是由于人死后血液循环停止，心血管内的血液缺乏动力而沿着血管网坠积于尸体低下部位透过皮肤呈现出来的暗红色、暗紫红色斑痕，与皮下出血很相似，家属会坚持说，"你看看，他（死者）被人打成这样"。

这样的情形经常发生，每每令出面解释的法医深感无奈。易良高理解平民百姓的心思，但科学就是科学，由不得情绪左右。

"讲每句话，都要根据事实想好了再说。"

尽管对方执意不接受，那也得耐住性子再三解释，这种情况会让易良高觉得"非常费力"。检验完死者尸体后，能听到死者亲属说一句"你们辛苦啦，我们理解"，易良高则会感到十分欣慰。

发表于 2016 年 2 月 5 日

最遗憾年轻情侣相约放弃生命

赵容速写

人物档案: 赵容,女,土家族,28岁,湖北省当阳市公安局法医,三级警员。
个性言语: 喜欢看书,不管什么样的书。
第一印象: 俊秀恬静,慎言慎语,不疾不徐,耐苦耐劳。

"以前是慢性子。"

赵容读大学之前,做事如果不确定之后会发生什么,会迟疑很久。读大学期间,她去医院实习,有位科室主任在病房里喊她拿血压计。她不紧不慢地走进病房,立时被主任厉声厉色地"吼"了一通。科室主任发完脾气告诫她,别看只是取个血压计,如果病人病情突变、病情危急,一秒钟也耽误不起。

不怕尸体

大姐比赵容大9岁,从家乡巴东县考入武汉大学。姐姐一直是妹妹心中闪着光芒的偶像。"读书就要好好读,要么就不读",姐姐这句话一直震响在妹妹耳畔。

想当初,填报本科第一志愿,赵容执念当一名英语老师或做外文翻译,向往着有机会向更辽远的世界拓展生命张力,这个愿景曾激励着她。

学医,缘于一场刻骨铭心的亲身经历。她敬重的一位特别善良的亲人,不幸身患癌症,备受疾病煎熬长达六七年之久,赵容曾守在病榻前悉心照料,每每看到自己能减轻这位亲人的病痛,总能得到莫大的心理安慰。

赵容考入湖北民族学院临床医学专业,毕业后进入巴东县人民医院工作。适逢公务员考试,她试着报名法医,待考试过关,面试过关,面对新的人生选择,穿上警服,赵容心里反而空落落的,想到自己既不是警校毕业的人,又对专业一窍不通,心里很是窘迫。

赵容年纪轻轻,曾经穿着医生白大褂,亲历过医院既高度紧张又繁杂劳碌的工作,待她走进公安局,换上警服,每每现身非正常死亡现场,频繁出入殡仪馆停尸间,这姑娘内心深处较同龄人积淀下更多的人生领悟。

乡下小镇,一承包养鱼户女主人失踪,女主人的母亲报警,声称女婿有涉罪嫌疑。警方调查获知,失踪女性确与丈夫关系不好。警方前往养鱼户家中探查,发现刚下过雨的菜田里有片土表似乎动过,几条狗在那里嗅来嗅去。办案民警近前细看,那片土表上洒有许多辣椒皮,顿觉怪异,遂决定在此开挖,下挖两米深,看到有鼓鼓囊囊的白色大袋子,打开袋子，里面露出一只人脚。

赵容跟随市局法医赶赴现场，连夜解剖从菜田里挖出的女性尸体，协助法医对死者头、颈、胸、腹全身体表及颅腔、胸腔、腹腔及各个内脏器官详细检验，查找致命伤因，忙碌到次日凌晨。

赵容曾在学校上过解剖课，曾在医院实习时观摩过外科手术，还进手术室协助孕妇生产，但这一次，可是亲自上手对死者躯体进行全面检查，"每次跟随经验丰富的前辈勘查，都能学到许多宝贵的东西"，赵容很感慨。

极度疲惫

天气炎热的那天早上，时针刚过8点，商场5层楼上有人高坠身亡。

法医师傅生病在家休养，赵容赶赴现场勘查。勘查历经一个多小时后结束，她返回单位。这时，公安局接警一起电击致死案，赵容与同事直奔出事工地，询问在场工人，逐一做记录，确认导电材料，还原死者触电情形。

"那天太阳特大，全是汗。"

如果有人遭遇电击身亡，一定要找出电流斑的进出伤点，这是一种特殊的皮肤损伤。赵容尸检时格外细心，感到一种从未有过的责任压力，生怕勘查结论有半点疏忽，她一口气干了大半天，中午没有休息，直至确认这起事故发生的具体原因。

转眼临近下午下班时分，又一起案件报到公安局，赵容第三次出警。小旅社房间里，一男一女两个年轻人烧炭双双自杀。

"女孩才17岁，那么年轻"，让赵容震惊的是，两位年轻人各自写下遗书留在房间电视柜上，女孩子在遗书里写明，她是单亲家庭，尽管继母对她好，但她内心厌倦社会和人生，悲观至极。她的男朋友年龄比她大些，遗书写得不长，只提到让父母不要怪罪他的选择，声称他与女朋友自愿一道结束生命。

当晚9时许，赵容结束了对这两名年轻死者的勘查工作，这一天接连勘查4具尸体。一整天都没空闲坐一下歇歇，去食堂没心情吃饭，只含了几口稀饭咽下。工作结束前，赵容站在两具尸体旁边，疲惫得两条腿发抖。

"躺下，睡不着。"

赵容眼望天花板，一个念头始终萦绕在脑际挥之不去，"他们到底遭受了什么样的心理损害，如此决绝地厌世呢？"

从警不足3年，法医赵容感到心里的职业使命感和荣誉感正在一天天增强。还记得大姐当年那句"读书就要好好读，要么就不读"的话，如今在妹妹赵容心里已经拓展为"要干就好好干，要么就不干"。

发表于2016年2月18日

科学鉴定让"诈瘫"者起身离开

狄胜利速写

人物档案： 狄胜利，48岁，法大法庭科学技术鉴定研究所副主任法医师。
个性言语： 鉴定人要有责任心，不能有功利思想。
第一印象： 精力充沛，果断行事，敢做敢当。

"学法医，非常偶然。"

高考时填报专业志愿，狄胜利凭着对数理化各科成绩的掂量，憧憬着当个科学家，跻身航天技术或纯基础科学领域。一位跟他要好的高中同学被位于沈阳的中国刑事警察学院提前录取，狄胜利在6个志愿中选了同在沈阳的中国医科大学法医系。

难忘实习

狄胜利从没去过沈阳，也不知道法医是干什么的，想着中国医科大学也在沈阳，算是与高中同学有个伴儿，却没想到偏偏被中国刑事警察学院录取了。

"我很少去医院，对白大褂很陌生，更不要说法医了。"

仗着记忆力好，狄胜利的学习习惯是在考试前连续几天几夜地突击复习。可是，学医需要在掌握大量系统概念的前提下洞悉玄妙细节，突击式复习难以应对。历经5年专业学习，狄胜利逐渐调整学习方法，树立起自信。

毕业前去基层公安单位实习，狄胜利闻知实习所在单位辖区可谓长治久安，命案鲜有发生，估计不会遇到过多案件。哪晓得，实习伊始就遇到辖区内同日发生两起重大命案：一偏僻山村有12人被杀害；相距甚远的另一山村又有3人遇害身亡。

一大早，狄胜利跟随市公安局多名法医驱车急驰至命案现场，山路蜿蜒，车程两个多小时，眼见那村庄在一条偏僻山沟，农居错落而建。有遇害者死在家里，还有人死在村外地里、场院碾子旁、路边，4户人家男女老少共12口人被凶手夺命，最小的遇害者仅有六七岁。

警车入村，法医就地解剖遇害者，究查死因。村民远远站立，人人眼露惊恐。法医发现死者身上均呈现着生前伤和死后伤，判断嫌疑人将人杀死，间隔一段时间再行刀刺，表明嫌疑人对众死者怀有极度疯狂的复仇心理。

嫌疑人被办案民警搜山捕获，这名壮实的年轻人承认手持杀猪剔骨刀进村一路血洗，直到了结最后一名仇家性命，又回身从村里到村外逐人补刀。

那天的经历至今历历在目，狄胜利一大早随队出发，到现场立即开始工作，一直忙到下午，急急忙忙扒拉几口饭，接着再干，直到傍晚时分才结束，体力透支，格外疲累。

实习期间，狄胜利运用在校学到的知识和技术，依据牙齿磨耗程度，结合死者耻骨联合的勘查，判断出无名女尸年龄为 26.5 岁。待办案人员查明死者身份后，其年龄判断结果与死者真实年龄仅差不足一个月。

这次成功让这个实习大学生备感欣悦。

识破诈瘫

大学毕业，狄胜利被分配到北京市高级人民法院法医室工作。那时，北京市高级人民法院法医室成立仅 5 年，"我参加工作第二年就开始进行独立鉴定了"。

狄胜利每每收到来自各基层法院的鉴定委托书，跑现场、调病历、找专家，越来越意识到鉴定人责任重大，不敢有半点疏忽。

司法鉴定制度改革，狄胜利结束在北京市高级人民法院 14 年的工作履历，转入隶属于中国政法大学证据科学研究院的科研机构——法大法庭科学技术鉴定研究所，从事科研和教学工作。

当他不再以法院法医身份而以社会服务机构司法鉴定人的身份从事鉴定工作后，直面社会上形形色色的申请人，需要应对的情形复杂得多。

一起致伤行为发生，双方各执一词，到底哪一方是攻击方，哪一方是受害方；哪道伤在先，哪道伤在后，即便有现场视频，即便可做 DNA 鉴定，狄胜利相信临床法医的作用不可或缺。

歌厅里发生一起厮打，有一人头部遭到酒瓶击打，与对方揪扯摔倒后肢体瘫痪。究竟是酒瓶击打头部导致肢体瘫痪，还是因其厮打时摔倒造成肢体瘫痪？

这一过程虽有监控视频影像，但仅凭观看影像仍无法确定，临床法医对此运用颅脑损伤中加速损伤和减速损伤的特点进行甄别。

"我的工作，就是要用科学方法最大限度地接近真实。"

狄胜利很清楚，众多受害人出于加大惩罚加害人的心理，夸大受伤程度，甚至为索取赔偿不惜"造伤"，但司法鉴定人必须出于公正之心，把牢司法鉴定意见。

外地一起交通事故的当事人声称自己遭遇事故导致截瘫，坐着轮椅前来申请鉴定。来者提供了腰椎压缩性骨折的医院证明。狄胜利凭经验观察，此人体征无论如何都与截瘫不符。来人听完狄胜利详尽明确的专业解释后，再也装不下去，最终自己站起来推着轮椅离去。

狄胜利一年平均鉴定 300 余起案件。他相信，对于司法鉴定人来说，最重要的是要有高度的责任心，排除任何功利性干扰，冷静、客观地从事鉴定。

发表于 2016 年 2 月 27 日

细辨勒痕下的指甲掐印判明死因

张飚速写

人物档案：张飚，46 岁，江苏省南京市公安局物证鉴定所法医，一级警督。
个性言语：如何看待生命，法医与寻常人的理解不完全相同。
第一印象：积极乐观，敏事敏言，从容坦诚。

父亲是技术工人，心灵手巧。当医生曾是父亲的梦想。

父亲替张飚申报了高校专业志向，待录取通知书到手，明明申报的是上海医科大学临床医学专业，怎么改成了法医？父亲一句话确定了儿子的未来："法医也是医生，去吧。"

危险暗伏

大学毕业，张飚被分配到南京市公安局刑警支队技术科。

南京距家乡苏州太仓不远。上大学之前，张飚曾去过这个城市，当警察，兴奋、激动。进单位报到，尚未发警服，张飚向同事借来一身警服，约同期分来的年轻同事骑自行车上街兜风，心里觉得好风光。

参加工作后，张飚眼见老同志做事认真、特别能吃苦，不管水塘多深，老同志将泡成"巨人观"的肿胀尸体拽上岸；不论下水道污水多熏鼻，老同志钻进去把遇害者碎尸块抠出来，那些率先垂范的身影给年轻张飚留下了深刻印象。

一次夜半时分，张飚与同事出警，勘验尸体后要将其抬入尸柜。死者是个大胖子，体重足有两百多斤。张飚与同事费尽气力，几次三番弄不妥，只好夜半外出，寻来一根扁担和一条绳索，两人全力将那大块头安放进尸柜。

单位有位法医，曾侥幸避过夺命险情。

这位法医在入夜时分前往一起非正常死亡发生的现场。死者倒伏在阁楼窗外的楼顶。经现场检验，他没有发现死者因暴力造成死亡的迹象。待次日细查，他在死者肩膀上发现一处电流斑，确定其身遭电击致死。可是，楼顶上哪来的电击呢？

他再去现场勘查，真吓了一大跳，"天哪，阁楼窗外近旁有条高压裸线！"

幸好当晚所有勘查人员都秉承传统做法，低身位勘查，若在楼顶直腰，夜里很难看清近旁横亘着一条致命的高压裸线。当这位法医把这番亲历讲给同事，大家惊骇不已。

避免错冤

冬日上午，一位上年纪的母亲去邻近儿子家看望，进门后看到儿子倒地身亡，血流满地。儿媳恰恰于前晚乘火车回了娘家。

接到报警,警方勘查现场,张飚看到,死者头上有钝器重击创伤,腕上手表被强大外力砸坏,表针停摆在 11 时 15 分。不难推断,死者在那一刻遭到攻击。

钝器到底是什么东西,钝器的哪个部位与被害者头部接触;究竟是作案人尾随被害人在进门处实施攻击,还是在室内开始攻击;被害人是躲避攻击被追打至客厅,还是进门即遭到攻击倒在客厅?

直到张飚在居室客厅墙内嵌入的配电箱电闸开关上发现了被害人血迹,夺命真相才一点点被模拟呈现——作案人预先埋伏家中,关闭电闸,候到被害人进家门即用钝器重击其头部,在黑暗中追打至客厅,被害人毙命后,嫌疑人打开电闸,清理现场,洗净手上血迹离开。

门锁及窗户没有撬动痕迹,什么人能预先藏身家中?

案件历时半月侦破,原来是被害人妻子雇凶杀夫,她提前乘火车回娘家,企图造成本人不在现场的证明。警方综合研判涉案线索和证据,擒获了两名行凶嫌疑人及指使行凶的被害人妻子。

一年轻孕妇被人勒死在家中床上,死者男友最初向警方陈述,他与女友没有正当职业,二人合谋做皮肉生意,女友卖淫,他望风,挣得钱款用以维持生活。出事当晚,女友约来一成年男子,高大壮实,他夜深时分入室。待此人匆匆离开,望风男友推门入室,却见女友惨死在床上。

张飚赶赴命案现场,勘查发现死者曾被人扼颈,嫌疑人怕被害人没死,继而用胸罩勒住其脖颈,胸罩勒痕下呈现有指甲掐印。

到底是外来嫖客入室害命,还是死者男友动手杀死女友?

尽管死者男友后来作出过有罪供述,承认用胸罩勒死女友,但张飚综合尸体的特征分析,死者死于被扼颈而非勒颈。他尤其注意到在此案前后,各发生一起以同样手段作案的案件。警方将这三起刑事案件串并研判后,擒获了连连作案的嫌疑人,终至案情真相大白。

法医鉴定要运用基础医学、法医学、临床医学和相关刑事科学技术及司法鉴定技术,其最终仰仗的是崇高的法治精神和人权意识。

"好法医不仅要具备深厚的专业知识和实践经验,更要非常细致地观察事物。"

张飚说到"非常细致"四字,特意放慢语速,加重了语气。

发表于 2016 年 3 月 4 日

二十四小时开机待命说走就走

庞涛速写

人物档案： 庞涛，42岁，四川省南充市公安局高坪区分局法医，二级警督。
个性言语： 法医做的是基础性工作，要耐得住寂寞。
第一印象： 秉性持重，不急不躁，眼镜度数深。

庞涛攻读医科，曾把未来事业的准星瞄准皮肤病领域。

父亲当兵十多年，家庭的影响让庞涛自小崇拜军人，却因视力不合格，未能如愿。天遂人愿，一次偶然的机会，让这个医科大学生毕业一年后迈入人民警察队列，穿起警服，可算是圆了儿时的梦。

疲惫不堪

"打到我手机来的，大都是出现场的命令，要去处理那些非死即伤的事。"

手机24小时开机待命，无论时间在夜半还是凌晨，无论人在小憩还是酣睡，出现案情，二话不说起身就走。且不说路途上江水湍急，也不管前方崖壁陡峭，更不论窗外雨打风吹，就算尸体腐烂如泥，尸臭熏天，法医都得近前俯身，动手勘验。

那年夏天，天气酷热，密闭房间里有具死亡数日的尸体，就算有过多次接触腐尸的经历，庞涛也不会忘记那次勘验的感受，"好多天，身上残留的气味都消不掉"。

一天夜半，庞涛出完一起命案现场跨进家门，打盆热水泡脚解解乏，饭都没来得及吃，手机响了，有警情。

一位乡村老太太被人杀死在家中，家中留一份遗书，原来是这家外孙女杀死外婆后写下遗书外出。警方依据遗书线索搜寻，几小时后在一水库里发现了外孙女的尸体并打捞上来。庞涛勘查完两具尸体，坐在尸体旁累得睡着了。

这样的情景到底有多少次，庞涛根本记不过来。很多时候，他刚匆匆迈进家门，还没来得及跟家人说上几句话，就接到命令又匆匆出发。

冬日，一位奶奶与4岁的小孙女徒步走上嘉陵江大桥人行便道，小孙女蹦蹦跳跳跑到奶奶前面，经过一中年男子面前，那男子突然抓住小女孩猛地举过头顶，将她抛下20多米高的大桥，小女孩瞬间沉入江中。几步外的奶奶对眼前突发的这一幕惊骇欲绝，而那男子竟也翻身越过桥栏，跳入江中。江边几个打鱼人看到这情景，一边忙着去救小女孩，一边忙着去救跳桥男子，以为那男子见义勇为，结果那男子得救了，小女孩却溺水身亡。

"那孩子很可爱。"

庞涛记得，小女孩梳着一条小辫子，穿着红色羽绒衣，仿佛睡着一样。她爸爸妈妈在殡仪馆手抚孩子，几次哭昏过去。庞涛也是做父亲的人，特别理解小女孩父母的悲怆。

鉴明案情

庞涛在从警一年半时遇到一起案情，恰恰只能由他独立判断。

一男人死在年久失修的破旧礼堂，那礼堂隶属某单位。据死者工作单位同事回忆，死者生前当晚被人追杀。死者家属也反映，他离家时告诉家人有人要抓他、杀他，他要躲到单位去。

庞涛走进礼堂，依现场痕迹分析，死者是从七八米高的礼堂顶棚上摔到地面的，尸体现场周围仅有他自己的脚印，没有其他人的脚印。对应死者坠落地面的位置，庞涛找来木梯，抵近观察礼堂顶部破损的窟窿，看到吊顶木架受力折断的茬口。后经解剖证实，死者颅内出血是因减速运动（坠落）形成，可排除头部遭受直接暴力打击。

庞涛判断死者自行钻入礼堂顶棚躲藏，意外踩塌吊顶木架，坠落时头触地面，导致伤重身亡，可排除被他人杀害的可能。死者家属经庞涛详尽解释，接受了这一鉴定意见。

村人报警，水田里发现一具老婆婆的尸体，死者距房屋仅十来米远，她生前遭人凶残砍杀，颜面难辨，头骨崩裂，脑浆迸出，身上留有多处刀伤。案发时，老婆婆的丈夫外出串门，死者家属认为作案嫌疑人图财害命。令人疑惑的是，家中摆设并没有被翻动的迹象，家中财物并无丢失。

庞涛到现场勘查，发现死者尸体系被人拖行至水田中，现场有大量血迹，而血迹有灶灰铺撒掩盖迹象。奇怪的是，灶灰并未将地上洒落的血迹遮蔽严实，有明显遗漏，这不符合嫌疑人为掩盖杀人行径精心打扫现场的心理和行为。

"残暴、欲盖弥彰、精神异常"，庞涛通知办案民警查询村里有无精神病人，民警得知邻近村庄里有个"武疯子"，年过半百，留着两个长辫子。庞涛与同事前往邻村找到"武疯子"，发现此人裤腿有清洗痕迹，庞涛在清洗过的裤腿褶缝中发现了淡淡血迹，在"武疯子"床下的鞋子的底部也找到淡淡血迹，均为死者血迹。庞涛从"武疯子"的指甲缝里提取到微量生物检材，也是死者身上的。

"只要死了人，法医就要断明到底是正常死亡，还是非正常死亡。"

庞涛的职责就在于，若涉罪嫌疑人杀人作案，必须尽可能地利用科学手段为办案民警提供侦查方向和线索，尽快侦破案情、缉拿犯罪嫌疑人。

发表于 2016 年 3 月 17 日

明鉴交通肇事父子"顶包"骗局

袁丽速写

人物档案：袁丽，女，44岁，法大法庭科学技术鉴定研究所主任法医师。
个性言语：对待每一次鉴定严谨细致，如履薄冰。
第一印象：长发披肩，秀美娴静，待人真诚。

袁丽小时候是个听话的乖乖女，但她稚嫩的心底潜藏着与生俱来的韧劲。乖乖女长大，像一粒随风远飘的草籽，从江西辗转千里降落北京，其履历犹如旧时北京城拉洋片匣子里的神秘场景转换——大学生、医生、学生警员、法院法医、大学教师、鉴定人、科研人员……

韧劲亦然

小时候生病去医院，袁丽最惧怕打针。

填报高考志愿时，袁丽没跟父母商量，待考分张榜，她自填专业志向没去成，却被调剂到临床医学专业。想着将来当个医生也不错，就这样，在父母陪同下，三人从江西老家九江乘火车到省会南昌，再转乘夕发朝至的长途汽车，历经8个多小时于清晨时分抵达赣南医学院。

读医学院临床专业，第一年上解剖课，福尔马林药味刺鼻，最初接触人体标本曾让她有过吃不下饭的体验。大学毕业，她被分配到北京一家隶属企业的医院工作。

转瞬7年，袁丽结婚、生子，却向往走进另一番天地。

机会降临，已经当了妈妈的袁丽考上中国人民公安大学法医遗传学硕士研究生，脱下白大褂，穿上学员警服，搭配灰色警用衬衣，对镜而视，心情蛮激动。完成三年学业，袁丽应北京市高级人民法院法医室之招，成为法院的一名工作人员。

司法鉴定制度改革，袁丽离开法院，来到法大法庭科学技术鉴定研究所。时光流转，袁丽锲而不舍地攻读，考上中国人民公安大学刑诉法法庭科学方向博士生，在结束三年学业之后，继而攻读四川大学法医专业博士后。

如今，袁丽已是法大法庭科学技术鉴定研究所主任法医师、中国政法大学证据科学研究院副教授、北京市司法鉴定业协会法医物证专业委员会委员，她不仅坚持为公检法等单位提供重要的法医学专业鉴定意见，还承担着多项课题研究以及教学工作。

袁丽话语不多，嗓音柔和，在办理DNA案件，尤其在应对疑难案件的检材时，她被业内人士公认具有很强的业务能力。

袁丽天性平和，从不认为自己多有天赋，谈及事业成就，她只说自己属于那种"比较踏实"的人。

如履薄冰

一起严重的交通事故发生后，肇事车辆损毁，主副驾驶座气囊爆出，肇事司机逃逸。

车祸发生当天下午，有人投案自首，自称肇事驾驶人。公安交管部门向法大法庭科学技术鉴定研究所提出鉴定请求后，案卷被递交到袁丽手上。

采集了自首人血样后，袁丽要将此人与肇事车辆遗留的生物检材进行同一性比对。然而，肇事车辆上遗留痕迹极少。袁丽与同事仔细查找，终于在主副驾驶座气囊上提取到肉眼难以发现的人体脱落细胞。

针对获取到的微量检材，她采用多种检验方法富集提取，相互印证，发现遗留在两个气囊上检测出的DNA同属一人，却与投案自首人的DNA不符。尽管如此，依据主副驾驶座气囊上检测出的DNA，能够确定肇事驾驶人与投案自首人具有亲缘关系。

警方最后查明，投案自首人是肇事驾驶人的儿子，儿子替父亲"顶包"，假象被拆穿。

袁丽在工作实践中，在申请上户口、出国证明、亲子关系证明、继承房产等申请的诸多鉴定中都遇到过造假、"调包"情形。

上海一位成年男子要求继承亡母房产，鉴定申请递到袁丽手上。

早年一名上海女知青下乡插队，与当地农村男青年未婚生下一男婴。女知青回城后与另一男性结婚生下一女。后来女知青病故，在城里留有房产。男婴长大成人，知生身母亲去世，提出继承生母财产一事，遭到生母婚生女儿坚决反对。

官司打到法院，法院要求原告出具非婚生关系的鉴定报告作为支持诉讼的理由，原告寻遍多家鉴定机构，由于鉴定难度极大，他提出的鉴定申请均遭到拒绝。

考虑到本案中原告外祖父健在，外祖母已经过世，袁丽接手案件后也感到棘手，但作为第一鉴定人，袁丽经过仔细追问家庭情况，获悉原告母亲还有两个妹妹和一个弟弟，她意识到案件有了转机，遂与第二鉴定人飞赴上海，对原告及与他血缘相关的亲属采血，针对所获得的全部DNA检材进行了缜密的检测。经过家系重建和复杂的统计学计算后，袁丽成功地推导出鉴定意见，为支持原告诉讼立案提供了有力证据。

鉴定工作，日复一日，袁丽并不讳言劳累辛苦。但她莞尔一笑，说在工作中也获得了乐趣，这乐趣恐怕是外人难以分享的。

发表于2016年3月26日

命案线索显现矿泉水瓶上

高巍速写

人物档案： 高巍，35 岁，北京市公安局海淀区分局刑侦支队，三级警督。
个性言语： 干我们这工作，认真细致是必须的。
第一印象： 短发圆脸，眉毛浓密，目光明澈，行事谨慎。

高中毕业前夕，父亲问儿子对未来有什么打算。

高巍本想学习理工或从事建筑业，父亲却建议儿子考北京警察学院。尽管高巍心里不太想当警察，还是顺从了父亲。在警院面试现场，考官简明介绍学院专业后，问高巍对哪个专业有兴趣。这个 18 岁的小伙子认定刑事侦查技术专业，算是给自己做了个主。

特紧张

警员制服、皮鞋、队列、口令、报数、纪律条例……虽然警院里还是课堂、操场、老师、学生，但这里的学习和生活迥异于高中校园。

在警院读书时，有侦查专业学生揶揄刑侦技术专业学生，说将来刑侦技术专业不如他们擒盗抓贼、建功立业显身手。被揶揄的学生反唇相讥，说若不靠刑侦技术，没有谁可擒盗抓贼、建功立业。课堂上，授课老师一番话，让高巍确信自己选对了人生之路。

老师凛然高声："学刑侦技术专业，将来改行干侦查工作比较容易；学侦查专业，将来若从事刑侦技术，那可要费老大的劲儿啦。"

刑侦技术专业上拍摄课程，人手发个相机操练，这可是炫耀的好时机。瞧那一帮同学，拿着相机满院子寻摸，拍楼、拍教室、拍树木、拍同学。当年相机拍照用胶卷，大家拍完就去暗房兑药水，冲洗放大。外专业同学纷纷求他们拍个人着装照，拿给家人留念。

"那时候都是黑白的，没有彩照"，高巍追忆往事，眼望远处。

高巍参加工作，第一次手持相机在现场执行拍摄任务，得知有人死在家里，家属把死者送到医院，这需要公安机关查看后开具死亡证明。

"我跟着师父、法医两个人去的。"

三名警察到医院去抬尸体做尸检，高巍从没做过这种事，心里犯嘀咕，上手抬死者时，师父看出他有些犯怵，说"你刚来，就抬脚吧"。三人将死者装入尸袋。

尸检时，法医翻开死者眼睑，让高巍持相机抵近拍照。尽管在学院专门学过拍摄，高巍却从没这么拍过，他心里十分紧张，生怕照不好，直到冲洗出照片送给师父看，师父只说了两个字"还成"。

听到这两个字,他心里悬着的那块大石头算是安安稳稳地落了地。

特高兴

初冬傍晚,一男青年被人扎中两刀,倒在路上。他受伤后被赶来的同事急送医院,却未能抢救回生命。

行凶嫌疑人是谁,为什么?

高巍带领同事来到案发现场,殒命男子倒地处仅有巴掌大的一滩血迹,眼看这条路上人来车往,就算嫌犯留有痕迹,也注定被一来二去过往的人和车辆干扰而无从查勘。

高巍凝神四顾,观察到距血迹五六米外有一个被人扔弃的矿泉水小瓶,近前拾起,发现这矿泉水瓶曾被人拧开盖子又拧上,估计喝过几口,瓶内尚存有大半瓶水。

警方搜集到的线索勾勒出案情轮廓:死者家住附近,30多岁,南方人,有朋友反映说死者生前有多个女伴,曾担心他早晚要出事。但警方找到相关女性一一询问,没有发现任何可疑之处。

有人称案发时看到路边有一男一女与人争执,对方倒地后,那对男女迅速离开,但这番话仅是被旁人听到转述给警方,警方没能直接找到目击者。

命案线索只剩下这个矿泉水瓶,谁敢保证这瓶子就是嫌疑人扔弃的?

没想到,矿泉水瓶上的DNA检测结果比中了一个人。警方巡查登门,三问两问,对方扛不住心理压力,坦白那天在路上与陌生人发生口角,因事发前心情不顺,遂掏刀猛刺,未曾料到致人死亡。

命案仅两天告破,若不是那个扔弃路边的矿泉水瓶,还真难说什么时候能破案。高巍心里特别高兴,独独享受着一份莫大的欣悦:"要说干这些年刑侦技术,认真细致是必须的。"

敢撂这句话,高巍这股底气从哪儿来?

最记得那次经受极限考验的办案:那一天,高巍自上午8点上班伊始,一直忙碌到次日上午9点多,连续出现场11个,在车上或路边摊扒拉几口饭,马不停蹄地办案奔波。

问他忙什么,他掰着手指一一数来:发生在老楼、平房、车库的溜门撬锁案;发生在工地的盗窃建材案;发生在夜半路边的强奸案……

高巍心里最敬重父亲,"我爸特别正直,做事特别特别认真"。已是结婚育子、当了父亲的高巍,越来越明白这个道理:父亲对他这个儿子做人与行事的养成,有着潜移默化的深刻影响。

发表于2016年4月7日

微小物证戳穿肇事驾驶人谎言

刘斌速写

人物档案：刘斌，45岁，法大法庭科学技术鉴定研究所副教授，痕迹、微量物证工程师。

个性言语：鉴定工作很神圣，可以说是维护司法公正的最后屏障。

第一印象：心守方寸，敏感自尊，淳朴善良。

很少有哪个孩子像少年刘斌那样，生活成长环境频繁变更——从村小学转入镇小学，又从镇小学转入县城小学。父母最放心的是，不论这孩子迈进哪所小学，他的学习成绩总是名列前茅。

时光荏苒，刘斌考大学、考研究生、考博士，直至完成两个博士后的研究工作。

往事如梭，刘斌感喟"人的命运很奇怪"。

执迷光学

微波、红外线、可见光、紫外线、X射线、γ射线……刘斌考入一所理工科大学，悉心攻读光学物理这门科学，最初入门懵懵懂懂，越学越觉得趣味无穷、入迷发奋。本科结业之际，他听从一位教授提出的建议，继续深造，考上本校研究生。

刘斌取得硕士学位，离开这所享有"中国光学英才摇篮"美誉的大学，前往某省公安厅刑事技术部门报到。父亲当过兵、转业到公安局，再调入检察院工作，怎么讲也是穿了一辈子制服的人。父亲的人格秉性对刘斌的成长影响很深，但刘斌却不是"制服控"，一心向往在研究领域的天地里拓展人生。

在省公安厅工作的日子里，刘斌跟随前辈学习痕迹技术、刑事照相技术，协助侦查人员解析刑事案件现场留下的疑难物证，为日后从事司法鉴定工作积累了重要的经验。

指纹，是指人类手指末端指腹上由凹凸的皮肤所形成的纹路，因其仅有150亿分之一的重复概率，故它有着"人体身份证"之称谓。侦查办案民警进入犯罪现场，遍查门窗、家具、器皿上遗留下的各种痕迹，指纹是能够确认嫌疑人的重要证据。倘若嫌疑人遗留的指纹微弱、模糊不清、有残缺，基层办案民警往往需要求助省厅刑事技术处专业人员支援。

如何运用激发光源照射技术让提取到的微弱指纹清晰显现，需要刘斌调动学识在破案实践中发力。"我很感谢那些工作经历。"

刘斌边工作边读书，考上中国科学院的博士生。为专心研究学问，他辞去公职，利用数年时间完成博士学业，并相继完成了两个博士后的研究工作后，调入法大法庭科学技术鉴定研究所从事司法鉴定工作。

真凭实据

夜深时分，一骑行人遭遇车祸，急送医院，不治身亡。

事故发生地停泊着一辆运货卡车，货车司机对前去处理事故的交警说，他驾车从逆方向过来，是对面来车撞倒了骑行人，他驾驶的货车没有与骑行人碰撞。

刘斌赶赴事故现场，对那辆"无辜货车"仔细勘察，发现货车前面板上有一处轻微凹陷，这处巴掌大的凹陷的位置高度与骑行人的身高相近。

刘斌取出放大镜，抵近轻微凹陷处窥看，发现有纵横印痕，这印痕类似编织物，他随即将骑行者裤子的编织纹路比对货车前面板轻微凹陷表面上遗留的印痕，纹路丝毫不差。

为做到证据充分，刘斌又与同事从骑行人裤子上剥离下微量油漆状物质带入实验室，操作电子显微镜和红外线光谱仪观察，证实骑行人裤子上的微量油漆状物质与货车前面板上的油漆具有同一性。在严谨的科学证据面前，货车司机的谎言无法帮他逃避肇事追责。

高速路上，一辆轿车突然失控，撞到护栏上翻车，一人从翻扣的轿车里爬出。待交警赶去勘察，发现另有一人被甩出车外当场死亡。交警询问"谁开的车？"，爬出轿车的人声称驾车人是那位身亡的同伴。

刘斌仔细观察轿车内部，副驾驶侧车门内饰板上嵌着类似衣物纤维的附着物。原来，事故发生时，坐在副驾驶位置上的人与车门内饰板剧烈接触，猛烈撞击瞬间产生的高温熔化了车门内饰板的塑料，其衣物纤维被融化的塑料粘住。

经过对比，被粘住的衣物纤维与死者衣物纤维一致，刘斌与同事为此作出痕迹和微量物证两份鉴定报告，锁定驾驶人是活着爬出轿车的那个人。

刘斌日常工作要应对大量交通事故鉴定申请。他相信专业精深、涉猎广泛是做好鉴定工作的基础，出色的交通事故鉴定人不仅要熟悉物理运动原理、力学分析、化学分析，还要熟悉各类车辆结构、形形色色的车与车、车与人碰撞案例，还要了解法医学相关知识，甚至 DNA 检测知识。

此外，刘斌心里坚守一条不可逾越的底线："干这一行，绝不能贪图钱财，破坏司法鉴定的公正性。"

发表于 2016 年 4 月 14 日

勘破命案异样血掌纹

赵民速写

人物档案：赵民，43岁，北京市公安局海淀区分局刑侦支队，二级警督。
个性言语：辨析指纹如同坐禅，要做到心无旁念。
第一印象：眉宇轩昂，秀慧内藏，朴实厚道，勤勉行事。

山里生，山里长。

赵民父母是地地道道的农民，为人特别善良。父亲样样农活能干，还会盘炕。在北方山村，这手艺可不是谁都拿得起的。父亲有兄弟姊妹7人，无一人读过书。赵家传至赵民这辈儿，家谱依序列为第17代。

赵民高中毕业，从学校领到北京市第一人民警察学校录取通知书，转身回到山村，父亲即领他去祖坟祭拜磕头。

坐禅思惟

指纹——人类手指末端指腹上凹凸皮肤形成的纹路，也称掌印。

指纹因其具有唯一性和终生不变性两大生物特征，被广泛应用于身份验证和识别，已有数百年历史。

赵民在警校攻读治安管理专业，毕业被分配到海淀区公安分局后，经多年刑事犯罪现场勘察，接触到大量入室盗窃案件。他用心钻研指纹识别技术，遍寻专业书籍，结合实践，积累了一线办案的丰厚经验。

"想掌握指纹识别技术，必须要3年以上，没看过500枚指纹，你拿捏不准。"

早在北京警方广泛应用计算机技术识别指纹之前，赵民仅凭肉眼，有过一年判明30余起入室盗窃案件嫌疑人指纹的不菲战绩。

当警察伊始，赵民被师父当头棒喝过。

那次出现场，嫌疑人钻窗入室，赵民在窗框上发现一枚指纹，但勘查未能取得突破。时隔半年，警方在曾经的发案地附近抓获一盗窃嫌疑人，此人死扛不吐。赵民为辨识此嫌疑人一枚残缺指纹，足足用了5个小时，最终精准地把握住指纹特征，不仅确认这名嫌疑人作案犯罪，还比中此嫌疑人半年前做过的那起案件。

赵民喜形于色，当他知晓有市局同行对本地段先后发生的多起入室盗窃案进行指纹勘查后，成功比对出另两起案件时，内心十分自责：这可是自己辨识过的案件，怎么就没看得更清楚呢？师父冲赵民撂下一句话，"我也不多说你，干什么事，脑瓜多转转"。

赵民自小讲脸面、特自尊、脸皮薄，长大后执着一念，"除非自己智商达不到，做事必尽力而为"。这一回，赵民好一阵内疚、悔恨。自此，他咬定一个信念：到现场看仔细、看踏实，绝不忙着离开。

罪犯入室行窃，无外乎扒窗或撬门，他们在犯罪现场遗留下的种种痕迹，尤其是指纹，会成为警方确定侦查方向、展开缉捕的重要线索和依据。

赵民自悟，识别指纹如坐禅，息虑凝心，究明心性，修定发慧，莫有懈怠。

缺指掌纹

大杂院里发生一起凶杀命案，案发现场位于院内南房，那是两间不大的平房。

赵民进院入屋，见满地鲜血。一中年妇女丧命家中，已被送往殡仪馆。死者丈夫拒不承认杀妻，警方最初怀疑命案凶手或为二人。

居室房门内侧醒目地呈现着一团血印，这是一只手掌印迹，血印成片、血迹很厚。令人不解的是，明明是一只右手掌形的血印，偏偏没有拇指和食指纹迹，这门上的血掌纹与死者丈夫的掌印对不上，且未发现死者丈夫双手沾有血迹。

赵民盯着门上的血掌纹，脑海里冒出一个又一个问号：这血掌纹到底是被害者留下的，还是凶手留下的，到底是什么人在什么情形下用力印到门上的？

赵民细究，屋内足迹显示死者被害前向屋外逃离，嫌疑人追过去。对应门上血掌纹，门下留有被害者足迹，依体位判断，那血掌纹应是死者推门欲逃留下的，但为何留下如此怪异的血掌纹呢？

赵民陡生一念，何不看看死者右手呢？他驾车赶往殡仪馆，请工作人员拉出尸匣。他第一眼就看到死者右手缺了拇指和食指，伤口显然是刀伤。不难推测，死者生前右手被利刃砍掉拇指和食指后，她用右手推门以便逃命，将此异样右手血掌纹印在屋门上……

警方查明，丈夫因怀疑妻子有外遇，遂生杀人报复之心，尽管此人杀妻后做了种种伪装与警方周旋，最终不得不在铁证面前低头认罪。

科学发展推动指纹识别技术越来越精深，如何解决指纹污损、伤疤、断裂以及特征丢失过多和非线性形变等问题，有诸多难关需要攻克。

"子曰：'知之者不如好之者，好之者不如乐之者。'"

赵民酷爱读书，犹爱专业科技、古代圣贤及历史典籍，他引用孔子在《论语·雍也篇第六》中所述，作为勉励自己的格言。

发表于 2016 年 4 月 23 日

与患病服刑罪犯较量心智

冯雪梅速写

人物档案：冯雪梅，女，36岁，北京市新康监狱三分监区分监区长，三级警督。
个性言语：珍惜眼前的一切。
第一印象：容貌俊秀，眼神明澈，身姿挺拔，气质沉稳。

6岁女儿按照老师舞蹈课上的要求，回家一遍遍练习翻筋斗，冯雪梅在旁协助。宝贝丫头一边哇哇哭着，一边反复做个不停，拒绝妈妈劝阻。

"这么小，就这么拧"，冯雪梅心疼女儿，却忆起自己小时候练踢毽儿。眼前情景让这位年轻母亲诧异，自己儿时那股不罢休的倔强心气怎么移到小小女儿的身上。

监狱药师

冯雪梅考入首都医科大学，申报的是药学专业，这动机可溯及年幼时对医院药房的好奇：

踮脚从不大的窗口望进去，见穿白大褂的叔叔、阿姨接过单子走向身后一排排大柜架，从架格或柜上小抽屉里取出一盒盒、一瓶瓶药片和药剂。如同早年小孩子迷恋公交车售票员从木制小票板上撕下一张张车票一样，儿时对药房的着迷成为潜藏冯雪梅心底的一个小秘密。

真正坐在大学教室里聆听药剂学、药理学、药物化学、药物分析课程，完全不同于小时候对药房那番充满稚气的童话景象，而是颇具难度的攻读历程——化学元素、分子式以及复杂计算——学生们要掌握和洞悉药物用于人体生理生化效应和毒副反应以及构效关系。

举凡考试，冯雪梅和她的同学没有谁觉得能够轻松过关，必须勤勉苦学。毕业前夕，冯雪梅想到为将来找工作多一份保障，就参加了公务员考试并顺利过关。毕业时，她申报北京市监狱管理局医疗工作岗位，前往天河监狱医院报到。在这所监狱医院的药房里开始了她的药剂师生涯。

刚到单位时，有三位年长的医院药房同事带着冯雪梅熟悉工作。那三位同事或退休或调走陆续离开后，冯雪梅独自一人管理药房长达五六年之久。

天河监狱每年承担收押、遣送数千名罪犯的任务，医院每年要进三四百种药品。冯雪梅的工作是核查每种药品的名称、批号、零售价、进价，登记药品入库、出库的数量和日期，每天统计并核对医生处方用药。这项工作相当繁琐，需要细致用心方可万无一失。

有一次，冯雪梅感冒发烧，在窗口发完药，回想发药细节陡然一惊，赶紧追出，果然发错了药："一种是治糖尿病的药，叫消渴丸；一种是治牛皮癣的药，叫消银片，第一个字都是'消'，真不知道我为什么一下子心就提到了嗓子眼儿。"

回想当年那瞬间，冯雪梅很庆幸，在监狱药房工作的11年里，除这一次有惊无险之外，没有发生任何发错药的事故。

监管病犯

上级领导向冯雪梅征求意见，准备调任她到新康监狱任职。

"我几天几夜没睡好觉。"

让冯雪梅焦虑的是，那不就要离开自己干了这么多年的专业吗？这些年虽然耳闻目睹监狱的管理工作，但毕竟没有亲身参与，更不要说任职分监区长。这岗位不仅要熟悉管理罪犯的各项制度和工作流程，还要对属下每个干警负责。

新康监狱是一所专门收治患病罪犯的监狱，三分监区监管着女性病犯，这些罪犯中有犯杀人罪、诈骗罪的；有被判处死刑缓期执行、无期徒刑的，也有被判处数年有期徒刑的。

记得任职第一天，冯雪梅到新康监狱三分监区监控室，与即将一同工作的9名女干警见面，"她们年龄都比我大，互相之间完全陌生，从来没见过"。

冯雪梅表面镇静，心里有些虚。凭着坚韧个性和多年养成的细致专注的工作习惯，冯雪梅开始悉心了解监管制度、工作流程、岗位要求，她早来晚走，一心想着如何尽快全面熟悉工作。

一罪犯经治疗后病情好转，却天天不明原因地发烧，医生没查出原因。冯雪梅与同事在监控中发现，该罪犯利用监狱固定时间测量体温，提前把热水杯藏进被单，上床后用被单盖住胸部，在测体温前将热水杯夹在腋下，待试体温表时再悄悄移走热水杯，腋下温度测量时总会高出正常体温。

"我的专业并没废弃"，冯雪梅笑着说。

换新的工作岗位之前，冯雪梅跟药品打交道相对较多，来新单位后，鉴别罪犯是否伪病，她发现自己曾拥有的药学专业底子很有用武之地。若罪犯治病用药后声称身体不舒服，冯雪梅依据药理和药效，总能在第一时间判明对方是谎称不适还是真有不适。

冯雪梅说她珍惜眼前的一切——珍惜与同事结下的工作情谊，珍惜父母的关爱，珍惜丈夫的理解和支持，更珍惜女儿成长中的点点滴滴——因为她曾经三上手术台，有过对生命价值的深思，特别珍爱宝贵的生命。

发表于2016年4月29日

识破摹仿笔迹伪造者签名之诈

胡祖平速写

人物档案：胡祖平，54岁，浙江汉博司法鉴定中心首席顾问、文件检验专家。
个性言语：司法鉴定人必须心存善念，敬畏法律，绝不能有半点马虎。
第一印象：性格豪爽，精力旺盛，目光炯炯，嗓音洪亮。

参军入伍仅半年，18岁的浙江小伙子胡祖平凭借南京军区文化考试第一名的佳绩，被保荐至上海第二军医大学临床医学专业就读。学成毕业，他走进安徽合肥一家部队医院任外科医生。

最记得那次主刀颅脑手术，他上班伊始即进入手术室，连续十多个小时专注操作，直至子夜时分。手术成功，但这位年轻的外科医生累得几近晕厥。

医生"涅槃"

人生命运不可预知。

若一直在部队医院做外科医生干到退休，胡祖平的人生轨迹可谓一条直线，不会有多少周折。出于对工作大环境变化及个人准备成婚等因素的考虑，胡祖平遵从父母意愿，退役回到家乡嵊县。时逢法院系统拓展工作范围，急需法医人才，这名从安徽返乡的年轻军医似从天而降，成为家乡基层法院可遇不可求的不二人选。

医生与法医都有个"医"字，但专业内容迥然有异。法医勘验伤残、查验非正常死亡尸体，胡祖平穿白褂坐诊问病、施行手术的生涯瞬间成为历史。

接下来的人生动荡更加剧烈——结婚成家、调动工作，胡祖平与医学专业知识和实践分道扬镳。及至调入浙江省高级人民法院之前，有负责人找他谈话，说院里法医人数饱和，问他是否愿意从事文件检验工作。

胡祖平明白，迈进这道命运门槛，将完全割断曾经苦读苦干的专业积累，一切将从头开始。没有更多选择余地的他，忍下内心深藏的纠结痛苦，果敢向前。

胡祖平七八岁从师习武，小小年纪闻鸡起舞、抻筋劈腿、站桩蹲步，嫩嫩小手戳细沙、戳粗沙，每每倒立时闭目屏息、睁眼目睹颠倒的世界，令这少年心中泛起新奇的惬意。历经近十年习武不辍，胡祖平在强身健体的同时，内心积聚起强大的意志力。

胡祖平走进浙江省高院，苦学文检技能，赴京参加公安部和最高人民法院联办的培训班；一次次远赴辽宁沈阳，参加中国刑事警察学院举办的培训班；拜杭州"文检师父"学习，他犹如上紧发条的机器，拿出习武学医的毅力和智慧，开足马力，边干边学。

明鉴真伪

"入门很容易，越做越觉得深奥艰难。"

最初接触文件检验工作，胡祖平以为这不过是通过对比来确定可疑文件的真实性。事实上，文件检验是一门技术科学，它需要运用语言学、文字学、生理学、心理学、物理化学及其他相关科学学科的理论和方法，对诉讼所涉可疑文书物证展开分析、鉴别。训练有素、经验丰富的文检专家在识别笔迹时能从中析辨出写字人的体位、情绪以及健康状态，鉴明写字者独特的书写特点和方式，而这些往往成为识别笔迹真伪的关键所在。

浙江一家银行与某人发生金融借款纠纷，遂将对方诉至法庭，案情涉及一份保证函签名。被告拒不承认签名是他本人书写，法院委托两位专家进行鉴定，两位专家认为签名是其本人书写，但复核负责人出于审慎的考虑，启动专家集体复核程序，对笔迹疑点反复勘验。

胡祖平记得，在主持会检过程中，他与多位专家将签名字体置于显微镜下逐字逐笔细究，认定签名"笔迹形快实慢，笔画较多部位存在弯曲抖动的'毛刺'迹象"，从而明确签名系他人摹仿形成，且摹仿人书写水平极高，几乎达到以假乱真的程度。

在另一起民间借贷纠纷案件中，浙江一家法院委托浙江汉博司法鉴定中心进行鉴定。这时，在浙江省高院从事文检工作20多年的胡祖平已退休，出任了该司法鉴定中心专家，继续他倾心的文检事业。

案情显示，原告与被告签署了14份借款合同保证书，法院提出的鉴定要求：14份借款合同保证书上的签字是否为同一时间签署，被告在14份借款合同保证书上的印章和印文是否为同一时间盖印？

"这14份检材涉及金额高达700余万元"，胡祖平说，其印章和印文真假直接关联到借款协议中的约定对被告是否有约束力，更关系到双方是否存在借款关系以及高额利息的约定。

尽管这起鉴定面临检材数量多、被告公司负责人逃逸等困难，但胡祖平带领着专家团队，根据笔痕特征检验法及印章印文阶段性特征法及时提供了鉴定意见，给法院公正审理和判决提供了扎实的科学证据。

明鉴真伪是文检人的任务，文检工作承载着胡祖平对公平、正义的理解与追求，有人说他是梦想的追求者。胡祖平说："其实，我更愿意做梦想的坚守者。"

发表于2016年5月6日

我为被遗弃子女鉴定亲缘

陈芳速写

人物档案： 陈芳，女，32岁，浙江汉博司法鉴定中心主检法医师。
个性言语： 作出自己人生选择的决定，我不会轻易后悔。
第一印象： 天性爱美，开朗活泼，笑靥甜美，内心坚韧。

"21世纪是生物科学的世纪。"

中学老师在生物课堂上讲的这句话，奠定了一个小女生对未来理想的执着追求。高中毕业，陈芳在妈妈陪伴下从湖北黄石老家乘火车前往浙江。遥遥900多公里路途，母女俩买硬座车票熬坐19小时，来到小女生憧憬的美丽城市——杭州——步入浙江中医药大学报到。

生命神秘

陈芳出生在一个山清水秀的山村，自小爱凝视一片绿叶、一朵山花，自打读书知晓有个叫"人间天堂"的地方，知晓那里有西湖、雷峰塔，便一心想去那里美美地读书。

"我学的是生物科学，很神秘"，陈芳笑得灿烂。

生物科学亦称生命科学，核心课程有动物生物学、植物生物学、微生物学、生物化学、遗传学、细胞生物学、分子生物学等学科。尽管陈芳在专业学习过程中要攻读无机及分析化学、有机化学、数学、物理学等看似抽象枯燥的学科，但这个要强好胜的小女生始终理想坚定、钟爱自己选择的人生之路。

大学毕业，陈芳屡屡"跳槽"，先进入一家生物研究所做基因检测技术员，随后转入一家司法鉴定所，继而转入浙江大学司法鉴定中心，又转身至浙江汉博司法鉴定中心。

"也许我是个劳碌命吧"，陈芳笑着解释，每每自己动念调换工作，必有来自心底的焦虑，但只要内心认可，付出多大辛劳也无怨无悔，最怕"工作时人像废掉一样没有方向"。

回忆在司法鉴定所做亲子鉴定的经历，那是陈芳最"拼"的一段日子：

蚕基因组测序与亲子鉴定在操作仪器上有诸多相通之处，但毕竟本质不同。初入司法鉴定所，陈芳承担了亲子鉴定的创建工作，没有师傅传授，没有专业积累，面对检测台上那台陌生的仪器，她四处请教专家，捧着300多页的英文使用说明书，不分昼夜地逐字译读并对应仪器操作，终于在尽可能短的时间内熟悉了仪器操控。

转入浙江大学司法鉴定中心工作，陈芳在院校特有的学术氛围中完成了中级职称评定。当又一个新的人生机遇呈现眼前时，陈芳没有犹豫，转入浙江汉博司法鉴定中心从事 DNA 亲子鉴定工作，并出任了法医物证室负责人。

工作神圣

DNA 亲子鉴定举凡 DNA 提取、PCR 扩增、后 PCR 反应、毛细管测序仪检测、分析数据、出具报告诸多步骤，其过程单调、繁复、琐碎却又不容一丝马虎。

陈芳不厌不烦，因为她经历了非同寻常的心灵震撼：

4 年前，24 岁的小伙子江建在全国第八届残疾人运动会射箭项目夺得金牌。庆功会上，他谈到自己愿意用金牌换回爸爸妈妈，随后在微博上公布"寻亲启事"。

江建未及两岁被遗弃在杭州火车站，这个患有小儿麻痹症的幼儿身边留有一张字条和一块玉佩，一位老人抱起这个幼儿，将他送到孤儿院……

残运会冠军渴望找到亲生父母的消息经媒体报道后，激起社会各方关注。不久，一对来自温州的夫妇赶赴杭州，声称他们是江建的亲生父母。那一天下午，江建与来自温州的夫妇走进陈芳任职的司法鉴定所进行亲子鉴定。

"这个亲子鉴定是我做的"，陈芳宣告鉴定结果时，目睹江建抽泣不停，小伙子身体不由自主地颤抖着，亲生父母哽咽无语，一直握住儿子的手不停地抚摸着……

时隔 3 年，温州女孩陈月静患病寻亲一事经中央电视台《朝闻天下》和《新闻直播间》及各地媒体连续追踪报道，引发社会公众极大关注。

20 年前，陈月静被遗弃在温州一户人家的门前，这家人含辛茹苦将她养大。20 年后，她经医院确诊身患晚期尿毒症。养母执意要将自己的肾脏捐给女儿，陈月静却说："妈妈对我有养育之恩，这份恩情我已经回报不了，我不会接受的。"

陈月静找到亲生母亲的消息经央视新闻节目报道后迅速传开。不久，陈月静与一名中年妇女走进鉴定中心。在央视现场报道镜头中，身穿白大褂的陈芳仅现身几秒钟，但陈芳的记忆却永久留存着当时那分分秒秒的情景：

中年女士听到鉴定结果支持她与陈月静之间存在亲生血缘关系时，她颤抖着一把搂过陈月静，二人相拥，痛哭失声。此后，中年女士一再说"我愿意，我愿意给她一个肾！"

陈芳把工作体验和感悟写在纸上："……这让我懂得为什么有那么多的司法鉴定人在坚持，更懂得司法鉴定事业的伟大。"

发表于 2016 年 5 月 12 日

揣摩犯罪心理寻找破案线索

吴哲能速写

人物档案：吴哲能，40岁，浙江省杭州市公安局江干分局刑侦大队，二级警督。
个性言语：没有平白无故得来的成功，点滴进步离不开汗水。
第一印象：思维清晰，动作敏捷，军人风范，行事果断。

橘树果青涩，孩童树下过，眼馋攀树摘，嘴角泛酸沫。

9岁的吴哲能领着弟弟走进家门，被父亲闻出了橘味儿，小哥俩被父亲狠狠揍了一顿屁板儿。父亲流泪说，他知道小孩子嘴馋，但"别人的东西再好，做人不能这样"。

第二年，父亲运来一车车橘苗，栽满一亩地橘树。

海警法医

吴哲能五六岁时，父亲请来武功厉害的老头儿传授功夫。吴哲能自小练功吃苦，打千层纸、劈砖，在同龄人中很有名气。

父亲认为学医更好，坚持不允儿子报考公安警校。吴哲能迈入温州医科大学院门攻读临床医学。大学毕业前夕，浙江公安边防总队去大学挑人，注意到在校园操场上练拳跑步的吴哲能，阅档得知这是个学生党员，又知他习武近十年，总队立马批准录取了这个小伙子。

"那天风浪有点大，全船数十号人只有3个人没吐，我是其中之一。"

记得那次海上110接到报警，称有艘渔船在海上发生流血斗殴案件。海警巡逻艇艰难航行6个多小时才抵近出事渔船，在全艇30多名海警中，没有晕船呕吐的只有3人，吴哲能是其中之一。

夜深时分，云层遮月，海面漆黑。吴哲能与两名海警在风浪中登上渔船询问案情经过，原来船上两人吵架，其中一人抄起太平斧抡向对方头部，受害者脑浆迸裂，霎时鲜血飞溅。伤人者随后失踪，同船人估计他跳了海。

吴哲能从警11年，参加过缉捕海上抢劫刑事案犯罪嫌疑人的行动。那次，一伙伪装成渔船的驾船匪盗出没海上，故意制造船体剐蹭，遂持长刀棍棒呼啸跳帮，上船抢夺钱财，变卖受害渔船捕捞的高档海鲜，吴哲能与战友闻警出动……

为更加准确公正地执法，海警支队领导送吴哲能去西安交通大学法医系学习。拥有临床医学专业底子的吴哲能学成后取得了法医资格。退役时，吴哲能本想着去卫生部门工作，却阴差阳错地被公安局"夺"去。回想当年高考报考警校志愿未成，吴哲能笑笑，调侃自己算是遂了年少时的心愿。

破案如神

转业之初，日子不太好过。

且不说36岁这档年纪，营职干部吴哲能进公安局当了个"大头兵"，跟年长一岁的刑警队"师父"学习刑事侦查痕迹技术，自己积累多年的医疗专业底子、法医实践，恐怕用不上了。

吴哲能寻思只有一搏，他调动全部智慧积累和强大的内心定力，边学边干，边干边学。半年后，悉心苦学的他可以独立办案了。几年来，这位半路出家的刑警摸索出一套揣测嫌疑人作案心理从而获取破案有利线索的方法，屡破刑事案件，其中不乏疑难要案，从而自信满满。

一间简易出租房发生盗窃案，受害人回屋时遭遇嫌疑人行窃，嫌疑人逃跑时打伤受害人。案发后，现场痕迹混杂，嫌疑人的痕迹难以辨别，吴哲能不得不另觅途径。

嫌疑人撬窗钻入厨房，发现厨房通往居室的屋门从里面锁住，他抄起厨房放置的菜刀撬门入室。依吴哲能分析，嫌疑人发现门被锁住，应该有片刻思考，关键在于"嫌疑人思考时站在哪里"。

据此，吴哲能试着辨认嫌疑人可能站立的体位处，竟然有了新发现。原来，嫌疑人背靠墙壁思考如何撬门时，其左手手心抚墙留下了他的清晰掌纹。案件很快水落石出，掌纹比对出作案嫌疑人，他是个有前科的惯犯。

一辆高级轿车停在路边，驾驶员匆忙下车，未锁车走进路边一扇门。几分钟后，驾驶员返回车内，驾车离开。3天后，驾驶员发现车内副驾驶座位前仪表台下"手套箱"里搁着的数千元人民币和一把高级轿车钥匙失窃，仔细回想，应是3天前匆忙下车取物未锁车招致。

警方接到报警，吴哲能勘查车内车外，几乎找不到任何可疑痕迹。如此案情让警方十分为难。吴哲能分析案情，认为嫌疑人即时起意，趁驾驶员下车短暂瞬间下手，但下手时一定很紧张，因为他知道驾驶员不锁车必定很快返回，嫌疑人慌张摸索"手套箱"触钮，可能会留下痕迹。

果然，嫌疑人不熟悉受害人轿车"手套箱"的触钮位置，恰恰由于触钮位置较隐蔽，他在胡乱摸索时留下了清晰指纹，警方据判定仅仅两小时后擒获了嫌疑人。

吴哲能何以神速勘出破案线索，同事们颇感神奇。若问吴哲能破案有什么秘笈，人家回答："勘查犯罪现场要运用犯罪心理学，因为心理决定动作，现场就可能会留下痕迹，成为破案线索。"

发表于2016年5月19日

司法鉴定人冷静直面死伤悲情

陈建红速写

人物档案： 陈建红，31岁，浙江汉博司法鉴定中心主检法医师。
个性言语： 珍惜当下，快乐健康最重要。
第一印象： 容貌秀美，神情端庄，仁慈心善，温婉待人。

"初中毕业时，我不想再读下去了。"

陈建红自幼身世凄苦，宁愿独守那份仅属于内心的苦楚，也绝不轻易吐露。若不是初中一位老师竭力劝说这个聪明的女孩子改变主意，并拿出自己的部分薪水支持她读完高中；若不是亲叔叔的女儿一次次将打工挣来的血汗钱交给这位表姐，让她得以顺利完成大学学业，陈建红的身影哪会出现在美丽杭州的主检法医师行列中。每每念及往事，陈建红眼里总要泛起泪花。

理赔依据

一场无端报复社会的人为灾难发生在浙江杭州。

一辆载有80余名乘客的公交车被人纵火点燃，公交车被彻底焚毁，车中共有33名乘客受到不同程度的烧伤，放火嫌疑人也被烧成重伤，伤者医疗费用高达1300万元之多。

浙江省、杭州市卫生部门紧急求助，国内多位著名烧伤科专家抵达杭州，对危重伤者进行会诊，指导医院医生救治。杭州市司法局多次召开伤员鉴定理赔会议，决定委托杭州市几家司法鉴定机构对这起公交纵火案的伤者进行伤残等级鉴定。浙江汉博司法鉴定中心按市司法局的要求承担起对多名伤员伤残等级进行鉴定的任务。

公交纵火案中受伤最严重的一位女性伤者躺在床上，她面目全非，浑身包扎着弹性绷带。

陈建红走进这名伤者居住的出租屋检验伤情，伤者头部毛发间瘢痕散布，左右耳廓畸形，面部仅额部见少量点片状正常皮肤，右眼上下睑被瘢痕粘连，颈部瘢痕挛缩致颈部活动受限。她被烧伤的瘢痕面积达体表面积的94.5%，全身瘢痕形成，四肢大关节因瘢痕收缩而强直，活动功能完全丧失。

伤者向陈建红讲述了灾难发生瞬间的情景：

那天，在公交车上，她站在一名身穿浅色汗衫、脚穿平拖鞋的男人身旁，公交车行驶期间，这个男人从座位下拖出一个双肩背包，取出包中液体倒在车内地板上，随即用打火机点燃，火团瞬间爆燃。她想逃离车厢，但那个点火男人死拽着她不放……

陈建红联系多名鉴定专家对这名伤者进行会诊，查阅国内大量相关资料，直至完成对这名伤者作出"一级伤残，完全护理依赖"的鉴定意见，为她获得保险理赔提供了合理的科学依据。

因果关系

一名8岁小女孩在练习舞蹈跪地下腰动作时，小手撑不住身体，摔倒在地，她告诉大人说自己"肚子疼"。舞蹈老师和父母带小女孩去医院就诊，医院临床诊断为胸脊髓横断性损伤。

心急如焚的父母带着受伤小女孩奔波于全国多家知名医院求治，均无明显效果，继而辗转多家司法鉴定机构求助，未能获得鉴定机构的承诺。

一家法院受理小女孩家人提起的诉讼后，委托浙江汉博司法鉴定中心针对小女孩身体状况与外伤是否具有因果关系进行鉴定。当小女孩坐在轮椅上被父母推进浙江汉博司法鉴定中心检查室时，陈建红看到小女孩失神的眼睛里充满着与这样的花季年龄完全不符的忧郁。

据小女孩父母介绍，小女孩受伤后一直大小便失禁，日常生活全靠他人帮助。陈建红进行体格检查后发现，小女孩脐上3.5cm以下感觉消失，腹壁试验消失，双下肢肌肉萎缩，肌力0级，双下肢完全无知觉。

陈建红清楚，在损伤鉴定实践中，儿童无骨折脱位型脊髓损伤常见，但因日常训练导致的儿童无骨折脱位型胸段脊髓损伤较为少见。

事实上，鉴定人的同情心不能影响科学鉴定工作，鉴定意见的客观真实性不容许掺杂任何情感因素。经过审阅委托材料及仔细体检，陈建红在作出综合分析时认为小女孩所受到的损伤属于无骨折脱位型脊髓损伤，此种损伤与儿童脊柱的解剖特点有关。由此作出的鉴定意见认为：从外伤原因、外伤机制、损伤后出现的临床表现、相关检验及影像学检查等方面综合分析，其损伤与外伤具有因果关系，外伤参与度为100%。

"法院采纳了我们的鉴定意见。"

陈建红依据这一案例再结合同类另一案例查阅相关专业论著后，与人合作写出《下腰训练致儿童无骨折脱位型胸脊髓损伤因果关系鉴定》的论文，这篇论文被《中国司法鉴定》录用。

陈建红就读法医专业解剖课时，参与过对人体颅腔、胸腔、腹腔的开验，实习期间去公安局跟老法医赶赴命案现场勘验过尸体，做司法鉴定即对申请人伤情着手勘验，这样的学习和工作事涉他人生死伤残，不由得令她深深思索人生的意义。

"珍惜当下，快乐健康最重要"，这是陈建红个人笃信的理念。

发表于 2016 年 5 月 27 日

荣誉属于和我一起战斗过的人

阮立波速写

人物档案：阮立波，39岁，四川省成都市公安局青羊分局刑警大队，二级警督。
个性言语：功力不足、努力不够就破不了案子。
第一印象：中等身材，筋骨结实，不畏艰辛，果敢勇猛。

夜半时分，医院重症监护室。

心脏监护仪屏幕上的光波有规律地跃动着，阮立波因颅脑损伤、双肺挫伤、颅骨骨折、头皮裂伤、失血性休克，无知无觉地躺在病床上，他不知道医院当夜两次下达病危通知书，不知道重症监护室外守候的父母和战友有多么焦急。

昏迷五天

失去意识前，阮立波记得那整整一天里发生的所有事情。那天，在派出所担任副所长的他本不该值班。有报警电话打来，声称有人欠钱不还，随后有四五个人绑着一个小伙子来到派出所。被绑的小伙子显然受到惊吓，一直在哭。

阮立波赶到派出所，一边听报警人描述事情原委，一边推测眼前那四五个所谓"受害人"可能涉嫌非法拘禁罪。果然，调查事实证明，把人绑到派出所问罪的那伙人的确涉罪，阮立波这一天忙着处置这一涉罪案件。

当晚10点多，派出所接到报警电话，说一住宅小区某住房里有人高声喧哗、音响扰民，怀疑有人聚众吸毒。阮立波知道，报警反映的那间住户已不是第一次发生这样的事情，他曾经带民警去查处过，难道他们又来折腾了？

阮立波不是那种身高体壮、肌肉发达、让人一眼看去有几分发怵的猛男，反倒像一位年轻学者，话语轻声，风度翩翩。然而，眼前这位年轻人在抓捕犯罪嫌疑人时，却是一名奋勇当先的骁将。

阮立波带领几名民警前去察看，那是住宅小区一楼的一家住房，房门紧锁，屋门外有防盗门，门上安装着监控镜头，窗帘紧闭。屋内的人正"嗨"得起劲，"闹麻了"。

阮立波观察发现，住户卫生间窗户敞开着一道细缝，但窗前有一口黑黑的管道井。他找来一根长竹片，试图拨开那扇虚掩的小窗，没想到用力拨挑时，长竹片突然折掉，失去重心的他一头跌至黑黑的管道井中……事后得知，那管道井直上直下，立高达9米。

阮立波的战友与前来支援的特警冲进屋中，一举抓获3名涉枪、涉毒嫌疑人，现场查获仿制式手枪1支、钢珠手枪2支，收缴疑似毒品的白色粉末760余克、自制吸毒工具两套。

阮立波从昏迷醒来，听亲友说自己的母亲在守候昏迷不醒的儿子时失声哭泣。

倒地抱滚

为照顾阮立波的身体，青羊分局党委将他的工作岗位从派出所调换到分局刑警大队。

负伤未及一年，阮立波负责辖区内有一住宅小区发生一起入室盗窃案，被害人家中有相机、手表、房产证以及大量钱币被盗，被盗现场经勘查未发现任何有价值的撬盗痕迹物证。

面对种种困难，阮立波和战友确定了"从外围入手"的侦破思路，经过艰辛缜密的不断排查和分析研判，终于发现作案嫌疑人驾驶的车辆并确定其作案后的逃离轨迹。历经数月走访调查、细致摸排，阮立波和战友完全掌握了作案人的行动规律，作案嫌疑人是一男一女，到处流窜作案，可谓"雌雄大盗"，二人相互配合，采取技术开锁手段入室盗窃。

收网时刻降临，埋伏在地下车库的办案民警准备动手。

嫌疑男子先从地下车库电梯门走出，前往近旁的一辆轿车，嫌疑女子随后出来，二人相隔七八米。抓捕命令发出，阮立波率先冲向已经打开车门的男子，将已经坐进驾驶室半个身子的男子拖出来，那男子也不示弱，扭打较力，二人在地面翻滚……

警方起获了这对嫌疑人作案总价值约60余万元的赃款赃物之后，阮立波才去医院再次理疗。这些年来，阮立波与战友侦破"五进宫"嫌疑人入室盗窃30余万元的盗窃大案，侦破"内外勾结"团伙盗窃价值10余万元洋酒案，侦破10余起手机关联银行卡诈骗案。

去年，四川省成都市举办首届"成都榜样·最美警察"评选，阮立波荣膺2015年度"十佳民警"称号。这位骁勇无畏的年轻警察对此有句真诚的自白："重要的不是我有多优秀，而是我身处在一个优秀的团队中；重要的不是谁认识我，而是谁和我一起战斗过。"

发表于 2016 年 6 月 18 日

从不对父母讲抓捕毒贩的经过

王鑫速写

人物档案： 王鑫，34岁，四川省成都市公安局禁毒支队，一级警司。
个性言语： 应对突发案情要果断，机会瞬间而逝，要有清晰思路。
第一印象： 高大壮实，憨厚朴实，性格内向，言语不多。

王鑫报名入选四川省成都市公安局向社会公开招录的首批特警支队队员，与300多名同龄小伙子接受了整整半年培训。别看这些身高一米八以上的年轻人身着作训服，列队站立，威风凛凛，却没有多少人知道他们个个历经"魔鬼般"的训练，跑步、仰卧起坐、俯卧撑、障碍跑，小伙子们起早贪黑，极度疲累。

王鑫体重从170斤直降到140斤，他记得那时只要停下来，自己就能闭眼睡着。

"非他即我"

"呼"一声震耳声响。

守候在小区住宅十层楼梯口的王鑫陡然心惊，凭经验，这声响绝对是枪声。枪声来自相隔十几米外的另一楼梯口，王鑫立即冲过去，他知道把守在那边楼梯口的有他的战友，他们执行的是抓捕同一名涉嫌毒品犯罪嫌疑人的任务。那名男性嫌疑人年逾40岁，在"毒道"上算是个"老炮儿"。

此人狡猾，与他同居的女朋友出门下楼购物时，他告诫她回居住房间乘坐电梯不能到10层，每次回来仅抵达9层，再从9层走楼道楼梯徒步上一层。

嫌疑人女朋友上楼时被守候在楼道里的多名荷枪警察惊着了，她冲进楼道狂呼乱喊，躲在屋内的嫌疑人毫不迟疑，拎枪开门冲出房间，举枪瞄着楼道一侧楼梯口守候的抓捕民警扣动扳机。

"他绝对是瞄准我们民警头部击发的。"

由于嫌疑人举枪用力过猛，击发出的子弹打中那名民警右肩，民警中弹后仰，鲜血瞬间染红衣衫。嫌疑人动作敏捷地退入房间，持枪顽抗，直到打光子弹，推窗从10楼纵身跳下。

两个楼梯口与嫌疑人藏身房间距离相等，两个楼梯口都有抓捕民警守候，嫌疑人冲出房间时，王鑫立身另一侧楼梯口，排在第一个，若嫌疑人冲他站立的楼梯口开枪，那么中枪的很可能是他。王鑫事后和战友"复盘"突发案情经过时确信"非他即我"。

另一案件的涉毒嫌疑人被捕获时，气焰嚣张地对王鑫吼道，"你要是不把我弄死，我出来绝不放过你"，王鑫说这些人十分清楚自己犯的是死罪，绝望之下只剩下最后的疯狂。

王鑫入选特警支队之初，父母为儿子骄傲，当他转入禁毒支队时，父母用心浏览媒体上报道抓捕涉毒嫌疑人的新闻，对儿子的安危很是担心。

"我从来不对他们讲执行任务的事儿"，王鑫这样说。

疯狂之至

一位年轻化学博士利用自己掌握的技能制作涉毒品材料，为规避法律惩处，事先悉心研读法律条文，而后建立起输送毒品渠道的人脉网络。此人手下招揽了一大帮人，在短短数年间获得暴利数千万元。他陷入痴迷疯狂的状态不能自拔，直至缉毒民警出现在面前，化学博士这才垂泪后悔，想到老婆、孩子，想到年迈父母，悲叹自己为何"停不下手""就要整啊"。

毒品暴利让贩毒、染毒、吸毒者秘密勾连成条条线线，他们为藏毒、运毒绞尽脑汁，把毒品藏入泡菜坛子，埋进水果，咽下肠胃，塞进肛门，掖进女性胸罩，浸在衣料里。

警方经过长期跟踪，掌握了4名涉毒嫌疑人要交易毒品的地点，王鑫与战友前去埋伏。

大雨滂沱，3名嫌疑人走出村中那幢老旧危房，最后一名走出的嫌疑人发现情况不妙，拔腿就向田里奔逃，田里泥泞难行。王鑫与战友控制住先前走出来的3名嫌疑人后，立即挺身追捕。逃的人上气不接下气，追的人同样气短胸闷。王鑫年轻力壮，咬定绝不让嫌疑人脱逃的信念，疾奔七八十米开外终于扑倒嫌疑人。

一名30多岁的嫌疑人走出地下停车场电梯门，看上去此人很瘦，没多大气力。当埋伏四周的民警扑上去时，这家伙奋力挣扎，好一通搏斗才被制服。他裤兜里藏着一支上了膛的仿制手枪，幸亏没让他有机会出手拔枪。要说他怎么这么有劲，原来这家伙刚刚吸完毒，全身神经处于极度亢奋的状态。

一涉毒嫌疑人驾车时发现民警对他实施抓捕，便孤注一掷地迎面加速撞来，王鑫恰恰坐在车上……如何捕捉最佳抓捕战机，王鑫一次次积累着战斗经验和教训，他最明白的是，"最佳战机瞬间即逝，一旦错过，难以挽回"。

发表于2016年6月24日

夜巡小区盘查可疑金杯车

黄涛速写

人物档案：黄涛，45岁，江苏省镇江市公安局润州分局七里甸派出所民警，二级警督。

个性言语：依现在的年纪，我愿意看看《老子》《论语》这样的书。

第一印象：个性沉稳，斯文儒雅，心思缜密，处事周到。

黄涛高中毕业走进镇江纺织厂，学徒"保全技工"。当年纺织机械没有电脑控制，一台织布机组件多达800余个，维修时必须由4名技工互相配合，一旦出现微小失误，其后步骤均无法实现。进厂两年，小青工黄涛看到报纸公告上招收公安民警，报名入选，由此开始从警生涯。

时光荏苒，转瞬入警25年，如今黄涛想想，学徒两年的技工体验深深地渗透在从警生涯的工作理念中。

岗亭执勤

交警岗亭曾遍及国内各个城市，作为城市文明的窗口，值守岗亭交通民警的言行和精神风貌，是一座城市文明形象的代表。

黄涛与9名入招新警员接受入警培训时，全部学习的是防暴课程。结束培训时，5人被分配到防暴队，5人被分配到交警队，黄涛被分配到交警队，心里稍稍有些失落。

中山西路交通岗亭地处镇江市最繁忙、最重要的交通要道上，这里有铁路与城市中心区道路交汇，距市内繁华街道最近。

黄涛与同事在这座岗亭值守，一干就是八九年，春夏秋冬，酷暑严寒，早晚高峰，车流人流，尾气尘土，风急雨骤。

莫以为交警就是打打手势，操纵红绿灯信号，如何让车流通畅行驶、如何选择最佳放行方案、如何及时处理交通违法行为和事故、如何文明执法平息纠纷双方的怒气和不理智，好交警当然要熟悉业务、熟悉法律、熟悉风土人情的心理，更要有不急不躁、冷静解决问题的耐心和智慧。

每天有七八趟火车要从中山西路交通岗亭路口通过，每逢铁路栏杆降下，警示红灯亮起，警钟铛铛响起，人们拥挤在铁道挡杆前等待火车驶过，总有急于通过的车辆或人员罔顾火车驶来的危险，抢钻抢行。

即便火车驶过，在铁道挡杆抬起的瞬间，最怕蜂拥抢过的人流和车流出现意想不到的危险。拥有"全国青年文明号"荣誉的中山西路交通岗亭，值守民警黄涛与同事为此付出了艰辛的努力，避免了诸多潜在事故的发生。

那次，一辆大公交车为赶在火车之前通过，在挡杆即将落下之际加速过道口，谁知偏偏熄火，黄涛好一阵紧张，上前呼唤乘客下车推车，不料怎么也难以挪动车体。幸好道班工人及时通报火车司机，火车在距大公交10来米处停住，这真让所有人捏了把汗。

如今，交通岗亭因城市交通现代化已成为历史，退出城市景观，但黄涛心里永久珍藏着自己那段难忘的人生经历。

两副车牌

2004年，黄涛从交警部门转入派出所承担起110巡逻处警任务。

"老交警"黄涛在新岗位要学习新本领、新技能。在一次夜巡中，黄涛与同事发现案情后，他当交警积淀的经验恰恰在破案时有了发挥的机会。

夏夜，黄涛与同事乘坐着警车巡行至一农民安置小区，远远见楼角处有车灯亮着，这时午夜已过，四下里没有灯光，小区深陷在一片熟睡的寂静之中，为何有人驾车候在楼角？

警车向亮着车灯的地方靠近，能看清那是辆金杯面包车。车里的人显然注意到有警车驶近，金杯车启动驶离原地，绕楼角而行，警车紧随其后，七拐八拐，由于小区路窄弯多，大面包车走不快，当它开至一处山脚下时无路可走。黄涛与同事下车赶过去查看，发现车顶灯亮着，车内无人。

黄涛在金杯车里发现两个强力手电筒，车厢里还有茶叶礼品盒。他立即通报上级，请求附近警员支援抓捕逃逸驾车人。没多久，两名年轻人被带到金杯车前，尽管二人不承认金杯车是他们驾驶的，但警察从这二人衣兜里搜出车钥匙、螺丝刀、改锥等工具。警察问二人深夜驾车在这里干什么，他们拒不回答。

黄涛注意到这辆车安装着一副镇江车牌，他回派出所上网查询，发现这副车牌与金杯车车型不符，它本该是一辆五菱面包车的牌照。黄涛电话联系车牌主人，得知车主的五菱面包车的车牌在一个月前被人盗走。为核实金杯车的身份，黄涛请来汽车修理厂工人检查金杯车的车架号和发动机号。没想到撤开驾驶座脚垫时，发现脚垫下藏着另一副车牌，这车牌是扬州的。黄涛继续上网查询，证实这金杯车又是被盗车辆。他电话联系被盗金杯车车主后，得知这辆车被盗时车上还放着车主未来得及拎下车的茶叶礼盒。

案情大白，来自外省的这个盗窃团伙在这一带频频作案，盗车窃物，十几名涉罪嫌疑人统统栽在警方手里。

时光荏苒，黄涛至今从警25年，回想一路走来，他说自己的人生问心无愧。

发表于2016年7月1日

准确预判服刑人员心理及时干预

邝林速写

人物档案： 邝林，47岁，北京市监狱第二监区监区长，二级警督。
个性言语： 如履薄冰，枕戈待旦。
第一印象： 头脑清晰，处事果断，目光炯炯，自信满满。

乍听监狱人民警察的称谓，猜得出这工作是干什么的——在监狱管犯人呗！没有多少人知晓监狱人民警察这份儿差使有多么"辛苦"。

邝林入警24年，曾有人问他，监狱与看守所有何不同？依他之见，"看守所就像是把老虎锁在笼子里，而监狱这地方，犹如把老虎放在院子里驯教，让人整天如履薄冰，枕戈待旦"。

挑战自我

邝林在北京生、在北京长，上有姐，下有妹，是家中唯一的男孩。他淘气好玩，鬼点子多，酷爱运动，高中担任班级数学课代表和体育委员，却也没少挨父亲的严厉管教。

邝林从北京理工大学车辆工程系毕业后，找工作时误打误撞，进入了北京新容汽车改装厂，报到后才知道，这单位虽与他所学的专业沾边儿，可却是带领服刑人员劳动改造的工厂，他也因此成了一名监狱人民警察，这单位即是更名后的北京市监狱。

"小院不大，有三个车间。"

进厂不久，厂里总工程师问这位新来的年轻人学没学过喷涂。尽管专业课程曾有涉及，但毕竟不是重点。真要实干，邝林遍查书籍资料，求教老师傅，一切从头学起。那几年，邝林在技术科工作，主要负责指导服刑人员给车体刮腻子、打磨、喷漆，更多地从技术要求和工艺标准评判，只要服刑人员在劳动期间没脱逃，没打架斗殴，他不曾留意服刑人员的其他问题。

"看长相没啥特别，接触接触都挺正常。"

最初与服刑人员接触，邝林头脑里只在概念上知道对方是服刑人员，不觉得眼前那些人与平常人有何区别。进厂三年后，他主动申请"下队"，从事管教服刑人员工作，由此踏入人生另一番天地。

没想到，担任副监区长两年，他任职的监区经调整后不仅成为服刑人员人数最多的监区，而且多数人是"长刑犯"，即上至死刑缓期执行、无期徒刑，下至十年以上有期徒刑的重大刑事服刑人员。

邝林骤然压力倍增，他仔细翻阅全部入队服刑人员的判决书和相关档案，眼前的那些人犯下的罪行可谓天理难容、罪不可赦。

邝林天天跟服刑人员在一起，观察他们的一举一动，揣摩他们的所思所想，了解他们的性格特点，防范违法违纪事端发生。

有过彻夜不眠，有过殚精竭虑，但凡管理民警队伍，教育改造服刑人员，确立制度，安排事项，刑罚执行，依法奖惩，邝林不敢有一丝懈怠。

心细如发

一年轻服刑人员曾意图脱逃，致伤干警，这名服刑人员亦因伤住院。

邝林在医院看管这名服刑人员时获知，其脱逃竟缘于女友写信要与他解除恋爱关系，结果引出这么大的乱子。

"在监狱里，服刑人员心里的任何一件小事，都有可能引出一连串的大事"，邝林格外清楚，绝不能忽略每名服刑人员心理发生波动的苗头，必须严格执行制度，针对他们的思想动态进行干预调整，确保每名服刑人员认真接受改造。

一天晚上，两名服刑人员在盥洗室因使用水龙头发生小摩擦，年长者骂了年轻的两句，随即被旁人劝开。邝林听到汇报，得知年轻的当时并未回骂，但根据他对这名服刑人员性格有睚眦必报的特点，对此人心存警惕。

第二天上午，邝林在劳动车间里看到昨晚发生口角的年轻人紧裹棉衣，朝着年长者所在劳动岗位的方向走去。邝林果断喝道，"过来，上哪儿？"

邝林通过数十分钟的谈话教育，这年轻人主动交出了身上藏着的一根短铁棍，放弃了他筹划了一夜的报复行为。尽管服刑人员明白，若严重违规违纪，轻则关禁闭，重则加刑，但就是有那种愣头儿青，不管不顾。若管教民警不能及时预见、发现，及时制止，就会导致监管安全事故的发生。

只有小学二年级文化的一名服刑人员年纪虽小却已"三进宫"，反改造经验丰富，学习监规时声称"文盲学不来"。监区安排其他服刑人员一句句教他。但是，他总想逃避教育和劳动改造，由此被大会点名批评，并受到扣分处理。

邝林入夜巡视，发现这名服刑人员蜷缩铺上，被子蒙头，他觉察不对劲，开门进监舍，近前掀开被子，看到这名服刑人员正在用从电动刮胡刀里违规拆卸下来的小刀片割手腕，尽管那刀片实在不算利刃，但他手腕上已划出四五道浅浅血印……

担任监区长这些年，邝林带领二监区民警多次取得监管安全优胜监区、文明监区、流动红旗等优异成绩，赢得监狱党委和同事们的一致认可。

提及2015年荣膺北京市监狱局"责任之星"称号，邝林淡然一笑，说自己对于事业的忠诚与坚守，只是"性格使然"。

发表于2016年7月9日

从乡卫生院医生到公安局法医

谢京速写

人物档案：谢京，48岁，江苏省泗洪县公安局刑警大队技术中队指导员，二级警督。
个性言语：干法医，这辈子无怨无悔。
第一印象：浓眉大眼，个性倔强，不辞劳苦，恪守原则。

谢京小小年纪就开始帮助父母干农活，长了些力气，举凡耕地、上肥、播种、打药、锄草、收割，样样上手。他学开手扶拖拉机，有着自行拆卸零部件琢磨机器功能的经历。那个夏天的晌午，谢京身处高过头顶、密不透风的高粱作物中劳作，眼前一黑，晕厥倒地。母亲把他拖抱到树荫下，大力扇风喂水，折腾良久，才见儿子从昏迷中苏醒。

"工作以后，再没有什么苦能比得上从前"，谢京很肯定。

敬重前辈

谢京一心向往读书，先考入苏州卫校，学业4年，毕业后被分配到乡下卫生院当医生，升职副院长，继而通过成人高考，进入南京铁道医学院带薪学习3年。

待他回到卫生院不久，县公安局因法医缺人，招他入警，随即赴安徽皖南医学院进修法医半年，然后转至南京市公安局法医中心实习半年。

掐指算算，整整有8年时间他都在奋力学习。

他尽管学习了系统理论，尽管有过做手术的亲历，但最初对法医门道却不了解。本以为有着7年的学医底子，想着法医也是医，没什么大不了的，解剖尸体早就在学校做过，很正常嘛。

哪知道跟着前辈法医去命案现场，最让人惊讶的是，那些前辈怎么就能把看似无解的案情利利索索、明明白白地破解彻底。

一家水泥厂报警称有人死亡，谢京跟老法医赶赴现场，老法医上手前就断定死者是意外死亡，检验结果印证了先前的准确判断，这让谢京心里十分佩服。

在另一起命案勘查时，前辈老法医仔细查看碎尸案中遇害者的头颅，凭其头颅上粘着的一个小小土块，断定发现头颅之处不是杀人第一现场，第一现场远在安徽地界内。案件破获后，老法医判断准确，这更让人震撼钦佩。

"轮到我第一次勘验死者下结论，真有些哆嗦。"

结束南京实习回到县局，乡下有个老太太吊死在自家猪圈里。是自杀还是他杀，谢京前往老太太家中勘验死因，他清楚地意识到这可是自己独自办理的第一起案件，验来验去，是不是符合自杀特征，脑子里回想着书本学习的相关内容，颇费斟酌。隔几分钟就有领导打来电话询问结果，他紧张得不行。

从此，谢京性格中的倔强天性显出优势，随着日复一日、年复一年地接触形形色色的伤情和死亡案件，他不懈努力探究，从警18年，谢京已出具了鉴定文书5000余份，所有经手鉴定文书均无差错。

厚积薄发

去年初夏，一年轻人与他人发生纠纷受伤，经医院诊断，他右桡骨远端粉碎性骨折，住院期间医药费近3万元。这名年轻人被告知若构成轻伤，可以追究对方刑事责任。年轻人伤愈出院后递交了鉴定伤情申请。

谢京查阅医院相关病历资料，详细了解案情，凭经验认为此人右桡骨粉碎性骨折非本次纠纷致伤。很快，谢京获悉此人此次受伤之前的确有过一次骨裂伤情，未实施手术，而这次他与别人发生肢体冲突出现的伤情并非此次致伤。

鉴定意见一出，年轻人不听谢京解释，回家当天即在网上发帖，用污秽语言对谢京进行人身攻击，无端质疑法医收礼办人情案进而投诉。经县局调查，查明这名年轻人案发前3天自己曾跌倒受伤。

夏日炎炎，一具漂浮在河中的尸体被拖上岸，尸身高度腐烂，尸首脸部被机动船螺旋桨打烂。谢京与同事来到一家条件极其简陋的殡仪馆内，蹲在地上进行勘验，"没有解剖台，也没有电风扇"。

谢京查遍死者全身，在头顶发现一处拇指般大小的创口，凭经验推断是生前伤，因此考虑死因涉嫌刑事案件。两个月后，外省公安同行带来一个涉案嫌疑人指认案发地点，据嫌疑人供述，他曾杀人抛尸，遇害者是一位货主，因与嫌疑人发生纠纷招致杀身之祸。

几乎同时，河里又发现一具无名尸体。经谢京现场勘验及解剖，确认这名死者溺水死亡。

时隔数月，死者身份确定，但其家人接到通报不肯相信，拒绝认尸。谢京苦口婆心地说服其家人做DNA亲子鉴定，鉴定结果确认亲子关系后，死者家人悲痛万分。

"为人父母，我非常理解他们的心情。"

谢京不厌其烦地解释，不间断用短信及电话与死者家人交流、沟通。历经十余天，死者家人被谢京的真诚打动，认可了公安机关的检验鉴定结果。当这家人从太平间将尸体接走时，死者父亲由衷地说，"我相信谢法医"。

谢京在工作日志里写下这样一句话："让死者家人从无助、悲伤、愤怒转化为理解、信服、感谢，这是对我最大的认可。"

发表于 2016 年 7 月 16 日

尊崇公正之心 积聚不怒之威

张海涛速写

人物档案：张海涛，38岁，北京市延庆监狱十监区监区长，二级警督。
个性言语：你选择的是这样一种生活，需要用铁杵磨成针的耐心面对平凡和琐碎。
第一印象：体型健硕，精力充沛，目光炯炯，应对机敏。

运动场上，百米起点。
"砰——"裁判员高举发令枪，扣动扳机，一股白烟冲向天空。
毛头小子张海涛从百米起点躬身跃起，奋力前冲，这里正在举行一年一度的延庆县中学生秋季运动会。大喇叭公布成绩，来自县一中的张海涛获得男子组百米冠军……提起当年，张海涛眼前总会浮现出激动人心的往日情景。

不怒之威

亲戚中有当警察的表姐夫，有上警校的姑舅哥，张海涛在初中升高中时，考分越过录取线，但他最羡慕警察装束的威武气派，一心要去警校读书。
父母开明，尊重儿子意愿，张海涛得以意气风发地前往北京市第三人民警察学校报到。
仗着同龄人难以比肩的百米速度，仗着自小对足球的痴迷热爱，张海涛入警校没少把精力和时间投入这项爱好，他是前锋，在场上左奔右突，一旦把足球踢进对方球门，他兴高采烈、激情嘶喊。
张海涛与警校同学周末不回家，自早饭后一直在球场泡到夜黑时分，那些日子可谓奢侈享受美好青春，"那时候不知道什么叫累"。
新中国成立初期，清河农场是关押服刑人员的所在地。这个农场另有称呼"茶淀"。老北京人提起茶淀，没有谁不知道的。张海涛与同学前往清河农场实习时，他已经在课堂上系统学习了狱政管理的理论，实习时跟随老民警带领服刑人员劳动，最难忘两样事：
蚊子——夏秋时节入夜时分，公路过往车辆大灯一开，蚊群似雾似烟，如果不支蚊帐过夜，简直是找死。张海涛自小在延庆长大，从没见过黑花大蚊，那蚊子在身上叮一口就隆起一个大红包，硬硬的、痒痒的，挠破了直淌水，他偏偏招蚊子叮咬，苦不堪言，"一晚上点好几盘蚊香，早起一瞅，满地密密麻麻的死蚊子能把蚊香盘厚厚地盖住"。
老民警——不怒而威，震慑力强。课堂里讲的东西比不上实践中耳闻目睹来得真切入心。老民警一言一行所具有的强者风范，让张海涛佩服得五体投地，他清楚即将投入的职业需要练就这番能耐。

第十监区

第十监区关押着近百名患有重症精神病的服刑人员，这些服刑人员在精神正常或尚未完全丧失辨认及控制自己行为能力时，因实施故意杀人、故意伤害、强奸、诈骗等行为而被判刑入狱。然而，这些人又有着精神分裂、躁狂、焦虑、抑郁、人格障碍、迟滞、癫痫的个人病史。

这类服刑人员可谓监管民警和监区领导头上顶着的"雷"，有服刑人员躁狂骂人，污言秽语；有服刑人员暴怒砸窗伤害自己、威胁他人；有服刑人员两眼发直、全身木僵；有服刑人员撕咬民警、口舌淌血；有服刑人员故意一而再、再而三地夜半报病，"折腾"值班民警。

张海涛这些年在延庆监狱担任过监管老年服刑人员、患病服刑人员监区的"一把手"，今年年初，他被领导调任到第十监区担任监区长，"我反复跟监管民警叮嘱，咱们可不能在这监区干几年，把自己弄成个精神病人"。

"服刑人员特别知道自己有哪些权利，咱们监狱制度对民警的约束特别严格"，张海涛依据多年监管一线实践磨砺出来的个性和积累的经验，深知用言行体现公平公正的重要性，尤其身为监区负责人，成天在监区"泡"着，说什么、做什么都有同事看着，更有近百号服刑人员盯着。要说服刑人员中有的是人精，"谁不琢磨你呀"。

"我整天待着，太压抑，能不能放我去劳动劳动"，一名服刑人员多次向张海涛央求，但他患有躁狂症，动不动就破口大骂，逮谁骂谁。张海涛的顾虑是，若带他去劳动，那里有各式劳动工具，若有谁忌恨他，或他一时兴起骂了谁，冲突起来绝对不是小事。

"能不能带他去参加劳动？"

张海涛审慎观察，布置好安全措施后决定试一把。这名服刑人员的表现让监管民警感到惊讶，他全程专心劳动，没有发生任何违规行为。此后，监管民警带他参加了一次又一次劳动，有意思的是，他随意骂人的次数大为减少。这样的效果让张海涛松了口气。

从警18年来，张海涛先后获得"全国监狱工作先进个人""北京市司法行政系统公正廉洁执法优秀个人"等众多荣誉，2016年又荣获"北京市优秀共产党员"称号。

已是为人夫为人父的张海涛心里存有这样一道红线，"不管在单位多累、多不痛快、多委屈，绝不能回家摆脸子"。

发表于 2016 年 7 月 23 日

年轻人知耻后勇变身办案能手

聂朝军速写

人物档案：聂朝军，31 岁，江苏省扬中市公安局刑侦大队副大队长，二级警司。
个性言语：做警察就要有警察的职业追求。
第一印象：青春朝气，头发浓密，身体壮实，略显内向。

高考报志愿，聂朝军依次填写了两所警校。

高考成绩张榜，聂朝军先去一所警校面试，又急着去另一所警校面试。后一所警校考官笑着告诉这个远道而来的农村小伙子，说按规定他不必如此，等前所警校的录取通知即可。

初做笔录

生在农村，长在农村，聂朝军最记得父母维持家庭生活的辛劳。

母亲远赴城里，在一家手工小作坊打工，那工作需要双手长时间泡在水里磨制零件。有一次，母亲带着年少的儿子进作坊干活，老板提供工作午饭。尽管饭菜简单，但聂朝军实在没有吃过那样的饭菜，正吃得尽兴，突然遭到母亲用筷子在头上猛力敲打。

聂朝军茫然无措，见母亲流着眼泪对老板说，"这孩子太调皮，没人管得了他"。他后来才知道，老板坐在饭桌另一边吃饭，脸上显露出轻蔑的神情，自尊的母亲不得不用那种方式提醒孩子。

最记得父母送他进警校报到的情景，告别时，坚强的母亲表情平静，父亲却忍不住落了泪。

最记得父母为支持他上警校，向亲友借了许多钱，更加辛苦地劳作。

还记得从警校毕业到公安局工作，他身着警服，将领到的第一个月工资一分不少地交到母亲手里，母亲情不自禁地感叹，"终于见你拿到工资了"。

聂朝军报到后被分配到基层派出所，尽管这个年轻人攻读过治安管理专业，尽管这位年轻人在校学习成绩优秀，待他进入第一线跟随老民警实践，最初有一段日子令他深感惶恐，觉得需要掌握的法律条文和技能太多太多。

一起聚众斗殴案件进入派出所办案日程，他目睹老民警如何遵循办案程序有序开展工作。案情基本清楚之际，老民警让这个初来乍到的小警察对涉案的一名嫌疑人做份笔录。聂朝军拿起纸笔来到嫌疑人面前，心慌气短，不知道自己问了些什么，一页纸只记了寥寥几行就交给老民警。老民警看过之后没说话，带着聂朝军走到嫌疑人面前，针对案情事实详细发问。

聂朝军在近旁屏息静气地倾听,生怕漏掉一个字。相比之下,他发现自己该问的全没问,好个脸红羞愧。

老民警没有过多地批评聂朝军,而用行动为这小民警做了示范。

回到宿舍,他一口气将老民警对嫌疑人的问询一字不差地默写三遍,发誓努力学习,钻研业务。

勇猛向前

获取线索、研判案情、实施抓捕、讯问笔录、汇总材料、报请批捕——举凡处置治安刑事案件各个环节,聂朝军如饥似渴地向前辈民警逐一讨教办案经验。

"工作以后,我的性格改变了许多。"

那个曾经不爱说话、有些腼腆的青年,那个敏感又有些自卑的青年,那个发誓要让父母走出贫困的青年,他牢记父母"好好工作"的告诫,不惧困难,全身心地投入工作,边干边学习,边学习边琢磨。

正所谓"功夫不负有心人"。

都知道办理聚众斗殴案件面临的复杂性,聂朝军从最初的知耻而后勇,到屡屡上手办理这类案件。入警第二年,他成功办理移送起诉案件64件,办理行政处罚案件60件。这位迅速成长的年轻民警在本地斗殴"烂仔"的江湖中传名甚广。他笑着说"我喜欢办理聚众斗殴案件",其青春锐气中透着一股与年龄不符的成熟底蕴。

妻子临产那天,他陪妻子去医院检查,在医院见到一个文身社会青年用绷带包扎手臂。聂朝军的职业敏感提醒他上前仔细盘问,得知城里某地刚刚发生一场聚众械斗,他顾不得陪伴妻子,通知派出所警力出击,随即离开医院赶赴械斗地点。

"我到那儿时,参加械斗的一些人还没离开,现场还有许多目击者。"

聂朝军与及时驾警车赶到的同事向在场众人亮明身份,喝令涉嫌参与械斗者接受警方审查。"假如我们晚到,参与斗殴的全跑光了,证人也走掉了,再进行取证会增加许多工作量"。

让聂朝军高兴的是,现场处置这起聚众斗殴案件,参与斗殴跑掉的人闻讯后,慑于警方压力不得不投案自首,"投案自首的有几个是以前被我处理过的人,知道我不会放过他们"。

自警校毕业至今,聂朝军办理过发生在本地的众多刑事案件,还多次前往新疆、云南、广东、福建和江苏省内多地办理疑难大案和要案。

"事情多了容易心浮气躁,办事效率就要打折扣",聂朝军希望自己的办案思维能够再拓宽些,协调能力再增强些,综合能力再提高些。

发表于 2016 年 7 月 30 日

后　记

"凡人奇事"是《法制日报》视点新闻部曾经创办的一个人物专栏,专栏以普通百姓的视角真实、生动地再现被采访者工作经历中难以忘怀的往事和心绪,让读者从故事中感受到被采访者的理想、志向、意志、自尊和勤勉的精神境界。

专栏故事里的"凡人"是指在公、检、法一线辛勤劳作的人们,他们鲜少拥有耀眼的荣誉光环。"奇事"也不是耸人听闻的怪异之事,仅指不太为大众所熟知的工作经历,借以披露被采访者内心世界的独特体验。

专栏自2013年4月16日刊发第一篇稿件,每周一篇,持续不辍,直至2016年7月30日止,历时39个月,共刊出163篇人物故事。稿件写作着力讲好平凡人的不平凡故事,报道人物涉及刑警、交警、巡警、派出所民警、看守所民警、强制戒毒所民警、法医、痕迹检验专家、公诉检察官、反贪检察官、反渎检察官、检察院内勤、法官等不同职业的工作者。

作者特别感谢视点新闻部主任崔立伟对"凡人奇事"人物专栏的精心筹划,感谢他的信任与鼓励,感谢部门编辑陈晓英、余飞、杜晓、廉壹婷、赵丽、陈磊为专栏稿件的发表付出了宝贵的时间和精力。

书稿为统一体例,有极少部分稿件的大小标题略有变动,与《法制日报》刊登原文略有不同,敬请读者谅解。